KB272337

현대 북중관계의 이해

이상숙 지음

명인문화사

현대 북중관계의 이해

제1쇄 펴낸 날 2026년 3월 19일

지은이 이상숙
펴낸이 박선영
주 간 김계동
디자인 전수연
교 정 김유원, 서윤정

펴낸곳 명인문화사
등 록 제2005-77호(2005.11.10)
주 소 서울시 송파구 백제고분로 36가길 15 미주빌딩 202호
이메일 myunginbooks@hanmail.net
전 화 02)416-3059
팩 스 02)417-3095

I S B N 979-11-6193-173-9
가 격 28,000원

ⓒ 명인문화사

간략목차

세부목차

도해목차

표

<u>도표</u>

2025년 9월 중국 전승절 80주년 기념식에서 시진핑 주석, 푸틴 대통령, 김정은 위원장이 티앤안먼 망루에 함께 등장하였다. 시 주석을 중심으로 좌우에 푸틴 대통령과 김 위원장이 동시에 망루에 오르고 중국 열병식을 관람하였다. 냉전 시기 북한·중국·러시아의 삼국 연대가 재현되는 장면이었다. 북중러 연대는 미중 세력경쟁 시기에 '반미 연대'로 해석될 수 있는 근거를 제공하였다.

북중러 삼국의 관계를 보면, 중러관계는 푸틴 대통령의 언급처럼 '역사상 최고 수준'의 관계를 유지하고 있고, 최근 2~3년간 북러관계는 비약적으로 발전하였다. 그럼 북중러관계의 마지막 축인 북중관계는 어떠한가. 북중관계가 지금 어떠한지를 한마디로 표현하는 것은 용이하지 않다.

최근 2~3년을 제외하면 북한 대외관계의 중심은 중국이었고 북한 대외무역은 90% 이상이 중국과의 교역이었다. 역사적으로 보면 북중러 연대 중 가장 오랜 기간 협력을 이어온 관계는 북중관계이다. 그러나 최근 북중관계를 설명하려면 역사적으로 북한과 중국의 오랜 협력과 갈등의 관계를 설명해야 가능하다.

북중관계에 대한 가장 큰 오해는 강대국인 중국이 북한에 대한 영향력을 행사할 수 있다고 보는 것이다. 우리는 한미동맹에 익숙해져 있고 강대국과 약소국의 비대칭 동맹관계는 '안보-자율성 교환모델'이기 때문에 북한과 중국의 관계도 유사할 것이라고 기대한다. 그러나 북중관계는 일반적 비대칭 동맹관계와는 다른 특성을 가지고 있다.

우리가 북중관계를 알아야 하는 이유는 무엇일까. 첫째, 북한의 대외관계와 대외전략을 이해하기 위해서이다. 현재 북한은 북중 및 북러 관계를 중시하면서 중러 양국이 주장하는 '다극화'의 국제질서에 동의하고 있다. 북한은 다른 여타 국가와 같이, 때로는 다른 국가들보다 훨씬 더 국제정세에 민감하게 대응하고 자국의 생존 전략을 추구하는 국가이다. 이러한 북한의 대외관계와 대외전략을 이해하기 위해서는 북중관계에 대한 이해가 필요하다.

둘째, 북한의 대남 전략을 이해하기 위해서다. 북한의 대남 전략은 국제정세에 대한 인식과 북한의 전체적 대외관계와의 연계에서 형성된다. 북한의 대외관계를 이해하고 그 바탕에서 대남 전략을 이해할 필요가 있다. 이를 바탕으로 대남정책을 이해하고 전망할 때 우리는 북한의 대남 전략에 효과적으로 대응할 수 있다.

마지막으로 한중관계의 발전을 위해서이다. 1992년 한중수교 이후 한중관계는 비약적으로 발전해왔으나, 한중관계의 아킬레스건은 여전히 안보문제이다. 한중 양국 간 인적 및 물적 교류의 확대로 인해 상호 이해가 확대되었음에도 불구하고 사드 배치 논쟁으로 인해 한중 양국 국민들의 상호 인식은 악화되었다. 필자는 2010년대부터 대학에서 강의하면서 대학생들에게 가장 비호감 국가가 어느 국가인지에 대해 질문해왔다. 2010년대 초 비호감 국가에 대한 질문에 북한, 일본, 중국을 답하는 학생들이 간혹 있었던 반면, 2015년을 기점으로 같은 질문에 중국을 답하는 학생들이 가장 많아졌다.

이러한 한중 간 안보문제의 핵심 중 하나는 북한 문제이다. 우리는 중국이 우리의 이익을 위해 북한 문제에 대해 협력하고 북한과의 관계

를 악화시키기를 기대하지만, 중국은 북한에 대한 영향력 한계를 토로
한다. 한중 간 안보 갈등을 효과적으로 관리하고 북한 문제가 한중관계
의 걸림돌이 되지 않기 위해서는 북중관계를 이해할 필요성이 있다. 북
중관계에 대한 이해를 바탕으로 북한 문제에 대한 중국과의 접점을 마
련하고 한중 간 갈등을 관리할 수 있는 지혜를 찾을 필요가 있다.

북중관계에 대한 관심에 비해 관련 연구가 많지 않은 것이 사실이다.
2000년대 들어서서 북중관계에 대해 관심이 높아지면서 관련 연구가
양적 및 질적으로 확대된 것은 관련 연구자로서 반가운 일이다. 그러나
여전히 북중관계의 세부 사료를 축적하고 이를 통해 양국관계의 역동
성을 통시적으로 추적한 연구는 소수에 불과하다.

북중관계의 연구가 크게 확대되지 못한 것은 관련 사료의 부족이 그
원인이다. 북한뿐만 아니라 중국에서도 양국관계에 대한 문헌은 공개
문헌이 많지 않다. 북중관계를 연구하면서 필자는 북중 접경지역 책방
과 베이징대학교 도서관에서 크고 작은 자료들을 모았다. 자료 하나를
찾으면 마치 큰 그림의 퍼즐 한 조각을 맞추는 것과 같았다. 이 책을 집
필하면서 평양에서 출간한 『중국 동북해방전쟁을 도와』(2008)와 『해
방후 10년 일지』(1955)라는 문헌을 발굴하고 활용할 수 있었던 것은
행운이었다. 가장 관련 자료가 부족한 시기인 1980년대 북중관계는 외
교부의 공개 외교문서를 통해 확인할 수 있었다.

이 책은 크게 세 가지 연구를 기초로 하고 있다. 먼저 필자의 2008
년 박사학위 논문 "북한-중국의 비대칭관계에 대한 연구: 베트남-중국
의 관계와의 비교"는 이 책의 가장 중요한 바탕이 되었다. 이 연구에 북
중관계를 보는 필자의 시각이 담겨있기 때문에 연구의 중요 내용과 논
지는 이 책의 틀이 되었다. 다음으로는 필자의 북중관계에 대한 연구들
이다. 국공내전 시기부터 냉전 시기를 거쳐 최근까지, 필자가 학술지
에 게재했거나 국립외교원에서 발표한 연구들을 수정 및 보완을 거쳐

이 책에 포함하였다. 마지막으로는 2021년 경남대 극동문제연구소에서 공저로 출판한 이상만·이상숙·문대근 저 『북중관계: 1945-2020』(2021)이다. 이 중 필자는 김정일 시기 북중관계를 집필하였는데 관련 주요 내용은 수정 및 보완을 거쳐 이 책에도 실리게 되었다.

북중관계 관련 단행본의 발간을 결심한 것은 대학에서 북한 대외관계를 강의하면서 교재로 십여 년 전에 발간된 단행본을 활용해야 하는 상황을 마주했기 때문이다. 학생들은 관련 교재에 김정은 시기의 최근 내용이 포함되지 않은 것을 아쉬워하였다. 그러던 중 코로나 시기 명인문화사 박선영 대표의 제의를 받고서 단행본 작업을 시작하였다. 그러나 아이의 입학과 어머니의 건강 악화 등의 가정사는 필자의 작업을 계속 지연시켰다. 마침내 오랜 작업의 마침표를 찍게 되면서 필자의 버킷 리스트 중 하나를 이루게 되었다.

이 책을 정리하면서 그동안 소중한 가르침을 주신 스승님들께 감사를 드린다. 동국대학교 강성윤 지도교수님, 고유환 교수님, 박순성 교수님께 감사를 드린다. 그리고 책 출간의 아이디어를 주신 김계동 교수님, 책을 마무리할 수 있도록 오랫동안 기다려준 명인문화사 박선영 대표와 전수연 편집 디자이너에게도 감사의 인사를 전한다.

아직까지 필자가 학자로서 남아있을 수 있는 것은 가족의 헌신과 도움 덕분이다. 워킹맘의 빈자리를 메워주시는 어머니 김태옥 여사의 희생에 감사를 드린다. 그리고 묵묵히 딸이 가는 길을 지켜봐 주신 아버지 이영우 님과 일로 바쁜 아내를 조용히 지지해주는 사랑하는 남편 함영선과 세상에 하나뿐인 나의 아이인 사랑하는 딸 함세아에게 고마운 마음을 전한다.

2026년 2월
양재동에서 이상숙

1장

서론

사회주의체제는 러시아에서 탄생하였고 동유럽에서 그 꽃을 피웠으나, 냉전의 종식과 함께 유럽의 사회주의 실험은 실패로 끝났다. 그러나 동아시아의 중국은 경제개혁과 개방에 성공함으로써 사회주의체제를 유지하면서도 미국이 견제하는 경쟁 세력으로 부상하였다.

북한과 중국은 냉전 시기부터 긴밀한 협력관계를 맺어왔으며 덜냉전 이후에도 사회주의체제를 유지하고 있는 국가이다. 냉전 시기의 북중관계는 '혈맹' 또는 '순치관계'로 불리며 우호적 협력관계로 간주되었다. 이러한 배경 속에서 북중관계는 특별한 관계를 유지해왔으며, 그 대표적인 사례가 한국전쟁 당시 중국인민지원군의 참전이다.

그러나 냉전 시기 북중관계를 세밀하게 관찰해보면 크고 작은 갈등이 있었고 상대적으로 강대국인 중국이 약소국인 북한에 대해 일방적으로 영향력을 행사하지 못했다는 사실을 확인할 수 있다. 양국 간에는 이익이 충돌하면서 여러 갈등 사례가 발생했으며, 심지어 한국전쟁 기간 중에도 북중 간에는 크고 작은 갈등이 존재하였다. 특히 중소 분쟁 시기에는 북한·중국·러시아로 구성된 북방삼각관계 속에서 북중관계가 복잡하고 다양한 양상을 드러냈다.

1970년대에 들어서서 미중 데탕트로 인해 북중관계는 중요한 변화를 겪게 되었다. 당시 미국은 중국과 비공식적으로 '교차승인'을 논의했으나, 중국은 한중수교의 조건으로 한국과 대만의 단교를 요구하며 한중 수교에 미온적인 태도를 보였다. 중국도 해당 조건이 실현 불가능하다는 점을 알고 있었으며, 이는 외교적 명분에 불과했다. 실제로 북한과의 관계 때문에 한국과의 관계개선은 현실적으로 어려웠다.

탈냉전 이후 1992년 8월, 한국과 중국의 수교는 북중관계에 결정적인 균열을 가져온 사건이었다. 한국은 1988년 서울 올림픽을 계기로 북방정책을 본격 추진하였고, 1990년 한소수교, 1991년 남북한 유엔 동시 가입을 거쳐 마침내 한중 수교에 이르렀다. 이는 중국이 한반도에서의 교차승인을 인정한 것이며, 중국의 '두 개의 한국정책(Two Korea Policy)'이 공식화된 계기가 되었다.

한중수교 이후 한중 양국은 경제적 상호의존이 확대되면서 급속하게 발전하였다. 이러한 한중관계의 진전에 따라, 한국 내에서는 중국이 한반도 문제에 대해 한국과 유사한 입장을 취할 것이라는 기대가 커졌다. 나아가 중국이 한국 중심의 통일을 지지하거나, 남북관계에서 한국에 우호적인 정책을 펼치길 바라는 목소리도 제기되었다.

그러나 중국의 '두 개의 한국정책'은 여전히 유지되고 있으며, 이는 곧 한반도 북쪽에 존재하는 '조선민주주의인민공화국'의 존재를 지지한다는 의미이다. 시진핑(習近平) 주석이 최고 지도자가 된 이후 북한보다 한국을 먼저 방문하여 북중정상회담보다 한중 정상회담을 먼저 개최하였으나, 2008년 최고지도자에 공식 취임하기 이전에 이미 차기 지도자 자격으로 북한을 먼저 방문했다는 점에 주목할 필요가 있다.

한중관계가 약 30년의 역사를 가진 데 비해, 북중관계는 70년이 넘는 오랜 역사를 지니고 있다. 이 두 관계를 비유적으로 표현하자면 다음과 같다. 한중관계가 30년 된 '사회 친구'라면, 북중관계는 70년 된 '고향 친구' 혹은 '군대 친구'에 비유할 수 있다. 한국과 중국은 자주 만나고 현재 많은 실질적 유익을 주고받는 사이지만, 속 깊은 이야기를 나누기엔 다소 거리감이 있는 관계로 볼 수 있다. 반면 북한과 중국은 자주 만나지 않더라도 서로 속마음을 털어놓을 수 있고, 다소 서운한 점이 있어도 이해하고 넘길 수 있는 관계다. 이는 양국이 '사회주의'라는 공동의 고향을 공유하고, '한국전쟁'이라는 전우애를 바탕으로 한 특별한 유대를 형성해왔기 때문에 가능한 비유이다.

최근의 미중경쟁은 1970년대 미중 데탕트와 미중 수교를 통해 형성되었던 협력관계가 와해되는 시점에 해당하며, 이러한 변화 속에서 북중관계 역시 또 다른 국면으로 접어들고 있다. 북한은 현재의 미중 세력경쟁을 '신냉전(New Cold War)' 또는 다극체제로 인식하고, 이를 활용해 공세적인 핵무력 국가로의 길을 가고 있다. 또한 한미일 삼각안보협력의 강화에 대응하여 중국 및 러시아와의 협력을 강화하며 북방 삼각협력의 강화를 도모하고 있다. 반면, 중국은 '신냉전'의 국제질서의 형성을 원치 않으며, 러시아 및 북한과의 양자협력은 강화하면서도 북중러 삼각협력체제로 간주되는 것에는 신중한 태도를 보이고 있다.

이러한 점들을 종합해보면, 북한과 중국의 관계를 한마디로 정의하는 것은 용이하지 않다. '혈맹'으로 지칭되는 강대국과 약소국 간 비대칭 안보동맹으로 규정하는 것은 한계가 있으며, '사회주의 형제국'이라는 표현도 수사적 표현에 가깝다.

중국의 션즈화(沈志華)는 방대한 사료를 바탕으로 북중관계를 체계적으로 분석하여 동아시아 냉전사 연구에 집중한 단행본을 국내 소개하였다.[1] 한국에서는 북중관계를 하나의 독립된 연구 분야로 정립한 이종석 전 통일부 장관의 연구가 출간되었고,[2] 북중관계를 동맹의 속성으로 해석한 최명해의 연구,[3] 중국과 일본의 사료를 활용해 분석한 박종철의 연구,[4] 그리고 북중관계가 한중수교 이후 '순치관계'에서 '다국간관계'로 변화하였다고 평가한 일본의 히라이와 슌지의 연구[5] 등 다양한 학술성과가 이어지고 있다.

천젠(陳兼)은 중국의 대북 영향력은 북한의 대중국 경제 의존도에 따라 달라질 수는 있지만, 북한의 정책결정에 대한 영향력은 제한적이라는 점을 지적하였다.[6] 사무엘 김(Samuel S. Kim)은 중국의 대북 경제 지원이 북한체제를 안정시키는 동시에 불안정을 초래할 수 있어, 중국의 대북 레버리지가 취약하다고 보았다.[7]

또한, 샴보(David Shambaugh)는 북한이 오랜 기간 중국의 '골칫거리(headache)'였다고 평가하며, 양국관계는 특히 1995년 김정일체제 출범 이후 긴장이 더욱 심화되었다고 지적한다.[8] 그는 중국의 대북 영향력에 대한 연구에 중요한 기여를 하였다. 스코벨(Andrew Scobell)은 역사적 접근을 통해 북중관계를 "가깝지만 불편한 관계(close but uncomfortable relationship)"로 정의하였다.[9]

이외에 사무엘 김과 이태환은 북중관계를 '비대칭적 상호의존 관계'로 규정하여 이에 기반한 관점을 제시하였다. 이 연구는 북중관계가 강대국과 약소국의 비대칭관계이지만, 북한의 지정학적 안보 중요성으로 인해 중국의 북한에 대한 영향력은 상당히 제한적이고, 북한이 중국에 대해 상당히 독립적인 외교정책을 유지하는 상호의존관계라고 분석하였다. 이러한 분석은 북중협력이 양국의 안보상 전략적 필요성에 기반한다는 점에서, 탈냉전 이후 북중관계의 특성을 가장 명확하게 보여준다.[10]

여러 연구에 따르면, 냉전 시기 북중관계는 사회주의 이념과 안보적 필요성을 바탕으로 협력이 지속되었으나, 양국의 이해관계가 충돌할 때는 갈등이 반복적으로 발생하는 관계이다. 특히 주목할 점은, 강대국인 중국이 갈등 상황에서 자국의 이익에 북한이 동의하도록 영향력을 행사하기가 쉽지 않았다는 사실이다.

또한 기존 연구들을 통해 알 수 있는 점은 북중관계가 보편성보다는 다른 동맹관계와는 다른 특수성을 가지고 있다는 점이다.[11] 북중관계를 안보동맹관계로 본다면 강대국과 약소국의 비대칭 동맹관계(asymmetric alliance)로 볼 수 있다. 중국과 북한은 1961년, 안보조항이 포함된 '북중(조중)우호협력상호원조조약(이하 북중우호조약)'을 체결하였으며, 이 조약은 현재까지 유지되고 있다. 이 조약에 따르면 양국관계는 강대국이 약소국의 안보지원을 보장하는 비대칭 동맹관계로 분류된다.

한국전쟁에서 중국은 북한의 안보를 지원하였고 북한은 자율성을 제공한 비대칭 안보동맹의 특성을 보여주었다. 그러나 중국과 북한 모두 현재 양국관계를 '안보동맹'관계로 표현하지 않는다. 중국은 다른 국가들과의 관계를 여러 가지 '동반자관계(partnership)'로 구분하고 있으나 북한과의 관계는 '전통우호관계'라는 용어로 표현한다. 북한 역시 중국과의 동맹관계를 부인하면서 '전통우호관계'로 규정하고 있다.

이에 따라 북중관계가 강대국의 안보 제공과 약소국의 자율성 양보로 설명되는 '안보-자율성 교환모델(autonomy-security trade-offs model)'에 부합하는지 검토할 필요가 있다. 한국전쟁 시기 북한은 중국의 안보지원을 받았고, 그 대가로 북한은 작전지휘권을 중국에 이양하면서 자율성을 양보하였다. 이러한 사례는 북한과 중국의 관계를 비대칭 동맹관계로 설명하는 데 타당성을 부여한다.

그러나 1960년대 중반 이후 북한은 '자주외교'를 강조하였다. 당시 중소분쟁으로 인해 중국과 소련 모두 북한에 대한 안보지원을 제공하기 어려웠기 때문에, 북한은 두 국가에 대한 안보의존에서 점차 벗어나게 되었다. 국제정세의 변화에 따라 북중관계는 협력과 갈등을 오가는 모습을 보여주었고 북한은 안보 위협에 대응하기 위해 독자적인 국방력 강화에 집중함으로써 중국에 대해 일정 수준의 자율성을 확보할 수 있었다. 따라서 냉전 시기부터 탈냉전을 거치며 변화해 온 북중관계를 비대칭 안보동맹이라는 틀로 단순화해 설명하는 데는 한계가 있다.

이처럼 북중관계를 강대국과 약소국 간의 비대칭 동맹 틀로 규정하기 어려운 이유는, 유럽의 근대국가 수립 이후 발전한 동맹이론이 오랜 역사적 관계를 통해 형성된 동아시아 국가들의 상호 인식을 충분히 설명하지 못하기 때문이다. 근대 이전 동아시아 국제관계는 중국을 중심으로 한 중국과 주변국가 간의 질서였으며, 이는 유럽의 봉건주의체제와는 본질적으로 다른 성격을 지닌다.

고대 시기부터 한반도의 국가들은 중국의 문화와 전통을 공유해왔다. 북한과 중국이 과거 역사적 경험을 통해 상호관계를 어떻게 규정하고, 상대국에 대한 자국의 정체성을 어떻게 형성해왔는지를 분석하는 것은 중요하다. 중국 한나라 시기, 변경 지역을 관리하기 위해 여러 도호부가 설치되었는데, 그중 가장 중점적으로 관리된 도호부는 '안동도호부'와 '안남도호부'였다. 전자는 한반도 지역을, 후자는 인도차이나 반도의 베트남지역을 관할하였다. 두 지역 모두 반도라는 지리적 특성을 지니며, 대륙 세력인 중국이 해양세력으로부터의 안보위협을 방어하는 데 중요한 전략적 요충지였다. 따라서 북중관계를 정확히 이해하려면 중국과 한반도에 대한 지정학적 관계에 대한 분석도 선행되어야 한다.

중국과 한반도는 근대 서구 제국주의에 따른 식민지·반식민지 경험을 공유하며, 공통의 위협 인식을 바탕으로 반제국주의 연대를 형성하였다. 이러한 역사적 배경은 북한과 중국의 상호 인식에 영향을 주었기 때문에, 근대 이전 양국관계에 대한 검토 또한 필수적이다.

이러한 북중관계를 냉전 시기, 미중협력 시기, 그리고 미중 경쟁 시기를 거쳐 되짚어보는 일은 미중경쟁 시대의 한반도 평화를 준비하는 데에 중요한 과제이다. 북중관계는 국제정세와 양국의 국내정치 상황에 따라 변화가 있었다. 이러한 북중관계를 한마디로 정의하기는 쉽지 않기 때문에 지정학적 요인과 역사적 맥락 등 다양한 요소를 종합적으로 고려할 필요가 있다.

북한과 중국의 역사적 관계를 살펴보면, 강대국인 중국이 약소국인 북한에 일방적인 영향력을 행사하기 어려웠고, 북한은 중국에 대해 '자주'로 표현되는 일정 수준의 자율성을 유지해왔음을 알 수 있다. 이에 따라 두 나라는 오랜 기간 긴밀히 협력해온 이웃이지만, 시기마다 갈등 또한 반복되었음을 확인할 수 있다.

따라서 이 글은 북중관계를 강대국과 약소국 간의 '비대칭관계'로 규정하고, 양국 간 갈등을 강대국의 존중과 약소국의 자율성이 충돌하는 '비대칭 갈등'으로 정의한다. 근대 이전 중국과 특별한 관계를 유지해온 베트남과의 관계(이하 중베관계)를 비대칭관계로 설명한 워맥(Brantly Womack)의 연구는 본 글의 핵심적 모티브가 되었다. 북중관계와 중베관계는 대륙국가와 인접한 반도국가라는 지정학적 공통점과 유교문화권이라는 문화적 유사성을 지닌다. 사회주의 국가인 중국과 인접한 두 반도국가가 사회주의 정권을 수립하고, 냉전 시기 분단국가로서 국제전을 경험했다는 점 역시 중요한 공통점이다.

북중관계를 비대칭관계로 간주할 경우, 양국 간 갈등의 지속은 비대칭관계의 일반적 특성인 '비대칭 갈등'으로 해석할 수 있다. 즉, 북중관계는 특수성을 지니지만, 동시에 강대국과 약소국 사이에서 나타나는 보편적 특성도 함께 갖고 있기 때문에, 이 글은 두 특성을 모두 포괄하여 북중관계를 검토하고자 한다. 북중 간 비대칭 갈등은 국가수립 이전부터 시작되어 1970년대 데탕트 시기를 거쳐 확대되었으며, 탈냉전 시기에 최고조에 달했고, 현재의 미중 경쟁 시대에도 지속되고 있다.

이 글의 목적은 북중관계의 역사를 통해 양국의 비대칭 갈등을 이해하는 것이다. 이를 위해 북한과 중국의 지정학 조건, 상호 인식, 정책변화를 살펴보고, 냉전 시기와 탈냉전 시기의 주요 사례들을 중심으로 북중관계를 검토하였다. 특히 북중수교는 1949년 중화인민공화국 수립 이후 공식화되었지만, 양국관계는 국가 간 관계에 앞서 당 대 당의 관계로 시작되었기에, 국가 수립 이전부터 형성된 반제국주의 연대와 협력부터 살펴보았다.

이 글은 크게 네 부분으로 구성되어 있다. 1부에서는 북중관계의 기반을, 2부에서는 그 역사적 전개를 다루었으며, 마지막 3부에서는 북중관계의 주요 쟁점을 검토하였다. 구체적으로는 북중우호조약과 북러 협정 비교, 중국의 북핵문제 인식, 북중경제협력의 상호성, 대북 경제 제재의 한계, 미중경쟁에 따른 국제정세 변화 속 북중관계 등 다섯 가지 쟁점을 분석하고, 이를 바탕으로 한반도 평화와 북중관계에 대한 전망으로 글을 마무리하였다.

■ 주

1) 션즈화 지음, 김동길 외 옮김, 『최후의 천조: 모택동, 김일성 시대의 중국과 북한』 (서울: 선인, 2017).

2) 이종석, 『북한-중국관계: 1945-2000』 (서울: 중심, 2000).

3) 최명해, 『중국·북한 동맹관계』 (서울: 오름, 2009).

4) 박종철, "중소분쟁과 북중관계(1961-1964)에 대한 고찰," 『한중사회과학연구』 9권 2호 (2011).

5) 히라이와 슌지 지음, 이종국 옮김, 『북한·중국관계 60년: '순치관계'의 구조와 변용』 (서울: 선인, 2010).

6) Chen Jian, *Uneasy Allies: Fifty Years of China-North Korea Relations* (Washington: Woodrow Wilson Center, Asia Program Special Report, 2003).

7) Samuel S. Kim, *North Korean Foreign Relations: In the Post-Cold War Era*, London: Oxford University Press, 1998.

8) David Shambaugh, "China and the Korean Peninsula: Playing for the Long Term," *Washington Quarterly* 26 (Spring 2003), pp. 43-56.

9) Andrew Scobell, "China and North Korea," *Current History*, vol 101, no. 656 (September 2002), pp. 278-283.

10) Samuel S. Kim and Tai Hwan Lee, "Chinese-North Korean Relations: Managing Asymmetrical Interdependence," in *North Korea and Northeast Asia*, ed. by Samuel S. Kim and Tai Hwan Lee (New York: Rowman & Littlefield Publishers, Inc., 2002), pp. 109-137.

11) 이 때문에 김보미는 비대칭동맹의 특수사례로 북중관계를 지칭하기도 하였다. 김보미, 『김일성과 중소분쟁』 (서울: 서강대학교 출판부, 2019).

1부

북중관계의 토대

북중관계의 비대칭성과 상호정책

북중관계를 이해하는 첫걸음은 양국 간 국력 차이를 인식하는 것이다. 이러한 비대칭적 관계에서는 서로에 대한 인식이 달라질 수 있으며, 이는 외교정책에도 영향을 미친다. 따라서 중국의 대북 인식과 북한의 대중 인식을 구분해 살펴볼 필요가 있다.

먼저, 외교정책에서 국가 간 인식을 중시하는 방어적 현실주의이론을 통해 통해 인식이 외교정책에 어떤 영향을 주는지 이론적 검토를 할 것이다. 다음으로, 비대칭관계의 특성을 확인하고 이를 북중관계에 적용할 것이다. 특히 비대칭관계의 특성 중 하나인 비대칭 갈등에 주목하고자 한다. 마지막으로, 중국의 대북정책을 살펴보기 위해 중국의 대한반도정책을 검토하고, 북한의 대중국정책도 함께 분석할 것이다.

1. 비대칭관계와 비대칭 갈등

국가 간 관계에서 특정 국가의 상대국에 대한 인식은 역사적으로 오랜 기간 축적되는 경우가 많으며, 이는 외교정책에 적지 않은 영향을 미친다. 북중 간 비대칭관계를 이해하려면 양국의 상호 인식을 살펴보고, 그 차이에서 비롯되는 비대칭 갈등을 분석할 필요가 있다.

1) 국가 간 '인식'과 비대칭관계의 구조

북한과 중국의 관계를 검토하려면 북한과 중국의 국력 차이가 크다는 사실로부터 출발할 필요성이 있다. 국력의 격차는 상대국에 대한 인식에 중요한 영향을 미치며, 이는 국가관계를 이해하는 데 필수적이다. 이러한 인식이 국가관계에 영향을 준다는 점을 잘 보여주는 이론이 바로 방어적 현실주의(defensive realism)의 '관념(ideas)'이다.

방어적 현실주의는 대외정책에서 '관념'이라는 포괄적 개념의 중요성을 제기한다. 저비스(Robert Jervis)는 외교정책연구에 있어서 국가들의 정보 해석과 정책결정에 영향을 미치는 요소로 정책결정자의 가치, 신념, 인식체계, 그리고 편견의 존재를 분석할 필요가 있다고 강조한다. 그에 따르면, 사람들은 동일한 상황에서도 동일하게 행동하지 않기 때문에, 정책결정자가 타국의 행위를 어떻게 인식하고 그 의도를 어떻게 판단하느냐가 중요하다.[1]

저비스는 한 국가가 타국을 신뢰하는 조건을 다음과 같이 설명한다. A국이 B국이 자신의 희생을 통해 B국의 이익을 추구하지 않는다고 믿는다면, A국은 특정 상황에서 B국을 신뢰할 수 있다. 특히 A국이 B국이 단기적 이익보다 양국 간 장기적 협력에 더 가치를 둔다고 판단할 경우, 협력이 가능해진다. A국이 B국을 신뢰한다면, 일정한 손해가 발생하더라도 이를 감수할 수 있으며, 실제로 신뢰를 보여주는 방식으로 행동할 것이다. 이러한 상호 신뢰는 배반에 대한 우려 없이 단기 이익에 치우치지 않는 조화로운 관계의 기반을 형성한다.[2] 이러한 분석은 한 국가의 대외정책이 상호 인식에 기반하고 있다는 점을 보여주고 있다.

이러한 외교정책결정과정에서 인지적 변수의 영향은 골드스타인(Judith Goldstein)과 코헤인(Robert O. Keohane)의 연구에서도 찾을 수 있다. 이들은 외교정책이 권력 분포나 그 변화 자체보다, 이를 정책결정자가 어떻게 인식하고 해석하느냐에 따라 달라진다고 본다. 또한 정책적 관념을 세계관, 원칙적 신념, 인과적 신념으로 분류하며, 각각은 이정표 제시, 조율을 위한 초점 기능, 제도화 과정을 통해 외교정책 결정에 영향을 미친다고 주장한다. 관념과 행위는 상호작용을 통해 서로 영향을 주고받으며, 이는 두 가지 방식으로 나타난다. 첫째, 관념에 의해 형성된 세계관은 이익을 추구하는 과정에서 행위의 방향, 즉 진로(track)를 결정한다. 관념은 세계를 해석하고 어젠다를 형성함으로써 정책 결과에 영향을 미친다. 둘째, 관념은 다양한 선택지 중에서 선택의 범위를 제한함으로써 경로조정자(switchman) 역할을 수행한다.[3]

이처럼 국가 간 인식은 외교정책에 영향을 주기 때문에, 국력 차이가 있는 국가관계에서는 상호 인식의 차이를 전제로 해야 한다. 북중관계 역시 강대국과 약소국의 관계이기 때문에 이를 이해하기 위해서는 먼저 비대칭관계(asymmetric relationship)의 특성에 대한 이해가 필요하다. 북중관계는 약소국 북한과 강대국 중국의 비대칭관계로, 비대칭관계가 지니는 일반적 특성을 보여준다.

국가 간의 관계에서 대칭관계는 절대적 평등을 요구하지는 않지만, A국이 B국에 대해 할 수 있는 일과 B국이 A국에 대해 할 수 있는 일 사이에 일정한 상호적 평등성이 존재한다고 가정한다. 그러나 현실의 국제관계에서는 국력의 불균형이 심각한 경우가 많다. 일반적으로 비대칭관계란 상대적으로 국력이 강한 강대국과 국력이 약한 약소국[4] 사이의 관계를 의미한다. 비대칭관계는 대칭관계처럼 대등하거나 안정적이지는 않지만, 강대국과 약소국 간의 상호 의존성에 기반해 지속된다. 이러한 양자관계를 '비대칭관계'라고 한다.

비대칭관계는 과거 역사적 경험으로부터 공유된 집합적 기억에 따라 다양한 다양한 형태로 나타난다. 그러나 중요한 점은 국력 차이에도 불구하고 한 국가가 소멸하거나 일방적으로 지배당하지 않고, '비대칭의 균형(the balance of asymmetry)'을 통해 관계가 유지된다는 것이다. 다시 말해, 비대칭의 균형이란 강대국은 비대칭적 우위를 지속적으로 유지하려 하고, 약소국은 열세 속에서도 관계 유지를 추구하는 상태를 의미한다.

비대칭관계를 동맹으로 한정시키지 않고 일반적인 강대국과 약소국의 관계로 확대시킨 것이 비대칭이론이다. 워맥(Brantly Womack)에 따르면 비대칭이론에는 두 가지 전제가 있다.[5] 첫째, 능력의 차이가 강대국과 약소국 간 인식과 이익의 불평등을 초래한다. 비대칭이론은 국가 간 힘의 차이를 부정하지 않으며, 기본적으로 상대국에 대한 상호 인식과 상호작용이 다르다는 점에서 출발한다. 이로 인해 각국의 기회와 취약성에도 차이가 발생한다. 강대국을 A, 약소국을 B라고 할 때, 비대칭관계를 효과적으로 분석하려면 A→B와 B→A의 관계를 분리해 살펴볼 필요가 있다.

또 다른 전제는 비대칭관계가 매우 견고하다는 점이다. A와 B 사이의 이익과 인식 차이는 지속적인 긴장의 원인이 되므로, 이를 '안정적'이라고 보기는 어렵다는 견해도 있다. 그러나 대부분의 경우 능력의 불균형은 쉽게 변하지 않으며, 강대국이 약소국을 제거할 가능성도 낮다. 비대칭의 정상상태(normalcy)란, 강대국의 우위가 도전받지 않고 약소국의 자주성이 동시에 보장된다는 상호 확신 속에서 관계가 유지되는 상태를 말한다.

대부분의 안보이론은 힘에 초점을 맞추며, 더 강한 쪽이 승리하고 도전은 승산이 있을 때 발생한다고 본다. 경제 헤게모니이론은 광범위한 이슈에 관심을 가지지만 가장 강한 국가가 통제한다는 가정을 전제로 한다. 그러나 현실에서는 약소국이 버티고 종종 강대국의 정복 시도를 좌절시킬 수 있다. 비대칭관계의 정상상태는 단순한 지배가 아닌 협상을 통해 유지되며, 일시적 불균형이나 지배-복종의 관계로 환원되지 않는다. 비대칭관계는 그것 자체로 하나의 '정상(normality)'일 수 있다.

이처럼 비대칭이론은 양국 간 국력 차이에서 관계가 출발한다는 점에서 비대칭동맹과 유사하다. 그러나 가상의 적을 상정하지 않는다는 점과 안보 위협이 없이도 비대칭관계의 협력이 이루어질 수 있다는 점에서 상호적이다.

워맥에 따르면 강대국을 A, 약소국을 B라고 한다할 때, 비대칭관계에서 A는 B보다 이러한 관계에 덜 주의를 기울이기 때문에 A의 B에 대한 인식은 상대적으로 부주의하다(inattentive). 예를 들어, 중국은 세계적 강대국이기 때문에 북한에 대한 관심이 미국이나 러시아에 비해 상대적으로 낮다. 이는 정보 수준과 실제 관심 사이에 차이가 있음을 보여준다. 중국의 북한에 대한 정보와 전문성은 뛰어나지만 일반 지도자와 대중, 그리고 언론의 지속적인 관심사가 아니다. 또한 중국은 내부 문제에 대한 관심이 크기 때문에, 외부 세계에 내한 관심은 주로 다른 강대국에 집중되는 경향이 있다.[6]

위기가 B로 집중된다 하더라도 A는 지역적 또는 세계적 전략에 더 집중한다. 'B의 문제'가 논의되더라도 A는 B의 실제 상황이나 언행에 민감하게 반응하지 않는다. A는 B보다 더 중요한 외부 관심사를 가지고 있을 가능성이 높다. 국내 정치의 규모가 크기 때문에 국내 정치의 필요성에 의해 대외정책이 영향을 받으며, 전체 대외관계의 관심은 강대국으로 기운다. 이러한 현상을 워맥은 '강대국의 부주의 정치(politics of inattention)'라고 설명한다.

반면 비대칭관계에서 약소국은 관계의 중요성뿐만 아니라 A가 주도적 역할을 한다는 사실을 분명히 인식한다. B의 지도자들은 양자관계뿐 아니라 A의 사고와 행동까지 추정하려 하며, A보다 더 많은 노력을 A의 정치분석에 기울인다(overattentive). 이러한 과도한 관심은 인식의 왜곡을 낳는데, 워맥은 이를 '과주의의 정치(politics of overattention)'라고 부른다.[7]

관계에 대한 태도에서 차이를 주목하는 것은 중요하다. A는 B에 대한 부주의를 관계의 일반적 환경에 의존하여 보상하는 반면, B는 그 관계의 환경을 전혀 신뢰하지 않을 것이다. A는 위협을 느끼지 않기 때문에 이완된 자세를 취할 수 있는 반면, B는 A가 아무리 많은 확신을 주더라도 초조와 의심을 가질 가능성이 높다. A는 B에 대하여 관대하지만, B는 A에 대해 비효율적으로 우호적이고 불필요한 의심을 품고 있는 것으로 보인다. A에 대한 변화에 맞서 구속할 필요를 느끼기 때문에, B는 A에 대해 더 냉정하고 거리를 두는 태도를 보일 가능성이 높다. B는 A에 대해 취약성을 느끼며, A의 정책보다는 능력 차이에서 비롯된 취약성으로 인해 적대적인 감정을 가질 것이다.[8]

따라서 A의 B에 대한 정책이 일정하지 않은 것과 달리, A에 대한 B의 정책은 더 많은 주의를 요구하기 때문에 언제든지 더 협력적일 가능성이 높다. 즉, A의 B에 대한 정책은 특정 시기에는 복잡한 양상을 보이지만 일반적으로 안정적인 반면, B의 A에 대한 정책은 보통 협력적이지만 시간이 지나면서 수시로 변동할 것이다.

이와 같은 비대칭관계의 부주의와 과주의의 상대적 특성을 도식화하면 도표 2.1과 같다. 도표 2.1에서 ∠A는 강대국 A의 약소국 B에 대한 주의의 크기를 나타내고, ∠B는 약소국 B의 강대국 A에 대한 주의의

도표 2.1   비대칭적 주의의 비교

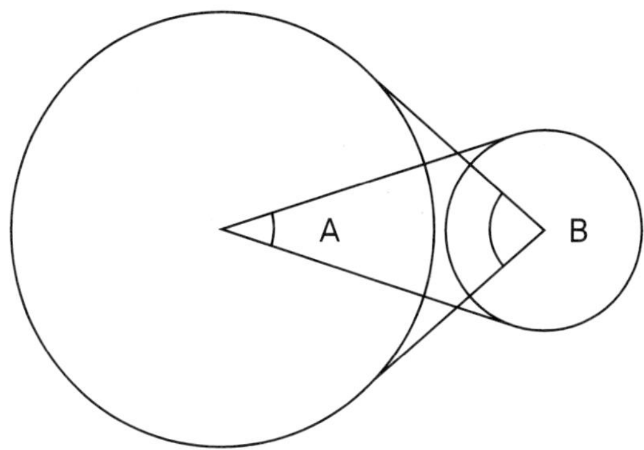

출처: Brantly Womack, *China and Vietnam: The Politics of Asymmetry* (New York: Cambridge University Press, 2006), p. 79.

크기를 나타낸다. 결국 ∠A는 ∠B보다 작다.

중국이라는 강대국과 북한이라는 약소국의 관계에서 이러한 비대칭 관계의 특성이 성립한다. 중국의 대외정책에서 북한에 대한 정책은 큰 부분을 차지하지 않는다. 중국의 대외정책에서는 국내정치가 중요한 비중을 차지하며, 그 중심은 미국, 러시아, 유럽연합(EU) 등의 강대국들이다. 북한의 위기가 발생한다 발생하더라도 중국은 실제로 강대국들과의 관계나 세계 전략에 집중한다. 반면 북한은 중국의 정책변화에 대해 민감할 수밖에 없으며, 중국의 정책 분석에 많은 주의를 기울인다.

2) 비대칭 갈등의 특성

국가관계에서 모든 국가들은 안보 이익과 자율성 이익을 유지하려고 한다. 일반적으로 각국은 국가관계에서 안보 또는 자율성을 확대하려고 한다. 보통 약소국은 강대국과의 관계에서 안보 이익을 확대하기 위해 자율성 이익에 대가를 지불하게 된다.[9]

　이러한 이유로 비대칭관계에서 강대국 A는 약소국 B가 A의 이익에 맞추어 이익 존중(deference)을 표하는 방향으로 행동하기를 기대하지만, B는 자국의 이익을 위해 자율성(autonomy)을 추구한다. 이때 A는 B가 또 다른 국가와 협력하거나 스스로 방어능력을 확대할 경우, B에 대한 통제력이 약화될 것이라고 우려하게 된다. 반면 B는 A가 자국의 자율성을 제한하려는 압력에 반대하며, A가 자국의 이익에 협력하지 않을 가능성에 대해 우려한다. 이러한 상호 간의 우려가 비대칭관계의 갈등 상황을 야기한다.[10]

　이익 존중과 자율성이 반드시 모순된 것은 아니지만 미묘한 관계에 있다. B는 A의 힘이 B의 중요한 이익을 위협하지 않을 때만 A를 존중할 수 있다. 그렇지 않으면 B는 항복하거나 싸울 것이다. 즉, A가 B의 자율성을 인정하는 것은 절대적인 것이 아니며, 비대칭적인 상황에서만 가능하다. 그러나 이익 존중과 자율성의 상호적 기대가 일방적 요구처럼 보인다면 그것은 모순될 수 있다. B가 자율성을 요구한다면 A의 권력에 도전하는 것을 의미한다. 이익 존중의 요구는 순종을 요구하는 것이다. 자율성을 추구하는 것은 동등한 권력을 주장하는 것이다. A는

도표 2.2　비대칭관계의 갈등 구조

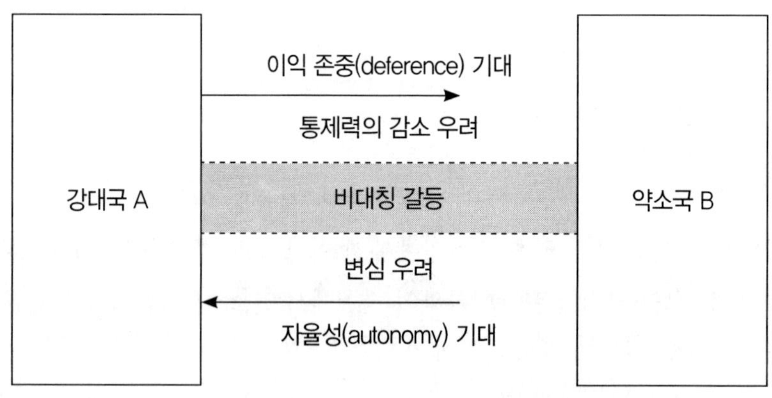

B를 강제하거나, B의 사활적 이익과 관련된 문제들을 연계하는 방식으로 B에게 이익 존중을 요구하기도 한다.

B는 보통 A를 강제하여 자율성을 인정받을 수 있는 위치에 있지 않지만, B는 A와의 협력에 A가 의심하도록 할 수 있다. B는 협상에서 A와 공식적이고 독립적인 동등함을 주장하려고 노력할 수 있다. 또한, B는 A의 행위에 대해 과민하게 반응할 수도 있으며, 이는 B의 이익을 보호하기 위한 행동일 수 있다. B는 A와의 관계에서 자신의 위상을 최대화하려고 할 것이다. B의 입장에서 A와 더 나은 관계는 비대칭관계에서 협력보다는 A에게 아무것도 잃지 않는 동등한 관계일 수 있다. 반면, A는 B의 단호하고 과민한 행위를 용인하기 어렵다. A의 입장에서, B가 관계에서 자신이 어떤 위치에 있는지 이해하고 이를 수용할 것인지에 대한 문제가 발생한다. 만약 B가 A의 적대감이나 스스로의 능력에 대한 과장된 믿음을 가진다면, B의 행동이나 다른 국가와의 동맹을 통해 A에게 안보 문제를 일으킬 수 있다.[11]

도표 2.3 비대칭관계의 정상상태: 복종과 자율성의 균형

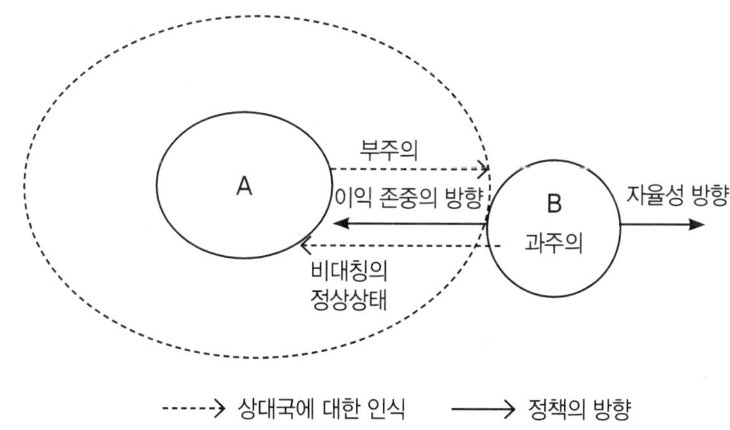

출처: Brantly Womack, *China and Vietnam: The Politics of Asymmetry* (New York: Cambridge University Press, 2006), p. 79.

비대칭관계의 교착을 종식시키는 데에는 여러 가지 방법이 있다. 그 중 하나는 B가 A에 대해 항복하고 새로운 정체성을 수용하는 것이다. A나 B 중 하나가 일방적 수용을 제공할 수도 있다. 예를 들어, A가 이전 정부를 설립하거나 저항에 대한 사면을 제공할 수 있다. B는 A가 더 이상 위협이 아님을 증명할 수 있다. 이러한 과정은 협상으로 이어질 수 있으며, 적대감을 변화시킬 수 있다.

다른 가능성은 협상이다. 협상은 상대방의 잠재적인 인식을 고려해야 하기 때문에 시작하기 어려울 수 있다. 또한, 협상의 절차나 규칙이 결과에 편향을 초래할 가능성도 있다. 그럼에도 불구하고, 교착 상태를 유지하는 것이 중요하다면 협상은 가장 효과적인 방법이 될 수 있다. 실제로 협상은 각 측이 상대방에게 양보를 얻어 결정적 이익을 얻으려는 시도이다.

정상상태의 주요 특징은 양국이 평화로운 관계에서 긍정적인 상호이익을 확신하고, 그 틀 내에서 불일치에 대해 협상할 수 있다는 점이다. 정상상태는 양자적 비대칭관계에서 안정적 상태이다. 비록 정상 상태가 B가 A에 대해 이익존중 형태를 포함할지라도, 그 전환은 B의 자율에 대한 A의 인식에 근거한 것이므로 지배적인 관계는 아니다. 정상적인 관계에서 B는 A의 확대된 능력에 취약할 수 있지만, 이 취약성은 강압의 위협 없이 협상에 의해 유지될 수 있다.

특히 강대국의 입장에서 약소국에 대한 안보지원은 상당한 부담이 되지만, 약소국이 없어지거나 불안정한 상황이 되는 경우 더 큰 부담이 발생한다. 새로운 국가와의 관계 유지를 위해 비용을 지불해야 하거나, 기존의 자국에 유리한 조건을 유지하기 위해 약소국에 대한 안보 지원이나 협력을 해야 한다. 또한, 비대칭관계를 회복하기 위한 대가를 지불해야 한다. 이러한 비용이나 대가보다 기존의 관계 유지를 위한 지원이 상대적으로 적은 부담이 되기 때문이다.

　따라서 비대칭관계의 협력은 양국의 비대칭관계를 손상시키지 않는 범위 내에서 상호 이익을 추구할 수 있는 관계의 유지가 그 목적이다. 비대칭관계의 유지 자체가 강대국과 약소국의 관계를 안정적으로 유지하는 수단이 된다. 비대칭관계는 강대국이 일방적인 대내외정책의 결정권을 가지고 있지도 않고, 약소국이 동등한 위치에서 자국의 이익을 주장할 수 있는 관계도 아니다. 이러한 비대칭관계가 유지되는 상태를 '정상 상태'라고 하며, 그 속에서 양국은 협력하며 균형을 이루는 관계로 존재한다.

　결국, B의 지도자들은 불평등관계를 완화하려는 경향이 있다.[12] 이를 위한 방법은 다음의 네 가지가 있다. 첫 번째 방법은 다자적 연합이나 합의에서 A와 함께 참여하는 것이다. 두 번째 방법은 지역 연합에서 또는 공동 이익의 문제에 대해 다른 약소국과 함께 참여하는 것이다. 세 번째 방법은 B가 A에 도전할 수 있는 다른 강대국 C와 동맹을 맺는 것이다. B는 부분적으로 C와 우호관계를 유지하지만, 장기적으로 B와 C의 관계가 C와 A의 관계보다 더 중요해질 가능성은 없다. 그러나 이러한 동맹의 문제는 A의 관점에서 위기를 발생시킨다는 점이다. 마지막 방법은 B 스스로가 핵무기를 개발하는 것이다. 만약 B가 핵무기를 개발하고 배포할 능력이 있다면, 그 거대한 파괴 능력은 A로부터의 치명적인 위협에 대응할 수 있는 수단이 될 수 있다. 이러한 위협은 실제로 제한적일 수 있지만, 일정한 수준의 평등성을 확보할 수는 있다.

　이를 북중관계에 적용해보면, 약소국인 북한은 중국과의 불평등관계를 완화하기 위하여 핵무기 개발을 적극 추진하였고, 때로는 미국이나 러시아와 같은 다른 강대국과의 협력을 강화하거나, 때로는 한국과의 남북협력을 강화하는 방법으로 중국에 대해 자율성을 확대해왔음을 확인할 수 있다.

2. 중국의 '두 개의 한국정책'과 완충지대로서의 북한

북한과 중국의 관계를 이해하려면, 중국의 대북정책과 북한의 대중국 정책을 구분하여 살펴볼 필요가 있다. 강대국인 중국은 대북정책을 국제 구조와 지역 차원에서 수립하고, 이러한 기조 하에서 대북 정책을 형성해왔다. 이러한 경향은 1970년대부터 공고화되었다. 중국의 대북 정책을 세부적으로 검토하는 것보다, 중국의 대한반도정책을 먼저 확인하는 것이 더 효과적이다. 중국은 한반도정책이라는 큰 틀 안에서 시기에 따라 대북정책을 조정해왔기 때문이다.

냉전 시기 중국의 한반도정책은 진영외교의 입장에서 '대한반도정책은 곧 대북정책'으로 설명될 수 있었다. 그러나 1970년대 데탕트 시기부터 중국은 한반도정책을 '미중관계'와 '한반도 안정'의 관점에서 수립하기 시작하였다. 이 시기는 중국의 경제개혁·개방 시기로 '미중관계'와 '한반도 안정'이 중국의 경제성장에 중요한 영향을 미쳤기 때문이다.

2008년을 기점으로 미중관계가 변화하기 시작하였고, 중국의 한반도정책도 변화가 있었다. 이전 중국은 미중협력을 유지하기 위한 한반도정책을 추진했으나, 2008년 이후 미중 갈등의 관점에서 한반도정책을 추진하게 되었다.

그럼에도 불구하고 1970년대 데탕트 시기 이후 지속된 중국의 대한반도정책은 '두 개의 한국정책(Two Korea policy)'이다. 미국과의 관계 정상화를 이룬 1979년부터 중국은 한국의 존재를 인지하기 시작했고, '두 개의 한국정책'을 본격화하였다. 그리고 탈냉전 이후 1992년 한중수교를 통해 이를 공식화하였다.

중국의 '두 개의 한국정책'은 한반도에서 두 개의 국가의 존재를 인정하고, 두 국가와 모두 관계를 지속하는 것이다. 이것은 곧 북한체제의 존속을 전제로 하고 있으며, 중국에게 사회주의 북한은 자유민주주의 국가들과의 충돌을 방지하는 '완충지대(buffer zone)'이다.

1) 중국의 '두 개의 한국정책'

중국은 지정학적으로 전략 요충지였던 한국을 안보상 중요 지역으로 간주하고, 이 지역의 안보가 중국의 동북 접경지역 안보와 긴밀하게 연계되어 있다는 인식을 가지고 있었다. 이러한 인식은 지금도 여전히 지속되고 있으며, 현재 중국이 미국과 세력경쟁을 벌이고 있는 상황에서 다시 논의되고 있다.

중국의 공식적 한반도정책은 한반도의 평화와 안정 유지, 한반도의 비핵화, 대화를 통한 문제 해결이다. 이를 바탕으로 북한 핵문제와 관련된 한반도 문제에 대한 해결책으로 '쌍중단(雙暫停, 쌍잠정)'과 '쌍궤병행(雙軌竝行)'을 제시한 바 있다. 이러한 논의들에서 중국의 한반도 정책은 '3불 1무(三不一無)'로 표현되며, 전쟁 반대(不戰), 불안정 반대(不亂), 인위적 통일 반대(不統), 비핵화(無核化)로 설명되기도 했다.

학계에서 중국의 한반도정책에 대한 논의를 살펴보면, 샴보(David Shambaugh)는 중국의 대한반도정책을 북한체제의 생존, 북한체제의 개혁, 한중관계 유지 및 발전, 한반도에서의 중국의 영향력 확립, 북한의 대량살상무기개발 저지로 설명하였다.[13]

또한, 사무엘 김(Samuel S. Kim)과 이태환은 중국의 대한반도정책을 불안정 반대(no instability), 북한 붕괴의 반대(no collapse), 핵무기 반대(no nukes), 난민 및 망명자 반대(no refugees or defectors), 갈등 격화 반대(no conflict escalation)의 '다섯 가지 반대(five no's)'로 설명하였다.[14]

이러한 논의를 토대로 보면, 한반도의 불안정 반대, 북한체제의 생존, 한반도에서의 중국의 영향력 확립, 한중관계 유지 및 발전, 북한의 대량살상무기 개발 저지라는 다섯 가지 측면으로 분석할 수 있다.

첫째, 한반도의 불안정 반대이다. 중국은 한반도 안보가 자국의 안보에 영향을 오랜 역사적 관점을 가지고 있으며, 한반도의 불안정은 중국의 안정에 부정적 영향을 준다고 인식하고 있다. 중국은 한반도 및 그 주변국들의 남북한관계 악화 및 그에 따른 갈등이나 충돌의 확대를 반대하는데, 남북관계의 긴장 고조와 북한의 대남 도발 등은 중국이 가정하는 한반도의 불안정 상황이다.

둘째, 북한체제의 생존이다. 이것은 두 개의 한반도정책이 중국의 한반도정책의 핵심이라는 점을 보여주고 있으며, 중국의 남북한 균형외교 지속을 의미한다. 북한의 불안정성이 확대되면 국경을 접하고 있는 중국에 영향을 미칠 것을 우려하며, 북한의 내구력이 약화될수록 북한에 대한 지지와 지원을 강화하는 경향을 보인다. 대표적 사례가 북한의 지도자 교체 시기였다.

셋째, 한반도에서의 중국의 영향력 확립이다. 중국은 한반도가 해양세력과 마주하는 반도라는 공간적 특성으로 인하여 한반도의 상황이 중국의 영향을 미친다고 인식하고 있다. 이에 따라 한반도에서의 중국 영향력 확대를 위해 노력해왔다. 한중수교 이후 남북한 모두에게 영향력을 확대하면서 중국의 대한반도 영향력을 강화해왔으며, 한반도의 상황 변화에 대해 중국의 이익이 확보될 수 있도록 노력하는 것이 중국의 한반도정책의 주요한 목표이다.

넷째, 한중관계 유지 및 발전이다. 1992년 한중수교 이후 중국은 한국과의 경제협력이 중국의 경제발전에 중요한 역할을 했다는 점을 인식하고 있으며, 한국과의 관계 유지 및 발전은 중국의 두 개의 한국정책을 이루는 또 하나의 중요한 축이다.

다섯째, 핵무기 반대이다. 중국은 한반도 전체의 비핵화를 지지하며 북한의 핵무기 개발에 반대를 표명하고 있다. 단, 핵무기 반대는 중국의 한반도정책 우선순위에서 한반도 불안정 반대와 북한 붕괴 반대에 비해 후순위로 밀려나 있음을 고려할 필요성이 있다.

앞서 살펴본 중국의 대한반도 정책을 살펴보면, 탈냉전 이후 중국의 한반도정책은 한마디로 '두 개의 한국정책'이며, 이것은 결국 북한체제의 생존을 전제로 한 것이다.

2) 미중 세력경쟁 시기 완충지대로서의 북한

2008년 글로벌 금융위기를 기점으로 미중관계는 세력경쟁의 단계로 진입하기 시작하였다. 중국은 2008년 베이징올림픽 개최를 계기로 국내적으로는 민족주의를 부각시키고, 대외적으로는 공세적인 외교를 추구하기 시작했다.

2013년 중국 시진핑(習近平) 주석은 보다 능동적이고 안보지향적 외교를 언급하며, 중국의 향상된 국력에 바탕을 둔 이익과 대국외교를 주장하였다. 그러나 당시까지 중국은 미중관계의 갈등과 경쟁이 필연적이라는 점을 인정하면서도, 미국과의 갈등과 경쟁을 확대하지 않도록 관리하고자 하였다.

그러나 2017년, 미국의 트럼프(Donald Trump) 대통령이 대중 무역적자를 지적하고 대중국 무역 갈등이 발생하면서 미중 갈등이 본격화되었다. 이후 취임한 바이든(Joe Biden) 대통령은 동맹국과의 협력을 중시하면서 대중 포위 전략을 가속화하였다. 또한, 우크라이나전쟁이 발발하면서 자유민주주의 국가 간 협력이 강화되었고, 경제안보가 강조되면서 미중 간 경제적 디커플링이 가속화되었다.

이에 대응하여 중국은 브릭스(BRICS: Brazil, Russia, India, China, South Africa)와 상하이협력기구(SCO: Shanghai Cooperation Organisation)와 같은 다자협력체를 중심으로 협력을 강화하고, 자유무

역과 다자주의를 강조하고 있다. 중국은 러시아를 비롯한 권위주의체제 국가들과의 협력을 강화하는 한편, 헝가리와 같이 상대적으로 중러 양국과 협력을 유지하려는 국가들과의 협력도 확대하고 있다.

냉전 시기 중국은 한반도를 미일 안보동맹과의 경쟁에서 일차적 방어선으로 간주하였고, 한국전쟁을 '항미원조' 전쟁으로 호명하는 것도 같은 논리였다. 한국전쟁 참전으로 한반도에서 사회주의 세력이 존재하게 된 것은 중국으로서는 자본주의 세력으로부터 자국을 보호할 수 있는 완충지대(buffer zone)를 형성한 것이다.

정보화 시대에 들어서서 지리적 의미의 완충지대 의미는 완화되었으나, 중국에게 사회주의체제 수호를 위한 완충지대의 중요성은 오히려 확대되었다. 중국은 북한의 사회주의체제 유지가 중국의 사회주의 장기 지속에 기여한다고 생각한다. 이에 따라 중국은 북한을 사회주의체제 수호를 위한 완충지대로 간주하고 북한 사회주의체제의 지속을 지지한다.

일례로, 중국은 2010년 12월 중동지역의 튀니지를 시작으로 이집트, 리비아 등으로 확산된 '아랍의 봄(Arab Spring)'에 대해 기민하게 대응하였는데, 당시 중국은 접경 지역 안정을 위해 북한과 협력이 필요하였다. 이 시기, 중국은 자국 내 '쟈스민(혁명)'이라는 검색어를 웹에서 사라지게 할 만큼 민감하게 대응하였다. 또한, 2011년 2월 중국 멍젠주(孟建柱) 국무위원 겸 공안부장이 북한을 방문하여 북중 양국이 접경 지역에서의 '아랍의 봄'에 대한 공동 대응을 하였다는 사실은 여전히 중국에게 북한이 완충지대임을 보여주었다.

미중 세력경쟁이 심화되고 있는 현시점에서 중국은 여전히 북한을 완충지대로서 인식하고 있음을 알 수 있다. 미중경쟁이 심화되고 장기화될 것으로 전망되는 가운데, 미국은 안보와 경제뿐만 아니라 중국의 체제와 이념의 문제를 제기하고 있다. 트럼프정부 시기부터 미국은 중국의 인권 및 사회주의체제를 비판하고, 중국의 체제 문제를 적극적으로 거론하였다. 2021년 등장한 미국 바이든 행정부는 인권과 민주주의 가치를 강조하며, 2021년 12월 9일과 10일 양일간 '민주주의 정상회의'를 개최하고 동맹국과의 협력을 강화하였다. 미중경쟁은 이제 가치와 이념의 대립으로 확산되고 있는 상황이다.[15]

중국의 사회주의체제 지속을 위해서 중국공산당은 시진핑 주석의 3연임을 가능하게 하는 당장(黨章)을 수정하였으며, 최고지도자와 당 중앙의 리더십을 강화하였고, 사회 통제를 강화하는 등의 덩샤오핑(鄧小平)식 정치개혁과는 다른 방향으로 사회주의체제를 변화시켰다. 이러한 중국의 변화는 강력한 중앙 통제를 유지해왔던 북한 사회주의체제와의 동질성 확대라는 결과를 가져왔다. 미중경쟁 시대에 중국은 북한 사회주의체제 생존을 지지할 동기가 한층 강화되었다.

따라서 중국의 대한반도정책은 탈냉전 이후 국제정세 변화와 한중수교 이후 한중협력의 확대에도 불구하고, 기본노선은 변함없이 지속되고 있다. 북한 핵문제의 심화와 장기화 속에서도 중국은 북한체제의 생존을 지지하고 있으며, 최근 미중경쟁의 심화에 따라 '두 개의 한국정책'의 변화를 기대하기는 어려운 상황이다.

3. 북한의 대중국정책

북한의 대중국정책을 검토하기 위해서 먼저 북한의 외교정책 목표를 확인할 필요성이 있다. 그러나 북한의 외교 목표는 냉전 시기부터 탈냉전 시기까지 지속과 변화의 측면을 모두 가지고 있다. 냉전 시기 공세적 목표에서 탈냉전 이후 수세적 목표로 변화되어왔다. 김정은 시기 북한은 핵무기를 보유하면서 국가 위상을 제고한다고 홍보하고 있으나, 여전히 경제적·사회적 측면에서 취약한 국가에서 벗어나지 못하고 있

다. 이러한 북한의 특성은 대외정책에 영향을 미치고 있으며 대중국정
책도 예외는 아니다.

북한은 약소국으로서 중국에 대한 의존외교, 자주외교, 협력외교를
시기와 이슈에 따라 적절히 활용하고 있다. 북한은 강대국인 중국에 대
한 의존과 협력이 필요하지만, 동시에 중국에 대한 자율성 확대를 위한
자주외교를 추구하기 때문에, 여기에서는 중국에 대한 자주외교에 초
점을 맞출 것이다.

1) 북한외교정책의 목표

북한의 대중국정책을 이해하려면 북한이 외교정책을 통해 추구하는 가
치와 목표를 이해할 필요가 있다. 북한은 공식적으로 외교 노선의 지속
성을 주장해왔으나 시기에 따라 변화가 있어 왔다.

(1) 냉전 시기 북한외교정책의 목표

북한은 대외관계를 '주권 국가가 자기의 대외정책을 실현하는 과정에
다른 나라와 맺는 관계'[16]로 정의하고 있다. 그리고 북한에서의 외교란
'나라의 대외정책을 실현하기 위하여 다른 나라와 관계를 맺는 것 또는
그러한 활동'[17]을 의미한다.

북한은 마르크스·레닌주의를 기본이념으로 당과 국가를 수립한 사
회주의 국가이므로, 사회주의 이념에 따라 대외정책을 계급투쟁이론에
따른 세계혁명의 과정을 간주한다. 북한을 이끌고 있는 조선노동당은
제국주의를 반대하고, 마르크스·레닌주의를 기본이념으로 삼고, 한반
도 전체의 혁명화를 목표로 국가를 수립하였다.

북한은 대외정책을 '대외관계분야에서 일관하게 견지하는 근본 원칙
과 그 실현을 위한 전략전술적 방침'이라고 정의하고, '자주, 친선, 평

화 이것은 우리 당 대외정책의 기본이념'이라고 주장하였다.[18] 대외정책 기본이념은 조선노동당과 조선민주주의인민공화국의 자주적 입장과 반제혁명적 입장, 국제주의적 입장이 구현되어 있다고 설명한다.[19] 여기에서 국제주의는 반제국주의를 추구하는 국가들과의 국제주의를 의미하는 것이다.

북한은 '자주'에 대해 자국 인민의 힘을 믿고, 자체의 힘으로 혁명을 끝까지 책임지고 수행하려는 공산주의자들의 입장이라고 설명한다. 자주성은 프롤레타리아 국제주의와 모순되지 않을 뿐 아니라, 이를 강화하는 기초가 된다. 자국의 혁명을 떠나서 세계혁명에 대하여 생각할 수 없는 것처럼 자주성을 떠난 국제주의란 있을 수 없다고 본다.[20]

다음으로 '친선'에 대해서는 대외관계에서 국제혁명 역량과의 연대성으로 간주하고, "우리 민족의 존엄과 자주권을 존중하고 평등적으로 대하는 나라들과 친선과 단결을 도모"하는 것으로 주장한다.[21] 그 대표적인 예로 중국 공산주의자들과의 단결을 통한 항일 혁명 투쟁을 꼽는다.[22]

이후 냉전 시기 북한은 통일 전략을 구체화하면서 대외정책의 목적을 분명히 하였다. 1964년 2월 당중앙위원회 제4기 제8차 전원회의에서 김일성은 "조국 통일 위업을 실현하기 위해 혁명 역량을 백방으로 강화하자"는 연설을 통해 통일 실현을 위해 '북조선 혁명역량, 남조선 혁명역량, 국제적 혁명역량'의 강화가 필요하다고 제시하며, 3대혁명역량 중 국제적 혁명역량 강화가 북한의 대외정책 목표임을 보여주었다.[23]

이 연설에서 김일성은 국제혁명 역량 강화를 위해 "미제국주의를 고립시키며 그 침략정책을 파탄시키기" 위하여 "모든 사회주의 나라 인민들과 굳게 단결하여야 하며, 아세아, 아프리카, 라틴아메리카 인민들을 적극 지지하며 그들과의 단결을 강화하여야"한다고 주장하였다. 이를 위한 방안으로 신생 독립 국가들과 중립 국가들과의 관계를 더욱 개선하고, 프랑스, 일본, 그 외 다른 제국주의자들 사이의 갈등과 모순도

이용해야 한다고 역설하였다.[24]

이에 따라 북한 사회주의체제의 근본은 반식민주의와 반제국주의라고 볼 수 있다. 북한의 국가수립 과정은 항일무장투쟁에서 시작되었으며 한반도 북측지역에 국가를 수립한 것 역시 반제반식민주의 실현을 위한 것이었다.

북한의 '자주, 평화, 친선'은 대외정책의 목표이자 수단이다. 다른 국가들과 마찬가지로 북한 외교의 목표는 국가안보 및 자국민 보호, 경제발전, 대외적 위상확보이다. 이를 위해 북한외교는 자주, 평화, 친선의 수단을 활용한다.

이와 같이 냉전 시기 북한의 모든 대외정책은 국제혁명 역량 강화로 수렴된다고 볼 수 있다. 여기에서 사회주의 국가와 제3세계 국가들의 친선과 단결은 가장 중요한 대외정책이며 그들과의 협력을 위한 다양한 정책을 추진하였다. 실제로 북한은 냉전 시기 베트남전쟁에서 북베트남을 지원하였고, 아프리카 국가들의 공산주의 혁명을 지원하기도 하였다.

(2) 탈냉전 시기 북한외교정책의 목표

북한은 외교의 기본이념인 '자주, 친선, 평화'는 1980년 제6차 당대회에서 공식적으로 천명하였다. 그러나 1988년 9월 8일 국가수립 40주년 기념식에서 김일성은 '주체의 혁명적 기치를 높이 들고 사회주의 공산주의 위업을 끝까지 완성하자'라는 보고를 통해 북한외교정책 이념을 '자주, 평화, 친선'으로 설명하였다. 평화와 친선의 순서를 바꾼 것은 사회주의권의 변화와 1988년 한국 북방정책의 추진에 영향을 받은 것으로 해석된다.

북한 외교 목표를 검토한 김용호는 북한외교정책이 안보딜레마와 후계 계승이라는 두 가지 위협인식에서 출발한다고 주장하였다.[25] 전자는 외부 위협이고 후자는 내부 위협이다. 그리고 그 시작은 1979년 미중 수교 이후로 보았다. 이를 토대로 김정일 시기 북한 외교의 최우선순위 목표는 후계 계승이고, 그 다음으로 국가 생존과 경제 성장이었다고 분석하였다. 안보딜레마는 북한의 국가 특성과 관련이 있으며, 이러한 특성이 크게 변화하지 않는 한 지속될 것이다.

북한은 약소국이자 분단국이며, 취약국가라는 특성을 가지고 있다. 약소국이면서 분단국인 북한은 한국전쟁 이후 외부 안보위협에 직면하게 되었고, 남북한체제 경쟁에서 한국의 경제성장과 북방정책으로 열세에 놓이게 되자 체제를 위협하는 안보위협이 확대되었다고 인식하였다.

북한은 특히 취약국가로 분류된다. 취약국가는 빈곤 퇴치 정책을 발전시키거나 이행할 역량과 정치적 의지가 부족한 국가를 의미하며, 이는 파트너십 형성이 어려운 국가(difficult partnerships) 또는 위기에 처한 저소득국가(Low Income Countries Under Stress)를 포함한다. 미국 싱크탱크인 평화기금회(The Fund for Peace)가 발표한 2024년 '취약국가지수(Fragile States Index)'에 따르면, 북한은 전 세계 약 200개국 가운데 40번째로 취약한 국가로 평가되었다.[26]

따라서 이 연구는 북한의 외교가 후계체제의 안착과 관련된 국내정치의 안정, 그리고 안보딜레마 극복이라는 최우선 국가 목표를 추구하는 것으로 본다. 이러한 두 가지 목표를 달성하기 위한 수단으로 외교정책이 추진되며, 이를 토대로 개별 국가를 대상으로 한 구체적인 외교전략이 전개된다고 본다.

2) 북한의 대중국 의존·자주·협력외교

북한은 국내 정치안정과 안보딜레마 극복이라는 두 가지 목표를 달성하기 위해 다른 국가들과의 외교관계를 적극적으로 추진하고 있으며,

중국과의 관계도 그 연장선에 있다. 북한외교의 기본 성격은 중국과 같은 우호국과의 '협력 외교'로, 이는 일반적으로 우호국 간에 이루어지지만, 경우에 따라 적대국 간에도 가능하다.

북한 지역은 일본의 식민지배 시기를 거치면서 서양 및 일본 제국주의에 맞서 사회주의 세력과의 협력을 강화하였다. 북한 지도자들은 소련과 중국의 사회주의 혁명에 많은 영향을 받았고, 중국 국공내전에도 직접 참여하였다. 식민지배 역사와 사회주의 혁명은 북한과 중국을 밀접한 '혁명동지'로 인식하게 했으며, 이를 바탕으로 중국공산당과의 우호관계가 형성되었다.

또한, 국공내전 당시, 동북전선에서 북한이 후방기지 역할을 한 것을 계기로 중국은 북한과의 우호관계를 강화하였다. 이후 중국은 북한과 사회주의체제, 그리고 대미위협에 대한 인식이라는 공통분모를 바탕으로 한국전쟁에 참전하였다. 중국의 경제력 성장으로 북한은 대중협력외교의 필요성이 커졌고, 미중경쟁이 심화되면서 중국 역시 북한과의 협력외교를 더욱 중시하게 되었다.

북한 대중국 외교의 또 다른 측면은 '갈등외교'로 볼 수 있다. 북한은 냉전 시기부터 대외 자율성을 확보하기 위한 '자주노선(Self-reliance Doctrine)', 또는 '자주외교(Self-reliant Diplomacy)'를 추구해왔다.[27] 일반적으로 약소국은 강대국에 안보를 의존할 경우, 강대국과의 관계에서 자율성을 확보하기 위하여 자주성을 추구한다. 여기에서 자주성이란 국방과 외교분야에서 정책을 자율적으로 결정하고 집행할 수 있는 능력을 의미한다.[28]

한국전쟁 당시 중국이 북한을 절체절명의 위기에서 구했지만, 북한은 중국의 작전지휘권 독점이 자주성 약화로 이어질 것을 우려하였다. 이후 북한은 1956년 8월 종파사건을 계기로 중국의 내정간섭을 차단하기 위한 노력을 하였고, 중소분쟁 시기에는 중국으로부터 일정한 자율성을 확보하였다. 1966년 8월, 『노동신문』 사설 "자주성을 옹호하자"를 통해 북한은 자주노선을 대내외적으로 천명하였다.[29] 이러한 북한의 자주외교는 국내정치 안정과 안보딜레마 극복이라는 두 가지 목표를 달성하기 위한 수단이다.

북한은 약소국이자 분단국이며 취약국가로서 강대국인 중국과의 협력이 필요한 반면, 이에 대한 의존을 우려하고 있다. 또한, 중소분쟁과 미중수교를 거치면서 대중 자주외교의 경험도 축적해왔다.

주

1) 신욱희, "비대칭동맹에서의 갈등: 정치심리학적 측면," 『국방연구』 제50권 제1호 (2007), p. 18.

2) Robert Jervis, *Perception and Misperception in International Politics* (Princeton: Princeton University Press, 1976), p. 44.

3) Judith Goldstein and Robert O. Keohane, *Ideas and Foreign Policy: Beliefs, Institutions, and Political Change* (New York: Cornell University Press, 1993), pp. 11–12 참조.

4) 이스트(Maurice A. East)는 약소국을 면적, 인구, GNP, 군사력 측면에서 규모가 작은 국가로 범주화한다. Maurice A. East, "Size and Foreign Policy Behavior: A Test of Two Models," *World Politics 25* (July 1973), p. 557. 반면 로스스타인(Robert Rothstein)은 약소국을 안보 확보를 위해 외부의 조력이 필요하고, 안보를 위한 정책 선택 범위가 제한되며, 국가 지도자들 또한 자국의 약세를 인정하는 국가로 정의한다. Robert L. *Rothstein, Alliances and Small Powers* (New York: Columbia University Press, 1968), p. 177 참조.

5) Brantly Womack, *China and Vietnam: The Politics of Asymmetry* (New York: Cambridge University Press, 2006), pp. 17–18.

6) Womack (2006), pp. 80–82 참조.

7) Womack (2006), pp. 80–82.

8) Womack (2006), p. 83.

9) James D. Morrow, "Alliances: Why Write Them Down?" *Annual Review of Political Science 3* (2000), p. 41.

10) Womack (2006), p. 84.

11) Womack (2006), p. 85.

12) Womack (2006), pp. 90−92.

13) David Shambaugh, "China's Policy on the North Korean Nuclear Issue," *China Strategy* 3, July 20 (2004), p. 5.

14) Samuel S. Kim and Tai Hwan Lee, "Chinese-North Korean Relations: Managing Asymmetrical Interdependence," *North Korea and North Asia* (New York: Rowman & Littlefield Publishers Inc., 2002), pp. 109−110.

15) 이에 대해서는 김한권, 『바이든 행정부의 대중정책 방향성과 중국의 대응』, IFANS 주요국제문제분석 2021-06 (2021), pp. 25-26을 참조.

16) 『조선말대사전 1권』 (평양: 사회과학출판사, 1992), p. 896.

17) 『조선말대사전 2권』 (평양: 사회과학출판사, 1992), p. 1765.

18) 『조선말대사전 1권』 (평양: 사회과학출판사, 1992), p. 896.

19) 박태호, 『조선민주주의인민공화국 대외관계사 1』 (평양: 사회과학출판사, 1985), p. 1.

20) 박태호 (1985), p. 4

21) 박태호 (1985), pp. 7-9.

22) 박태호 (1985), p. 10.

23) 이한 (편), 『북한의 통일정책 변천사』 (서울: 온누리, 1988), p. 245.

24) 이한 (1988), p. 255.

25) Youngho Kim, *North Korean Foreign Policy* (Lanham: Lexington Books, 2011), pp. 3-13.

26) https://fragilestatesindex.org/global-data/ (검색일: 2024.12.24.)

27) 북한 자주외교의 배경은 지정학적 환경, 강한 민족적 자부심, 식민지배 경험, 정치통합 추구 등을 들 수 있다. 이에 대해서는 이상숙, "중소분쟁 시기 북한과 북베트남의 자주외교 비교," 『통일정책연구』 제17권 2호 (2008), pp. 54-55.

27) 이석호, "약소국 외교정책론," 이상우·하영선(편), 『현대국제정치학』 (서울: 나남, 1992), p. 459.

28) 이상숙, "1960년대 중반 북한-중국의 갈등과 북한의 자주노선," 『북한학연구』 3 제3권 2호 (2007), pp. 164-166.

한반도와 중국의 지정학 및 문화적 유사성

비대칭관계와 함께 북중관계를 이해하는 중요한 키워드는 '지정학'과 '문화'이다. 고대 동아시아의 질서는 강대국인 중국을 중심으로 형성되었고, 당시 주변 국가는 중국과의 관계 설정이 국가의 안위에 결정적 영향을 미쳤다.

이를 위해 대륙국가 중국과 반도국 한반도 사이의 지정힉적 괸계 형성과 상호 인식 과정을 살펴볼 필요가 있다. 이러한 관계를 이해하기 위해서는, 중국과 또 다른 반도국가인 베트남과의 관계를 함께 고찰할 필요가 있다. 이를 통해 근대 이전 중국과 한반도가 오랜 역사 속에서 문화적으로 긴밀한 관계를 형성했음을 확인하고, 제국주의 시기를 거치며 반식민주의 경험을 어떻게 공유해왔는지도 살펴볼 수 있다.

1. 한반도와 중국의 지정학

한반도와 중국은 독특한 지정학적 이해관계를 가지고 있다. 한반도는 대륙국가인 중국과 해양국가인 일본 사이에 위치한 반도국가로, 중국과 일본의 충돌을 방지하는 완충지대로서의 역할을 하였다.

1) 대륙국가로서의 중국

이 글은 북중관계가 오랜 역사적 배경을 가지고 있다는 점에 주목한다. 고대부터 한반도의 여러 국가들과 중국은 문화와 전통을 공유해왔다. 따라서 북한과 중국이 역사적 경험을 통해 상호관계를 어떻게 규정하고, 상대에 대한 자국 정체성을 어떻게 형성해왔는지 분석할 필요가 있다. 이러한 분석은 북중관계의 특수성을 통시적으로 조망할 수 있게 한다.

북한과 중국의 관계를 이해하기 위해서는 고대부터 이어진 중국과 한반도의 지정학적 맥락을 살펴볼 필요가 있다. 정보화 시대에도 지정학은 여전히 국가관계를 설명하는 핵심 요소로 인식되며, 인접 국가 간 지정학은 양국관계를 이해하는 출발점이 된다.

셀렌(Johan Rudolf Kjellen)은 지정학을 "지리적 유기체로서 공간에 자신의 존재를 드러내는 국가에 관한 과학"이라고 정의하였다.[1] 이를 쉽게 풀어보면 국력과 영토적 이해관계, 지리적 환경 간의 상호관계를 연구하는 학문이라 할 수 있다.[2] 즉, 중국과 북한의 국력 및 영토적 이해관계를 이해하는 것은 양국의 역사를 설명하는 데에 필수적이다.

중국과 이웃국가의 관계에서 지정학이 중요한 이유는 중국이 세계에서 가장 많은 국가들과 국경을 접하고 있기 때문이다. 중국의 육상 국경선은 2.2만여 킬로미터에 달하며 북한, 러시아, 몽골, 파키스탄, 인도, 베트남 등 15개국과 국경을 접하고 있다. 해상으로는 일본, 한국,

필리핀, 인도네시아 등 6개국과 인접해 있다. 이러한 지리적 특성으로 인해 중국은 인접 국가와의 관계를 중시하게 되었고, 지정학이 발달하게 되었다. 중국에서는 이를 '지연정치(地缘政治)'라고 부르기도 한다.

중국에서 발행하는 『중국대백과전서』는 지연정치를 "정치지리학의 일부분으로서 각종 지리적 요소와 지역 정치 형세에 따라 세계적 범위의 전략국면과 유관국가의 정치행위를 분석하고 예측"하는 것으로 정의하고, "지연정치학은 지연요소를 중시하며 심지어 국가정치 행위의 한 가지 기본 요소로 간주하고 국제관계이론에 포함시켜 국가정치에 대하여 상당한 영향력을 행사한다"고 설명하고 있다.[3] 『사해(辞海)』에 따르면 "지연정치학은 지리정치학과 동의어로서 각종 지리적 요소와 인문적 요소가 국제정치 현상을 제약한다고 결론짓는 이론"[4]이다. 말하자면, 중국에서 지연정치는 국가의 정치, 군사 및 대외정책이 지리적 요인에 의해 결정된다고 보는 개념이다. 지연정치란 지정학적인 위치를 중심으로 각 국가 간의 관계를 설정하고 이를 유지·관리하는 정치를 말한다. 이는 국가를 지리적 유기체이자 공간적 현상으로 인식하는 시각에 기반하며, 국가의 안보 문제를 지리적 관점에서 분석하고, 그 결과를 외교정책에 반영한다고 본다.[5]

중국은 대륙에 위치하고 광대한 영토를 가지고 있는 전형적인 대륙세력으로, 지연정치적 관점에서 인접 국가들과의 관계를 중시해왔다. 이러한 중국에게 한반도는 해양세력이 중국 대륙으로 오는 관문이자, 해양세력으로부터 대륙을 방어하는 '방패(干)'였다. 이를 가장 극명하게 나타내는 표현이 '번병(藩屏)'[6]이며, '순치(脣齒)관계'라는 개념도 같은 맥락에서 이해할 수 있다. 중국이 북한과의 관계를 '순망치한(脣亡齒寒)'이라고 표현하는 것도 같은 맥락이다.[7]

'번병'과 '순치'는 한반도의 안보상 중요성을 상징적으로 보여준다. 이는 중국이 해양세력의 위협으로 인해 한반도를 전략적 요충지로 간주해왔음을 의미한다. 대륙세력인 중국은 해양세력의 침입을 경계해 왔으며, 한반도는 이를 막는 1차 방어선으로 인식되어왔다. 다시 말해, 한반도는 해양세력이 중국 본토로 진입하는 발판이 될 수 있기 때문이다. 이러한 이유로 중국은 역사적으로 국경 지역의 안정을 위해 한반도와의 우호적 협력관계를 발전시켜왔다.

2) 한반도의 지정학

지리학적으로 반도는 대륙과 해양, 해양과 해양세력들 간에 분리 및 결합의 기능을 수행하는 위치에 있다.[8] 반도는 대륙과 해양을 연결하는 완충지대이자, 양 세력의 충돌 지점이기도 하다. 반도지역은 두 세력이 만나는 접점지역으로서 대륙문화를 해양으로, 해양문화를 대륙으로 전파하는 통로 역할을 해왔다. 한반도는 중국대륙의 선진문물을 수용하여 주변 국가들과 일본 등 해양세력에 전달하는 데 중요한 역할을 해왔다.

이에 따라 한반도는 지정학적 위치에 따른 '득(得)'과 '실(失)'을 모두 지닌 지역이다. 한반도는 아시아 대륙세력과 해양세력을 연결하거나 분리하는 대표적 반도이다. 특히 한반도는 남북으로 길게 뻗은 지형 때문에 남북 간 문화 차이가 뚜렷하며, 북부는 중국과 인접해 중국문화의 영향을 크게 받았다. 분단 이후 한반도 북쪽 지역에 사회주의 정권이 수립되고 그 정권이 중국의 혁명에 영향을 받은 것도 이러한 지리적 조건과 무관하지 않다.

한편 대륙과 해양을 연결하는 반도는 대륙국가가 해양으로, 해양국가가 대륙으로 진출할 때 반드시 거쳐야 하는 교두보로, 전략상의 요충지로 간주되어 왔다. 이러한 전략적 중요성으로 인해 반도는 고대부터 해양세력과 대륙세력의 침략과 충돌의 무대가 되었다. 한반도 역시 북방 이민족의 통로였던 중국대륙과 인접해 지속적인 침략의 위협에 노출돼 있었다.

중국은 통일 왕조 수립 이전, 북방민족들과 빈번한 무력 충돌에 직면하였다. 중국 대륙에 통일 왕조가 등장한 이후부터는 이 통일 왕조의 세력이 강성하면 상대적으로 한반도의 안보가 안정적이었고, 통일 왕조의 세력이 약하여 이민족이 대륙을 위협하면 한반도 안보도 불안정해지는 구조를 이루었다. 즉, 대륙의 안보 상황은 한반도와 밀접하게 연결되어 있었다. 이에 따라 한반도 국가들은 국경을 맞댄 강대국인 중국과의 관계를 긴밀히 유지해 왔으며, 그 목적은 중국의 침입을 방지하고 다른 이민족으로부터의 공격에 대한 안보지원을 확보하는 데 있었다.

이러한 지리적 특성으로 인하여 한반도 국가들은 고대부터 안보 위협에 민감했고, 외세 침략에 대한 우려로 독립에 대한 열망이 강하였다. 특히 한반도는 대부분이 단일민족으로 구성되어 있었으며, 북부를 제외한 대부분이 바다로 둘러싸여 외부 이민족의 정착이 쉽지 않았다. 이로 인해 한민족은 강한 민족적 자부심을 형성하였다.

근대 이후 제국주의 시대에 한국은 식민지국가가 되었다. 이 경험은 제국주의에 대한 투쟁 의식을 한층 강화시켰다. 한반도의 식민지배는 서양의 문물로 무장한 일본에 의해 이루어졌다. 1876년 강화도조약과 한성조약을 계기로 일본은 한반도를 식민지배하면서 대륙 진출을 위한 교두보로 삼았다. 1910년 8월 22일, 일본은 한일병합조약을 강제로 체결하며 식민지배를 완성하였다.

35년간의 일본의 식민지배는 한국인들에게 뼈아픈 시련의 역사였다. 일본은 한국인의 사상을 통제하기 위해 역사와 문학 교육을 금지하며 민족적 전통을 말살하려 했다. 그러나 이러한 억압 속에서도, 오히려 독립정신은 더욱 강화되었다. 이는 1919년 3·1운동과 같은 대중적 저항으로 표출되었으며, 유사한 사건도 빈번히 발생했다.[9] 이러한 시기의 투쟁은 독립의식을 고취시키고 민족적 자부심을 강화하는 계기가 되었다.

　장기간 이어진 피지배 경험은 이후 대외정책에 영향을 미쳤다. 제국주의 식민지배는 강한 저항 의식을 낳았고, 이는 북부지역에서 사회주의 확산의 한 배경이 되었다. 한반도 북부지역 독립 운동가들은 서양 및 일본 제국주의에 대항하기 위해 사회주의자들과 협력을 강화하면서 중국과 소련 사회주의의 혁명 과정에도 많은 영향을 받았다.

　이러한 식민지배 경험은 한반도 북부에서 서양 세력을 제국주의로 인식하고, 통일을 위한 최우선 과제로 제국주의에 맞선 투쟁을 강조하는 대외노선으로 나타났다. 이에 따라 한반도 북쪽에 수립된 정권인 북한은 중소분쟁 시기 중국과 소련의 제국주의 투쟁에 대한 입장을 기준으로 양국에 대한 비판과 지지를 선택하였다. 또한, 제국주의를 해양세력으로 간주하고, 이에 대항하기 위해 대륙세력인 중국과 소련의 사회주의 세력과의 연대를 강화하였다.

2. 고대 중국과 한반도의 문화적 공통성

지정학적으로 오랜 기간 긴밀한 관계를 맺어온 한반도와 중국은 고대 동아시아 질서였던 '조공체제(朝貢體制, tributary system)'를 통해 불평등 관계를 형성해왔다. 한편으로 양국은 육상 국경을 접하고 해상으로도 활발히 교류하며 문화적 유사성을 발전시켰다. 문화적 공통성의 상징인 '유교 군주제'는 고대 중국과 한반도의 관계를 이해하는 핵심 요소이다.

1) 고대 '유교 군주제'의 공통성

근대 이전 중국의 주변국가들은 대부분 중국의 영향을 받아 한자와 유교 문화를 수용하며 중국 중심의 질서를 형성하였다. 중국은 대외적으로 주로 육로를 통해 접촉하였고, 직접 국경을 접한 변방 지역을 가장 중시하였다. 북쪽과 서쪽의 몽골, 투르키스탄, 티베트 등은 농경 중심의 중국과 달리 유목문화를 바탕으로 했으며, 이들의 언어는 한자 사용이 어려울 정도로 중국어와 큰 차이를 보였다. 이러한 이유로 내륙 아시아는 지리적으로는 가까웠지만 문화적 융합은 어려웠다.[10]

근대 이전 동아시아 지역에서 중국문화의 수용을 가장 잘 보여주는 연구는 페어뱅크(John King Fairbank)의 '중국적 세계질서' 구분이다. 그는 이 질서를 중화권, 내륙아시아권, 외부권의 세 지역으로 구분한다.[11] 첫째, 중화권(中華圈, Sinic Zone)은 지리적으로 가장 가까우며 문화적으로도 동질성이 높은 조공국가들을 포함한다. 한국, 베트남, 류큐(현재의 일본 오키나와현에 있던 옛 왕국)가 이에 해당하며, 일본은 몇 차례 일시적으로 포함될 시기가 있었다.

둘째는 '내륙아시아권'으로, 유목 또는 반유목 민족과 그들이 세운 국가들로 구성된다. 이들은 때로 만리장성을 넘어 중국을 침략하기도 했지만, 인종적·문화적으로는 중국과 구별되며 중국 문화권 외부 또는 변방에 위치해 있었다.

셋째는 '외부권'으로, 지리적으로 중국과 땅이나 바다로 분리된 지역을 포함한다. 일본은 사실상 이 외부권에 속하며, 동남아시아와 남아시아의 국가들도 이에 해당한다.

이 중 중화권에 속한 국가들 가운데, 류큐를 제외한 한국과 베트남은 중국과 가장 높은 문화적 공통성을 지닌 '중국형' 국가로 발전하였다. 고대 아시아의 많은 국가들이 유교와 한자를 수용하고 중국의 문물을 받아들였지만, 이를 국가 통치와 사회 제도에까지 깊이 뿌리내린 경우는 한국과 베트남이 대표적이다.

우드사이드(Alexander Woodside)는 중국, 한국, 베트남이 '유교 군주제'로 분류하여 설명하였다.[12] 그의 분석에 따르면 한국과 베트남은 사회문화적으로 중국의 한자 및 유교문화를 수용하고 정치·경제적으로도 중국의 제도를 차용하여 중국과 유사한 사회 구조를 형성하였다. 이러한 공통된 유교 군주제적 구조를 바탕으로, 세 국가는 근대 이전 동아시아 질서 속에서 유교적 엘리트 계층을 중심으로 유사한 사회·역사적 기반을 발전시켰다.

중화권의 핵심적 공통점은 유교적 도덕을 기본으로 하는 사회질서의 유지이다. 유교적 질서는 신분제를 기반으로 위계적 사회 구조를 발전시켰다. 이 질서 속에서 유교 엘리트들은 중국, 한국, 베트남 사회에서 중심적인 역할을 수행하며 신분제를 유지해왔다. 신분제 유지의 핵심 수단은 과거제도였으며, 이를 통해 유교적 질서는 지속적으로 재생산되었다. 과거제도를 통하여 중앙으로 진출한 이들은 유교 이념 실현을 요구받았고, 특히 '군(君)'과 '신(臣)'의 위계질서를 중시하였다. 이러한 군신관계는 국가 간 관계로 확장되어, 중국은 천자(天子)의 나라로, 한국과 베트남은 제후국으로 구분되는 비대칭 질서를 형성하였다. 유교적 신분질서를 수용한 지도자들은 수직적인 국가관계를 수용함으로써 중화질서를 정당화하였다.

정치화된 유교의 핵심적 특징 가운데 하나는 과거제를 통한 관료 선발이었다. 한(漢)대부터 송(宋)·원(元)대를 거치며 과거제도는 점차 그 규모를 확대하였고, 명(明)대에 이르러 그 운영 방식은 한층 엄격해졌다. 당시 과거제도는 한자 문학의 형식에 맞추어 시와 문(文)을 쓸 수 있는 잘 훈련된 인재를 선발하는 데 목적이 있었다. 유교 엘리트들은 시험을 통해 유교적 사상을 가장 잘 구현하도록 교육을 받았다.

중국, 한국, 베트남은 유교를 수용한 이후 국가통치 이념으로 삼고, 유교 엘리트들이 중앙정치를 주도한 군주제를 오랜 기간 유지한 국가들이다. 아시아의 많은 국가들이 중국의 한자와 유교문화에 영향을 받았으나, 이 세 나라만이 유교적 질서에 기반한 통치경험을 공유하였다. 한국과 베트남은 중국으로부터 문명 종교(civil religion)인 유교적 도덕과 법을 도입해 국가를 통치하였다.[13]

유학을 기반으로 한 지식 체계의 공유는 한국과 중국 간의 활발한 문화 교류를 촉진하였고, 이는 양국의 상호 인식에 영향을 미쳤다. 또한, 유교적 엘리트를 선발하는 과거제는 중국, 한국, 베트남의 지식인과 국가 지도자 간의 유대를 공고히 하는 데에 이바지하였다.

2) 조공제를 통한 안보공동체 형성

근대 이전 중국은 주변국가와의 관계에서 문화적 우월성을 강조하는 불평등한 위계질서를 형성하였다. '변방'은 중국에서 '변강(边疆)'과 같은 말로, 국경 인접 지역 또는 주변국가를 의미하는 개념이다. 중국은 스스로를 중심(中)으로 하는 '천하질서(天下秩序)'를 바탕으로 대외관계를 인식했으며, 이는 자국을 강대국으로, 주변국을 하위로 보는 위계적 세계관이었다.

중화사상(中華思想)의 관점에서 보면 동아시아의 모든 국가와 민족은 '화(華)'와 '이(夷)'로 구분된다. 여기서 '화'는 단수로서 문명 중심의 중국을 의미하고, '이'는 각각 다른 군왕의 지배를 받는 복수의 주변 민족을 지칭한다. 화이론은 천하가 보편문화의 가치를 구현한 세계의 중심인 문명세계(華)와 그 가치를 갖추지 못한 야만 세계(夷)로 구분한다.[14] '이'의 본질적 속성과 관계없이, '화'에 대해 불신하거나 그 안녕을 위협하는 행위는 용납되지 않았다. 중화사상은 '화'의 정치적 통합과 정체성의 확립 및 외부 위협에 대한 저항과 배격의 논리로 작용하였다.

개인 간의 평등을 인정하지 않았던 사고체계에서는 국가 간의 평등 역시 성립하기 어려웠다. 천하를 다스리는 천자의 자리를 넘보는 행위는 세상을 어지럽게 하는 것이다. 세상이 바로 서기 위해서는 천자를 중심으로 한 위계질서가 확립되어야 하였다. 중화사상은 세상을 '천하'라는 하나의 단위로 이해하며, 그 유일한 통치자는 반드시 '천자'여야 한다고 보았다. 천하에 존재하는 모든 국가는 천자의 신하로 간주되었다.[15]

중국이 강대국으로서의 중심성을 확인하는 제도가 바로 조공(朝貢)이며, 제후국은 정기적으로 바침으로써 군신관계에 기반한 국가 간 위계질서를 형성했다.[16] 흔히 '조공제도'라 불리는 것은 '조(朝)'와 '공(貢)'을 합쳐서 이르는 말이다. 이 둘은 의미에 차이가 있는데, '조'는 원래 주나라 봉건제도에서 제후가 일정주기로 직접 천자를 배알하던 일을 말하며, 공은 입조(入朝)할 때 바치던 공물을 뜻한다.

화이론에 입각한 동아시아 질서는 일반적으로 중국을 황제로, 주변 국가는 조공을 바치는 종속적 위치로 인식되어 왔다. 그러나 조공 및 책봉체제는 중국과 주변국가 간의 국력을 비롯한 현실적 요인에 따라 탄력적으로 적용되는 경우도 적지 않았다.[17] 진(秦)·한(漢) 이후 가장 대표적인 형식인 조공책봉체제는 '화'의 일방적인 강압의 결과라기보다는 쌍방 간의 합의에 기반한 관계였다는 점에서 주목할 만하다. 오히려 '이'가 더 적극적으로 관계 설정에 임한 경우도 있었다는 점은 조공책봉체제가 중화질서 속에서 안정적인 국가관계 설정에 이바지하였음을 알 수 있다. 이에 따라 조공관계의 핵심은 외교 및 정치관계, 문화 및 경제관계를 조절하는 것이었고, 특히 두 개의 정치단위 간의 제반관계를 명확히 하는 제도와 규범이었다.[18]

중국에 신하의 예를 갖춘 '이' 국가들은, 때로는 자신과 주변 국가 간의 관계를 중화사상과 유사한 논리와 형식으로 설정하며 스스로를 '소

중화(小中華)'로 자처하기도 하였다. 중국 왕조에 대해 조공 형식을 취하는 '이'의 위치를 인정한 동아시아 일부 국가는, 자국 중심의 '소천하(小天下)'를 설정하고 그 안에서도 동일한 '화'와 '이'의 구도를 적용하여 조공 형식의 위계질서를 재현했다. 이는 중화사상이 동아시아 세계의 '천하'뿐만 아니라, 그 내부에 분화된 '소천하' 질서까지 규율하는 원리로 작용했음을 보여준다.

이러한 소천하 사상은 한국과 베트남에서 두드러지게 나타났다. 남북조 시대의 고구려가 남북 양조로부터 모두 책봉을 받으며, 자국을 천제의 아들인 천손국(天孫國)으로 상정하고, 신라를 '동이(東夷)'로 간주한 사례가 있다. 베트남 또한 역시 10세기 이후 중국과의 조공관계를 유지하면서, 참파 왕조에 대하여 일찍부터 조공관계를 강요했던 것은 또 하나의 전형적인 소중화의 질서를 형성한 사례이다.

한국과 베트남이 조공제를 수용한 주된 이유는 중국 이외의 다른 대외관계에서 자국의 위상을 강화시키고, 자국의 안보 이익을 확보하기 위함이었다. 조공체제에서 주변부를 구성했던 이 두 국가들은 조공체제에 편입하는 것으로 선민의식을 가졌다.[19) 즉, 중국적 천하 관념을 모방하여 자기를 중심으로 별개의 소천하를 구성하고 주변의 작은 국가들 위에 종주국으로 군림하는 동시에, 중국에 대해서는 협력 태도를 취하였다.

중요한 것은 이러한 조공제도가 동아시아의 국제관계 속에서 중국에 대한 가장 자율성이 강한 제도 중 하나였다는 것이다. 시배사는 언제나 가능한 한 피지배자의 철저한 복속을 원하기 마련이지만, 실제로는 쌍방 간의 힘의 강약에 따라 지배 양상이 결정되었다. 전통시대 동아시아에서 가장 강도 높은 지배 방식은 군현 지배였고, 가장 약한 지배는 그 군장에게 관작을 수여하여 형식적인 신속(臣屬)관계만을 설정하는 이른바 조공책봉체제였다. 따라서 '화'의 힘의 강약에 따라 '이'에 대한 신속관계도 군현의 설치에 의한 직접적인 지배에서 극히 형식적인 책봉

관계에 이르기까지 다양한 형식으로 추진되었다.[20]

조공제도를 통하여 변방국가들에 대한 신뢰의 정도와 불만의 수준을 파악할 수 있었고, 동시에 중국에 대한 충성도도 확인할 수 있었다. 조공관계가 원만하게 유지된다는 것은 중국과 변방국가가 서로의 내부 정치질서를 인정하고 지원하며, 외부의 위협에 대해서는 협력하거나 공동으로 대응한다는 것을 의미한다. 즉, 조공제도는 내적인 정치안정의 문제뿐만 아니라, 외부에 대한 군사적인 방위체제의 의미까지를 포함한 매우 강력한 연대의식의 고리로 작용했음을 알 수 있다. 이와 같이 조공제도를 통하여 중국 중심의 정치질서가 지속될 수 있었다.[21]

이에 따라 한반도 국가들의 입장에서 조공제도 유지의 가장 큰 목적은 자국의 안보 확보였다. 조공국의 입장에서 보면 중국의 침입을 방지하는 것이 조공관계 유지의 핵심적인 이유였다. 반면, 중국은 주변국과의 우호를 통해 국경을 안정시키고, 영향력을 유지하며 전쟁을 예방하는 데 중점을 두었다. 조공국은 중국으로부터 지지를 받아 자국의 안보를 보장받는 동시에, 국내적으로 권력의 정당성을 획득할 수 있었다.

조공제도의 경제적·문화적 요인은 부수적인 요소였다. 중국이 일정한 경제적 이익을 얻었지만, 국가 재정에 큰 도움이 되지 않았으며, 때로는 조선사행단을 위한 경비 지출에 대해 경제적 부담을 느낀 사례도 있었다.[22] 조공을 바치는 국가들 역시 막대한 경제적 손실을 감수했으며, 중국과 조공국 모두 실질적 이익이 크지 않아 경제적 목적이 조공제도의 본질이라 보기 어렵다. 또한, 문화적 요인이 일부 작용하긴 했지만, 문화 교류는 조공 외의 다른 경로로도 충분히 가능했기 때문에, 문화적 이유 또한 조공제도 유지의 핵심 요인으로 보기는 힘들다.

이처럼, 조공제도의 궁극적 목적은 정치적인 것으로 관계 악화 또는 국경충돌을 방지라고 볼 수 있다.[23] 조공제도의 장기적인 유지는 중국이 주변국들과 특수한 협력관계를 형성했음을 의미하며, 그 대표적인 예가 한국과 베트남이다. 한국과 베트남은 중국과의 정기적 조공관계를 통해 안보상의 보호를 보장받았고, 중국은 이들 국가의 국경안보를 유지해주었다.

중국이 조공관계를 유지하며 양국의 자치를 용인한 것은 접경지역에서의 안보불안을 방지하려는 조치였다. 과거 역사적으로 두 국가의 불안정이 중국에 위협을 초래한 사례가 있었기 때문이다. 따라서 중국은 조공을 받아 질서를 유지하고, 유사시 안보지원을 함으로써 접경지역의 안정을 획득하기 위한 수단으로 조공제도를 지속하였다. 이러한 조공제의 지속은 중국과 한국, 중국과 베트남 간의 위계적 관계를 형성하는 기반이 되었다.

18세기에 이르러서 조공체제는 완성된 모습으로 현실적으로 기능하였다. 이는 중화 문화권으로 간주될 수 있는 요건을 갖춘 '중국 문화지대(Sinic Zone)'가 형성되었음을 의미한다. 주목해야 할 점은, 18세기를 전후한 약 250년 동안 동아시아에서는 국가 간 큰 전쟁이 존재하지 않았다는 점이다. 그 시대의 동아시아 국제질서 원리로 기능했던 조공체제는 전쟁상태와 대비되는 일종의 평화체제로 이해될 수 있다.

따라서 조공제도는 실제로 유럽의 봉건체제와는 달리, 정치·경제·사회·문화 전반에 걸친 유교의 영향이 나아가 국제관계의 명분으로도 작용한 상호의존적 특성이 있었다.[24] 일본의 사학자 하마시타 노부유키(重松伸司)는 고대 아시아 시억의 세세질서를 실명하면서, 조공관계가 "'동등'한 관계도 포함할 만큼 융통성이 있는 것"이라고 주장하고, 조약과 외교 행위에 기반한 국제질서가 동아시아의 중국 중심적 세계질서 속에 하나의 범주로 포함되어 있었다고 보았다.[25]

조공제도는 초기에 중국을 중심으로 하는 일방적인 종속관계였으나, 조공제가 심화되고 중국과 조공국과의 관계가 장기화됨에 따라 상호 간의 정치적·안보적 필요에 의해 유지되었다. 특히 조공제는 중국의 통치세력의 정통성에 따라 유동적으로 변화하는 관계였기 때문에, 한족이 아닌 이민족이 중국의 중원을 지배할 경우, 조공국의 조공은 형식적인 것에 불과했다.

시기에 따라 조공제도의달라졌지만, 중국이 한반도 국가들과 조공관계를 유지한 데에는 접경지역의 안보 불안을 차단하려는 목적이 있었다. 장기적 조공제도의 유지는 양국의 안보상 연계성을 강화했고, 동시에 경제적·문화적 공통성도 확대시켰다.

결과적으로 중국과 한국 간의 조공제도는 상호 필요성에 의해 유지되었으며, 장기간에 걸친 안보상 협력관계를 형성했다. 이러한 공동의 안보인식은 서구 열강의 침투에 대응해 공고해졌으며, 일본 제국주의 시기 더욱 강화되었다. 이후 중국과 북한 간의 안보 공동체적 연대성은 한국전쟁을 계기로 강화되었다.

3. 북중관계와 중베관계의 유사성

북중관계에서 문화적 공통성과 조공제도를 검토하는 것은 양국 간 사회주의적 연대를 이해하는 데에 도움이 된다. 주목할 점은 북한과 마찬가지로 베트남(중소분쟁 중 베트남은 북베트남을 지칭함) 역시 중국과 '유교 군주제'의 문화적 공통성을 공유하며, 조공제도를 장기간 유지해온 역사를 가졌다는 점이다. 또한, 베트남 역시 통일 이전에는 분단 국가였고, 중국과 국경을 접한 북부지역에 사회주의 정권이 수립되었다는 점에서 북한과 유사성을 지닌다. 따라서 중국과 북한, 베트남 간의 관계를 비교해보면, 중국과 주변 사회주의 국가와의 특성을 더 분명하게 파악할 수 있다.

북한과 베트남은 아시아 사회주의 국가로서 중국과 함께 사회주의

체제를 유지하고 있는 국가들이다. 대내외적 환경 변화에 따라 경제개혁·개방의 모습은 차이가 있지만, 정치적으로는 공산당 중심의 일당체제를 유지하고 있다. 특히 두 나라는 냉전시기 중국과 소련의 갈등 속에서 약소국으로서 중소 양국에 대해 등거리외교(equidistance diplomacy)를 추구한 공통성이 있다.[26]

북한과 베트남의 등거리외교에서 나타난 대외정책의 자주적 성격은 '자주노선(Self-reliance Doctrine)', 또는 '자주외교(Self-reliant Diplomacy)'라고 할 수 있다. 양국의 자주외교는 당시 대내외적 상황 하에서 자국의 실리를 극대화하기 위한 외교 전략이다. 약소국은 일반적으로 외세에 안보를 의존해야 하는 경우가 많기 때문에, 외세로부터의 자율성을 확보하는 것을 목표로 삼는다. 여기서 말하는 자주성이란 자국의 국방과 외교 분야의 정책결정에 자율적으로 집행할 수 있는 힘을 가지는 것을 의미한다.[27] 북한과 베트남은 중소분쟁 시기 자주외교를 통해 중국과 소련으로부터 일정한 자율성을 확보할 수 있었다.

중국과 소련이라는 사회주의 강대국 사이에서 북한과 베트남이 자주외교를 선택한 배경과, 그 정책의 효과성에 대해 살펴볼 필요가 있다. 북한과 베트남이 유사한 대내외적 상황하에서 자주외교를 선택했다면, 이는 양국의 공통된 선택이 동일한 구조적 상황에서 나타난 결과로 볼 수 있다. 따라서 자주외교는 개별 국가의 특수성을 넘어선 보편적 외교 전략으로 평가될 수 있다.

약소국인 북한과 베트남은 지정학적 환경, 강한 민족적 자부심, 외국 지배의 역사적 경험, 정치통합의 필요성 등에서 자주적 특성을 형성하였다는 점에서 공통적이다.

우선, 한국과 베트남은 반도국가로서 중국의 안보에 전략적 요충지라는 공통점을 지닌다. 중국의 시각에서 보면 두 지역은 모두 해양세력으로부터의 충돌을 막아주는 완충지대로 인식되었다. 이에 중국은 국경안보를 위해 한국 및 베트남과 장기간 우호적 관계를 유지하면서 안보협력을 지속해왔다.

중국은 근대에 해양세력의 위협을 의식하며 한국과 베트남과의 협력을 강화하였다. 두 나라는 제국주의의 식민지배를 겪었고, 중국도 반식민지 상태에서 유사한 처지에 놓여 있었다. 이를 타개하기 위하여 한국과 베트남의 일부 엘리트들은 소련식 사회주의를 수용한 중국 엘리트들과 긴밀한 관계를 맺었다. 이는 근대 이전부터 중국의 사상과 학문을 수용해왔던 역사적 관습에 기반한 것이었다.

둘째, 한국과 베트남은 모두 강한 민족적 자부심을 가지고 있다. 베트남은 다민족국가이지만 인구의 약 88%를 차지하는 경(京, Kinh) 족이 국민 대다수를 이루고 있다. 경족은 북부 홍강(Red River) 유역에 집중되어 있으며, 비옥한 평야 지대에 정착해 베트남의 문화적·정치적 중심 역할을 해왔다. 반면 소수민족은 산간지역이나 국경지역에 분산 거주하기 때문에, 중심부는 대부분 경족이 차지하고 있다.[28]

냉전 시기 분단 이후, 양국은 민족국가의 복원에 대한 열망이 컸으며 이것은 통일의 염원으로 이어졌다. 호치민은 "우리 민족은 하나요 나라도 하나입니다. 우리 인민은 반드시 모든 어려움들을 극복하고 민족 재통일을 완수해서 북부와 남부를 다시 하나로 만들 것입니다"라고 민족통일의 당위성을 표현하였다.[29] 한반도 역시 국가로서 강한 민족적 자부심을 지닌 '한민족'의 정체성이 존재하였다.

북한과 베트남의 민족적 자부심은 제국주의 시대를 거치며 저항의식으로 표출되었고, 독립에 대한 열망을 더욱 강화시켰다. 제2차 세계대전 이후 민족국가 수립과정에서도 이러한 저항의식은 분단을 초래한 강대국에 대한 불만으로 이어졌다. 국가 형성 이후에는 이러한 저항의식이 외교에서의 자주성을 확보하려는 형태로 나타났다.

셋째, 한국과 베트남은 모두 장기간의 피식민지배 경험의 공통성이 있다. 고대 아시아의 질서를 주도했던 중국은 주변 국가들에 대해 장기간의 지배 경험을 가지고 있었으며, 특히 한반도와 인도차이나반도의 민족들은 강한 저항의식을 보였다. 618년 이후 당(唐)왕조는 대체로 주변 민족들에게 자치를 허용하였지만, 세력이 강한 일부 민족은 도호부를 통해 직접 통제하였다. 주요 도호부로는 고구려 지역에 설치된 안동도호부(安東都護府)와 베트남 북부의 안남도호부(安南都護府)가 있다. 이처럼 한국과 베트남은 중국 대륙의 지배를 받았던 역사적 경험을 공유하고 있다.

베트남의 경우 16세기 말부터 17세기 초 사이, 서방 선교사들의 베트남 진입을 계기로 식민지배의 서막이 열렸다. 1860년 9월, 프랑스군은 베트남군을 격파하고 포위망을 해제했으며, 1862년에는 응우옌(阮)왕조가 '제1차 사이공조약'에 서명하면서 빈롱, 안장, 하띠엔 등 서부 3개 성을 프랑스에 할양하였다. 이어 1874년에는 프랑스와 응우옌 왕조 간의 '제2차 사이공조약'이 체결되면서, 프랑스는 베트남 남부 6개 성에 대한 주권을 인정받았다.

이후 1883년 8월 프랑스 판무관 아르망(Francois Jules Harmand), 응우옌 왕조의 쩐딘뚝(Tran Dinh Tuc, 陳廷肅)과 응우옌 쫑 헙(Nguyen Trong Hop, 阮仲合) 사이에 체결된 '아르망조약'으로 베트남은 프랑스를 보호국으로 인정하고, 대외관계를 프랑스를 통해서만 수행하기로 약속하였다. 1885년 2월, 프랑스는 1만여 명의 병력을 베트남에 파병해 군사공격을 감행했고, 같은 해 6월 9일, 리훙장(李鴻章)과 프랑스 공사가 체결한 '톈진조약(中天津約)'을 통해 프랑스의 식민 통치가 공식화되었다.[30]

곧 이은 일본의 베트남 진출은 베트남의 오랜 식민지배를 연장시켰다. 그러나 일본이 동남아시아에서 수세에 몰리면서, 본토와 점령지 간 연결이 차단되기 시작했다. 1945년 3월, 일본은 인도차이나에서 프랑스 행정부를 강제로 해체하고, 베트남, 라오스, 캄보디아에 각기 군주를 중심으로 한 준독립 정권을 세웠다. 일본의 이러한 조치는 베트남의 민족주의 열망을 고조시키는 계기가 되었다. 한국 역시 일본에 대한 독립 요구가 한층 높아졌다.

넷째, 북한과 베트남은 정권 수립 이후 정치적 통합을 강하게 추구했다는 공통점이 있다. 북한은 한반도 전체에 사회주의를 실현하려던 한국전쟁이 분단으로 끝나자, 전후복구를 통한 경제 재건과 당내 통합을 최우선 과제로 삼았다. 김일성은 전쟁 실패의 책임을 전가하고 권력강화를 위하여, 한국전쟁 중 연안파의 무정과 소련파의 허가이를 제거했고, 1952년 당중앙위원회 전원회의 이후 박헌영, 이승엽 등의 남로당 세력을 '반당 반혁명적 음모책동'을 한 종파도당으로 숙청하였다.

베트남의 경우 제2차 세계대전이 끝난 직후인 1946년부터 11월, 주둔 중이던 프랑스군의 전면 공격개시를 계기로 12월에 양국 간 전면 전쟁이 일어났다. 이후 1954년 여름, 북베트남은 프랑스와의 전쟁에서 승리하며 독립국가 수립에 성공하였다.

그러나 베트남의 독립은 완전한 승리가 아닌, 분단된 형태의 불완전한 승리였다. 곧 이어진 제네바 회담의 결과, 베트남은 남북으로 분단되었으며, 1954년 7월 20일 중국과 프랑스의 타협을 바탕으로 제네바 협정이 체결되었다. 이후 1954년 10월, 베트남민주공화국정부가 하노이에서 공식적으로 수립되었다.

1950년대 후반, 베트남공산당이 설정한 과제는 사회주의 개조와 통일이었다. 당 내부에는 중국처럼 무력투쟁의 필요성을 강조하는 세력과, 소련처럼 정치투쟁을 중시하는 세력이 공존하고 있었다. 1957년, 북베트남은 통일이 단기간에 실현되기 어렵다고 판단해 경제발전에 집중하기로 결정하면서, 당은 두 그룹으로 나누어졌다. 한 그룹은 소련의 지지를 받는 북부의 경제발전을 중시하는 그룹이고, 다른 한 그룹은 중국의 지지를 받는 남부의 혁명투쟁을 중심하는 그룹이었다.[31] 이러한 당내 분열을 극복하고 통일을 이루기 위해 강력한 정치통합이 필요하였다.

프랑스와의 오랜 전쟁에서 승리했음에도 베트남이 남북으로 분단되자, 베트남은 남부까지 혁명을 완성해야 하는 목표를 가지게 되었다. 베트남의 정권 수립은 혁명 완성의 일환으로 인식되었기에, 사회주의 체제를 신속하게 수립하고 정치통합의 과업을 달성할 필요성이 동시에 제기되었다. 이에 따라 전쟁 이후의 국가 재건은 강한 리더십과 정치통합을 요구하였다.

이와 같이 북한과 통일 이전의 베트남은 유사한 대내외적 상황에 처해 있었다. 근대 시기, 서구 열강을 중심으로 한 제국주의 세력은 중국과 한국, 중국과 베트남의 독립운동 세력 간의 협력을 촉진하는 배경이 되었다. 즉, 서구 제국주의와 일본 제국주의라는 공동의 적에 대항하여 중국과 한반도 북부 및 중국과 베트남의 엘리트들이 연대하였다.

제2차 세계대전 이후, 아시아에서 중국과 인접한 두 반도 국가가 탈식민지화되는 과정에서 분단국가가 되었다는 것은 주목할 공통점이다. 특히 두 지역 모두 중국과 인접한 북부에서 사회주의가 수용되고 공산당이 창설된 것은, 중국 사회주의의 영향력이 컸음을 보여준다. 사회주의 정권 수립과정에서 북한과 베트남이 모두 소련의 지원을 받았다는 점에서도 유사성이 있다. 따라서 중국과 북한의 관계는 중국과 베트남의 관계와 많은 유사성을 가진다.

또 다른 유사성은 북중관계와 중베관계가 전형적인 비대칭관계라는 점이다. 이들 관계는 중국에 일방적으로 우호적인 매우 불평등한 구조를 띠며, 오랜 기간 지속되어왔다. 모든 비대칭관계가 인접국 간에 형성되는 것은 아니지만, 국경의 공유는 광범위한 접촉을 내포하고 있기 때문에 일반적으로 긴장이 더 심화되는 경향이 있다.

이러한 긴장에도 불구하고, 약소국인 북한과 베트남은 지정학적 특성과 역사적 관계로 인해 중국과 긴밀한 우호관계를 장기간 유지해왔다. 하지만 북중관계와 중베관계가 항상 우호적인 것은 아니었는데 두 국가가 비대칭 관계 속에서도 자율성을 강화하려는 노력을 지속했기 때문이다.

중소분쟁 시기, 양국의 자주적 정체성은 대외 지원 확보와 통일 추구라는 두 가지 목표를 이루기 위하여 자주외교로 표출되었다. 따라서 양국의 자주외교는 중국이라는 강대국과 오랜 역사적 관계 속에서 자주성을 형성해 온 아시아 사회주의 약소국이 선택한 외교 전략으로 볼 수 있다. 이에 대해 중국은 자국의 이익에 부합하는 방향으로 북한과 베트남에 대한 요구를 지속해왔다. 이로 인해 1949년 중화인민공화국 수립 이후 북중관계와 중베관계는 협력을 유지하면서 '비대칭 갈등'이 지속적으로 발생하였다는 점에서 공통적이다.

▪ 주

1) 파스칼 보니파스 지음, 최린 옮김, 『지정학: 지금 세계에 무슨 일이 벌어지고 있는가?』(서울: 가디언, 2019), p. 15.
2) 클라우스 도즈 지음, 최파일 옮김, 『지정학』(파주: 교유당, 2023), p. 16.
3) 杰弗里·帕克, 『二十世纪的西方地理政治思想』(北京: 解放军出版社, 1988), p. 57.
4) 『中国大百科全书(地理卷)』(北京: 中国大百科全书出版社, 1990), p. 118.
5) 『辞海(上册)』(上海: 上海辞书出版社, 1999), p. 1512.
6) 아키쓰키 노조무, "북중관계의 특질과 그 전개," 오코노기 마사오(편), 『김정일과 현대 북한』(서울: 을유문화사, 2000), p. 285.
7) 호치민과 영국 저널리스트 펠릭스 그린과의 인터뷰 중, 버나드 B. 폴(편), 『호찌민의 베트남혁명론』(서울: 거름, 1987), p. 384.
8) 김한식, 『동남아시아』(파주: 한국학술정보, 2005), pp. 19-20.
9) 맥마흔 볼 지음, 손중기 옮김, 『아시아의 민족주의와 공산주의』(서울: 학문과

사상사, 1981), p. 69.

10) 존 K. 페어뱅크, 에드윈 O. 라이샤워, 앨버트 M. 크레이그 지음, 김한규 외 옮김, 『동양문화사(상)』(서울: 을유문화사, 1991), pp. 325-328.

11) 이삼성, "동아시아질서의 시대구분: 중화질서의 형성과 그 내적 구분을 중심으로," 『한국정치학회 2006 연례학술회의 논문집』(한국정치학회, 2006), p. 7.

12) Alexander Woodside, *Lost Modernities: China, Vietnam, Korea, and the Hazards of World History* (London: Harvard University Press, 2006).

13) Alexander Woodside, "Territorial Order and Collective-Identity Tensions in Confucian Asia: China, Vietnam, Korea," Samuel N. Eisenstadt (ed.), *Public Spheres & Collective Identities* (New Brunswick: Transaction Publishers, 2001), p. 38.

14) 전인갑, "비대칭적 국제질서: 천하질서, 그 변용과 현대적 재구성(Ⅰ)," 『서강인문논총』제51집 (2018), p. 138.

15) 이희진, 『중화사상과 동아시아』(서울: 책세상, 2007), pp. 43-44.

16) 전인갑 (2018), pp. 128-129.

17) 전인갑 (2018), p. 140.

18) David C. Kang, *East Asia Before the West: Five Centries of Trade and Tribute* (New York: Columbia University Press, 2007), 전인갑 (2018), p. 140에서 재인용.

19) 남궁곤, "동아시아 평화체제에 관한 연구: 조선사행록을 통해 본 18세기 조공체제," 『한국정치학회보』제33집 3호 (1999), p. 224 참조.

20) 이성규, "중화사상과 민족주의," 정문길 외(편), 『동아시아, 문제와 시각』(서울: 문학과지성사, 1995), pp. 128-130.

21) 김한식 (2005), pp. 62-63.

22) 계승범, "16세기 초중반 한중관계의 이념성과 중층성," 『동양사연구』제14집 (2017), pp. 101-102.

23) 전해종, 『한중관계사 연구』(서울: 일조각, 1970), p. 56.

24) 권선홍, "조선과 숭국의 잭봉·소공관계," 『선동시내 중국의 내외관계』(부산: 부산외국어대학교 출판부, 1999), p. 19.

25) Satoshi Ikeda, "The History of the Capitalist World-System vs. the History of East-Southeast Asia," 최원식·백영서(편), 『동아시아인의 '동양' 인식: 19-20세기』(서울: 문학과지성사, 1997), p. 101에서 재인용.

26) 북한의 등거리외교에 관한 자세한 논의는 Chung Chin O, *P'yongyang Between Peking and Moscow: North Korea's Involvement in the Sino-Soviet Dispute, 1958-1975* (Alabama: The University of Alabama Press, 1978)를, 베트남의 등거리외교에 관한 자세한 논의는 Donald S. Zagoria, *Vietnam Triangle-Moscow, Peking, Hanoi* (New York: Western Publishing Company, 1968)

를 참조.

27) 이석호, "약소국 외교정책론," 이상우·하영선(편), 『현대국제정치학』(서울: 나남, 1992), p. 459.

28) Brantly Womack, *China and Vietnam: The Politics of Asymmetry* (New York: Cambridge University Press, 2006), p. 11.

29) "베트남노동당 제3차 전국대회 개막연설," 버나드 B. 폴(편), 『호찌민의 베트남 혁명론』(서울: 거름, 1987), p. 364.

30) 유인선, 『새로 쓴 베트남의 역사』(서울: 이산, 2002), pp. 287–297 참조.

31) Donald S. Zagoria, Vietnam Triangle-Moscow, Peking, Hanoi, p. 103.

중국과 북한의
이념변화와 대외정책

중국과 북한은 공산당 일당독재를 유지하고 있는 사회주의체제 국가로서 사회주의체제 국가들의 이념적 기초인 '마르크스·레닌주의'를 수용하였다. 사회주의 국가들은 일반적으로 마르크스·레닌주의 또는 그 변형된 사상을 공식 이념으로 삼고, 당-국가체제, 공유제 원칙, 프롤레타리아 국제주의 표방이라는 특성을 가지고 있었다.[1] 그리고 사회주의 국가들은 일반적으로 공식 이념을 채택하고 이를 통해 사회주의체제에서 당·국가의 역할을 정당화하고, 근대화 및 산업화를 위한 발전전략을 합리화하며, 도덕적 강제의 규범으로 삼는다.[2]

사회주의체제를 유지하고 있는 중국과 북한은 마르크스·레닌주의를 순수 이념의 자리에 놓고 자국의 지도자들이 체계화한 실천 이념에 근거하여 혁명과 건설을 수행하고 이를 지도 이념으로 삼고 있다.[3] 중국과 북한 모두 초기에는 마르크스·레닌주의를 가치와 진리의 기준이 되는 '순수 이데올로기'로 제시하였으나, 각각 실제 정책과 행동의 지침이 되는 '실천 이데올로기'는 독자적으로 발전시켰다.[4] 이러한 중국과 북한의 이념변화가 대외정책에 어떤 영향을 미쳤는지 살펴볼 것이다. 이를 확인하기 위해 양국의 당정관계를 비교해 볼 것이다.

1. 중국의 이념변화와 대외관계에 대한 영향

중국은 현재까지 사회주의체제를 유지하고 있으나 중국식 사회주의는 그 과정에서 다양한 변화를 겪었다. 특히 경제개혁·개방을 시행한 이후 덩샤오핑(鄧小平)의 개혁·개방이론은 중국 사회주의를 크게 변모시켰다. 그러나 최근 시진핑(習近平) 주석의 3연임과 중앙집권적 체제 강화는 덩샤오핑의 사회주의와는 지향점이 다를 수밖에 없다. 중국 사회주의의 변화는 대외관계에 영향을 미쳤으며, 이에 따라 중국 지도자들에 따른 이념의 변화를 검토해보고자 한다.

1) 마오쩌둥의 혁명사상

중국의 이념은 중국공산당이 인민과 국가 전체를 지도하고 사회주의를 건설하기 위한 정치사상으로 그 토대는 마르크스·레닌주의이다. 중국공산당이 탈냉전 이후에도 당-국가체제를 유지하고 정치 안정과 경제발전이라는 두 마리의 토끼를 잡을 수 있었던 것은 이념을 유연하게 계승하고 발전시켰기 때문이다.[5]

중국의 사상 기초는 중국공산당 사상이며, 이는 마오쩌둥(毛澤東) 사상에서부터 출발한다. 마오쩌둥 사상은 '마르크스·레닌주의의 중국화'를 의미하며, 1945년 4월 23일부터 6월 11일까지 중국공산당 제7차 당대회에서 "중국공산당은 마르크스·레닌주의의 이론과 중국혁명의 실천을 통일한 사상이 마오쩌둥 사상이며, 모든 업무의 지표로서 어떤 교조주의 또는 경험주의의 경향을 반대한다"라고 '당장(黨章)'에 명시하였다.[6] 물론 마오쩌둥 역시 공산주의자이며 공산주의 혁명을 실천하면서 마르크스·레닌주의를 기본 사상을 전적으로 수용한 것은 명확하다. 그러나 중국공산주의자들이 마오쩌둥 사상을 마르크스·레닌주의와 구별하려는 것은 '서양'의 세계 통치에 대한 근본적 도전에서 출발하기 때문이다.[7] 특히 마오쩌둥의 항일무장 투쟁 경험은 중국적 사회주의에 대한 인식을 강화시켰다.

1943년 7월, 당 창건 22주년을 기념으로 다수의 마오쩌둥 사상(이하 마오 사상)에 대한 연구가 발표되었다. 왕쟈상(王稼祥)은 '중국공산당과 중국 민족해방의 길'에서 "마오쩌둥 사상은 중국의 마르크스·레닌주의이며, 중국의 볼셰비즘, 중국의 공산주의이다"라고 하며, 마오 사상을 '마르크스·레닌주의의 중국에서의 발전'이라고 정의하였다. 그리고 1945년 봄, 제7차 당대회에서 류사오치(劉少竒)는 마오 사상을 "마르크스·레닌주의 이론과 중국혁명의 실천을 통일시킨 사상이며, 중국의 공산주의이자 중국의 마르크스주의"이고, 더 나아가 "마르크스주의가 식민지, 반식민지, 반봉건국가의 민족민주혁명에서 가일층 발전시킨 것으로 마르크스주의를 민족화한 뛰어난 전형"이라고 평가하였다.[8]

마오 사상은 중국 신민주주의 혁명, 항일전쟁, 해방전쟁, 중화인민공화국 건국에 이론적 근거를 마련하였다. 마오 사상의 대표적인 것은 '실천론(實踐論)'과 '모순론(矛盾論)'이다. 실천론은 중국 사회발전이 불균형하고 신민주주의혁명의 적은 여전히 강하기 때문에 중국공산당이 국정과 혁명의 법칙을 규명하기 위해서 반드시 실천에서 인식으로, 다시 인식에서 실천으로 나아가는 반복 과정을 거쳐야 한다고 주장한다.[9] 모순론은 통일성과 투쟁성, 보편성과 특수성, 주요 모순과 부차적 모순의 특성을 가지고 있는데, 중국사회, 중국혁명과 혁명전쟁 과정에서 각 단계마다 나타나는 다양한 모순들을 해결해 나가는 과정 속에서 사회가 발전해간다는 것을 의미한다.[10]

마오 사상 중 또 하나의 대표적인 것이 '군중노선'이다. 그는 "모든 것은 군중을 위하고 모든 것은 군중을 의미하며, 군중 속에서 나오고 군중 속으로 들어간다"라고 주장하였다. 군중노선은 항일전쟁 및 국공내전 시기를 거치면서 중국혁명의 주력군은 절대다수의 인구를 차지하고 있는 농민계급이며 중국혁명의 승리는 농민계급 없이 불가능하다는 것이다.[11]

이러한 마오 사상 중 대외관계에 투영된 주요 인식으로는 대외 위협 인식과 대외적 우월감을 들 수 있다. 마오쩌둥 집권 시기 중 1956년, 스탈린(Joseph Stalin)에 대한 동유럽 국가들의 비판은 각국 내부의 정치적 위기를 초래하였으며, 1958년 대만해협 위기는 중국이 외부 위협을 심각하게 인식한 대표적인 사례였다. 이러한 위기인식은 대약진운동과 같은 대중동원형 정책에 영향을 주었다. 또한, 1960년대 중반 미국의 베트남전쟁과 중소분쟁은 국내적으로 문화대혁명이라는 극단적 형태의 반우파 투쟁 발생에 영향을 주었다.[12]

한편, 마오쩌둥은 '아시아·아프리카의 맹주'라는 강한 자부심을 가지고 있었다.[13] 이에 따라 대외정책에서 '제3지대론'을 주창하면서 냉전 시기 제3지대의 주도국으로서 중국을 자리매김하는 데에 주력하였다. 그리고 한국전쟁을 거치면서 미 제국주의에 대항하는 아시아 사회주의 국가로서의 정체성을 확립하게 되었고, 스탈린 사망 이후에는 소련과 대등한 '사회주의의 맹주'라는 인식을 갖게 되었다. 실제로 중국의 한국전쟁 참전은 아시아에서 중국의 대외 위상을 높였고, 소련으로부터 아시아의 주도권을 인정받는 계기로 작용하였다.

이러한 마오쩌둥 사상은 문화대혁명 시기 극좌 편향까지 이어졌지만, 마오 사상 중 대외 위협 인식의 확대는 오히려 대외정책을 실리주의로 전환시키는 계기가 되었다. 1970년대 미중 데탕트가 그 대표적인 사례이다. 1968년 체코의 '프라하의 봄' 이후 마오쩌둥은 소련을 '사회제국주의'로 인식하였고 1969년 중소 국경의 다만스키섬(전바오다오)에서 군사적 충돌이 발생하자 대미관계 개선을 추진하였다.[14]

2) 덩샤오핑의 사회주의 초급단계론

1976년 4월 저우언라이(周恩來) 사망 추모 시위를 계기로 문화대혁명에 대한 비판이 확산되었고, 같은 해 9월 마오쩌둥의 사망으로 문화대혁명 시대는 막을 내렸다. 이후 1976년 화궈펑(華國鋒)이 지도자가 되었으나 1978년 12월 중국공산당 제11기 3중전회에서 덩샤오핑이 당 부주석으로서 완전히 복권되었고, 후야오방(胡耀邦)은 당 중앙비서장 및 중앙선전부장으로 임명되었다. 이 회의를 계기로 중국공산당은 경제개혁·개방정책을 본격적으로 추진하기로 결정하였다. 당시 중국공산당은 이 회의에서 "1979년부터 전당 활동의 중점은 사회주의 현대화 건설을 향해 이행한다"고 결정하고, "농업·공업·과학기술·국방의 4개 현대화의 실현은 생산력의 대폭적 향상이 필요하고, 생산력 발전에 조응하지 않는 생산관계와 상부구조를 변화시킬 필요가 있고, 적합하지 않은 모든 것의 관리방식, 활동방식, 사상방식을 변화시킬 필요가 있다"고 강조하였다.[15]

덩샤오핑이론은 1997년 9월 18일 개최된 중국공산당 제15차 당대회에서 당의 지도이념으로 '당장'에 채택되었다.[16] 마오쩌둥 사상이 중국 이념의 근간을 마련했다면 덩샤오핑 이론은 그 연장선에서 이를 확장·발전시킨 것이다. 마오쩌둥 사상이 농촌혁명, 게릴라전의 전략과 경험, 경제에 대한 정치와 사상운동의 필요성을 강조한 반면, 덩샤오핑

이론은 사상은 도시지역 행동주의에 초점을 두고 혁명 이후 경제적 효율성과 경제에 대한 정치 및 사상운동에 대한 개입을 강조하였다.[17]

덩샤오핑의 경제개혁·개방 추진을 이론적으로 뒷받침한 것은 '사회주의 초급단계론'이다. 사회주의 초급단계는 아직 사회주의가 성공적으로 발달하지 못한 단계로서, 한 국가가 생산력이 낙후되고 상품 경제가 발달하지 못한 조건하에서 중국이 사회주의를 건설하려면 특정 단계를 거쳐야 한다는 것이 핵심이다.[18]

사회주의 초급단계론에 따르면 중국은 생산력이 현저히 낮은 사회주의 초기 단계에 있기 때문에 모든 정책 판단의 기준은 생산력 발전에 유리한가에 달려 있다. 이에 따라 생산력 발전에 기여하는 경제개혁·개방이 필요하며 생산력 발전에 따른 차등적 분배 역시 수용되었다.

이러한 덩샤오핑의 경제개혁·개방 추진이 지지를 얻을 수 있었던 것은 10년에 걸친 문화대혁명이 초래한 폐해가 그만큼 심각했기 때문이었다. 문화대혁명의 장기적 혼란은 역설적으로 개혁·개방을 가능하게 한 계기로 작용하였다고 평가 가능하다.

덩샤오핑은 사상적 개방을 추구하면서도 1979년 '4항 기본원칙'을 제시하였다. 여기에는 사회주의의 길, 프롤레타리아 독재, 공산당 지도, 마르크스·레닌주의와 마오쩌둥 사상이 포함된다. 덩샤오핑은 이를 반드시 견지해야 할 원칙으로 제시하였으며, 마오 사상을 포함시킴으로써 마오와의 완전한 결별은 피하였다. 덩샤오핑체제의 중국공산당은 문화대혁명에 대한 평가에서도 "지도자가 잘못 일으키고 반혁명 집단에게 이용되어 당, 국가, 인민에게 중대한 재난을 초래한 내란"이라고 정의하고 마오쩌둥 개인뿐 아니라 당중앙에 책임이 있다고 결론을 내렸다.[19]

이후 4항 기본원칙은 1982년 헌법 전문에 명문화되어 공산당 영도를 헌법에 명시하였다. 또한, 헌법우선주의(constitutionalism)를 선언하며 헌법을 '국가의 기본제도 및 근본임무를 규정'하는 '국가의 근본법이며 최고법'이라고 규정하였다. 전국의 전국의 모든 민족과 인민, 국가기관, 인민무장역량, 정당 및 사회단체, 기업 및 사업 조직은 헌법을 활동의 기준으로 삼고, 그 존엄을 수호해야 한다고 강조하였다.

덩샤오핑 시기에는 '당정분리(黨政分離)'를 핵심으로 한 정치체제 개혁이 추진되었으며, 이에 따라 당조(黨組)와 각종 소조(小組)가 폐지되었다. 이 시기는 당정분리의 개념이 실질적으로 적용되던 시기였다. 경제개혁·개방을 실천한 이후 경제개혁에 대한 '정'의 정책결정권이 확대되면서 덩샤오핑은 1986년 6월 개최된 중공중앙정치국 상무위원회에서 당이 정부를 관리하는 것을 비판하면서 정치개혁의 가장 중요한 내용으로 '당정분리'라는 개념을 제기하였다.[20] 당정분리는 당정이 기능별로 분리되는 것, 당조직이 구체적으로 국가기관이나 인민단체의 업무를 관리하지 않는 것, 당의 간부와 국가공무원 및 인민단체 성원이 분리하여 관리하는 것, 당의 역량을 집중시켜 당풍과 당기율을 관리하고 직접적으로 법률과 정부기율 문제를 처리하지 않는 것 등이다.[21]

이후 1987년 10월 중국공산당 제13차 당대회의 보고에서 자오쯔양(趙紫陽)은 당정분리를 '당정직능분리(党政分工的)'라고 명확히 정의했고, 그 목적은 당조직과 당외 조직의 직능을 분명하게 구분하는 것을 통해 당조직과 인민대표대회, 정부, 사법기관, 군중단체, 그리고 기업단위 및 기타 각종 사회조직 간의 관계를 바로잡아 각자 맡은 바 업무를 완수하고 섬진적으로 제도화하는 데 있음을 지적하였다.[22] 다시 말해, 당의 영도를 개선하기 위한 방안으로 각급 당위원회는 정부 내 직책을 겸직하지 않도록 하였으며, 이에 따라 해당 부문에 별도의 당 위원회를 설치하지 않았다. 또한 당 위원회의 사무기구 중 정부기구와 중첩되는 부분을 폐지하고 행정관리사무는 국가기구에 전속시키며, 국가기구 내 설립된 당조를 철폐하고, 당의 기강과 당풍을 관리한다는 등의 당정분리 조치를 취하였다.

　　덩샤오핑 시기의 개혁·개방은 중국 경제의 빠른 성장을 견인했으
나, 1989년 '6·4사건(톈안먼사건)'의 발생으로 그 정책은 중대한 위기
를 맞게 되었다. 이러한 상황을 타개하기 위해 덩샤오핑은 1992년 1월
18일부터 2월 21일까지 우창, 선전, 주하이, 상하이 등을 시찰하며 이
른바 '남순강화(南巡講話)'를 주창하고 '사회주의 시장경제체제'를 강
조하였다. 덩샤오핑은 경제개혁·개방을 가속화를 주장하며, 모든 판단
기준은 생산력 발전, 국가의 국력 증강, 인민 생활 수준 향상에 기여하
는가에 달려 있다고 강조하였다. 그는 계획과 시장은 사회주의와 자본
주의의 본질 차이가 아니기 때문에 계획과 시장 모두 경제수단이라고
하는 '사회주의 시장경제체제'를 통해 개방을 가속화하였다.[23] 그해 10
월 중국공산당 제14차 당대회에서 '사회주의 시장경제체제'를 '당장(黨
章)'에 삽입함으로써 개혁·개방정책의 지속을 명확히 하였다.

　　경제개혁·개방 시기부터 덩샤오핑은 대외관계에서 실용주의적이며
현실주의적 시각을 가지고 있었으며, 다음과 같은 세 가지 특징을 보
였다.[24] 첫째, 중국의 국제적 지위와 관련해 강대국의 위상을 조급하게
추구하지 않는다. 둘째, 대외정책 결정에서 국익을 중시하며, 국가 간
이념 논쟁을 지양하고 모든 외교 활동은 4대 현대화 건설이라는 국내
목표에 종속되어야 한다. 셋째, 종합국력의 증강을 통해서만 국가 목표
를 실현할 수 있다. 이에 따라 덩샤오핑의 대외정책 기본노선은 '자신
을 드러내지 않고, 때를 기다리며, 실력을 기른다'는 '도광양회(韜光养
晦)'로 대표될 수 있다.

　　덩샤오핑의 실용주의적 대외정책은 협력적 관계 구축으로 이어졌
고, 이를 통해 안정적 경제발전을 이룩할 수 있었다. 중국은 종합국력
이 강화될 때까지 강대국의 지위를 서두르지 않고, 4대 현대화 건설에
집중함으로써 미국과 EU 국가들과의 우호적 관계를 유지하는 전략을
추구하였다. 이를 통해 중국은 이들 국가의 선진 기술을 수용하고 경제

협력을 강화하여 중국의 생산력 발전을 위해 집중하였다.

3) 장쩌민의 삼개대표론·의법치국과 후진타오의 과학발전관

1989년 '6·4사건'으로 인한 중국사회의 위기를 수습하기 위하여 그해 6월 제13기 4중전회에서 상하이 시장 및 시 위원회 서기를 역임한 장쩌민(江澤民)이 총서기로 선출되었다. 그는 제3세대 지도자로서 당 건설 강화와 당내 부패 척결을 주요 과제로 제시하였다. 그는 1992년 덩샤오핑의 '남순강화'를 계기로 개혁·개방 노선을 재확인하고, 1994년 중국공산당 제14기 4중전회에서는 "당은 개혁·개방 정세 속에서 자신을 인식하고, 강화하며, 개선해야 한다"고 강조하며 개혁·개방의 지속을 역설하였다.[25]

장쩌민 시기 확립된 중요 개념은 '의법치국(依法治國)'이다. 1989년 '6·4 텐안먼 사태' 이후 당정분리 논의는 약화되고 공산당의 당적 영도는 '의법치국'을 통해 강화되는 방향으로 전환되었다. 의법치국이란 인민의 의사를 반영한 헌법과 법률에 따라 국가를 운영하고 사회 사무를 관리한다는 것을 의미한다.[26]

1992년 10월 개최된 제14차 당대회에서 장쩌민은 정치개혁의 정치 참여 확대나 당정분리가 아닌 법치 강화에 두었으며, 사회주의 시장경제체제라는 목표 모델에 따라 정부직능 전환을 추진하였다. 1997년 7월 중국공산당 제15차 당대회에서는 '의법치국'을 사회주의 법치국가 건설의 기본 원칙으로 제시하였고, 1999년 3월 제9기 전인대 제2차 회의에서는 헌법 수정안을 통해 "의법치국에 따라 사회주의법치국가를 건설"한다는 문구가 삽입되었다.

1998년부터 2002년까지 중국은 정부와 기업의 분리를 강화하기 위하여 국가기구에 대한 일련의 개혁조치를 단행하였다. 예를 들어,

1998년 국무원 기구개혁을 통해 각 부문별 조직의 4분의 1 정도가 축소되었고, 100여 개 직능이 기업, 지방정부 등으로 이양되었다.

2000년 2월, 장쩌민은 당이 중국의 선진 생산력 발전 요구를 대표하고, 선진 문화의 발전 방향을 제시하며, 인민의 최대 이익을 대표해야 한다는 '삼개대표론(三個代表論)'을 제시하였다. 이 이론은 덩샤오핑의 '중국 특색 사회주의'를 계승·보완한 것으로, 2002년 11월 제16차 당대회에서 당의 공식 이념으로 채택되었으며, 2004년 '헌법'에 삽입되었다.

반면 중국 지도자의 사상 중 후진타오(胡錦濤)의 과학발전관만은 '헌법'에 삽입되지 못하였다. 2002년 11월, 후진타오는 당 제16기 1중전회에서 총서기로 당선되었는데 당시 중국은 사스(SARS, 중증급성호흡기증후군)의 발생으로 사회보건 문제가 부각되던 시기였다. 이는 경제의 눈부신 발전과 대비되는 모습이었다. 이에 후진타오는 지속 가능한 발전을 위해 '발전'의 개념을 확장한 '과학발전관'을 제시하였다.

2003년 당 제16기 3중전회 제2차 전체회의에서 후진타오는 "전면적 발전, 조화로운 발전, 지속 가능한 발전의 과학발전관의 수립 및 정착"을 천명하였다.[27] 또한, 2004년 제16기 4중전회에서는 사회발전 전략 목표로 '조화로운 사회'를 내세웠고, 조화로운 사회 건설의 기초는 발전에 있다고 보았다. 이를 바탕으로 대외정책에서는 '조화세계'를 내세우기도 하였다. 그러나 실제로 후진타오 시기 중국의 대외정책은 '유소작위(有所作爲)', 즉 적극적으로 참여하며 자국 의지를 관철하려는 모습을 보였다.

2008년 금융위기 이후 미국과 서유럽의 경제가 흔들리자, 중국은 이를 계기로 자국의 국력을 지역과 해외로 투사하기 시작하였다. 이러한 중국의 강압적이고 고압적인 외교 방식은 주변국들의 비판을 불러왔다. 즉, 후진타오 2기부터 중국은 '도광양회'에서 벗어나 국력을 과시하는 외교로 전환하기 시작했다.

4) 시진핑의 신시대 중국 특색 사회주의

시진핑은 '신시대 중국 특색 사회주의'를 제시하면서 중화민족의 위대한 부흥 실현과 '중국몽(中國夢)'을 강조하였다. 그의 구상은 사회주의 이념 위에 중화민족주의를 강화하고 국가가 주도하고 통제하는 국가자본주의를 추진하겠다는 것으로 설명 가능하다.[28]

중국이 이전과 달리 민족주의를 강화하고 중국몽이라는 다소 이상주의적 구호를 꺼내 든 것은 대외적으로 중국공산당 창당 100주년과 신중국 건국 100주년으로 이어지는 '두 개의 100년' 목표와 깊은 관련이 있다. 기존 '국가'라는 표현 대신 '강국'이라는 용어를 사용하여, '사회주의 현대화 강국'의 전면적 건설이라는 두 번째 100년 목표를 제시하였다.[29]

2017년 10월, 중국공산당 제19차 당대회에서 시진핑이 제창한 '신시대 중국특색 사회주의 사상'을 당장에 삽입하여 당의 이념으로서 시진핑 사상을 포함시켰다. 시진핑 사상의 핵심은 '신시대, 신사상, 신목표, 신장정'이라는 구호 아래, 이를 실현하기 위한 수단으로 당의 영도, 인민 중심, 전면적 심화개혁, 새로운 발전이념 등의 14개 '치국이정(治國理政)'을 제시하였다.[30]

시진핑 시기 중국 국내정치는 덩샤오핑의 '당정분리' 개념이 희석되어 당 중심의 국정 기조가 확립되었다. 특히 덩샤오핑 시기 이래 유지되어 온 정치 제도화가 흔들리며, 최고지도자의 장기 집권이 가능하도록 2017년 중국공산당 제19차 당대회에서 헌법이 개정되고 그 내용이 명문화되었다. 사회발전 전략도 중앙과 당 중심의 중앙집권화를 강화하는 방향으로 전환되었으며, 애국주의적 색채를 강하게 띠게 되었다.

시진핑 시기 중국정치의 이러한 변화는 미중 세력경쟁의 심화로 인하여 미국에 대항하는 공세적 외교전략과 맥락을 같이 한다. 다시 말하면,

표 4.1　중국 사회주의체제이론 형성과정

이론(사상) 집권자	이론	실천	당장 삽입년도
마오쩌둥 사상	마르크스·레닌주의 적용-변증적 역사 발전 - 공산주의/전위당	중국공산혁명의 실천 - 인민 내부 모순 - 생산관계 변혁 - 노농연합계급투쟁 - 상부구조 개조	1945년 (생전)
덩샤오핑 이론	마오쩌둥 사상 계승 - 실사구시 - 모순/실천론	중국 특색 사회주의 - 4개 현대화 건설 - 1개 중심/2개 기본점 - 선부론	1997년 (사후)
장쩌민 삼개대표론	덩샤오핑 이론 계승 - 진리실천 - 사상해방 - 생산력 발전	사회주의 시장경제 - 다종공유제 실천 - 국유기업 주식화 - 사영기업 육성 발전	2002년 (퇴임 이후)
후진타오 과학적 발전관	장쩌민 노선 계승 - 삼개 대표론 - 상속권 인정 - 홍색기업가 입당	과학적 발전관 - 조화사회론 - 분배위주 공부론	2007년 (집권 2기)
시진핑 사상	후진타오 노선 계승 - 조화사회 - 분배위주 공부론	신시대 사회주의관 - 치국이정/신모순론 - 존엄치당/부패척결 - 성장위주 공부론 - 일대일로	2017년 (집권 2기)

출처: 이상만·김동찬, "시진핑 친정체제 구축 방식과 그 함의에 관한 연구," 『한국과 국제정치』 제34권 4호 (2018), p. 194.

미국의 대중국 압박에 대응하기 위해서는 국내적으로 강한 리더십이 요구되며, 대외적 도전에 효과적으로 대처하기 위해 대내적인 단결과 중앙집권적 통제가 필요하다는 인식이 강화된 것이다. 이에 따라 2018년 6월, 시진핑 집권 2기 중국 외교정책 방향을 제시한 중앙외사공작회의에서 '시진핑 외교사상'은 중국 대외관계의 외교지침으로 결정되었는

데, 외교의 가장 큰 권한이 당중앙에 있다는 점을 강조하였다.[31]

시진핑 지도부는 미국과의 충돌을 최소화하고자 '신형대국 관계'를 내세웠으나, 미중 통상 갈등이 심화되면서 중국 역시 적극적 공세외교를 추구하였다. 소위 시진핑 시기 중국외교는 성장한 군사력과 경제력을 바탕으로 무력이나 보복 조치를 포함한 공세적 대응을 특징으로 하는 '전랑외교(戰狼外交)'로 나타났다. 특히 우크라이나전쟁(러시아-우크라이나 전쟁) 이후 러시아와의 협력이 강화되고, 권위주의체제 국가들과의 연대가 확대되면서 중국의 대미 공세외교는 이어지고 있다.

2. 북한의 이념변화와 대외관계에 대한 영향

북한은 조선노동당을 중심으로 당-국가체제를 유지하고 있으며, 마르크스·레닌주의의 변형인 김일성의 '주체사상'을 당과 국가의 가장 기본이념으로 채택하였다. 이후 김정일 시기에는 '선군'이 사상으로 격상되어 '선군사상'으로 정립되었으며, 김정은 시기에는 이전 '주체사상'과 '선군사상'을 '김일성·김정일주의'로 지칭하고, '우리국가제일주의'의 '애국' 개념을 통해 자신의 사상을 부각시키고 있는 것으로 평가된다.

1) 김일성의 주체사상

김일성이 주창한 '주체사상'은 북한 사회 전반에 영향을 미치며, 유일한 지도이념으로 자리매김하였다. 북한은 주체사상의 지도적 원칙을 김일성이 독창적으로 밝히고 김정일이 체계화하고 집대성한 혁명사상이라고 하면서 "주체사상의 지도적 원칙은 인민대중이 혁명과 건설의 모든 분야에서 자주성을 철저히 구현하며 창조적 힘을 최대한으로 발

양시키고 자각성과 적극성을 높이게 함으로써 그들이 혁명의 주인으로
서의 입장, 지위를 지키고 역할을 다하게 한다"고 정의한다.[32]

주체사상의 기원은 1955년 12월 김일성의 "사상사업에서 교조주의
와 형식주의를 퇴치하고 주체를 확립할 데 대하여"라는 연설이다. 당시
김일성은 흐루시초프(Nikita Khrushchyov)의 등장과 평화공존론 및
탈스탈린주의와 북한 내부 소련파 및 연안파의 도전 등의 상황에서 '주
체(主體)'를 내세웠다.[33] 다만 1955년의 주체는 마르크스주의에 대한
주체적 해석 수준에 머물렀으며, 이념으로서의 '주체사상'은 1960년대
들어 '주체의 4대 원칙'을 통해 구체화되었다.[34] 이것이 주체의 4대 원
칙으로 발전하였는데 그 원칙은 사상에서 주체, 정치에서 자주, 경제에
서 자립, 국방에서 자위이다.

1955년에서 1960년 사이 중소분쟁의 발생과 1956년 8월 종파사건
에 대한 중소 양국의 개입은 '주체'를 더욱 강조하게 된 계기가 되었다.
1956년 종파사건에 대한 양국은 북한 내정에 개입하려 했고, 이는 김
일성에게 용납할 수 없는 사안이었다. 그는 처음에는 중소의 요구에 따
라 반대파의 복권을 수용했으나, 이후 이를 번복하였다. 또한, 북한 내
부적으로 소련을 중시하는 소련파와 중국을 중시하는 연안파 간의 갈
등에서 김일성은 당권 장악을 위해 '주체'를 강조하기 시작하였다.

일련의 당내 문제를 계기로 김일성은 중국과 소련의 영향력을 견제
하기 시작했고 '주체'라는 자주적 입장을 점차 점차 드러내기 시작하였
다. 1958년 중국인민지원군을 모두 철수시키면서 중국과의 관계도 재
정립하였다. 전쟁 이후 경제적·사회적 복구에 집중해야 했던 북한 정권
으로서는 정치통합을 더 강조할 수밖에 없었다. 특히 당내 세력이 중국
과 소련에 각각 연계되어 있었기 때문에, 이 시기의 정치통합은 자주노
선의 초기 형태로 평가된다.

그러나 북한의 주체사상을 북한의 주장처럼 김일성만의 독창적 사상

으로 보기는 어렵다. 주체사상이 중소 양국 모두로부터 영향을 받은 또 다른 사회주의 국가인 북베트남의 호치민(Hồ Chí Minh)의 시각과 유사하다는 점을 주목할 필요가 있다.[35] 예를 들어, 호치민은 1957년 한 연설에서 다른 사회주의 국가의 경험을 '기계적으로' 받아들이는 것을 경계하며 교조주의와 수정주의의 극복을 강조하였다.[36]

이와 같이 주체사상의 체계화는 대외관계와 밀접한 관계가 있다. 김일성은 대외관계에서 완전한 자주권과 평등권의 행사를 주체사상의 핵심으로 설명하였으며, 자주적 외교정책으로 제국주의 반대, 식민지 민족해방운동 및 국제노동운동 지지, 사회주의와 공산주의의 지속, 내정 불간섭 및 상호존중, 평등과 호혜의 원칙 수호 등을 제시하였다.[37] 특히 1966년 8월 12일자 『로동신문』 사설 "자주성을 옹호하자"를 통해, 김일성은 대외관계에서 자주노선을 주창하면서 대외관계에서 주체사상을 체계적으로 정리하였다. 1967년 수령제 확립 이후 1968년 4월 22일 개최된 제4기 17차 회의에서 주체사상을 당의 유일사상으로 채택하였고, 1960년대 후반 대외관계 전반에 주체사상을 정립하고, 국방 분야에서는 '자위' 개념을 정착시켰다.

1970년대 들어서서 김정일 후계체제 구축과 병행하여 주체사상의 체계화가 진행되었다. 북한은 1972년 12월 사회주의 헌법을 채택하여 국가주석제와 중앙인민위원회를 신설하여 수령이 국가 주석으로서 최고주권기관, 중앙행정기관, 사법·검찰기관 등 모든 국가기관을 영도하는 유일체제를 완성하였다. 그리고 사회주의 헌법 제4조에서 "조선민주주의 공화국은 맑스·레닌주의를 우리나라의 현실에 창조적으로 적용한 조선노동당의 주체사상을 제1활동의 지도적 지침으로 삼는다"고 명시하였다.[38] 김정일에 의해 1970년대 수령제와 함께 체계화한 주체사상은 1980년대 '주체사상에 대하여'와 주체사상 총서 10권이 출간되어 심화되었다.

1978년 중국이 덩샤오핑의 경제개혁·개방정책을 추진한 반면, 북한은 김정일 후계체제 구축과 함께 주체사상을 강화하고 유일체제를 정착시키면서 경제적으로 '자력갱생'에 집중하였다. 물론 1972년 남북한의 '7·4 공동성명'에 합의하고 남북대화를 시작했으며, 1973년부터 유엔 산하기구인 세계보건기구(WHO)에 가입하고 EU국가들과 무역을 확대하려 노력하였으나, 북한은 주체사상의 강화를 통해 오히려 이념적 경직성을 더욱 강화하였다.

1980년대 들어서서 중국의 경제개혁이 성과를 거두고 동유럽 사회주의 국가들에서도 개혁이 확산되자, 1984년 북한도 '합작회사운영법(합영법)'을 도입하며 경제개혁을 시도하였다. 그러나 합영법은 일본 조총련계 일부 회사를 제외하면 투자 대상이 제한적이어서 성공하지 못하였다. 이러한 상황에서 1985년 3월 소련 고르바초프(Mikhail Gorbachev)의 급속한 개혁이 추진되자 북한은 오히려 경제개혁을 후퇴시키고 북한식 사회주의체제를 공고히 하였다.[39]

1986년 7월 김정일은 "주체사상에서 제기되는 몇 가지 문제에 대하여"라는 논문을 통해 '사회정치적 생명체론'을 제시하여 수령의 권위를 강화하고 집단주의적 성격을 한층 심화시켰다.[40] 이어 같은 해 12월, 김일성은 제8기 제1차 회의 시정연설 "사회주의의 완전한 승리를 위하여"에서 북한이 당면한 과제가 사회주의의 완전한 승리라고 주장하며 소련 및 동유럽 사회주의의 변화에도 불구하고 개혁·개방정책을 추진하지 않겠다는 의지를 표명하였다. 이것은 1984년 합영법 추진을 계기로 시도된 경제개혁을 사실상 철회한 것으로, 북한은 오히려 소련 및 동유럽의 변화를 체제 위기로 인식하고 북한 사회주의의 차별성을 부각시키고 사회주의체제 공고화에 집중하게 되었다.

고유환에 따르면, 사회주의의 완전한 승리란 공산주의의 낮은 단계를 실현하는 것으로, 사회의 모든 분야가 노동계급화된 완성된 사회주의 사회를 의미한다. 북한은 사회주의 건설이 순조롭게 진행되고 있다고 보기 때문에, 별도의 단계 조정이나 단계론에 따른 개혁은 불필요하다는 논리를 내세웠다.[41]

1990년 1월 1일 신년사에서 "사회주의 제도의 우월성은 (중략) 오직 당의 올바른 영도 밑에 인민대중이 혁명과 건설의 주인으로서의 책임과 역할을 다할 때 높이 발양"된다고 언급하면서, "우리의 불패의 힘의 원천은 당과 인민대중이 혼연일체가 되어 사회주의 공산주의를 위한 투쟁에서 생사운명을 같이 해나가는 데 있다"라고 주체혁명의 위업 완성을 강조하였다.[42] 특히 북한은 사회주의체제전환을 '평화적 이행 전략'이라고 규정하며, 이것이 "사회주의 나라들을 내부로부터 와해시키고 자본주의 길로 되돌려세워 정치적으로 경제적으로 지배권 안에 넣으려는 목적"이라고 비판하였다.[43]

1980년대 말부터 1990년대 초까지 전 세계적 탈냉전의 물결과 소련 및 동유럽 사회주의 국가들의 체제 전환에도 불구하고 북한은 '우리식 사회주의'를 고수하였다. 그 배경에는 북한의 사회주의 완전 승리론이 있었다. 이러한 북한의 이념적 경직성은 1990년대 '고난의 행군' 시기와 같은 심각한 경제난 속에서도 개혁·개방을 거부하고 '자력갱생'을 선택하게 만들었다. 북한은 사회주의 초급단계론을 채택하고 경제발전을 위한 대외정책을 추구한 중국과 다른 경로를 들어섰기 때문에 북중 양국 간 이질적 경로는 양국관계의 갈등 요인이 되었다.

2) 김정일의 우리식 사회주의와 선군사상

1994년 김일성 사망으로 김정일이 명실상부한 북한 최고지도자로 등장하였다. 1980년대 말에서 1990년대 초까지 김정일은 '우리식 사회주의' 담론을 체계화하면서 사회주의 국가들의 체제 전환을 부분적이고 일시적인 현상으로 평가하였다. 1994년 11월 그는 "사회주의는 과학이다"라는 논문을 통해 주체의 사회주의 위업을 대를 이어 계승하고 완성할 것을 선포하였다.[44] 이와 같이 김정일 체제 초기 북한은 김일성 시기에 구축해온 주체사상을 구현하는 사회주의 완성을 북한체제의 목표로 삼았다.

1994년부터 1997년까지 유훈통치 시기를 거쳐 김정일은 본격적으로 최고지도자로서의 대내외 행보를 본격화하였다. 최고지도자의 위상을 확립한 김정일은 자신의 통치이념으로 '선군정치'를 내세우고, 이를 사상적 수준으로 발전시켜 '선군사상'으로 정립하였다. 다시 말해, 선군정치는 안보 위기 속에서 출발한 정책적 대응이었으나, 이후 선군혁명이론과 선군혁명영도 등의 개념을 통해 이론화되며 독자적 사상으로 자리잡았다.[45] 이러한 선군사상은 김정일 시기를 이끌어가는 이념적 토대였다.

북한의 공식 주장에 따르면, 선군정치는 1995년 1월 1일 김정일이 '다박솔 초소'를 찾아 "인민군대를 혁명의 기둥, 주력군으로 삼고 주체혁명 위업을 완성해 나가려는 선군정치의 의지를 피력"하면서 시작되었다.[46] 그러나 실제로 '선군'이라는 용어가 이념적 성격을 가진 '선군혁명철학'이라는 용어로 처음 등장한 것은 1999년 6월 16일 『로동신문』 공동논설이라고 알려져 있다.[47]

북한은 선군정치를 "군사선행의 원칙에서 혁명과 건설에서 나서는 모든 문제를 풀어나가며 군대를 혁명의 기둥(주력군)으로 내세워 사회주의 전반을 밀고 나가는 정치"라고 정의하였다.[48] 다시 말해, 이는 군을 앞세우고 군대가 사회 각 분야에서 핵심 역할을 하는 것을 의미한다.

김정일 시기 초기에는 '우리식 사회주의'를 토대로 북한 사회주의체제 고수를 정당화하였다. 그러나 유훈통치가 끝나고 1998년 김정일 시대가 본격적으로 개막되면서, 사회주의체제 전환과 경제난으로 인한

체제 위기를 돌파하기 위하여 이념적 변화가 필요하였다. 일반적으로 사회주의 국가의 지배 이념변화는 경제발전에 따른 구조 변화에 의한 경우와 경제난이나 외부 위협에 따른 체제 불안으로 발생하는 경우로 나뉘는데,[49] 김정일 시기 북한은 후자에 해당한다.

김일성 시대의 주체사상은 점차 현실과 괴리된 추상적 이념으로 변해 갔고, 이에 따라 주민들의 수용성도 점차 약화되었기 때문에 북한 체제 위기를 돌파하는 이념으로는 한계가 있었다.[50] 이에 2000년대 이후 김정일 시기 북한은 선군정치를 '선군사상'으로 격상시켰으며, 이를 "주체사상에 기초한 군사중시사상을 제시하고 군대를 강화하는 데 선차적 힘을 넣어야 한다는 전혀 새로운 혁명공식"이라고 설명하였다.[51] 군이 혁명의 주력군이 되어야 하는 이유를 제국주의의 존재에서 찾으며, 선군사상이 혁명의 실천투쟁에서 창조된 독창적 정치방식이라고 강조하였다.[52]

이러한 선군정치는 군이 단순히 전쟁과 조국방위를 위한 수단이 아니라 혁명과 건설을 함께 수행해나가는 역할을 담당한다고 볼 수 있다.[53] 또한, 선군정치는 위기 돌파를 위한 효율적 수단으로서 군의 정치적 역할을 강조하는 동시에, 경제발전을 위한 가용자원으로서 군의 경제적 역할을 중시한 이중적 전략을 내포하였다.[54] 따라서 김정일은 정치·경제·사회 전반에 걸친 체제 생존의 위기를 돌파하기 위하여 선군사상을 자신의 동치이념으로 삼았다고 해석된다.

김정일 시대에는 국방위원회가 최고 국가기관으로 격상되고 국방위원장이 사실상 북한 통치자로서 선군정치를 강조하였다. 국방위원장은 국방위원회뿐만 아니라 국가 전반의 업무를 총괄하고, 주요 군사 간부의 임면은 물론 전시상태·동원령·비상사태 선포 등 광범위한 권한을 보유하게 되었다. 김정일체제 출범 이후 국방위원장이 사실상 북한 최고 통치자 역할을 하고 선군정치를 강조함에 따라 상대적으로 군의 위상이 강화되었다.

김정일은 사회주의권의 붕괴와 극심한 경제난으로 체제 생존이 위협받는 상황을 비상시기로 인식하고 군을 중심으로 하는 국방위원회라는 권력 기구를 만들어 북한을 통치하였다. 이 비상시기에 당과 군은 위기를 돌파하는 공동 운명체로서 공생관계를 형성하면서 수령제를 유지하였다.

북한은 2019년 헌법 개정을 통해 '김일성·김정일주의'를 공식 이념으로 명시하였다. 김일성의 사상이 '주체사상'이라면, 김정일의 사상은 '선군사상(선군정치)'으로 구분된다. 김일성 시대가 주체의 시대라면, 김정일 시대는 선군의 시대였다.

이러한 선군사상에 기초한 북한의 대외정책은 대미관계에서 '핵'과 '미사일'이라는 대량살상무기 개발과 연계한 '갈등적 편승'의 방향으로 표출되었다.[55] 북한은 체제 위기 상황에서 군 중심의 대응을 택했기 때문에, 대내외정책에서 군의 역할이 확대되었다. 1990년대 북한의 핵확산금지조약(NPT: Non Proliferation Treaty) 탈퇴를 계기로 촉발된 북핵위기는 북한이 핵을 통해 경제적 보상을 얻고 미국과의 관계개선을 시도하며 체제를 보장받으려 했던 선군사상에 기반한 북한 외교의 대표적 사례였다.[56]

그러나 김정일 시기에는 2000년을 기점으로 남북정상회담을 개최하고 당시 EU국가들과 관계 정상화를 하는 등 실리적 외교를 하였다. 당시 이러한 개방적 태도를 취할 수 있었던 것은 북미제네바합의를 통해 체제 생존을 일정 부분 보장받았고, 남북정상회담을 통해 남북 경제협력 확대라는 경제 회복의 수단을 확보했기 때문이다.

2000년 전후 북한의 실리외교는 김정일 시기 선군사상의 관점에서 어떤 의미를 지니는지를 살펴볼 필요성이 있다. 앞서 살펴본 바와 같이 선군사상은 북한이 대내적 경제난과 대외적 고립이라는 체제 위기를 극복하기 위하여 채택된 이념이다. 1990년대 북한은 심각한 경제난으로 배급체제가 마비되면서, 비공식 유통망에 의존해 생계를 유지하는 주민들이 늘어났다. 여기에 자연재해까지 겹치면서 당국은 인민을 동원하기 어려웠고, 경제 재건에 필요한 노동력을 군을 통해 확보한 것으로 분석된다.

이러한 상황에서 1998년 9월 국방위원장에 재추대된 김정일은 '강성대국'을 내세우면서 경제난을 극복하기 위한 희망적 메시지를 인민들에게 발신하였다. 경제 분야에서 실질적 성과를 내기 위해서 북한 당국은 경제 분야에서도 군을 앞세웠고, 대내 경제 건설에서부터 대외경제까지 군 중심의 성과 창출을 시도하였다. 선군사상의 시각에서 보면, 혁명의 주력군이 경제 건설을 주도하는 것은 합리적 선택이다.

2000년 남북정상회담을 계기로 같은 해 8월 한국 현대아산과 북한의 합의로부터 시작된 개성공단은 북한군의 협력이 없었다면 조성되기 어려웠을 것이다. 북한 영토 내 한국 인력이 상주하는 상황을 북한군이 수용했기 때문에 개성공단이 가능했고, 이후 개성공단을 오가는 육로의 개통 역시 군의 협력이 없이는 불가능했을 것이다. 당시 북한군은 경제 건설에 주도적으로 참여하며, 남북 경제협력의 필요성과 당위성을 일정 부분 수용한 것으로 해석된다. 따라서 김정일 시기 선군사상은 한편으로 대량살상무기 개발을 통해 당시 유일한 초강대국인 미국과의 대화와 협상을 가능하게 했으며, 다른 한편으로 군을 경제 분야의 주력군으로서 칭함으로써 남북 경제협력 및 대외 경제협력에 대한 군의 수용성을 확대하는 데 기여한 것으로 평가된다.

3) 김정은의 우리국가제일주의

2011년 12월 김정일의 사망으로 김정은 시기가 개막되었다. 2008년경 김정일의 건강 이상설이 제기되면서, 김정은은 2009년 군을 기반으로 후계체제를 구축하였다. 김정일 시기가 선군의 시대였던 만큼, 김정은도 군을 통해 후계자로서의 지위를 다진 것으로 보인다.

이후 2013년 3월 31일, 조선노동당은 당중앙위원회 전원회의를 개최하여 김정은 시대를 이끌어갈 노선으로 '경제건설과 핵무력 건설 병진노선'을 천명하였다. 이 노선은 핵개발과 경제 회생이라는 두 마리 토끼를 잡겠다는 전략이지만 핵개발에 따른 제재로 인해 경제 회생은 제한적일 수밖에 없었고, 실질적으로는 국방에 더 무게가 실렸다. 이후 김정은 시기 북한은 핵무력 건설에 집중하였다.

이와 같이 김정은의 후계체제 구축과 집권 초기에는 김정일의 선군 사상을 기반으로 권력을 공고히 하였다. '경제건설과 핵무력 건설의 병진노선' 역시 국방에 무게를 둔 선군정치의 연장선이라 할 수 있다. 이 것은 선대 김정일이 집권 초기 주체사상에 기반한 '우리 식 사회주의'를 강조한 것과 동일한 맥락이다.

그러나 병진노선만으로 김정은 시대를 선포하기에는 부족함이 있었다. 왜냐하면, 북한에서 후계체제를 정당화하는 핵심 기반은 사상이론의 발전에 대한 기여이기 때문이다. 김정일은 1974년부터 후계자 신분으로 '주체사상'을 체계적으로 발전시키고 유일사상체계 10대 원칙을 확립하면서 '온 사회의 김일성주의화'를 주장하여 사상의 독점 해석권을 행사한 바 있다.

김정은은 2016년 5월 6일부터 9일까지 7차 당대회에서 '온 사회의 김일성·김정일주의화'를 주창하면서 김정일의 사상인 선군사상의 실현을 가장 중요한 업적으로 내세웠다. 7차 당대회는 김정은 시대의 본격적인 개막을 의미하며, 그는 기존 '제1비서' 대신 '당위원장' 직위를 신설해 당을 총괄하는 최고지도자임을 대내외에 천명하였다. 또한, 사회주의 강국을 전략목표로 내세우면서 이를 실현하기 위한 수단으로 '자강력 제일주의'를 언급하였다. 정치군사 강국의 실현을 위해서는 '온 사회의 김일성·김정일주의화'를 내세웠고 과학기술 및 경제 강국 실현을 위해서는 대외의존이 아닌 자립경제의 강화를 제시하였다.

이와 동시에 7차 당대회에서 당 기능의 정상화를 지향하면서 당대회 직후인 6월 29일 사회주의 헌법개정을 통해 국방위원회를 국무위원회로 대체하였다. 같은 해 김영남 최고인민회의 상임위원장은 김정은 국방위원회 제1위원장을 국무위원회 위원장으로 추대할 것을 선포하였고, 양형섭 부위원장은 "국방위원회 제1위원장을 조선민주주의인민공화국 국무위원회 위원장으로, 국방위원회를 국무위원회로 고친 것"이라고 설명하였다.[57] 국무위원회와 국무위원장은 김정일 시기 선군정치의 상징이었던 국방위원회와 국방위원장을 대체한 것으로 김정은 시대에 선군정치가 제도적으로 변화했음을 보여준다. 이후 북한은 국무위원회와 국무위원장의 권한 확대를 제도화하면서 국무위원회 시스템을 체계화하였다.

국무위원회 체제는 김정은 시대에 들어서서 강조되고 있는 '우리국가제일주의'가 국가기구에 투영된 것으로 분석된다. 북한 문헌에 따르면 우리국가제일주의는 부국강병과 영노체계의 강화로 요약된다. 2019년 신년사 이후 『로동신문』은 '우리국가제일주의'의 본질적 내용은 "나라의 전반적 국력을 최고의 높이에 올려 세우려는 강렬한 의지"라고 설명하면서,[58] 국가제일주의의 목표는 "부국강병의 대업"을 성취하기 위한 것이라고 주장하였다.[59]

김정일 시기 북한이 체제 생존의 위기를 경험하면서 위기 대응을 위한 국가기구로 국방위원회를 구축했지만, 김정은 시기에는 체제 위기에서 벗어났다는 판단하에 국무위원회 체제를 수립한 것으로 분석된다. 국무위원회는 부국강병을 실현하기 위한 국가기구이며, 이것은 국가제일주의에 기반하고 있다고 해석된다.[60]

이후 북한은 김일성의 주체사상과 김정일의 선군사상을 '김일성·김정일주의'로 격상시키고 제8차 당대회 당규약 개정을 통해 '선군'이라는 용어를 삭제하고 '선군정치' 대신 김정은 시대의 '인민대중제일주의정치'로 변경하였다. 그러나 인민제일주의는 김정은의 '애민(愛民) 정신'을 강조한 것으로 통치이념이라기보다 인민들을 위한 메시지의 성격이 강하다. 이에 김정은의 독창적 통치이념은 '국가제일주의'로 평가된다.

김정은 시기 국가제일주의는 대남정책에 가장 강하게 영향을 주고 있는 것으로 분석된다. 제8차 당대회에서 개정된 당 규약 서문은 "남조선 인민들의 투쟁을 적극 지지·성원한다"는 문구를 포함하면서도, 오랫동안 유지해온 '민족해방민주주의혁명'이라는 표현은 삭제하였다.

2023년 12월, 북한은 조선노동당 중앙위원회 제8기 제9차 전원회의를 개최하여, 남북관계를 '적대적 교전국 관계'로 규정하며, 대남정책의 근본적인 방향 전환을 선언하였다. 특히 한반도에 가장 적대적 두 국가가 병존하고 있는 점을 강조하며, "대한민국의 영토는 한반도와 그 부속도서로 한다"라는 우리의 헌법을 언급하면서 "남북관계는 더 이상 동족관계가 아닌 적대적 두 국가관계, 두 교전국 관계"로 고착되었다고 주장하였다. 또한, 2024년 1월 북한 최고인민회의 제14기 제10차 회의에서 김정은 총비서는 '공화국의 부흥 발전과 인민 복리 증진을 위한 당면 과업에 대하여'라는 시정연설에서, '북반부'라는 표현과 1972년 '7·4 남북공동성명'에 담긴 '자주·평화·민족대단결'의 평화통일 3대 원칙 관련 내용을 삭제하는 헌법 개정을 언급하며, 변화된 남북관계를 반영한 법제화를 촉구하였다.

김정은 시기 들어서서 강조되고 있는 '우리국가제일주의'는 과거의

'김일성 민족' 구호와 달리, '김정은의 조선'을 강조하려는 의도로 해석된다. 이는 대남정책의 법제화를 통해 남북관계를 '국가 대 국가' 관계로 재정립하고, '두 개의 한국(조선)' 체제를 지향하는 흐름으로 이어지고 있다.

▪▪ 주

1) 서진영, 『21세기 중국정치』(서울: 폴리테이아, 2009), pp. 131–133.
2) 양무진, "주체사상과 선군사상: 지배이데올로기의 변화 가능성," 『한국과 국제정치』 제24권 3호 (2008), pp. 61–62.
3) 정영철, "주체사상의 순수 이데올로기화와 새로운 실천 이데올로기의 등장," 『한국과 국제정치』 제31권 3호 (2015), p. 60.
4) Franz Schurmann, *Ideology and Organization in Communist China* (Berkely: University of California Press), pp. 18–22.
5) 임규섭, "현대중국의 정치체제에서 지배이데올로기의 지속과 변화," 『Oughtopia』 (2017), p. 141.
6) 임규섭 (2017), p. 149.
7) 옌지룽(편), 『중국의 국가 거버넌스』(서울: 책과함께, 2021), p. 84.
8) 모리 가즈코 지음, 이용빈 옮김, 『현대 중국정치』(파주: 한울아카데미, 2013), p. 91.
9) 서지, 『중국공산당 개혁개방기의 리더십 혁신과 북한, 1978–2018』(서울: 역락, 2020), pp. 67–68.
10) 서지 (2020), pp. 69–70.
11) 서지 (2020), pp. 80–82.
12) 모리 가즈코 (2013), p. 96.
13) 모리 가즈코 (2013), p. 96.
14) 니시무라 시게오·고쿠분 료세이 지음, 이용빈 옮김, 『중국의 당과 국가』(파주: 한울, 2012), p. 209.
15) 모리 가즈코 (2013), p. 112.
16) 임규섭 (2017), pp. 149–150.
17) 이정남, "중국의 대외인식과 대외정책: 마오쩌둥과 덩샤오핑의 전쟁관과 평화관을 중심으로," 『평화연구』 제13권 1호 (2005), p. 90.

18) 서지 (2020), pp. 136-138.

19) 모리 가즈코 (2013), p. 114.

20) 邓小平, 『邓小平文选(第三卷)』(北京: 人民出版社, 1993), pp. 163-164; 이종화, "중국 당정관계의 지속과 변화,"『중국과 중국학』제17호 (2012), p. 112에서 재인용.

21) 朱光磊, 『當代中國政府過程』(天津: 天津人民出版社, 1995), p. 76.

22) 이종화, "중국 당정관계의 지속과 변화,"『중국과 중국학』제17호 (2012), p. 113.

23) 서지 (2020), pp. 147-151.

24) 이정남 (2005), p. 95.

25) 서지 (2020), p. 186.

26) 서지 (2020), p. 195.

27) 서지 (2020), p. 237.

28) 이상만·김동찬, "시진핑 친정체제 구축 방식과 그 함의에 관한 연구,"『한국과 국제정치』제34권 4호 (2018), p. 191.

29) 서지 (2020), p. 303.

30) 이상만·김동찬 (2018), p. 195.

31) 이상만·김동찬 (2018), p. 212.

32) 고유환, "북한의 사상체계: 주체사상과 북한 사회주의정치,"『안보연구』제20호 (1991), p. 120.

33) 정영철 (2015), p. 63.

34) 정영철 (2015), p. 64.

35) 이에 대해서는 이상숙, "중소분쟁 시기 북한과 북베트남의 자주외교 비교,"『통일정책연구』제17권 2호 (2008) 참조.

36) 호치민, "우옌 아이 꾸옥 학교의 첫 번째 이론과정 개설에 즈음한 연설," 버나드 B. 폴(편), 『호찌민의 베트남혁명론』(서울: 거름, 1987), p. 338.

37) 고유환 (1991), p. 124.

38) 유호열, "북한의 주체사상이념과 대외정책,"『한국정치학회보』, 제18권 (1984), p. 234.

39) 고유환, "사회주의의 위기와 북한의 '우리식 사회주의',"『통일문제연구』23호 (1995), p. 36.

40) 정성장, "주체사상의 이론적 체계와 성격,"『북한연구학회보』제3권 2호 (1999), pp. 258-259.

41) 고유환 (1995), p. 38.

42) 『로동신문』, 1990년 1월 1일.

43) 『로동신문』, 1991년 1월 1일.

44) 고유환 (1995), p. 44.

45) 정영철 (2015), p. 75.

46) 전미영, "선군담론의 기능과 특징," 강성윤 외(편), 『김정일과 북한의 정치』 (서울: 선인, 2010), p. 230.

47) 진희관, "북한의 사상과 김일성·김정일주의 연구," 『북한연구학회보』 제18권 2호 (2014), p. 4.

48) 김철우, 『김정일장군의 선군정치』 (평양: 평양출판사, 2000), p. 27.

49) 양무진 (2008), pp. 65-66.

50) 양무진 (2008), p. 63.

51) 김인옥, 『김정일 장군 선군정치 리론』 (평양: 평양출판사, 2003), p. 196, 김근식, "김정은 시대의 '김일성-김정일주의'," 『한국과 국제정치』 제30권 1호 (2014), p. 77에서 재인용함.

52) 김근식 (2014), p. 76.

53) 김갑식, "1990년대 '고난의 행군'과 선군정치: 북한의 인식과 대응," 『현대북한연구』 제8권 1호 (2005), p. 23.

54) 조영국, "'강성대국론'과 '선군정치'에 대한 정치 경제적 접근," 『현대북한연구』 제9권 1호 (2006), p. 71.

55) 장노순, "약소국의 갈등적 편승외교정책: 북한의 통미봉남 정책," 『한국정치학회보』 33집 1호 (1999), pp. 392-394.

56) 서훈, 『북한의 선군외교』 (서울: 명인문화사, 2008).

57) 『로동신문』, 2016년 6월 29일.

58) 『로동신문』, 2019년 1월 8일.

59) 『로동신문』, 2019년 1월 22일.

60) 이상숙, "북한 김정은 시기 국가기구의 특징," 『북한연구학회보』 제23권 2호 (2019), p. 99.

2부

북중관계의
역사적 변천

항일운동과 국공내전 시기 협력

북한과 중국의 인적 유대는 항일운동 시기부터 시작되었다. 독립운동을 하던 많은 한국인들은 일본의 탄압을 피해 중국 동북지역으로 근거지를 옮기고, 현지의 중국 항일운동 단체들과 협력하면서 유대감을 형성하였다. 훗날 이들은 양국의 초기 지도자와 엘리트들이 되었고, 이러한 공동이 연대의식이 김일성-마오쩌둥(毛澤東) 시기 북중관계의 중요한 영향을 주었다.

1. 항일무장투쟁 시기 공동 항일운동

중국 동북지역의 많은 한국 공산주의자들은 중국공산당 조직과 협력하여 활동하였다. 1940년대 공산주의와 항일투쟁이라는 공통된 목표를 바탕으로 공동 항일조직을 결성하고 활동함으로써 동지적 연대를 가지게 되었다. 그러나 이러한 협력이 항상 유지된 것은 아니며, 1932년 '민생단'사건은 한국인들이 중국공산당주의자에 대한 반감을 가지게 된 계기가 되었다.

1) 1930년대 항일운동의 협력

중국의 동북지역은 항일투쟁 시기 공산당 계열 무장투쟁의 거점이었다. 여기에 거주하는 상당수의 한국인들은 이러한 중국의 무장세력의 영향을 받았으며 항일투쟁도 중국공산당의 지휘하에 중국식 모델을 받아들였다. 북한의 사회주의가 이러한 중국공산당과의 협력으로부터 많은 영향을 받았음은 부인할 수 없는 사실이다. 이 지역의 한국인들은 중국공산당과 함께 무장투쟁에 참여하면서 그들의 투쟁 전략과 방식을 학습·경험하였고, 중국 사회주의 혁명의 성공은 혁명에 대한 자신감을 심어주었다.

특히 만주에서 항일투쟁이 활발하게 전개되면서, 중국공산당은 이 지역에 '만주성위원회'를 설치하고, 한국인이 집중 거주하던 동만주 지역에는 '옌볜당부'를 조직하였다. 1926년에는 '조선공산당 만주총국'과 '고려공산청년회 만주총국'이 설치되어 중국 공산당과의 연계를 강화했으며, 1928년에는 만주성위를 통해 동북지역 한인 정책도 본격적으로 추진하였다.

1931년 만주사변 이후 조선 공산주의자들이 중국공산당에 대한 새로운 인식을 갖게 되는 계기가 있었다. 1932년 2월 15일 만주지역 한인들이 일본의 만주 지배에 협력하고 조선인 자치를 실현해보고자 설립한 '민생단'사건이 그것이다.[1] 이 사건에서 중국공산당은 민생단에 연루된 한국인들을 일본의 간첩으로 간주하고, 최소 500명 이상을 대대적으로 숙청하였다. 이 사건을 계기로 중국공산당은 조선인 공산주의자들의 자치 주장을 중국혁명의 방해 요인으로 인식하였다. 중국혁명에 모든 역량을 집중해야 하기 때문에 조선인들의 조선혁명에 대한 주장은 중국혁명에 반하는 것으로 간주되었다.[2] 이로 인해 일부 만주지역 조선인들은 중국공산주의자들이 한반도 혁명을 지지하지 않고, 자국의 이익만을 우선시한다고 인식하게 되었다.

그러나 항일투쟁이라는 공동의 목표를 가진 중국과 한국의 공산주의에 기반을 둔 항일·반일 운동은 협력의 길로 나아갔다. 중국공산당 만주성위 부설 '소수민족운동위'는 만주지역 한인의 공산주의 운동에 관한 방침을 수립하고, 이들을 포섭하기 위한 노력을 전개하였다. 이에 따라 중국공산당 만주성위는 각지의 한인 당원을 중국공산당 조직에 흡수하여 중국공산당원으로서의 사명감을 함양시키고 반일투쟁의 행동대로 동원하였다.[3]

당시 조선혁명당은 한중 양국어로 작성된 '항일선언서'를 배포하였고, 중국의 요녕농민자위단, 대도회, 요녕민중항일자위단, 요녕항일구국회 등과 연합하여 항일 유격선을 치열하게 전개하였다. 1934년에는 산하 조선혁명군은 동북인민혁명군과 연합항일 협정을 체결하여 중국공산당과 항일통일전선을 구축하기도 하였다. 또한, 1935년 요동민중의용군과 합작하여 한중항일동맹군을 조직하여 "한중 양국의 동지들이 함께 (중략) 일본 제국주의를 타도하여 동북의 실지를 수복하고 조선의 독립을 쟁취할 것"을 선언하여 한중 공산주의자 간 협력이 확대되었다.[4]

이처럼 1930년대 중국 동북지역은 일본에 대항하는 한국인 항일무장투쟁 단체들이 활동하고 있었고 이들은 중국공산당과 여러 측면에서 연계를 맺고 있었다. 1932년 중국공산당 반석중심현위는 중국인과 조선인이 함께한 반석 항일유격대를 조직하여, 양국인이 공동 참여한 최초의 항일무장투쟁을 전개하였다.[5] 1936년 요동 지역의 주요 항일무장 조직들이 통합되어 결성된 동북항일연군(东北抗日联军)에는 중국인과 조선인이 함께 소속되어 있었다.

또한, 소련극동군의 지원을 받으면서 중국공산당하에 있었던 동북항일연군과, 1937년 7월 중국 연안 지역에서 중국공산당 중앙의 지원으로 결성된 조선의용군이 있었다. 이 두 단체의 주요 인사들은 이후 북한 정권에서 핵심 세력이 되었고 조선의용군 계열인 화북조선독립동맹의 인물들은 '연안파'로 불렸다.

2) 1940년대 공동항일조직과 동지적 관계 형성

동북항일연군은 1942년 8월 소련극동군 사령부의 지시에 따라 항연교도여단(抗联教导旅)으로, 9월에는 중국공산당 전체당원회의에서 동북당조직특별지부국위원회로 재편되었기 때문에 전적으로 중국공산당에 소속되어 있었다.[6] 이 항일연군에는 한인 유격대가 대거 참여하여 중국 항일부대와의 조직적 통일전선 구축에 성공하였다. 한 통계에 따르면, 1930년대의 항일전쟁에서 연변지역에서 전사한 조선족은 옌지시 512명, 투먼시 185명, 룽정현 809명, 왕칭현 531명, 훈춘현 353명 등 총 2,769명에 달하였다.[7] 또한, 이 지역에서 항일전쟁에 참여한 인물에는 최용건, 김일성, 김책 등과 함께 중국인 주바오중(周保中)이 포함되어 있었다.[8] 김일성이 이끈 유격대는 동북항일연군 제2군 제3사에 편성되었다.

실제로 동북항일연군은 1945년 7월 말 창춘(长春)에서 동북지역 특별지부전체회의를 열고 조직 개편과 무장세력 동원을 준비하였다. 이 회의는 김일성이 이끄는 조선공작단과 중국인 주바오중이 주도하는 동북당위원회가 공동 개최한 것으로, 양측은 회의를 통해 통합하여 '중공동북위원회'를 구성하였다. 중공동북위원회는 중국공산당의 지도 아래 조선과 중국의 공산주의자들이 연합한 조직으로, 창춘, 하얼빈, 선양, 옌볜 등 12개 지구 위원회를 두고 동북 지역 당조직을 총괄하였다.[9]

이처럼 조선인 공산주의자들은 중국공산당과 협력하여 지역 권력을 조직적으로 장악해 나갔다. 이러한 과정에서 강건은 옌지에 온 후 1945년 룽정에서 전윤필이 조직한 함께 옌볜지역 각지에 정무위원회와 대중단체들을 조직하였다. 1945년 9월 말에는 연변지구의 모든 현과 부락들에 정무위원회가 조직되었으며 다양한 명칭의 대중단체들도 출현하였다. 이 가운데 강건이 조직한 '연변민주대동맹'은 조선인과 중국인이 함께 참여한 조직으로, 1945년 9월 19일 옌지시에서 노동자·농민·청년·여성 대표대회를 열었고, 옌볜 각 현에서 온 대표 600여 명이 참석했다. 1946년 2월 20일부『연변민보(延邊民報)』의 보도에 의하면연맹의 총 맹원 수는 약 14만 5,000명에 달했으며, 그중 94%가 조선인이었다.[10]

1942년 조선청년연합회는 '조선독립동맹'으로 확대되었고, 이들은 중국공산당과 함께 항일무장투쟁을 벌였다. 조선청년연합회가 창설한 조선의용군은 중국의 팔로군 및 신사군과 밀접한 관계를 가지고 있었다. 무정과 조일봉 등이 속한 조선의용군은 섬감녕 변구(陝甘寧 邊區) 지역의 항일활동에 적극 참여하였다. 또한, 1943년 진서북행정공서(晉西北行政公署)에서 조선인의 혁명 활동을 적극 돕기 위한 네 가지 방침을 제정하였다. 같은 해 4월에는 진찰기 변구(晉察冀 邊區)의 행정위원회도 "중화민족과 연합하여 일본제국주의와 싸우거나 전란을 피하여 이 지역에 오는 조선인민을 보호하기 위하여 '조선인민 우대방법'을 공

포하였다.[11]

최고지도부 외에도 초기 북한의 중견지도자들 중 상당수가 만주에서의 항일투쟁 경험을 갖고 있는 사람들이었고, 김두봉과 박일우가 대표적이다. 이들은 중국공산당원이었고, 중국인들과 조선인들은 같은 당·군 조직 내에서 때로는 동지로, 때로는 상하관계로 함께 투쟁하였다. 조선인 지도자들은 제2차 세계대전과 국공내전 이후 대부분 북한에 귀국하였다.

일본 제국주의에 대항한다는 공동의 목적을 가진 한국과 중국의 사회주의자들은 상호 교류를 하며 연합전선을 펴기도 하였다. 이처럼 중국공산당과 동북 지역 조선공산주의자들 간의 유대 강화는 훗날 북한과 중국 간 '사회주의 형제국' 관계의 토대를 마련하게 되었다.

이와 같이 세구세력의 식민지 또는 반식민지로 전락한 한국과 중국은 반제국주의 경험을 공유하였다. 식민투쟁을 경험하면서 제국주의라는 공동의 적에 대항하기 위해 북한과 중국은 각각 연합전선을 구축하였다. 이러한 공동의 경험은 '반제 통일전선'을 통해 강력한 협력관계의 기반이 되었고, 양국은 강한 민족주의적 성향으로 마르크스 철학보다는 레닌의 민족해방운동이론에 주목하였다.[12] 이에 따라 양국은 사회주의 이념 유대보다 반제국주의 이념 유대를 더욱 강하게 형성하며, 동지적 협력적 관계를 형성하였다.

이와 같이 중국과 북한은 국가 수립 이전부터 중국의 동북지역에서 긴밀한 관계를 형성하였다. 당시 국경 구분이 명확하지 않은 가운데, 독립운동에 대한 일본의 탄압을 피해 많은 조선인들이 중국 동북지역으로 이동하였다. 이 지역의 조선인은 국공내전에 참여하여 중국공산당과 협력함으로써 동지적 협력관계를 유지하였다. 이들은 양국 간의 교량 역할을 수행하며, 공식 외교 수립 이전부터 양국이 특별한 협력관계를 형성할 수 있도록 중심적 역할을 하였다.

2. 국공내전 시기 당 대 당 협력**

중국과 북한은 국가 성립 이전부터 중국의 동북지역에서 협력하였다. 항일운동 시기 중국 동북지역에서의 항일무장세력 간 협력과, 국공내전 시기 북한의 중국 지원은 북중관계의 역사적 기반이 되었다.

1) 한국 해방 이후 조선인과 중국인의 협력

국공내전 시기 북한의 중국 지원은 훗날 북중관계 형성의 기반이 되었다. 1950년 7월 중국 저우언라이(周恩來) 총리는 주 북한 중화인민공화국의 대리대사로 가게 될 시성문과 그 일행에게 "당신들은 김일성 동지를 만나게 되면 조선의 당과 인민이 우리가 곤란한 처지에 처하였을 때 우리를 방조한데 대하여 감사를 표시하여야 한다. 역사상 조선동지들이 중국혁명에 이바지한 사실은 당신들도 다 잘 알고 있을 것이다. 그러므로 중조인민의 친선은 아주 깊다. 조선동지들이 우리가 곤란할 때 우리에게 준 방조를 우리는 언제나 잊지 않을 것이다"라고 북한의 도움에 대한 감사를 표하였다.[13]

북한은 자국이 중국 국공내전에서 중국공산당을 지원한 내용을 담은 책을 출간하면서 김일성이 1945년 8월 말경 최용건 동지를 비롯한 조선인들을 첫 파견원으로 동북지방에 파견하였나고 서술하였다. 이들은 9월 소련을 거쳐서 자동차를 타고 육로로 9월 17일 옌지시에 도착하였는데, 여기에는 강건, 김만익, 박경숙이 있었으며, 룡정과 화룡에는 박락권과 공정수, 왕청에는 최광, 김양춘, 명월구에는 오죽순 등이 각각 파견되었다고 기록되어 있다.[14]

** 이 부분은 이상숙, "국공내전 시기 북한과 중국공산당의 경제사회적 관계에 대한 연구," 『북한연구학회보』, 제20권 1호(2016)를 수정·보완한 것이다.

　　1945년 8월 말, 연안에 있던 조선의용군 사령부 인원과 조선혁명군 정학교 출신 30여 명이 만주로 출발하였고, 선양 부근에 도착했을 때는 70여 명이 되었다. 이후 이들은 선양에서 한청이 조직한 1,000여 명과 선발종대를 조직한 후 신의주로 들어갔다. 귀국 선발대 참가 운동을 진행하여 선발대원이 소집되었고 각 연맹의 간부들이 파견업무를 맡으면서 화북 지역의 조선지하군과 팔로군 일부와 협력하여 공동 작전을 전개하였다.[15] 중국공산군 총사령 주더(朱德)는 1945년 8월 9일 소련군의 참전예정 소식이 알려지자 8월 1일 화북 태항산 일대에서 활동하던 조선의용군에게 동북지방으로 이동할 것을 지시하였다.[16]

　　당시 조선의용군 사령관 무정과 동북항일연군의 김일성은 중국 동북지역 항일무장투쟁세력의 주요 인물이었으며 둘은 협력하였다. 무정 사령관이 그 무렵 중국혁명과 조선혁명의 형세에 대해 이야기하고 조선의용군의 당면 임무에 대한 연설을 하였다. 그는 중공중앙의 결정에 따라 소수 간부만 조선에 보내고 대부분은 동북지역에 남아 참전할 것을 지시하였다.[17] 즉 조선의용대의 대부분은 조선으로 귀국하지 않고 중국공산당의 지시에 따라 동북지역에 남았으며, 중국의 해방을 조선혁명의 준비 과정으로 인식하였다.

　　당시 동북지역 항일무장단체들과 중국공산당의 관계를 검토해보면, 1945년 이전까지 이들이 직접 중국공산당의 지휘하에 소속되어 있었음을 알 수 있다. 특히 동북항일연군과 조선의용군은 중국공산당과 긴밀한 관계를 유지하고 있었다. 이와 같이 중국 동북지역에서는 국적을 초월해 항일투쟁이라는 공동의 목표 아래 공동조직 속에서 함께 행동했던 중국공산주의자들과 조선인들이 있었기 때문에 국공내전 시기 중국공산당에 대한 지원이 가능하였다.

　　이후 조선인들은 1946년 1월 초, 옌지에 길동군정대학을 창설하였다. 길동군정대학 교장은 중국공산당의 주바오중이었으며, 부교장은 조선인 강건이었다. 한 기수당 약 500명의 지역 중국인과 조선인을 대상으로 군사 및 정치 교육을 실시하였다.[18]

1946년 8월 26일, 북조선임시인민위원회는 지령 제149호 '특별화물 수송에 관한 건'을 통해 남양철도경비대장에게 특별화물을 실은 차량 30대의 무사한 국경 통과를 지시하였으며, 같은 날 발령된 지령 제149호 '특별화차 경비에 관한 건'에서는 북조선철도경비대장에게 특별화차 30대에 대한 통과 증명서를 발급하도록 지시하였다. 이러한 조치는 후방기지에 대한 북조선 측의 직접적인 지원을 보여준다.[19]

1948년 초, 동북민주연군이 동북인민해방군으로 개편된 이후부터 조선인부대들은 중국인부대의 종대나 사단, 연대에 배속되어 함께 전투에 참여하였다. 1948년 말, 주바오중이 작성한 37개 사단의 부대 구성 명단에는 12만 명의 조선인들의 이름이 포함되어 있었으며, 1945년 8월부터 1948년까지 수만 명의 조선인이 희생된 것으로 추정된다. 또한 동북해방전쟁기간 옌벤지역의 조선인 약 20만 명이 전선을 지원하였으며, 일부 회상자들에 따르면 사평전투에서만도 수만여 명의 조선인들이 희생되었다고 한다.[20]

2) 국공내전 시기 조선노동당의 중국공산당 지원

1946년 여름, 국민당이 장춘과 선양을 점령하면서 중국공산당은 어려움에 처하였다. 남만과 북만을 잇는 통로가 차단되면서 인력과 자원의 수송이 막히는 등 심각한 난관에 부딪혔다. 이러한 상황에서 1946년 6월 한반도 북쪽 지역은 남만작전을 지원하는 후방기지가 되었고 중공 중앙은 같은 해 7월 주리즈(朱理治)와 샤오징광(肖勁光)을 북한지역으로 보내 평양에 '동북국판사처'를 조직하였다. 당시 미소공동위원회가 활동 중이던 상황을 고려하여, 활동의 자율성을 확보하기 위해 판사처는 대외적으로는 '평양이민공사'라 칭하기로 하였다. 평양 판사처는 평양 대동강 서안 채관리 104번지에 위치하였고, 주리즈는 평양에 머물며 동북국 조선 전권대표로 활동하였다. 이 판사처는 이후 1946년 7월부터 1949년 2월까지 존속하였으며, 주요 교통로와 항구인 남포, 신의주, 만포, 라진 등의 4개 사무처를 개설하고 '평양이민공사 분사'라고 불렀다. 신의주와 만포 사무처의 주요 업무는 부상자와 전략물자의 수송 등, 남만과 북만 간의 운송 업무였으며, 주요 협상 및 거래는 평양 판사처에서 이루어졌다. 한편, 라진 사무처는 50명에 달하는 인원으로 구성된 최대 규모의 분사였다.[21]

이 판사처의 활동은 크게 다섯 가지로 볼 수 있다. 첫째, 부상병의 배치와 전략물자의 이송업무이다. 둘째, 물자수송 및 국경출입 인원의 이동지원이다. 셋째, 북한지역에 대한 지원과 전략물자 구매이다. 넷째, 중국과 북한의 양당 및 양국인민의 우호협력관계 수립과 발전이다. 다섯째, 조선로동당과 화교업무의 협력으로 다양한 형식의 애국주의와 국제주의 사상교육 지원이다.[22]

이와 같이 동북국판사처는 1946년부터 1949년까지 조선과 중국 간의 무역과 출입국관리 및 자국민 보호를 담당하는 실질적인 외교업무를 담당하였다. 동북국사무처가 1949년 3월 동북 행정위원회 조선상업대표단으로 대체될 때까지 경제무역 협상과 조약체결 및 기타 외교업무를 담당하였다. 동북국판사처의 기능과 역할을 볼 때, 이는 공식 외교관계 수립 이전의 무역대표부 역할을 수행한 것이라 할 수 있다. 따라서 중국과 조선은 국가수립 이전부터 경제 분야에서 높은 수준의 협력을 하고 있었으며, 이미 실질적인 비공식 무역관계를 형성하고 있었다고 분석된다.

3) 중국공산당 후방기지로서의 북한

국공내전 시기 중국공산당에 대한 조선노동당의 가장 큰 기여는 후방기지로서의 역할이다. 동북지역에서 중국국민당의 우세로 남만과 북만 지역의 이동 경로가 차단되었을 때 조선은 보급로로 적극 활용되었으며, 이 과정에서 동북국판사처가 최대한 활용되었다.

가장 필수적인 가장 필수적인 지원은 인력 수송이었다. 육로는 단동-신의주-남양-도문, 통화-집안-만포-도문 노선이, 해상로는 다롄-남포, 다롄-라진-북만 항로가 활용되었다.[23] 1946년 1월 29일 남만분국 제1차 확대회의에서는 병력 보충 문제 해결을 위한 방안이 논의되었으며, 인력 문제 해결을 위해 부상자를 후방으로 이송하는 방안과, 지방에서 인력을 동원해 다롄을 거쳐 북한지역을 경유한 후 남만으로 보내는 방안이 채택되었다. 먼저 부상자를 치료하고 퇴원시켜서 인력을 보충하는 데에 북한의 지원이 필요하였다. 이에 따라 중국공산당은 랴오동에 있던 부상병 1만 5,000명과 그 가족을 북한지역으로 후퇴시켰다. 부상병의 체류와 간호에 대해 중국공산당은 "이민족의 지역에서 이렇게 오랫동안 부상병이 인민들의 집에 머물렀던 것은 그들(조선 측)이 시작부터 끝까지 우리에게 도움을 준 것이다"라고 지원에 대한 감사를 표시하였다.[24]

타 지역에서 인력을 동원해 남만으로 보내기 위해서도 북한 지역을 경유해야 하는 상황이었다. 당시 중공 남만지구에는 제3종대와 제4종대가 배치되어 있었으나, 병력 충원이 절실한 상황이었다. 이에 천윈(陳雲)은 2월 초, 가오강(高岡)에서 전보를 보내 현재 전력 보강이 시급하므로, 3월 중 북한에서 남만으로 3만 명의 병력을 지원해주기를 요청하였다. 이 요청에 따라, 주바오중은 북한의 김일성을 직접 방문하여 협조를 요청하였다. 이때 북한을 통해서 약 3,000명의 군인이 북한 북부를 통해 남만에 도착하였다. 이들은 12월 하순, 통화에서 지안(集安)을 거쳐 압록강을 건너 조선을 경유하여 북만으로 들어왔다. 이후 평양에서 김일성을 만나 "조선의 지지가 없으면 남만의 승리가 불가능했을 것"이라고 감사를 표시하였다.[25]

주리즈의 동북국 보고에 따르면 이러한 인원충원의 경로로 조선의 지원은 동북지역의 전황에 필수적인 것이었다. 중공동북국은 인력의 국경 통과를 관리하였는데 랴오동지구 간부는 1946년 8월에 3,000명이 국경을 넘었다고 보고하였다. 또한, 1947년 다롄에서 린쟝으로 신병 3,000명, 신의주에서 지안으로 2,000명, 다롄에서 북만으로 간부 약 2,000명이 이동하였다. 이로써 1947년 9월까지 북한지역을 통해 국경을 넘어간 중공군 인원은 총 약 2만 명에 달하였다.[26]

인력의 수송 못지않게 중요한 것은 식량의 공급이었다. 북만에서 수확된 식량은 북한지역을 경유하여 공급되었다. 그런데 북만에서 수확된 식량을 북한으로 출경하는 과정에서 높은 세금을 물리거나 출경을 금지하는 경우가 발생하여 문제가 되기도 하였다. 1946년 7월 1일 주리즈는 중공중앙동북국회의에서 여러 지역에서 양식 출경 금지를 하는 상황이 벌어지고 있어 식량 공급의 어려움이 있음을 토로한 사례도 있다. 이후 1946년 10월 15일, 중공 중앙동북국회의에 다시 출석한 주리즈는 재정문제에 대한 토론에서 "식량구매와 조직적 식량운송에 집중해야 한다"고 주장하였다.

같은 보고에 따르면, 여기에서 특히 문제가 된 것은 세금문제였다. 식량이 이동할 때마다 각 지역에서 높은 세금을 부과하였으며, 심지어 양식 수출에 대해 40%의 세금을 거두는 상황도 발생하였다. 이러한 상황에 대해 동북국은, 양식을 생산하더라도 여유 식량이 다른 지역으로 유출되면서 실질적으로 식량 가격이 상승하고, 그로 인해 인민들이 큰 어려움을 겪고 있다고 밝혔다. 이러한 여러 문제를 타개하기 위해

1948년 1월 7일 동북국은 양식 운송업무를 집중적으로 단속하였다.

식량 이외에 전략물자 지원도 북한지역 동북국판사처를 통해 이루어 졌다. 1946년 8월 당시, 산둥 주재 총관 주이(朱毅)는 동북국판사처를 통해 폭약 30톤, 도화선 120만 미터, 뇌관 30만 개를 전달하였으며, 이 중 폭약은 소련에서 대여한 배로 남포를 거쳐 산둥으로 운송하였다. 또한, 북한으로부터 다량의 비료를 수입하여 남포에서 산둥으로 운반한 후, 이를 활용해 폭약을 제조하였다. 특히 흥남 비료공장과 본궁 폭약 공장은 폭약의 주 공급처였다.[27]

또한, 북한지역에서 지원한 무기, 탄약, 피복, 군수물자들을 받아들 여 보관·관리하였으며 북한지역에 소개되었던 동북민주연군의 전략물 자들도 옌볜지역에서 접수하여 공급하였다.[28]

그해 9월 2일 중공중앙은 주재 중이던 샤오징광과 주리즈에게 동북 해방구와 북한 간의 무역 및 경제협력 문제를 지지하도록 전하였다. 당 시 북한으로부터 수입된 물품은 주로 직물, 면화, 신발, 담요, 철도 자 재, 석탄, 발전소 관련 장비, 교량 자재, 유류, 소금 등이다.

그리고 군수품의 공급 역시 주요 관리 대상이었다. 1946년 처음으 로 동북국은 김일성에게 12대의 차체(車體, 기차 차량 칸) 요구하였고, 이후 세 차례에 걸쳐 추가로 10대의 차체를 요청하였고 이를 북한이 공 급하였다. 또한, 산둥 등지에서 시멘트 30톤, 구리철사 120만 미터, 못 30만 개, 철언 10톤, 초산 20톤, 신발 15만 켤레를 요청했고, 북한은 이러한 물자를 지원하고 대신 콩을 비롯한 식량을 대금으로 받았다. 이 외에도 북한은 중국공산당의 물자 보존처로서의 기능을 수행하였다. 안동, 통화 퇴각 이후 거의 모든 물자는 북한지역 내에 보존되었는데, 그 중량이 약 2만 톤에 달하였다.[29] 실제로 북한지역은 남만에 대한 후 방기지 역할을 하였으며, 각 근거지와의 연결에서 중간 거점의 역할을 하였다. 이러한 도움이 없었다면 중국공산당의 국공내전 시기 남만의 상황은 훨씬 더 어려웠을 것이다.

국공내전 시기 북한은 동북지역의 후방기지로서 인력과 물자 수송을 지원하였다. 여기에서 인력 및 물자 운송에 대한 운송비는 북한 재정에 큰 도움이 되었으며, 국경 출입으로 인한 세수 또한 중요한 재정 자원이 되었다. 한반도지역에 미소 양군이 주둔하면서 남북 간 물자 이동이 제한되자, 북측은 심각한 식량난을 겪었다. 이를 보완한 것은 중국공산당 동북지역의 지원이었다.

실제로 1946년 8월 말에서 9월 사이, 김일성은 딩쉐송(丁雪松)을 통해 가오강에게 서신을 전달하였다. 김일성은 "현재 (조선의) 식량문제가 긴장하니 북만에 한 번 가서 중공동북국 책임동지를 찾아 우리에게 식량을 지원해달라고 요청"해달라고 전하였다. 이에 대해 가오강은 동북국이 조선노동당에 대한 지원을 약속하였다고 답하였다. 주리즈의 보고에 따르면 1946년 여름부터 1947년까지 리우야로우(刘亚楼)를 통해 식량 1만 톤이 북한지역에 전달되었고, 이후 동북국이 추가로 2,000톤을 보냈으며 상호교환한 물자의 양까지 합산하면 조선에 제공된 식량 총계는 3만여 톤에 달하였다.[30]

또한, 중국의 인력 및 물자 운송을 지원하면서 북한은 운송비와 세금을 주로 식량의 형태로 확보하였다. 동북지역에서 수확된 식량이 북한지역으로 수출되고 북한은 그 대가로 군수품 등 전략물자를 공급하였다.[31] 이러한 운송 지원을 통해 북한이 확보한 식량 규모는 1946년 9월 중공중앙 동북국 평양판사처와 북조선인민위원회의 연합운송협정을 통해 확인할 수 있다. 연합운송협정은 국경 출입 관세를 50위안(元)에 상당하는 식량으로 규정하였다. 이 협정에 근거하여 1946년 9월부터 12월까지 총 7,500톤의 화물이 이송되었으며, 이에 대한 관세는 대부분 식량으로 납부되었다. 이어 1947년 1월 6일, 북조선인민위원회 운송국과 중국공산당 동북운송행정위원회는 북한을 통과하는 중국화물의 하역작업에 관한 조약을 체결하였는데 하역작업에 대한 세금도 대부분 식량으로 충당되었다.[32] 중국은 전략물자의 공급처로서 북한을 활용하기 위하여 전략물자 생산에 필요한 각종 기자재와 원료를 제공함으로써 북한 공업 기반 구축에 도움을 주었다.[33]

국공내전 시기 북한 공산주의자들의 중국공산당에 대한 지원은 동북지역에서 국민당에 대한 승리에 결정적 역할을 하였다. 중국 국공내전을 지원한 조선인부대는 훗날 북한의 조선인민군의 주요 지도자들이 되었고, 이와 동시에 중국공산당의 경제지원은 북한정부 수립에 필요한 물적 토대를 수립하는 데에 기여하였다. 항일무장 투쟁 시기에 형성된 사회주의 동지애가 북중관계 형성에 기반이 되었음은 부인할 수 없는 사실이지만, 국공내전 시기 중국공산당 후방기지로서의 북한이 수행한 경제적 협력 역시 중요한 역할을 하였다. 이는 이후 북중 간 전략적 동맹 형성에도 결정적인 영향을 미쳤다.

3. 북중 경제·사회 네트워크 형성과정과 '조선화교'의 역할[**]

북한과 중국의 지도자 및 엘리트뿐만 아니라, 중국 동북 3성 일부 주민들과 북한 주민들 간의 오랜 인적 교류는 북중 간 협력을 지탱하는 또 다른 주요 원인이다. 북한과 중국의 경제협력은 주로 이들을 중심으로 하는 네트워크를 통해 이어져 왔기 때문에, 북중 경제협력에서 이들이 핵심적 역할을 하였다. 따라서 단기간 경제협력이 단절되더라도, 정세와 환경의 변화에 따라 재개되는 사례가 자주 관찰된다.

....

[**] 이 부분은 이상숙·송문지, "1950~1960년대 조선족의 북한 이주와 북·중 협력," 『북한연구학회보』 제16권 1호(2012)를 수정·보완한 것이다.

이에 북한과 중국의 경제 및 사회 네트워크 형성과정을 확인하고 이 네트워크가 북중관계에서 어떤 역할을 하는지를 분석하고자 한다. 특히 북한 내 조선화교들의 북중 경제협력에서의 위상과 역할에 초점을 맞출 것이다.

1) 중국공산당의 동화정책과 조선인들의 중국공산당 지원

중국 지린성 동부 옌볜조선족자치주(延邊朝鮮族自治州)에는 '조선족'이라 불리는 조선인들이 살고 있다. 이들의 동북지역 이주는 19세기 중엽, 청나라의 봉금정책이 해제되기 직전부터 시작되었으며, 1910년대 일본의 한반도 병합 이후 본격화되었다. 1907년 8월 옌볜지구의 통감부 간도파출소는 조선인은 모든 면에서 중국인과 차이가 없다고 간주하여 이 시기부터 이중국적을 부여하였다.[34] 1931년 일본과 만주국정부는 이들 조선인을 '제국의 신민'이자 '만주국인'으로 간주하였으나 대다수는 스스로를 조선인으로 인식하였다.

중국 한 통계에 의하면 만주지역의 조선인들은 만주사변 이후 급증하여 1938년에 15만 명, 1945년 8월 해방 당시에는 20만 명을 초과하였다. 그 중에서도 옌볜(延边)지역의 옌지(延吉), 황칭(汪清), 허룽(和龙), 훈춘(琿春)의 4개 현의 경우, 1946년 12월 기준으로 조선인 인구는 약 59만 명에 달했으며, 해방 직전에는 약 70만 명으로 추산되었다. 이 인구는 옌볜 전체 인구의 80%에 해당하는 것이다. 이들 절대다수는 농민이었고, 그중에서도 대부분은 소작빈농들이었다.[35]

옌볜지역과 이 지역의 조선인들은 북중 양국 간 경제 및 사회적 네트워크의 기반을 이루고 있다. 그러나 이들이 처음부터 모두 중국공산당의 당원이거나 그 지지자였던 것은 아니었다.

동북지역 조선인들이 중국공산당을 지지했던 가장 큰 원인은 일본군 퇴각 이후 중국국민당의 차별정책 때문이었다. 1945년 12월 국민당정부는 전국 한교(韓橋) 사무국을 설치하여 동북지역 한인들을 관리하였는데 이들의 거류권은 인정하였으나 토지 및 재산 소유권은 인정하지 않았다.[36) 중국 국민당은 한국 임시정부와의 협력을 지지했지만, 조선인의 경제적 권리는 인정하지 않았다. 이들은 중국인 지주나 일본인의 농장을 빌려 농사를 지었으며, 만주국 수립 이후에는 소위 '2등 국민'으로 차별받았다.

반면 1945년 11월 중국공산당은 '연변행정독찰 전원공사'를 설치한 후 조선인의 이중적 정체성을 인정하는 정책을 실시하였다. 당시 공산당은 조선인들의 조국이 조선이라는 것을 승인하면서도, 중국의 소수민족으로 간주하여 정식 공민으로 인정하였다. 이어서 1948년 3월 연변전구를 거쳐서 1952년 9월 3일 '연변조선족자치구'가 설립되었고, 1955년 12월 연변조선족자치주로 변경되었다. 1945년 해방 이전 중국 동북지역 조선인들의 규모는 약 230만 명에 달했으며, 해방 후 약 80만 명이 귀국하였다. 타 지역으로 이주한 이들을 제외하면, 130여만 명의 조선인들이 중국 동북지역에 거주하였다.[37)

이후 국민당과 연계를 가진 이 지역 한족들이 조선인들을 박해하고 재산과 생명을 위협하는 상황이 발생하였다. 이에 따라 이 지역 조선인들은 각자의 가정과 마을을 지키기 위하여 조선인부대에 참가하였고, 국민당에 대항하는 중국공산당을 지지하기 시작하였다. 룡정보안연대는 초기 수백 명이었으나 짧은 기간에 무려 3,000여 명으로 늘어났고, 룡정별동대 인원은 처음에는 약 80명 정도였으나 곧 500명 수준으로 증가하였다. 룡정별동대는 전체 인원의 절반만이 무장을 갖추고 있었으나, 룡정공안국에 복무하던 자들을 규합하여 '치안유지대'라는 것을 만들었다.[38) 일본군 퇴각 이후 이 지역 조선인들은 지역 치안 유지를 위해 자치조직을 만들었고, 이들과 중국공산당은 일본군을 대신한 국민당에 대항하기 위한 공동의 연대가 형성되었던 것이다.

동북지역의 조선인들이 중국공산당을 지지하게 된 배경에는 경제적 원인이 크게 작용하였다. 중국공산당이 동북지역을 본격적으로 관리하기 시작한 것은 중공중앙동북국이 성립된 이후부터이다.

중국공산당은 1945년 9월 15일 펑진(彭真), 천윈(陈云) 등을 선양으로 파견해서 중국공산당 동북국을 결성하였다. 10월 13일 중공중앙 동북국은 '군중동원, 무장발전, 자료수집, 정권접수와 개조, 근거지 건설, 장기투쟁 중 동북전역 통제 또는 정치상 및 군사상의 우세를 위하여' 노력할 것을 천명하였다.[39] 이후 10월 30일 '동북인민자치군총부'가 정식으로 성립되어 린뱌오(林彪)가 총사령에 임명되었고 중공중앙 동북국의 성립을 계기로 중공 중앙의 동북지역 관리가 본격화되었다.[40]

중국공산당의 조선인 재산 보호정책은 조선인을 일본인과 동일하게 취급하여 일체의 재산을 몰수한 국민당정부의 정책과는 매우 대조되는 것이었다. 특히 1946년 1월 17일, 중국공산당 동북국은 토지 분배 정책을 천명하였으며, 조선과 중국 농민에게 동등하게 토지를 분배할 것을 선포함으로써 조선인들의 절대적인 지지를 이끌어내는 계기가 되었다.[41]

이후 1946년 봄을 기점으로 북만과 동만지역에서는 중국공산당 무장 부대가 국민당 세력을 소탕하면서 공유지 소유권 문제가 해소되었고, 토지개혁의 토대가 마련되었다. 1946년 3월 21일 중국공산당 동북국은 '일본침략자와 괴뢰만주국의 토지를 처리에 관한 지시(关于处理日伪土地的指示)'를 발표하여 동북지역의 공산당 관할 구역에서 본격적인 토지개혁을 단행하였다.[42] 중국공산당 동북국은 이 지역의 토지를 황무지로 방치하기보다는, 절대다수가 농민이었던 조선인에게 분배하여 경작하게 하는 것이 더 유리하다고 판단하였다.

중국공산당 동북국의 토지 정책이 조선인들로부터 환영을 받은 이유는 소작농에게는 토지를 분배하면서도, 동북 지역 내 조선인 소유의 토지는 몰수하지 않았기 때문이다. 물론 조선인 중 일부 일본에 협력한 자들의 토지는 몰수되었으나, 대부분 조선인들의 토지는 보호받았다.

당시 동만주지역의 옌볜 일대를 제외한 대부분의 지역이 국민당의 통제 하에 있었던 상황에서 중국공산당은 만주지역에서 거주하고 있는 조선인들의 지지를 중요시하였다. 특히 옌볜지역 거주민의 90% 이상이 조선인이었기 때문에 이들의 협력은 중국공산당에 필수적이었다.

한편, 토지개혁이 본격화되던 시기에는 조선인의 국적 문제가 새롭게 부각되었다. 당시 조선족은 역사적으로 중국 국적을 획득한 적이 없었기 때문에 관습적으로 자신들을 조선인으로 간주하였다. 이때 주더하이(朱德海)는 제3지대 강연에서 "조선족은 동북에서 거의 다 농민이고 자기 민족의 역사에 대해 허무주의적 태도를 취하며 자기가 국가(중국) 공민이라는 것을 부정하면서 무슨 자격으로 토지를 얻으려 하는가? 무슨 자격으로 군대에 참가하여 참전하고 정치 권리를 행사하려는가?"라고 문제를 제기하였다.[43] 이처럼 국공내전이 본격화되면서, 조선인들에게 이중국적을 취할 것을 독려하는 흐름이 나타났다.

1948년 12월 지린성위에서 소집한 민족공작좌담회에서 조선족의 국적문제가 다시 제기되었다. 일부 참석자는 조선족의 국적은 조선에 속한다고 주장하였으나, 주더하이는 이에 반대하였다. 그는 조선족이 만주지역에서 광범위한 토지를 개척하였고 각 민족 인민이 반제·반봉건 투쟁을 통해 중화인민공화국 건설에 공헌하였다고 언급하였다. 또한, 조선족의 영광 역사는 누구도 부인할 수 없고 조선족은 중화민족의 당당한 일원이라고 주장하였다.[44] 이와 같이 중국공산당 동북국의 토지정책은 조선인들에게 '조선인이면서 동시에 중국 공민'이라는 이중적인 정체성을 가지게 하였다. 이것은 당시 중국공산당이 동북지역 거주 조선인들을 소외된 타자가 아니라, 함께 살아갈 구성원으로 간주했음을 의미한다. 이때 토지를 분배받거나 경제적 지위를 보장받은 조선

농민들은 동북지역에 정착하게 되었고 중국공산당을 적극 지지하고 공산당 측에 참전하는 사례도 다수 나타났다.

중국 동북지역에 정착한 조선인들 중 일부는 조선민주주의인민공화국 성립 이후 또는 한국전쟁 시기에 북한으로 귀국하였다. 그러나 많은 이들은 토지라는 경제적 기반을 확보한 데다, 한국전쟁의 발발로 인해 귀국을 포기하고 중국에 정착하게 되었다. 이렇게 중국 동북지역에 정착한 조선인들은 이후 중국의 소수민족으로 '조선족'으로 불리게 되었다.

이들의 국적 문제는 양국 간 국교 수립 이후에도 계속되었으며, 한국전쟁 정전협정이 체결된 1953년까지 이어졌다. 특히 한국전쟁 시기 전쟁을 피해 중국 동북 지역으로 넘어온 북한 주민들로 인해 국적 문제는 더욱 복잡해졌다. 중국은 1949년 중화인민공화국 수립 이후 중국 동북 지역에 정착한 조선인들을 조선족 자치구의 관할 아래 편입시켰다.[45]

한국전쟁으로 인해 북한 노동력 부족이 심각해지자, 1954년 중국은 조선족 일부를 전후 복구 건설에 참여시켰고, 1958년과 1959년에도 북한의 요청에 의해 전체 1만 297가구, 총 5만 2,014명의 조선족이 북한으로 이주하였다.[46] 이후 중국 내 조선족은 중국 국민이자 조선인이라는 이중적 정체성을 가지고 유지하며, 양국을 잇는 경제·사회 네트워크의 매개자 역할을 수행하였다.

2) 북중 경제·사회 네트워크 형성에 대한 '조선화교'의 역할

앞서 살펴본 바와 같이 중국 동북지역 조선인들의 중국 정착은 장기적인 역사적 흐름 속에서 이뤄졌다. 이들과 함께 북한에 거주하는 중국인들 역시 북중 양국의 매개 역할을 하면서 북중 경제·사회 네트워크 형성에 기여하였다. 이는 1964년 백두산과 압록강, 두만강을 기준으로 국경이 획정되기 이전까지, 양국 국경이 엄격한 경계선이 아닌, 일정

부분 개방된 상태였기 때문이다.

'조선화교(華僑)'란 북한에 이주하여 살아가는 중국인을 의미한다. 조선화교의 국적은 중국이며 북한 주민들과 동일하게 북한의 공민증을 가지고 있다. 이 공민증에는 '중국인'이라는 국적이 표기되고 국적법상 중국여권을 소지하였다. 조선화교의 당적 문제는 1956년 말에 처음 제기되었다. 당시 조선 국적이 아닌 조선화교 47인이 조선로동당에 가입하였는데, 당은 당규약을 개정하여 조선화교가 당에 가입하려면 먼저 조선 공민이어야 한다는 규정을 명시하였다. 그리고 이미 가입한 이들에 대해서는 국적 취득을 장려하고 당가입과 탈퇴를 스스로 결정하도록 하는 정책을 취하였다.[47] 이 시기 화교의 입당 문제가 제기된 것은 1956년 8월 종파사건의 여파인 것으로 해석된다. 이에 따라 중국에서 북한으로 이주한 조선족들은 북한 국적을 취득하도록 독려되었다.

1958년 12월 북한정부는 중국정부에 조선족 인력을 파견해 줄 것을 요청하며, 이들이 북한의 경제건설을 지원하도록 해달라고 공식 제의하였다. 이에 중국정부는 1958년경 조선족 일부를 여러 차례에 걸쳐 북한으로 이주시켰다. 1959년 1월에 중국은 지린성, 헤이룽장성, 랴오닝성 등지에 있는 조선족을 대상으로 북한 건설 참여를 촉구하였다.[48]

중국 측의 자료에 따르면, 1955년부터 1957년까지 일정한 수속을 거쳐 북한 국적을 신청한 조선족은 142명이었고, 1957년 9월까지 불법으로 북한으로 넘어간 중국인은 총 269명이었다.

1950년대 후반과 1960년대 초반 중국 대약진운동 이후, 식량난 등 경제적 어려움이 발생하였다. 조선족 중 일부가 경제적 어려움을 타개하기 위해 북한에 입국하였다. 북한 주재 헝가리 대사관의 자료에 따르면, 1961년 9월까지 전체 약 3만 명의 조선족들이 북한으로 이주해왔다고 한다.[49] 중국 측 자료에 따르면 1961년 3월에서 1962년 3월 20일까지 약 1년간 북한으로 이주한 조선족은 2만 5,435명이었는데, 이는

옌볜 조선족 자치구 인구의 약 4.3%에 해당하는 규모였다.[50]

1955년 6월 북한과 중국은 북한으로 넘어간 불법 월경자들을 중국으로 송환하거나 중국의 승인이 있는 경우 이들에게 북한 국적을 부여하기로 하였으나, 중국 동북지역에서 북한으로 불법 월경자들의 수가 늘어나자 양국은 이 문제를 해결하기 위하여 상호 불법 월경자 문제에 대한 다음과 같은 원칙에 합의하였다.[51] 하나는 북한에서 중국으로의 월경자들에 대한 것이다. 이들에게는 다시 북한으로 귀국하도록 하였다. 다른 하나는 중국에서 북한으로의 불법 월경자들에 대한 것이다. 이들은 중국으로의 귀국을 독려하고, 북한의 체류 허가를 받은 자는 화교 여권을 발급한 뒤, 이중 중국 국적으로 포기할 경우 북한 국적을 부여하였다. 이러한 합의가 가능했던 것은, 당시에는 중국에서 북한으로의 불법 월경자 수가 더 많았기 때문이다.

당시 북한으로의 불법 월경자가 많았다는 사실은, 1961년 7월 김일성과 저우언라이의 회담에서도 확인할 수 있다. 저우언라이는 회담에서 북한으로 넘어온 월경자 수를 물었고, 김일성은 "청장년층과 노인층 비율이 반반 정도인데 청년의 수가 2만여 명 정도"라고 하였다.[52] 또한, 중국 정무원 화교사무위원회 주임인 랴오청즈(廖承志)는 스스로 이러한 월경자들을 설득시키는 것이 바람직하다면서 최근 우호적 중조(북중)관계를 해치지 말고 엄격하지 처리하지 않아도 된다는 입장을 밝혔다.[53]

이렇게 자리 잡은 조선화교는 북한 정권 수립 이후 북한 주민과 동일하게 경제활동에 참여하면서 사회주의 경제 건설에 기여하였고 화교끼리 경제조직을 구성하여 참여하기도 하였다. 농민들은 1958년 3월 협동농장에 가입하여 '화교농업합작사'를 설립하였고, 노동자들은 '화교생산합작사', 상인들은 '화교상인생산판매공사' 등의 조직을 통해 경제활동에 참여하였다.[54]

북한 당국은 과거부터 조선화교의 중국 내 친지 방문을 허용하였고 1980년대 후반 중국의 경제발전 이후에는 이들을 활용하기 위하여 자율성을 확대하기 시작하였다. 당시 북한화교에게 1년에 한 차례씩 중국에 있는 친척에게서 초대장을 받아 최대 180일을 체류할 기회를 주는 등 우대정책을 실시하였다.[55] 이후 1990년대 들어 북한의 경제난이 심화되고 당국의 통제가 느슨해지자 북한화교는 중국의 친지들을 빈번하게 방문하면서 식량 및 물자를 들여와 북한에서 상품공급자로서의 역할을 하게 되었다.

1990년대 신의주지역에는 북한화교가 다수 거주하였으며, 그들은 자신의 특수한 신분을 활용하여 대량의 식량을 신의주지역에 운송함으로써 북한 서부지역의 식량위기를 완화하는 역할을 하였다. 1990년대 후반부터 북한화교의 무역 참여는 더욱 확대되었다. 이들은 북중 접경지역의 하천 및 해상을 통한 밀무역을 통해 경제적 이익을 얻었고 중국 단둥시는 이러한 거래의 중심지로서 양국 간 무역의 주요 거점으로 부상하였다.[56]

2000년대 들어 북한화교는 중국에 연고를 두고 있다는 이유로 통행증만으로도 중국 접경지역의 연고지를 방문할 수 있었으며, 북중무역 네트워크에서 중요한 역할을 담당하였다. 2012년 말 기준으로 5,000여 명의 조선화교가 북한에 거주하고 있는 것으로 추정되었다.[57]

북한은 북한화교에 대한 우대성책을 확대하였고, 중국과의 협력관계에 이들을 활용하는 정책을 시행하기도 하였다. 예를 들어, 2001년 2월 김정일 위원장은 59회 생일을 앞두고 평양시 인민위원회를 통해 화교를 초청하여 영화를 관람하였고, 북한과 중국 간의 중요한 기념식에 북한화교의 단체인 '조선화교연합회'가 참석하기도 하였다. 2010년에도 중국인민지원군의 한국전쟁 참전 60주년을 맞아 평양에서 열린 기념식에도 이 단체가 참석하였다.

2000년대 이후, 중국의 경제성장과 북한의 우대정책이 결합되면서, 북한화교는 북중 시장 네트워크 속에서 중요한 역할을 담당하였다. 북중 경제 네트워크에서 북한화교의 역할을 살펴보면 다음과 같다.[58] 첫째, 북한화교들이 직접적으로 무역에 참여하는 경우이다. 북한화교는 공식으로 무역 사업권(와크)를 받아서 개인이 일정 규모 이상의 무역을 주도하거나, 무역회사와 연계하여 중국 상품을 수입한 뒤 도매상을 통해 종합시장에 유통하는 도매상 역할을 하기도 하였다.

둘째, 중국 기업이 북한과의 무역을 추진할 때, 북한화교가 중개자 역할을 수행하는 경우이다. 이들은 비공식적으로 북한 공식 무역회사의 사업권을 빌려서 거래를 성사시키는 역할을 하였다.

셋째, 북한의 무역기관들이 자본 부족으로 인해 직접 수입을 하지 못하는 경우 수입대행을 하는 경우이다. 즉 자본을 가진 개인 상인을 대신하여 해외에서 상품을 수입하고, 이를 상인에게 넘긴 뒤 수수료를 받는 방식의 수입대행 거래가 확대되었는데 이 과정에서 자본을 가진 상인의 상당수가 북한화교이다.

넷째, 북한의 '돈주' 자본을 유치해 중국 무역회사와 동업 무역을 추진할 때, 북한화교가 자금 조달의 중개자 역할을 했다. 금융 시스템이 미비한 북한에서는 자체 자금 마련이 어려워, 중국 측도 현지 자본에 의존할 수밖에 없었고, 이 과정에서 북한화교의 역할이 두드러졌다.

다섯째, 북중무역에서 금융기관을 거치지 않고 현물 교환이나 인편으로 현금을 전달하는 자금 조달의 역할을 하는 경우이다. 북중 무역에서는 신용장이나 은행 결제 없이, 물물교환이나 위안화 현금 거래 방식이 일반적이다. 특히 북한 무역회사는 거래 내역 노출을 꺼려 인편을 통한 현금 전달 방식을 선호하며, 이 과정에서 북한화교가 중개자 역할을 하는 경우가 많았다.

결과적으로 북한과 중국의 국가 수립 이전부터 형성된 조선족 및 북한화교의 네트워크는 1990년대 이후 북중 경제협력에 중요한 역할을 담당하였다. 또한, 이들은 친인척과 지인들을 중심으로 사회적 네트워크도 형성하였다. 특히 북한의 장마당이 활성화되면서 중국과의 연계를 가진 이들이 시장에서 핵심 행위자로 부상하며 북한화교의 경제적 위상은 더욱 높아졌다.

따라서 중국 조선족과 북한화교는 중국의 경제 성장과 북중 경제협력 확대의 흐름 속에서 더 많은 경제적 이익을 취하면서 북중 간 경제적 네트워크를 더욱 공고히 하였다. 이들을 통한 한 비공식 네트워크는 양국 공식관계가 악화되는 상황에서도 지속적으로 유지되며, 북중 경제사회 협력을 가능하게 하는 중요한 기반이 되었다.

▣ 주

1) 정병일, "'반민생단투쟁'의 정치사적 의의: 김일성 부상과 조국광복회 성립의 동인,"『사회과학연구』제16집 1호 (2008), p. 579.
2) 조춘호, "'9·18' 사변 후 중국 동북지역 한인자치운동과 중국공산당 대응,"『한국학논총』제33호 (2010), p. 451.
3) 김한규,『한중관계사 Ⅱ』(서울: 아르케, 1999), p. 950.
4) 김한규 (1999), pp. 951-952.
5) 김한규 (1999), p. 950.
6) 스즈키 마사유키,『김정일과 수령제 사회주의』(서울: 중앙일보사, 1994), pp. 28-29.
7) 박명림,『한국전쟁의 발발과 기원 Ⅰ』(서울: 나남, 1996), p. 236.
8) 김경일,『중국의 한국전쟁 참전 기원』(서울: 논형, 2005), p. 53.
9) 中共延边州委党史研究室 编,『中共共产党延边历史大事记』(延吉: 民族出版社, 2002), p. 216.
10) 과학백과사전출판사,『동북해방전쟁을 도와』(평양: 과학백과사전출판사, 2008), pp. 64-65.
11) 과학백과사전출판사 (2008), pp. 60-61.

12) 김달중, "아시아공산국가의 유사성과 상이성," 김달중·스칼로피노, 『아시아 공산주의의 지속과 변화: 중국·베트남·북한』(서울: 법문사, 1989), p. 23.

13) 과학백과사전출판사 (2008), pp. 87-88.

14) 과학백과사전출판사 (2008), p. 22.

15) 『解放日報』, 1945年 8月 14日.

16) 中共延边州委党史研究室 编, 『朱德海一生』(延吉: 民族出版社, 1987), p. 76.

17) 中共延边州委党史研究室(1987), pp. 74-75.

18) 과학백과사전출판사 (2008), p. 57.

19) 과학백과사전출판사 (2008), p. 100.

20) 과학백과사전출판사 (2008), pp. 60-61.

21) 中共河南省委党史研究室 编, 『朱理治文集』(鄭州: 中共党史出版社, 2007), pp. 242-243.

22) 中共河南省委党史研究室(2007), pp. 243-244.

23) 과학백과사전출판사 (2008), p. 106.

24) 中共河南省委党史研究室 (2007), p. 245.

25) "朱理治由哈尔滨经大连赴平壤, 担任中共中央东北局驻北朝鲜全权代表 (1946年 7月)," 이것은 주리즈가 리푸춘(李富春)에게 보내 동북국(东北局)에 업무를 보고한 것이다.

26) "朱理治由哈尔滨经大连赴平壤, 担任中共中央东北局驻北朝鲜全权代表(1946年 7月)."

27) 『倪振年谱(6-7)』(北京: 出版社不分明, 出版年度不分明).

28) 과학백과사전출판사 (2008), p. 84.

29) "朱理治由哈尔滨经大连赴平壤, 担任中共中央东北局驻北朝鲜全权代表(1946年 7月)."

30) 中共河南省委党史研究室编 (2007), pp. 239-241; 선즈화 지음, 최만원 옮김, 『마오쩌둥 스탈린과 조선전쟁』(서울: 선인, 2010), p. 359.

31) 中共中央文献出版社, 『陈云文集』(第1卷), (北京: 中共中央文献出版社, 2005), pp. 625-626.

32) 中共河南省委党史研究室 编 (2007), p. 240.

33) 中共河南省委党史研究室 (2007), pp. 239-241.

34) 김경일 (2005), p. 220.

35) 염인호, "조선의용군," 『역사비평』 제28호 (1994), pp. 193-194.

36) 염인호 (1994), p. 221.

37) 김춘선, "광복후 중국 동북지역 한인들의 정착과 국내귀환," 『한국근현대사연구』 제28집 (2004), p. 181.

38) 과학백과사전출판사(2008), pp. 40-46.

39) 中共延边州委党史研究室 (2002), p. 243.

40) 中共延边州委党史研究室 (2002), p. 233.

41) 『陈云文集』 (2005), p. 42

42) 陈云同高岗联名给中共嫩江省工委, 『黑龙江省工委等并报中共中央东北局转中共中央的电报』 (출판사 및 년도 미상).

43) 中共延边州委党史研究室编, 『朱德海一生』 (延吉: 民族出版社, 1987), p. 134.

44) 中共延边州委党史研究室 (1987), pp. 134-136.

45) 이상숙·송문지, "1950-1960년대 조선족의 북한 이주와 북중 협력," 『북한연구학회보』, 제16권 제1호 (2012), p. 364.

46) 이상숙·송문지 (2012), p. 365.

47) 중국외교부 檔案, 118-00732-01, pp. 1-2.

48) 「주덕해 동지에 들씌운 루명을 벗겨 주며 그의 명예를 회복시켜 줄 데 관한 중국공산당 연변 조선족 자치주 위원회의 결정」 (중국공산당 길림성 위원회, 1978), 이종석, 『북한-중국 관계:1945-2000』 (서울: 중심, 2000) p. 202에서 재인용.

49) "북한 주재 헝가리 대사관의 보고 (1962년 4월 8일)," KTS, 13. doboz, 30/d,004853/1962.

50) 중국외교부 檔案, 118-01028-04, pp. 76-85.

51) 이상숙·송문지 (2012), p. 368.

52) 중국외교부 檔案, 204-01454-01, pp. 1-12.

53) 이상숙·송문지 (2012), p. 369.

54) 박은경, 『탈분단 시대를 열며』 (서울: 삼인출판사, 2000), p. 288.

55) 김주환, "북한 경제활동 동인으로서의 북한화교의 역할," 『세계지역연구논총』 제30집 1호 (2012), p. 170.

56) 정은이·박종철, "중국의 대북한 무역에 관한 연구," 『통일문제연구』 제26권 2호 (2014), p. 310.

57) 김주환, "북한 경제활동 동인으로서의 북한화교의 역할," 『세계지역연구논총』 제30집 1호 (2012), p. 170.

58) 김병로, "북한의 시장화와 계층구조의 변화," 『현대북한연구』 제16권 1호 (2013), pp. 199-200 참조.

중국인민지원군의 한국전쟁 참전과 철수

한국전쟁의 중국 참전은 70여 년이 지난 오늘 날, 다시 중국의 대중문화를 통해 다시 조명되고 있다. 중국에서 드라마 '압록강을 건너서(跨過鴨綠江)'와 블록버스터 영화 〈장진호(長津湖)〉가 흥행하면서 한국전쟁은 중국 대중들의 주목을 끌었다. 미중경쟁이 심화되고 있는 현재, 중국은 한국전쟁 당시 미국에 맞선 참전이 불가피했음을 강조하고 있다.[1] 중국은 한국전쟁 개입을 통해 북한과 실질적 안보동맹관계를 형성하였으나, 역설적으로 한국전쟁 및 정전협정 과정에서 북중 간 갈등이 발생하면서 북한 지도자들은 자위적 안보의 필요성을 더욱 절실히 인식하게 되었다.

1. 북중 국교 수립과 중국인민지원군의 한국전쟁 개입

1949년 10월 중화인민공화국의 성립과 함께 북한과 중국의 국교가 수립되었다. 그러나 중국공산당과 조선노동당은 이미 수교 이전부터 당대 당 차원의 협력관계를 유지하고 있었으며, 국경 관리 등을 포함한 외교 활동도 진행하고 있었다. 이후 한국전쟁이 발발하면서 북한과 중국은 안보적으로 더욱 긴밀한 협력관계를 형성하게 되었다.

1) 북중 외교관계 수립

북한 조선노동당과 중국공산당은 국가 수립 이전부터 긴밀한 관계를 형성하고 있었다. 1946년 8월 26일, 북조선임시인민위원회는 지령 제149호 '특별화물 수송에 관한 건'을 통해 남양철도경비대장에게 특별화물을 실은 차량 30대의 안전한 국경 통과와 경비 업무를 지시하였다. 이에 따라 북조선철도경비대장은 해당 차량의 무사 통과를 증명하는 문서를 발행하였다.[2] 이 문서는 중국공산당 측의 특별화물을 북한 지역으로 운송하기 위해, 북조선임시인민위원회가 국경 철도 담당 경비대장에게 협조를 요청한 내용이다. 이를 통해 당시 조선노동당과 중국공산당은 철도를 통해 경제 교류를 해왔음을 확인할 수 있다.

앞서 살펴본 바와 같이 중국공산당은 1946년 7월 '농북국판사처'를 통해 조선노동당과의 경제 교류를 지속하였다. 1947년부터 1949년까지 조선과 중국 사이의 무역, 출입국 관리, 자국민 보호 등 실질적인 외교 업무를 담당하였다. 동북국사무처가 1949년 3월 동북 행정위원회 조선상업대표단으로 대체될 때까지 경제무역 협상과 조약체결 및 기타 외교업무를 담당하였다. 이러한 기능과 역할을 고려할 때, 동북국판사처는 공식 외교관계 수립 이전 사실상 무역대표부의 역할을 한 것으로 볼 수 있다.

동북국판사처 시기 양당 간 공식 협정은 1947년 2월 18일 북조선 체신국과 중국 동북행정위원회(이하 동북위원회) 우전관리총국 간 체결된 '우편물 교환 및 전보연락에 관한 임시협정'이었다.[3] 또한, 1948년 9월 9일 조선민주주의인민공화국이 수립된 이후 1949년 4월 16일 북한 주재 중국동북행정위원회 상업대표단이 평양에서 김일성 내각 수상을 접견하였다.[4] 이를 통해 중국공산당은 국가 수립 이전부터 북한과 경제 교류를 지속해왔음을 알 수 있다.

중국과 북한 간 공식 외교관계는 중화인민공화국이 수립된 직후인 1949년 10월에 체결되었으나, 중국공산당은 그보다 앞서 북한 정부가 출범하자마자 이를 공식 인정하였다. 1948년 9월 19일 중국인민해방군 총사령부 및 중국공산당중앙위원회 마오쩌둥(毛澤東) 주석의 명의로 북한 김두봉 조선로동당 당위원장과 김일성 부위원장에게 축전을 보내 최고인민회의 소집과 조선민주주의인민공화국 정부수립을 축하한 것을 보면 중국공산당과 북한정부 간에는 정식 수교 이전부터 실질적 협력관계가 존재했음을 알 수 있다.[5]

1949년 10월 1일 중화인민공화국 수립으로 북한과 중국은 공식 외교관계의 수립이 필요해졌다. 9월 30일 북한 최고인민회의 상임위원회 김두봉 위원장은 중화인민공화국 선포와 중앙인민정부 수립을 축하하는 축전을 중국 인민정치협상회의 전국위원회에 보냈다. 10월 1일 당시 내각 수상이던 김일성은 중화인민공화국 선포에 대한 축전을 마오쩌둥 주석에게 보냈고, 마오 주석은 이에 대한 회신을 북한에 발송하였다. 또한, 마오 주석은 북한과의 외교관계 수립과 대사 교환을 정부 차원에서 결정하였음을 저우언라이 외무상에게 통보하였고, 저우언라이(周恩來)는 이를 환영한다는 내용의 답신을 북한에 발송하였다.[6] 이에 따라 북한은 1949년 10월 6일 중국과 공식적으로 수교하고 대사를 파

견하였다.[7]

1949년 12월 25일 베이징에서 북중 간 '우편물 교환과 전보 및 전화 연락에 관한 협정(조중체신협정)'이 체결되었고, 1950년 3월 4일 평양에 신화통신사의 분사가 설치되었다.[8] 공식 수교 이후 양국은 먼저 통신에 관한 조약을 통해 정보 교류를 시작하였다.

수교 직후 중국공산당은 국공내전 시기 북한의 경제적 지원에 대해 감사를 표했다. 1950년 7월 중국 저우언라이는 북한에 중화인민공화국의 대리대사 시성문과 그 일행에게 국공내전 시기 북한의 협력에 대한 감사를 표시하였다.[9]

이후 1950년 8월 7일 중국은 북한 주재 특명전권대사로 니즈량(倪志亮) 장군을 임명하였고, 8월 15일 북한은 그의 신임장을 접수하였다.[10] 이로써 국가 수립 이전부터 조선노동당과 중국공산당의 양당 협력으로 시작되었던 북한과 중국의 경제관계는 조선민주주의인민공화국과 중화인민공화국 간의 국가 대 국가관계로 전환되었다.

중국의 국공내전 시기에 '동북국판사처'를 통해 경제협력을 지속하였던 북한과 중국은 공식 외교관계를 수립하면서 다양한 분야에서 협력을 강화하였다. 한국전쟁 발발 이후 중국은 북한에 대사를 파견하여 전황을 보다 구체적으로 파악할 수 있었다.

2) 중국인민지원군의 한국전쟁 참전

북한의 남침으로 시작된 한국전쟁을 한 편의 영화에 비유한다면, 김일성은 각본가이자 주조연, 마오쩌둥은 주연, 스탈린(Joseph Stalin)은 감독이라 할 수 있다. 김일성은 자신을 주연으로 설정한 한반도 공산화 시나리오를 구상하고, 여기에 마오쩌둥과 스탈린의 협력을 요청하였다. 그러나 스탈린은 감독의 입장에서 시나리오의 주연을 김일성이 아닌 마오쩌둥에게 맡겼고, 김일성은 조연으로 한정되었다.

이러한 중국의 한국전쟁 참전에 대해서는 북한, 중국, 러시아 등이 주고받은 전문 및 기타 자료를 활용하여 국내외 많은 연구들이 상세한 분석을 한 바 있다.[11] 여기에서는 이러한 선행 연구를 바탕으로, 특히 중국과 북한 간의 의사소통을 중심으로 중국의 참전 과정을 고찰하고자 한다.

1949년 3월 김일성은 모스크바에서 스탈린과 회담할 때에 이미 남한에 대한 전면 공격의 가능성을 제기하였다. 이후 같은 해 5월 중순 김일성이 다시 모스크바에 왔을 때 마침내 스탈린은 마오쩌둥이 동의하면 실행해도 좋다는 답을 주었다. 1949년 12월부터 1950년 3월까지 스탈린과 마오쩌둥 사이의 모스크바회담 비망록에서는 한국전쟁에 대한 공식적 논의가 없었다는 사실이 확인된다. 이는 당시까지도 김일성의 남침 계획이 공식적으로 승인되지 않았기 때문으로 보인다. 마오쩌둥과 스탈린이 논의한 것은 남침 여부가 아니라, 북한의 군사적 잠재력과 방어 역량을 강화할 필요성과 그 가능성에 대한 것이었다.[12]

이후 김일성은 1950년 4월 스탈린과 회담을 가졌고, 같은 해 10월 2일 발송되지 못한 마오쩌둥의 전보문에는 "올해 4월 김일성 동지가 베이징에 왔을 때 우리는 그에게 외국의 반동군대가 조선을 침략할 가능성에 대해 엄중히 주의를 기울일 것을 이야기하였다"고 기록하였다.[13] 1950년 5월 13일부터 16일까지 김일성은 비밀리에 베이징을 방문해 마오쩌둥과 회담하였다. 이 자리에서 김일성은 무력 통일 계획과 스탈린과의 모스크바 회담 결과를 설명하며, 북한이 단독 행동은 가능하나 최종 결정은 마오쩌둥과의 협의를 거쳐야 한다는 스탈린의 입장을 전달하였다. 마오쩌둥은 회담 당시 김일성으로부터 1950년 6월에 남침이 예정되어 있다는 설명을 들었다. 김일성은 스탈린의 계획 승인을 마오쩌둥에게 확인시켜 주기 위해 5월 14일 마오쩌둥에 대한 필리포프

(스탈린의 가명)의 친서가 담긴 암호 전문을 전달하였다. 전문에는 "국제정세가 변화했으므로 통일에 착수하자는 조선 동지들의 제의에 동의한다는 의견을 개진했습니다."라는 문구가 들어있었다.[14]

5월 15일 마오쩌둥은 김일성, 박헌영과 다시 만나 구체적으로 의견을 교환하였다. 이 자리에서 중국은 소련이 38선 분할을 미국과 국제적으로 합의한 당사자이기 때문에, 그 합의를 무력으로 뒤집는 전쟁에 직접 개입하는 것은 정치적 부담이 크다는 점을 인정하였다. 반면, 중국은 한반도 문제와 관련하여 국제적 제약이 없으므로, 북한이 필요할 경우 직접 병력을 파견해 도울 수 있다는 약속을 하였다.

5월 16일 스탈린이 주중 소련대사 로신(N. Roschin)에게 보낸 전문에도 북한에 대한 중국의 적극적 개입을 지지하는 내용이 담겨있었다. 전문에서 스탈린은 "조선반도에서 해방이라는 대사업이 성취되려면 조약이 즉시 조인될 필요가 있다. 그것은 북조선 동지들의 성공을 보다 굳건히 하여 조선반도 문제에 다른 나라가 개입하는 것을 미연에 방지하게 할 것이다"[15]라면서, 중국의 대북한 원조조약 체결의 필요성에 대한 견해를 밝혔다.

중국은 한국전쟁 개전 과정에서 북한에 대한 직접적 지원을 하였다. 1949년 5월 김일성은 박일우와 김광협을 중국 동북지역에 파견하여 조선인부대를 귀환을 요청하였고, 중국공산당은 조선인부대를 북한에 귀구시켰는데 이들이 조신인민군 세5사단과 제6사단이 되었다.[16]

1950년 1월 22일 스탈린은 마오쩌둥이 조선인부대를 무장한 채로 북한에 인도하는 방안을 승인하였다. 스탈린은 3개 사단의 추가편성에 대해 2월 9일 구두허가를 내렸고 3월 14일에는 문서로 허가하였다. 1949년 7~8월에 귀국한 2만여 명과 1950년 5월에 귀국한 1만 7,000명 등 총 3만 7,000명 이상의 정예 병력이 북한인민군에 편입되었다.

이들은 북한군의 병력 규모뿐만 아니라 전반적인 질적 수준을 제고

표 6.1 한국전쟁 관련 중국-소련-북한의 관계(일지)

일자	주요 논의 사항
1948년 9월	북한정부 수립
1948년 12월	북한 주둔 소련군 철수
1949년 1월	북한의 수상 김일성 '국토완정론' 전면적 제기
1949년 3월	김일성·박헌영 모스크바 공개 방문 스탈린과 회담 시 한국통일 문제 대화, 조소경제문화 협정 체결
1949년 4월	마오쩌둥과 김일 대담, 한반도 통일문제 대화
1949년 4월	중국공산당, 스탈린의 반대에도 불구하고 양자강 도하 강행
1949년 6월	마오쩌둥, '향소일변도(向蘇一邊倒, lean-to-one-side)' 선언
1949년 6월	북한, 조선로동당 비밀창당 및 조국전선 공개 결성, 대 남통일제안 급증
1949년 6월	주한미군철수 및 남한 평화통일 주창자 김구 피살
1949년 7~8월	중국, 만주지역 조선인 2개 사단 북한에 이양
1949년 9월	북한, 옹진 및 강원도지역 부분 점령 구상, 남한게릴라 투쟁 급증
1949년 10월	중국혁명 성공과 중화인민공화국 수립
1949년 12월~ 1950년 2월	마오쩌둥 모스크바 방문, 스탈린과 회담
1950년 1월	김일성, 중국혁명에 이어 '다음은 우리 차례'라고 언명
1950년 1월	중국, 중국 내 조선인 잔여 부대 북한에 이양
1950년 2월	중소우호동맹 상호원조조약 체결
1950년 3~4월	김일성·박헌영 모스크바 비밀방문, 전쟁 합의
1950년 5월	김일성·박헌영 베이징 비밀방문, 전쟁 합의
1950년 06월 25일	한국전쟁 발발

출처: 박명림, 『한국전쟁의 발발과 기원 I』(서울: 나남, 1996), p. 256.

시켰다. 완전 무장 부대의 귀국은 한국전쟁 초기에 조선인민군의 전투력 향상에 큰 역할을 하였다. 실전 경험이 풍부한 그들은 최전방에서 초반 승리의 견인차 역할을 하였다. 또한, 1950년 5월 북한의 군사·정당 대표단이 중국 션양(沈阳)에서 중국 측 대표단과 군사 문제를 논의한 사실은, 중국공산당과 북한 조선노동당이 안보 분야에서 의사소통을 지속하였다는 점을 보여주고 있다.

1950년 6월 25일 한국전쟁 발발 이후 중국 지도부는 전세가 유리하게 전개되던 7월 초부터 참전에 대비하기 시작한 것으로 알려졌다. 7월 2일, 미군의 본격적 개입과 함께 제7함대의 대만 해협 파견이 발표되자, 중국 외교부장 저우언라이는 중국주재 소련대사 로쉰에게 만약 미군이 38선을 돌파한다면 중국이 참전할 것이고 이때 소련이 공중엄호를 제공해야 함을 밝혔다.[17] 즉, 미군의 38선 돌파가 중국의 참전 조건임을 명확히 한 것이다.

이를 위해 중공 중앙군사위 부주석인 저우언라이는 7월 7일과 10일에 국방문제회의를 열어 동북변방군 조성문제를 논의하였다. 이 회의에서 '동북변방 보위에 관한 결정' 초안이 작성되었으며 주요 내용은 다음과 같다. ① 제4야전군 13병단과 제42군, 포병 제1·2·8사, 일정 수량의 고사포, 공병, 전차부대로 동북변방군을 편성한다. ② 쑤위(粟裕)를 동북변방군 사령으로 한다. ③ 15병단 지휘부(사령원: 덩화)를 기초로 13병단 지휘부를 구성한다. 이러한 계획은 7월 13일 마오쩌둥의 비준을 받아 실행에 옮겨졌다. 이와 동시에 중국지도부는 김일성과의 연계를 위해 그동안 북한과 수교관계에 있으면서도 미설치 상태에 있던 북한대사관의 개설을 서둘렀다. 저우언라이는 6월 30일 차이청원(柴成文)에게 북한대사관을 개설할 것을 지시하고, 이후 이를 통해 전쟁 상황을 보고받았다.

한국전쟁 초기 북한 조선인민군은 빠른 기세로 38선 이남까지 진격하였으며, 7월 말 낙동강 이남을 제외한 남한의 전 지역을 점령하였다. 전황이 이렇게 전개되자 마오쩌둥은 당초 소극적이었던 참전 입장을 바꾸어, 조기 파병 가능성을 김일성과 스탈린에게 전달하기 시작하였다.[18] 김동길에 따르면 당시 마오쩌둥은 제3차 세계대전 발발 가능성과 장제스(蔣介石) 정권의 복귀 가능성에 대한 우려로 북한에 유리하게 전개된 군사적 상황을 이용하여 전쟁을 조기에 종식함으로써, 한국전쟁이 초래한 악영향을 해결하려고 조기 파병을 희망하였다.[19] 결국 마오는 미중 충돌과 중국국민당의 움직임을 고려하여 한국전쟁 참전을 결정하였던 것이다.

유엔군의 인천상륙 작전은 중국을 비롯한 공산 진영이 외교적으로 대응할 준비가 제대로 되어 있지 않은 상황에서 급속히 진전된 사태였다. 이에 따라 1950년 8월 4일 소집한 중공중앙정치국 회의에서 마오쩌둥은 "만약 미제가 승리하면 득의양양하여 우리를 위협할 것이다. 조선을 도와주지 않을 수 없으며, 반드시 도와주어야 하는데, 지원군의 형식으로 하되, 시기는 물론 적당하게 선택하여야 할 것이다. 우리는 준비를 하지 않으면 안 된다"고 주장하였다.[20]

1950년 10월 1일, 김일성은 중국에 군사 원조를 요청하였다. 먼저 베이징에 김일성의 친서가 보내졌고, 비슷한 시기에 스탈린도 베이징에 파병을 요청하는 전문을 보냈다. 이 전문에서 스탈린은 "중국 동지들이 북한에 대한 지원확대를 고려 중이라면 지체하지 말고 5~6개 사단을 38도선으로 이동시켜 인민군이 38도선 이북으로 안정하게 후퇴하도록 도와주기 바란다"는 입장을 밝혔다.[21]

중국의 개입 결정은 중국공산당 내부에서 찬반이 나누어져 논쟁 대상이 되었다. 1990년대 중반 공개된 러시아 문서에 의하면 중국이 미국을 의식해 한때 참전에 다소 주저했음이 밝혀졌다. 스탈린은 1950년 10월 1일 베이징 주재 대사를 통해 마오쩌둥 혹은 저우언라이에게 보낸 전문에서 자신은 "지금 모스크바에서 멀리 떨어져 휴가 중이기 때문에 사태를 잘 파악하지 못하고 있다"는 다소 회피적인 전제를 달고, 그는 "중국 사단은 '의용군'의 형식을 취할 수도 있다"는 참전 방안을 제안했다. 이에 대해 자신은 북한에 아무것도 알리 않았으며 알리지 않을 것이라고 말해 소련이 중국과 직접적으로 협의하고 있음을 분명히 하였다. 같은 날인 10월 1일, 김일성은 마오쩌둥에게 중국의 특별 군사 원조를 요청하였다.[22]

10월 2일 중국공산당 정치국에서 저우언라이, 린뱌오(林彪) 등은 한국전쟁 개입을 유보해야 한다는 입장을 밝혔다. 이들은 중국 내전의 상처가 아직 가시지 않았고, 토지개혁이 완수되지 않았으며, 지방의 토비(土匪)들이 완전히 숙청되지 않았다는 점을 지적하였다. 또한 군의 장비가 낙후하며 훈련도 불충분하고, 일부 군인과 인민들 간에 전쟁혐오 정서가 있다는 이유를 들어 참전에 반대하였다.[23] 반면 마오쩌둥은 "당신들의 말에는 모두 다 의미가 있다. 하지만 이웃 나라가 위급한 시각에 처해 있는데 우리가 곁에서 방관하다는 것은 어떻든 고통스러운 것이다"[24]라고 지적하였다. 또한, 한반도가 아니더라도 다른 지역에서 미국과의 직접적 충돌이 불가피하다고 역설하였다.

10월 2일 마오쩌둥은 스탈린에게 중국이 한국에 군대를 파병할 의사가 있음을 알리는 전문을 보냈다. 이 전문에는 '만약 남한군만 38선을 넘는다면 중국은 개입하지 않겠다'는 입장이 포함되어 있었다. 이는 미국이 38선을 넘은 이후 참전함으로써, 중국의 개입의 정당성을 확보하려는 전략적 의도를 담고 있었다.

10월 5일 한국전쟁 참전 문제를 논의하는 정치국 확대회의가 중난하이(中南海)에서 계속되었다. 전날 회의의 일부 인사들은 여전히 출병 반대나 출병 연기를 주장하였다. 그때 펑더화이(彭德怀)는 "조선을 도울 출병이 필요하다. 예컨대 큰 손해를 입더라도 국내 전쟁이 몇 년 더 길어진다고 생각하면 된다. 만약 압록강 남한을 제압당하게 되면 미국이 (중국에 대한) 침략전쟁을 도발하려할 것이다"라고 참전을 적극 주장하였다. 이때 마오쩌둥이 "미국이 평양을 점령하기 전에 즉시 출병해야 한다"는 의견을 제시하였다.[25] 훗날 마오쩌둥은 김일성에게 "우리는 비록 다섯 개 군단을 압록강변에 배치했지만, 정치국에서는 최종 결정을 내리지 못하였다. 결정하였다가 번복하고 다시 번복하다가 마침내 결정을 내렸다"라고 회고하였다.[26]

10월 7일 유엔 총회에서 "한반도 전역에 걸쳐 통일·독립·민주정부를 수립하기 위해 선거 실시를 포함한 모든 제헌적 행위가 유엔의 찬조 아래 이루어질 것"을 요청하는 결의가 채택되었다. 이것은 다음 날 중국정부가 '중국 인민 의용군 설립에 관한 명령'을 내리는 데 결정적인 계기로 작용하였다. 10월 8일 중국공산당 중앙군사위원회 주석 마오쩌둥은 지급 전보를 통해 해당 명령을 공식 발표하였다.[27]

이후 10월 13일 정치국회의에서 중국은 개입 결정을 다음과 같이 재확인하였다.

정치국 상무위원회 회의에서 우리 군대가 한국으로의 참전이 유리하다는 데에 인식을 같이 하였다. 첫 단계에서 우리 군대는 남한군을 공격의 목표로 삼을 것이다. 우리 군의 승리는 확실하고 원산-평양 선의 한반도 북부 광범위한 산악지역에서 근거지를 구축할 것이다. (중략) 우리의 참전은 중국, 북한(한국), 그리고 동아시아와 세계에 유익할 것이다. 반대로 우리가 군대를 보내지 않는다면 적들은 압록강을 따라서 중국 동북부와 전력기지인 만주를 위협할 것이다.[28]

결국, 10월 19일 펑더화이는 압록강 철교를 통해 북한으로 진입하였다. 중국군 제40군의 도하를 시작으로 주력부대는 당일 밤 3개소 도강 지점에서 압록강으로 남하하였다. 같은 날, 베이징 수뇌부는 4개 보병 군단, 총 12개 사단을 제1진 출동 병력으로 하고, '전역예비대'도 준비하였다. 이어 10월 23일에는 두 개 군단에 즉시 출동 명령이 내려졌으며, 이들은 25일과 26일에 압록강을 건넜다. 이에 따라 11월 1일까지 북한에 투입된 실제 병력은 6개 보병 군단의 18개 사단, 3개 포병 사단, 1개 고사포 연대, 2개 공병 연대 등 총 28만여 명에 달하였다.[29]

12월 6일 결정적인 타격을 입은 미군은 38선을 향하여 퇴각하였고, 중국군은 평양을 탈환하였다. 이것이 한국전쟁의 주도권이 중국으로 넘어 가게 된 계기가 되었다. 12월 7일 펑더화이와 김일성은 중국인민지원군과 조선인민군의 연합 지휘체계인 '조중연합사령부' 창설에 합의하였다.[30] 이 연합사령부가 작전 범위 및 전선에 관한 모든 지휘권을 행사하였고, 북한정부는 후방에서의 병력 동원, 훈련, 군정 경비를 담당하였다. 총사령관 겸 정치위원에는 중국인민지원군 사령관 펑더화이, 부사령관에는 중국인 덩화와 조선인 김웅, 부정치위원에는 조선인 박일우가 임명되었다. 작전은 펑더화이가 마오쩌둥의 지시를 받아 수행했기 때문에, 1950년 12월부터 전쟁의 작전권은 사실상 중국으로 넘어갔다.

한국전쟁 중 작전지휘권이 중국인민지원군으로 이관된 것은 북한과 중국의 갈등 원인이 되었다. 비록 중국이 막대한 피해를 감수하고 북한을 위기에서 구해주었으나 김일성은 조선인민군이 중국의 통제를 받고 자신이 전쟁의 주도권을 가지지 못했기 때문에 크고 작은 사안에 대해 중국과 대립하였다. 그러나 스탈린의 지지 아래 이루어진 결정이었던 만큼, 김일성은 중국군의 작전지휘권 행사를 수용할 수밖에 없었다.

이처럼 중국은 한국전쟁의 참전으로 사실상 인적·경제적으로 막대한 손실을 입었다. 이러한 손실을 감수하고도 중국이 한국전쟁에 참전한 것은 바로 미국의 충돌 위협 때문이었다. 결국 중국은 이러한 안보적 위협에 대응하기 위해 북한과 '혈맹'이라 불리는 특수한 관계를 형성하게 된 것이다. 북한은 중국의 한국전쟁 지원에 대해 "공동의 원수를 반대하는 공동투쟁을 통하여 굳게 맺어진 조중 양국 인민들 간의 전투적 우의와 단결"[31]로 표현하여 중국과의 관계를 반미 공동전선의 틀 속에서 설명하였다. 한국전쟁을 계기로 중국의 대북 안보개입은 더욱 심화되었고, 이로 북중관계는 중국이 안보를 제공하고 북한이 이에 의존하는 구조로 재편되었다.

북한은 1950년 10월 25일, 중국인민지원군의 참전을 '항미원조 보가위국(抗美援朝 保家衛國)'의 기치 아래 조선전선에 참여한 것으로 묘사하였다. 1951년 11월 25일, 인민군과 중국인민지원군(이하 조중연합군)은 맥아더(Douglas MacArthur)의 크리스마스 총공세에 대한 반격을 개시하였으며, 12월 8일까지 이어진 제2차 전역에서 적군 3만 6,000여 명을 격퇴하였다고 기록하였다. 1953년 6월 24일 평양에서 열린 조국해방전쟁 3주년 보고대회에서 북한은 3년간의 전쟁 성과를 발표하였다. 이 보고에 따르면 조중연합군은 총 98만 9,391명의 적군을 살상하거나 포로로 잡았으며, 이 중 미군 38만 773명, 남한군 58만 611명, 기타 2만 7,974명으로 집계되었다. 북한은 한국전쟁에서 중국인민지원군의 참전이 전세를 역전시켰다고 평가하였다. 같은 보고에 따르면 1950년 10월 19일 처음으로 4개 군과 3개 포병 사단이 참전한 이후, 최대 130만 명의 병력이 한반도에 주둔했으며, 총 50만 명에 달하는 사상자가 발생하였다.[32] 이러한 수치는 북한이 한국전쟁 시기를 평가하며, 중국의 참전과 희생을 전세 역전의 핵심 요인으로 인식했음을 보여준다.

중국인민지원군과 북한군의 협력은 긴밀했으나 항상 원만했던 것은 아니었다. 1952년 초 중국 측은 북한군의 증원 요청을 거절하였는데, 이는 이미 양측 간 합의된 사안이었다. 중국은 당시 북한군의 전투력에 회의적이었기 때문에 북한군의 증원을 원하지 않았던 것으로 알려졌다.[33] 북한의 『조선중앙년감』의 한국전쟁 관련 기록을 보면, 김일성은 '사령관', 펑더화이는 '사령원'으로 표기되어 있다. 이것은 전쟁 수행의 주도권이 김일성에게 있었음을 강조하려는 의도로 해석된다. 이와 같이 전쟁 중 북한과 중국 간에는 갈등이 있었으며, 북한 김일성이 중국에 대한 자율성 회복의 필요성을 인식한 계기가 되었다.

3) 정전협정의 체결과 북중 갈등

한국전쟁 정전협정의 체결 과정에서도 북한과 중국의 갈등이 발생하였다. 전쟁은 3년 이상 지속되었으며, 중공군과 유엔군 사이의 정전 논의는 1951년부터 시작되었다. 그해 6월 3일 김일성은 베이징을 방문해 마오쩌둥 등과 협의한 뒤, 가오강(高崗)과 함께 김일성이 모스크바로 향하였다. 그들은 스탈린과의 회담을 통해 정전회담 개시에 대한 승인을 얻어냈다.

이에 1951년 6월 29일 미국 대통령 트루먼(Harry Truman)은 공산 측과 직접 정전 교섭을 시작하라는 훈령을 릿지웨이(Matthew B. Ridgeway)에게 내렸다. 릿지웨이는 6월 30일에 서울과 도쿄의 방송을 통해 휴전을 위한 정전회담을 제안하였다. 킨니 대령(Col. A. J. Kinney), 머레이 대령(Col. J. C. Murray), 이수영 중령 등이 개성에 파견되어 예비 접촉을 진행하였고, 8일에는 2차 접촉이 이루어졌다. 이어 7월 10일, 미국 극동함대사령관 조이 제독(Adm. C. T. Joy)과 북한 인민군 총참모장 남일이 개성에서 의제 채택을 위한 회담을 개최하였다.[34] 유엔군 측 수석대표는 조이 제독과 한국군 제1군단장 육군소장 백선엽을 포함한 4명이었고, 공산측 수석대표 남일이 명목상 수석대표였으나, 실질적으로는 중국인민지원군 참모장 셰팡(解方)이 회담을 주도하였다.[35]

전쟁 초기, 조속한 종전을 바랐다는 점에서 협상에 임하는 북한과 중국의 목적은 동일하였다. 중국은 군사분계선으로서 38도선 설정과 외국군 철수문제를 주장하며, 이를 기준으로 전쟁을 종식시키려 하였다. 그러나 소련의 스탈린은 전쟁의 조기 종식을 원하지 않았고 한국의 이승만 대통령은 북진통일을 추진하려 했기 때문에 협상은 장기화되었다.

1952년 7월 14일 평양 공습을 기점으로 정전협정에 대한 북한은 조속한 협상 타결을 추진하였으나 중국은 이를 수용하지 않았다. 이 시점에 김일성은 마오쩌둥에게 미국 안을 받아들여 정전 교섭을 타결할 것을 제안한 것으로 알려졌다. 당시 중국보다 북한이 더 조속한 전쟁 종식을 원했음을 알 수 있다. 그러나 마오쩌둥은 이에 반대하며 전쟁의 지속이 중국에 유리하다는 의견을 스탈린에게 전달하였다. 이를 전해들은 스탈린 역시 전쟁 지속을 지지하였다.

실질적으로 정전협정의 타결은 스탈린의 사망으로 급속히 진전되었다. 1953년 2월 22일, 미국이 부상병 포로 교환을 제안한 것이 협상 진전에 계기가 되었고, 그해 3월 스탈린의 장례식에서 중국과 소련은 정전 협상에 대해 협의하였다. 1953년 3월 24일, 중소 양국 지도부는 유엔 측의 부상병 포로교환 제안을 수용하였고, 장례식에 참석했던 저우언라이 등 중국 대표단은 3월 26일 귀국하였다. 3월 30일 저우언라이는 포로 송환문제의 신속한 해결을 위한 성명을 발표하였다. 그는 교전 쌍방이 전투중지 후 귀환을 희망하는 모든 포로들의 송환을 실시해야 하며, 나머지 포로들은 중립국가에 인도되어야 한다고 주장하였다. 이어서 "우리는 포로들 가운데 송환을 거부하는 자들이 있다는 유엔사령부의 주장을 인정하지 않는다"라고 같은 입장을 반복하였다.[36]

스탈린 사망 이후 중국이 공산 측 정책결정을 주도하였다. 결국, 1953년 7월 27일 판문점에서 유엔군 측 해리슨(William Harrison)과 북한의 남일이 정전협정에 합의하였다. 협정서에는 유엔군 총사령관 클라크(Mark Clark), 조선인민군 최고사령관 김일성, 중국인민지원군 총사령관 펑더화이의 서명이 순차적으로 이루어졌다. 정전 명령은 남측에서는 남측에서는 클라크, 북측에서는 김일성과 펑더화이의 명의로 공포되었다.[37]

중국인민지원군의 지휘자인 펑더화이는 정전협정의 성격에 대해서 "현재 조인된 정전협정은 군사 성질에 속하는 것이며, 아직 조선 문제의 평화적 해결을 위한 제1보일 뿐이다"라고 평가하였다. 정전협정에 중국이 당사자로 참여함으로써 중국의 북한 안보에 대한 개입은 공식화되었다. 한국전쟁을 통해 중국은 한반도 안보를 동북지역 안보와 직결된 사안으로 인식하게 되었고, 이러한 중국의 안보인식은 냉전 시기 지속되었다.

반면 북한은 한국전쟁과 정전협정 체결 과정을 통해 자국의 안보를 중국에 의존하면서 안보 주권을 양보해야 했던 쓰라린 경험을 하였다. 동시에, 전쟁과 정전협정을 계기로 한미상호방위조약이 체결되자, 한미동맹에 맞서 독자적으로 안보를 유지하기 어렵다는 사실을 인식하게 되었다.

결과적으로 한국전쟁은 북한과 중국이 실질적인 안보의존-안보지원이라는 비대칭적 안보동맹으로 발전하는 계기가 되었으나, 전쟁을 거치며 양국 간 갈등은 오히려 심화되었다. 특히 김일성은 중국의 지휘 아래 한국전쟁을 치르면서 자주적 입장의 필요성을 절감하였다. 이후 정전협정 과정에서도 북한이 조속한 선쟁의 종식을 원했던 것과 달리 중국은 막대한 희생에도 불구하고 양보를 거부하며 협상 장기화를 초래하였다. 전쟁 기간 동안 중국은 북한에 대한 중국 이익 존중을 요구하였고, 지휘권을 상실한 북한은 이를 수용할 수밖에 없었다.

2. 한국전쟁 및 전후복구 시기 중국의 대북한 경제지원[**]

한국전쟁은 중국이 국가 수립 직후 내부 총동원을 통해 막대한 자원을 투입한 사건이며, 북한 주민들은 이를 통해 중국과의 연대감을 인식하게 되었다. 중국인민지원군은 전쟁에 필요한 무기, 탄약과 식량, 군복, 약품, 의료장비, 생활용품 등의 물자 모두를 중국 내 지원에 의존하였다.[38] 전후 복구 시기 중국의 대북 경제지원은 북한의 전쟁 후 경제 재건의 기반이 되었고, 이에 대한 연구도 활발히 이루어졌다.[39] 이와 같은 전쟁 및 복구기 지원은 이후 냉전 시기 양국의 경제협력으로 이어졌다.

1) 중국의 한국전쟁에 대한 경제적 지원

한국전쟁 기간 북한은 소련을 비롯하여 중국, 헝가리, 폴란드, 루마니아, 체코슬로바키아, 불가리아, 동독, 몽골, 알바니아 등의 국가들로부터 구호물자를 지원받았다.[40] 이 중에서 소련의 지원이 가장 많은 비중을 차지하였고, 중국은 인민지원군 참전이라는 인적 자원뿐만 아니라 이들이 사용할 물적 자원도 함께 제공하였다. 중국은 주로 동북지방을 통해 물자를 조달하였는데 이는 평양과 개성 등 주요 도시가 폭격 위험에 노출되어 있었기 때문에 공장과 기계를 보호하기 위한 조치였다.[41] 결과적으로 한국전쟁 시기 중국 동북지방은 북한의 후방기지 역할을 하였다.

한국전쟁 시기 중국의 대북 경제지원은 전국적인 대중동원을 통해 이루어졌다. 1950년 10월 중국인민지원군의 참전 직후인 11월부터 중

***

** 이 부분은 이상숙, "한국전쟁 및 전후복구 시기 중국의 대북 경제지원과 북한의 인식," 『북한학연구』 제19권 1호(2023)를 수정·보완한 것이다.

국은 '항미원조'의 대중운동을 시작하였다.[42] 그해 11월 4일 중국의 각 민주주의정당, 사회단체들은 공동으로 전쟁 중 북한 인민 지원에 대한 선언을 채택하고, '중국인민항미원조총회'를 개최하여[43] 전국적으로 군기 기금 헌납운동을 전개한 결과 그 모금액이 4조 7,280억 원에 달하였다고 북한은 기술하였다.[44]

구체적으로 살펴보면 중국 대중동원을 통한 한국전쟁의 경제지원 규모는 매우 컸다. 1950년 11월부터 1952년 1월까지 중국에서 모금된 위문금은 1,828억 5,000위안이었고, 1951년 3월부터 6월까지 6,400만 원(북한 원화)이 전달되었다. 특히 1951년 6월부터 1952년 5월까지 1년간 위문금만 5조 5,656억 위안에 달했는데 이것은 전투기 3,710대를 구입할 수 있는 금액이었다.[45] 이 수치는 한국전쟁 시기 중국의 대북 원조액을 3조 4,607억 위안으로 추산한 기존 분석보다[46] 훨씬 많다는 점에서 주목된다. 대중동원을 통해 조달된 자금은 중국의 공식 차관이나 무상 원조 통계에 포함되지 않았을 것으로 분석된다. 따라서 중국의 대북 경제지원은 기존에 알려진 것보다 훨씬 규모가 컸음을 알 수 있다.

중국은 현금뿐만 아니라 식량 지원도 지속하였다. 1950년 11월부터 1952년 1월까지 192차량과 양곡 6,000여 톤을,[47] 1951년 3월부터 6월까지 양곡 5,755톤을 지원하였다.[48] 이러한 지원은 공식적 중국의 대북지원에 포함되지 않았을 것으로 추정된다.

1951년부터는 중국은 한국전생에서 미국에 맞서 싸우는 인민지원군을 지원하기 위해 '증산 절약 운동'을 시작하였다. 이어 같은 해 12월에는 이를 계승한 '삼반운동(三反運動)'을 실시하였다. 이 운동은 반부패(反貪汚), 반낭비(反浪費), 반관료주의(反官僚主義)를 목표로 한 정치운동으로, 행정의 간소화와 자원의 효율적 활용을 도모한 대중운동이었다.[49] 이 운동을 통해 수집된 물자들은 중국인민지원군에 전달되었다.

또한, 중국은 1950년부터 중국 의료단을 직접 파견하였고 1951년 3

월 28일 의료 복무대 191명이 북한을 방문하는 등 총 50개 이상의 의료단을 파견하였다. 같은 해 4월 7일에는 인민위문단 574명이 도착하였으며, 1951년 5월 31일까지 전달한 위문주머니는 약 77만 개, 위문품은 126만 점에 달하였다.[50]

그리고 중국 적십자 연합 및 기타 기관들은 북한 이재민 구제를 위하여 1952년 200억 위안을 모금하기로 결정하였다. 중국 적십자사 등은 사회단체이기 때문에 중국 적십자사 등은 사회단체였기에, 이 금액은 전국적인 모금 운동을 통해 마련되었다. 4월 3일 중국 강소성 북부 인민들이 7억 5,000만 위안을, 동성 남부 인민들이 4억 5,000만 위안을 각각 모금하였다. 실제로 1952년 4월 13일에는 베이징 시민들이 보내 온 의연금 24억 3,030만 위안이 도착하였고,[51] 1953년 6월 9일에는 1,200만 위안을 지원한 중국 상하이 거주 손문지 여사에게 감사 편지가 발송되었다. 이는 전국적 규모의 모금 운동을 잘 보여주는 사례다.[52]

이러한 중국의 한국전쟁 지원에 대해 북한은 "공동의 원수를 반대하는 공동투쟁을 통하여 굳게 맺어진 조중 양국 인민들 간의 전투적 우의와 단결"[53]이라고 표현하였다. 북한은 중국의 대중들이 '항미원조'전쟁에 적극적으로 참여하는 모습을 북한 인민들에게 직접적으로 보여줌으로써 양국 대중들의 협력의 실체를 분명히 드러냈다.

2) 중국의 전후복구 지원

한국전쟁 시기 북한지역의 피해는 심각한 수준이었고, 북한의 발표에 따르면 전쟁 기간 중 총 피해액은 약 4,200억 원으로 8,700여 개소의 공장 및 건물, 60만 호의 주택, 5,000개소의 학교, 1,000개소의 병원 및 진료소, 203개소의 극장과 영화관이 파괴되었다.[54] 실제로 한국전쟁의 주요 전장이 북한지역이었기 때문에 남한지역보다 북한지역의 피해가 더 컸다는 점에서 그 피해가 막대하였음을 알 수 있다.

북한은 전쟁으로 폐허가 된 영토 회복에 전력을 다하였는데 1954년부터 1956년까지 '인민경제 복구 및 발전 3개년 계획'을 통해 전후복구에 집중하였다. 이 과정에서 북한은 소련과 중국을 비롯한 사회주의국가들로부터 막대한 경제지원을 받았다. 특히 소련은 1953년, 북한의 전후복구를 위해 10억 루블을 지원하기로 결정하였다.[55] 1954년 경우 소련의 북한에 대한 지원은 3억 9,000만 루블에 달하였고, 1955년 상반기까지 총 5억 8,000만 루블의 경제지원을 받았다.[56] 이처럼 북한의 전후복구 과정에서 소련의 지원은 필수적이었다.

소련과 마찬가지로 중국도 정전 직후 북한의 전후복구 사업에 막대한 물질적 지원을 시작하였다. 먼저 1953년 11월에 베이징에서 진행된 조중 경제 및 문화합작에 대한 협정에서 전쟁기간 중국이 제공한 모든 지원을 무상으로 인정하기로 결정하였다. 이에 따라 전쟁 중 제공된 원조물자와 비용은 모두 무상으로 처리되었다.[57]

그리고 1954년에서 1957년까지 4년간 중국은 8만 억 위안의 경제지원을 제공하기로 결정하였다.[58] 이에 따라 중국은 1954년에 3조 위안, 1955년에 2조 5,000억 위안, 1956년에 2조 위안, 1957년에 5,000억 위안을 분할하여 차관형식으로 제공하기로 하였다.[59] 중국의 막대한 경제 지원은 전후 복구 시기에도 이어졌으며, 이는 향후 북중 경제관계에 지속적인 영향을 미쳤다.

중국의 물자 지원은 1954년 1월 25일, 북한과 중국이 직통 철도 운행에 관한 협정을 체결 이후 6월 3일 평양과 베이징 간 첫 국제 직통 열차가 평양을 출발한 것을 기점으로 본격화하였다.[60] 이와 같은 변화는 양국 간 물자 이동과 경제 교류가 본격화되었음을 보여주는 사례라 할 수 있다. 실제로 정전 이후 1955년 6월 말까지 중국은 4만 8,000억 상당의 설비 자재, 원재료, 인민소비품 등을 북한에 지원하였다.[61]

물자지원의 경우 한국전쟁 시기와 마찬가지로 중국의 다양한 구호품
이 전달되었다. 면포 등 섬유류를 비롯해 종이와 같은 지류, 유리, 시멘
트, 철판, 가스관, 철선 등 건축 자재도 포함되었다. 또한, 전동기와 펌
프, 도서관에 기증된 도서, 그리고 총 77억 위안에 달하는 영화 기자재
등도 있었다. 전쟁 시기와 마찬가지로 중국 인사들이 개인적으로 지원

표 6.2 전후복구기 중국의 대북한 경제지원 내역(1954~1956년)

구분	주요 항목	비고
협정체결	북중 경제문화협력협정(1953)	
무상원조	7만 2,900억 위안(전쟁 비용 및 물자 탕감) 8만 억 위안(식량 등 일용품 구매용)	1954~1955.06 (4만 8,000억 위안)
프로젝트 원조	벽돌 및 에나멜 공장(건설) 대안(大安) 전기공장(1955년 완공) 턴와 공장 신의주 법랑칠기공장 평양 고무 공장과 일용품 종합공장 그 외 경공업 기업소	
물자지원	면포, 식량, 탄산소다, 석탄 유리, 시멘트, 철판, 가스관, 철선, 석고, 선철(건축자재) 전동기, 선박용 기관, 펌프, 영화 기자재 기관차, 화물열차, 운송자재 직류 발전기 의류, 종이류, 문방구, 서적 금속제품, 기국, 어선	
인력지원 (중국지원군 및 기술자 등 건설 지원)	정부건물 340동, 학교 240동, 주택 병원, 영화관 댐 5개, 교량 4,107개, 제방 도로 346km, 철도 72km 대동강 철교 등 9개	

출처: 임방순·한 마크 만균 (2015), p. 391을 수정 및 보완한 것임.

한 현금도 있었다. 1995년 2월에는 중국에서 온 전동기 9대, 선박용 기관 4대, 직류 발전기 140대, 탄산소다 20여 톤, 석고 2,000여 톤, 선철 100톤, 석탄 2만 6,000톤, 양곡 5,800톤이 북한에 도착하였고, 양곡 2,000여 톤, 면사 100톤, 면화 50톤, 석탄 등이 추가로 전달되었다.[62] 이러한 구호품 역시 중국의 대중 모금을 통해 전달되었다. 표 6.2와 같이 1954년부터 1956년까지 중국의 대북 경제지원은 무상원조 외에도 공장 건설, 물자지원, 인력 지원 등의 여러 분야에 걸쳐서 진행되었다.

이외에도 평양 복구를 위해 중국의 건축 전문가들이 직접 북한을 방문하기도 하였다. 1953년 11월 13일 중국 건축 기술자 770여 명이 평양시 복구건설을 위하여 북한에 입국하였다. 이에 따라 한국전쟁 시기 중국의 대북 군사적·경제적 지원은 전후복구 시기에도 지속되었다.

전후 복구 시기까지 집중되었던 중국의 대북 경제 지원은 1957년부터는 무상지원이 차관형식으로 바뀌고 그 규모도 대폭 축소되었다. 1957년부터 북한은 중국으로부터 경제적 이익은 확보하려 노력하였으나 이를 국내에 소개하지 않았다. 이것은 전후복구 시기까지 중국의 경제지원에 대한 감사를 공식적으로 표명하였던 것에서 변화한 것이다.

3. 중국인민지원군 철수와 북중관계의 변화[**]

한국전쟁에서 북한을 절체절명의 순간에서 구해낸 중국인민지원군은 북한에 남아서 전후복구 사업을 지원하면서 북중관계의 교량 역할을 하였다. 그러나 북한 당국은 이들의 완전 철수를 추진하며 국가 자율성을 확대하려 했다. 이 과정에서 북한은 중국인민지원군의 완전 철수를 통해 중국에 대한 안보의존에서 벗어나려 노력하였다.

1) 한국전쟁 이후 중국인민지원군의 부분 철수

한국전쟁의 중국인민지원군 참전은 미국을 중심으로 하는 연합군의 승리를 저지하였고, 정전협정의 체결을 가능하게 하였다. 정전협정 이후 중국인민지원군은 전쟁 참가국으로서 한반도에 주둔하였다. 중국인민지원군의 북한 주둔은 초기에는 북중 간 안보협력의 상징이었으나, 1956년 8월 종파사건을 계기로 북중 갈등이 발생한 이후 북한에 대한 자율성을 침해하는 걸림돌로 인식되었다.

정전협정 직후 북한은 중국인민지원군에 대한 우호적 태도를 보여주었다. 김일성과 펑더화이의 정전명령에 따르면, "조선인민군과 중국인민지원군의 육군, 공군, 해군, 해방부대 전체 인원은 마땅히 고도의 경계와 대비를 유지하고 진지를 굳게 지켜 상대방으로부터의 어떠한 습격과 파괴 행동도 방지하여야 한다"고 명시하였다.[63] 이런 의미에서 "중국인민지원군을 포함한 일체의 외국군대가 조선 경내에서 철수하고 조선문제 즉, 조선인 자신이 자신의 문제를 처리한다는 정신하의 평화적 해결, 하나의 통일 민주 평화 독립적 신조선의 건립은 아직도 한 단계 높은 정치회의를 기다려서 협상하여야 한다"는 입장이 명확히 천명되었다. 이는 중국인민지원군이 정전협정 이후 발생할 수 있는 충돌에 대비하고 있었음을 보여준다.[64]

요컨대 정전협상 체결 이후에도 중국지원군은 협상의 이행과 진전을 위하여 계속 한반도에 남아 있었다. 만약 남한에 미군이 남아 있는 상황에서 중국 측이 먼저 철수하거나 행동에 나설 경우, 정전협정이 무효화되거나 새로운 갈등이 초래될 것을 우려하였기 때문이다.

그럼에도 불구하고 한국전쟁에 참전한 중국인민지원군 일부는 정전협정 체결 이전부터 점진적으로 철수하였다. 정전 이전 병력교대를 위하여 이중 일부 부대가 철수하였고, 정전 직후부터는 비공식 철수를 통해 중국으로 돌아갔다. 1953년 8월 64군단, 9월 63군단, 포병 7사, 10월 60군단, 65군단, 포병 2사, 포병 21사, 고사포 61사 등이 철군하였다.[65] 자세한 사항은 표 6.3과 같다.

북한 내 남아있던 중국인민지원군 중 1954년에서 1955년 사이에 총 19개 사단이 한반도에서 철수하였다. 그러나 1955년 말부터 철수가 중단되었는데 이것은 북한의 대내 상황과 관련 깊다. 북한 내부의 종파투쟁과 이에 대한 중국의 대응으로 인해 중국인민지원군의 완전 철수에 대한 논의는 중단되었다.

북한은 1956년 6월 조선인민군의 병력 감축을 발표하고, 같은 해 8월 31일까지 8만 명을 축소한다는 감축안을 발표한 후 1957년 말까지 철수논의가 중단되었다.[66] 중국은 북한 내부의 혼란 상황을 고려해, 자국 지원군의 주둔이 여전히 필요하다고 판단하였다. 당시 북한 주둔 중국지원군은 중국에 북한의 상황을 신속하게 알릴 수 있었기 때문에 중국의 대북한관계에 중요하였다.

게다가 1957년 6월 군사정전위원회 제75차 회의에서 유엔 측은 외부로부터 정전협정 제13조 D항(외부로부터 한반도에 무기 반입을 금지하는 조항)의 폐기를 선언하였기 때문에 중국은 이를 우려하였다. 이 조항의 폐지는 남한 내 주한미군에 무력 증강을 의미하였고, 실제로 미국은 주한미군에 신형 소총, 바주카포, 병력수송용 H21 헬리콥터를 제공했을 뿐 아니라, 미8군사령부 제7사단의 핵전쟁에 대비한 펜토믹 사단(Pentomic Division) 전환을 실행하였다.[67] 이러한 주한미군의 전력 증강은 중국지원군 주둔의 명분이 되었다.

표 6.3   전후 중국지원군 철군 현황

철수년도	구분	철수병력
1953년 8~10월	비공개	8월(64군단), 9월(63군단 및 포병7사), 10월(60군단, 65군단, 포병2사, 포병21사, 고사포61사)
1954년 4~8월	비공개	4월(12군단), 5월(15군단, 장갑병 제1지휘소 4개 연대), 8월(포병 64사), 12월(포병22사, 포병65사)
1954년 9월 16일~ 10월 3일	제1단계 1차 철수	7개 사단 총 87,894명－제47군단(139, 140, 141사단), 제67군단(199, 200, 201사단 및 제33사단 등)
1955년 3월 31일~4월 16일	제1단계 2차 철수	6개 사단 총 52,192명－제50군단(148, 149, 150사단), 제68군단(202, 203, 204사단)
1955년	비공개 철수	1월(제3병단 지도기관, 판문점 정전위원회 일부), 3월(공안사 및 포병3사), 4월(제9병단 지도기관), 9월(단동 주둔, 고사포63사)
1955년 10월 10일~26일	제1단계 3차 철수	6개 사단 총 63,257명－제24군단(70, 72, 74사단), 제46군단(133, 136, 137사단)
1955년 말 이후, 잔류 부대	잔류 부대	25만 명－1, 16, 21, 23, 54군단 등 모두 5개 군단, 포병, 고사포병, 장갑병, 공정병, 후방 병참 부대 등
1957년 2월	비공개	포병 1사, 4사
1958년 3월 15일 ~4월 15일	최종 제1차	육군 제23군단, 제16군단의 6개 사단과 일부 포병, 전차, 공정병, 수송부대, 그리고 공정병지휘소와 제19병단의 지도기관 등(8만 명)
1958년 3월 12일 ~ ?	최종 제1차 별도	제20병단 지도기관
1958년 7월 11일~8월 14일	최종 제2차	육군 제54군단, 제21의 6개 사단과 일부 전차, 포병, 고사포, 병참, 공정병부대와 전차지휘소 등(10만 명)
1958년 9월 25일 ~10월 26일	최종 제3차	지원군 총사령부, 육군 제1군단의 3개 사단, 포병 지휘소 및 지원군 후방병참사령부 등(7만 명)

출처: 박종철, "북한에서 '중국인민지원군'의 철군을 둘러싼 북중관계연구," 『군사사 연구총서』 제5집 (2008), p. 206과 p. 231에서 재구성함.

2) 중국인민지원군 완전 철수 과정

1956년 8월 이후 중단되었던 중국인민지원군의 완전 철수논의는 1년이 지나 북한 내부 상황이 안정되고 나서 재개되었다. 1957년 11월 모스크바에서 열린 '10월혁명' 경축행사에서 마오쩌둥과 김일성은 중국지원군 철수를 다시 논의하였고, 같은 해 12월 16일과 25일에 김일성은 마오쩌둥에게 지원군 철수 방안을 제시하였다. 그 내용을 보면, 다음의 두 가지이다. 첫째는 북한정부가 성명을 발표하여 한반도에서 모든 모든 외국 군대의 철수를 촉구하고, 이에 중국정부가 적극 호응하는 것이다. 둘째는 북한 최고인민회의가 유엔 앞으로 서한을 보내고 소련을 통해 유엔에서 제안하도록 하는 것이다.[68]

이에 대하여 중국은 한반도에서 외국군대 철수에 찬성하며, 김일성의 두 서신 중 12월 16일에 보낸 서신의 계획에 동의함과 동시에 이 계획에 대하여 사전에 소련정부와 합의하였다는 사실을 알렸다.[69]

그리고 중국은 북한정부와 조선로동당 중앙위원회에 구체적 철군 계획을 제안하였다.[70] 첫째, 북한 최고인민회의가 소련을 통하여 유엔에 편지를 보내, 유엔의 한반도에서 외국군대 철수실행을 촉구한다. 이후 중국은 제네바회담에 따라 한국문제에 대한 북중 간의 기본 합의에 따른 제안을 발표한다. 둘째, 중국정부는 북한정부의 공식 성명발표 후 이를 지지하는 입장을 발표하며 중국인민지원군 철수에 대한 시기를 협의하는 한편, 유엔군도 동일한 수순을 밟을 것을 요구한다. 셋째, 소련정부는 북한과 중국의 성명을 지지하며 유엔군 측 정부들에게 중국처럼 북한의 요구에 응답할 것을 촉구한다. 또한, 한반도의 평화 정착을 논의하기 위한 모든 관련국 간의 회의를 제안한다.

넷째, 향후 저우언라이의 2월 중순 북한 방문기간 동안 양국 정부는 협의를 통하여 중공인민지원군을 1958년 내에 철수시키기로 합의하고, 이를 공동 코뮤니케로 발표한다. 해당 성명에서는 중공인민지원군 철수와 마찬가지로 유엔군의 철수도 남북한의 긴장 완화와 한반도의 평화적 통일을 위하여 필요하다는 점을 강조하며, 유엔군 역시 동일한 절차를 취하도록 촉구한다. 만약 남한 이승만과 미국이 휴전선을 넘어 군사적 모험을 감행한다면 중공인민지원군은 북한의 요구에 따라 조선 인민군과 다시 함께 싸울 것이다.

다섯째, 중국은 북한으로부터 중공인민지원군의 철수를 위한 일정 표를 전달받는다. 여섯째, 북한과 중국 정부가 공동성명을 발표한 이후, 중립국감독위원회에 참여한 스위스와 스웨덴 측이 위원회의 해체를 유도한다. 유엔군이 철수하지 않았음을 이유로, 판문점에 최소 인원만 남겨 감독하도록 요구한다. 중국은 이러한 내용을 골자로 하는 제안을 북한에 전달하였다.

이에 1958년 1월 8일 중국 저우언라이는 베이징 주재 소련대사를 접견한 자리에서 북한과 중국이 중국지원군 철수문제를 협의하고 있다고 통보하였다. 중국은 북한이 먼저 철수 요구 성명을 발표하고 중국이 이를 지지한다는 김일성의 제안에 동의한다고 전하면서 소련공산당의 의견을 구하였다. 소련대사는 즉시 이를 본국에 보고하였고, 소련은 2월 5일 북한정부 성명을, 2월 7일 중국정부의 성명을 발표할 것을 제의하였다.[71]

이후 2월 15일 저우언라이의 평양 방문에서 북중 양국은 중국인민지원군을 3차례에 걸쳐 연내 철수하기로 합의하였다. 이 성명에는 철수 후 필요시 중국인민지원군의 재파병 가능성을 명시하였다.[72] 2월 20일 중국인민지원군 사령부는 1958년 말까지 전면 철수를 완료하고, 제1단계 철수를 4월 30일 전으로 완료한다는 성명을 발표하였다. 실제로 제1단계는 3월 5일부터 4월 25일까지, 제2단계는 7월 11일부터 8월 14일까지, 제3단계는 9월 25일부터 10월 26일까지 나누어 총 3단

계에 걸쳐 철수를 완료하였다.[73]

3) 중국인민지원군 완전 철수 이후 북중협력 강화

북한과 중국은 중국지원군 철수논의를 통해 긴밀한 협력을 재개하였으며, 사회주의 진영 단결과 베트남 문제 등 국제문제에 대하여 논의와 협력하기 시작하였다. 이는 1958년의 양국 지도자 간 상호 방문과 여러 합의에서 찾아볼 수 있다. 특히 북한이 중국과의 대외노선 일치화를 시도한 시점이 중국인민지원군 철수가 진행된 1958년 중반부터로 파악된다.[74]

중국과 북한 간의 합의에 따라 저우언라이는 1958년 2월 14일부터 21일까지 중국정부 대표단을 이끌고 북한을 방문하였다. 이 방문을 통해 양국은 2월 19일 조선 문제의 평화적 해결 문제를 적극적으로 촉진하는 입장에서 중국지원군에 대한 철군 협상을 진행시킨다는 연합성명을 발표하고, 4월 30일 이전에 제1차 철군을 진행한다고 밝혔다.[75] 당시 양국은 철수 협상뿐 아니라 각 방면에 걸친 협력에 대해 논의하였다. 북중 공동선언에서 저우언라이는 "사회주의 건설을 위해 양국이 경제, 문화, 과학, 기술 및 타 분야의 폭넓은 협력을 발전시켜야" 함을 강조하였다.[76]

중국지원군의 철수 직후인 1958년 10월과 11월, 심일성은 두 차례에 걸쳐 베이징을 방문하였다. 1958년 10월 연합 성명에서 미국의 '두 개의 중국 정책'에 대한 비난과 함께 베트남의 통일 노력에 대한 지지를 표명하였다. 당시 중국은 대만 위기로 미국과의 긴장이 고조된 가운데 주변 사회주의 국가의 지지가 필요했고 북한은 이에 협력하였다. 그리고 유고슬라비아를 '현대 수정주의'로 지칭하고 이에 대한 투쟁을 천명하며 사회주의의 단결을 강조하였다.[77]

북한 지도자들은 "우리는 또한 모택동 동지를 비롯한 중국공산당 및 정부 지도자들과 국제정세 및 우리 양국 간의 친선과 단결을 더욱 강화할 데 관한 문제, 사회주의 진영의 통일을 더욱 강화할 데 관한 문제들에 대하여 완전한 의견 일치"를 보았다고 밝히며, 당시 국제정세에 대한 의견교환의 결과를 표현하였다.[78]

북중 간 상호방문이 증가함에 따라, 과학기술 및 안보 분야의 협력도 강화되었다. 중국지원군 철수에 대한 양국 간 의견교환이 본격화된 1957년 12월, 북한과 중국은 '과학기술협력협정'을 체결하였다. 이 협정으로 중국의 기술자들이 북한으로 입국하여 북한의 조선, 시멘트, 직물 산업 발전을 지원하였으며, 북한 학생들도 중국에 파견되어 기술 훈련을 받았다. 두만강 접경지역 및 서해의 어류 조사 등 공동 작업이 이루어졌고, 1959년에는 북중 과학기술협력위원회가 구성되어 과학기술 교류가 더욱 활발해졌다.

이러한 북중 간의 협력강화는 중국의 대북한 안보지원이 소련의 대북한 안보지원의 감소를 대체하게 만들었다. 1958년 이후 북한에 대한 소련의 군사지원은 중단된 반면, 중국은 더욱 적극적으로 지원하였다. 흐루시초프(Nikita Khrushchev) 집권기(1953~1964년) 동안 소련의 대북 군사원조는 1958년까지로 제한되었는데 이것은 소련의 대외원조 정책전환에 따른 것이다. 이에 따라 북한은 새로운 군사원조 공급원이 필요했고 이는 중국과의 군사 협력 강화로 이어지는 주요 배경이 되었다. 소련의 군사지원이 중단된 시점인 1958년부터 김일성은 중국의 군사지원을 확보하였다. 이 시기에 중국이 북한에 지원한 내용을 보면, 주로 MIG-15, 션양 야크(Shenyang Yak)-18기 등 군용기를 대량 지원하였다.[79]

표 6.4와 같이 1950년대 후반 소련의 군사 지원 중단은 북한 안보력 약화를 가져올 수 있었다. 특히 무기체계와 신기술 도입에 차질이 생기

표 6.4 중국, 소련의 대북한 무역의 추이(1950~1961년)   (단위: 만 달러)

	중국의 대북한 무역				소련의 대북한 무역			
	총액	수출	수입	무역수지	총액	수출	수입	무역수지
1950	651	376	275	101	n.a.	n.a.	n.a.	n.a.
1951	1,811	1,723	88	1,635	n.a.	n.a.	n.a.	n.a.
1952	2,341	2,141	200	1,941	n.a.	n.a.	n.a.	n.a.
1953	4,634	4,505	129	4,376	n.a.	n.a.	n.a.	n.a.
1954	8,231	7,971	260	7,711	n.a.	n.a.	n.a.	n.a.
1955	7,606	7,259	347	6,912	37,730	19,620	18,110	1,510
1956	6,855	6,182	673	5,509	46,680	23,920	22,760	1,160
1957	5,601	3,650	1,951	1,699	54,460	26,660	27,800	−1,140
1958	9,055	4,774	4,281	493	46,710	25,800	20,910	4,890
1959	11,584	7,089	4,495	2,594	12,570	7,410	5,160	2,250
1960	12,037	6,740	5,297	1,443	11,410	3,940	7,470	−3,530
1961	11,693	6,382	5,311	1,071	15,610	7,700	7,910	−210

출처: 국토통일원, 『북한경제통계집(1946-1985)』(서울: 국토통일원, 1986), p. 743.

면서, 북한은 기존의 안보 기반을 유지하는 데 어려움을 겪게 되었다. 이에 북한은 중국을 통한 안보지원 확보에 활발한 노력을 기울였고 상당한 성과를 거두었다. 특히 1956년 북한의 대내 불안정과 이에 대한 중국의 개입 이후, 중단되었던 중국인민지원군 철수 논의가 재개되면서 중국의 안보지원이 확대되었다는 점은 주목할 만하다. 이는 중국인민지원군 철수 이후에도 북한의 안보 공백이 발생하지 않도록, 중국이 군사 지원으로 이를 보완한 것으로 볼 수 있다.

북한은 내정 개입 우려가 있는 중국인민지원군을 철수시킴으로써 자

율성을 확보하는 동시에, 철군에 따른 안보 공백을 보완하기 위하여 중
국의 군사지원 확대를 추구하였다. 특히 헝가리 사태에 대한 소련군의
개입 이후 북한은 중국인민지원군 철군을 통해 중국에 대한 자주 노선
을 더욱 강화하였다.

■ 주

1) 백지운, "중국 '항미원조전쟁' 기억의 소환과 굴절," 『역사비평』 통권 제140호
(2022), pp. 206-207.
2) 과학백과사전출판사, 『중국동북해방전쟁을 도와』 (평양: 과학백과사전출판사,
2008), p. 100.
3) 조선중앙통신사, 『해방 후 10년 일지』 (평양: 조선중앙통신사, 1955), p. 38.
4) 조선중앙통신사 (1955), p. 39.
5) 中国军事博物馆 中央文献研究室朱德研究组 编, 『朱德军事活动纪事(1886-1976)』
(北京: 解放军出版社, 1996), p. 719.
6) 조선중앙통신사 (1955), p. 40.
7) 박태호, 『조선민주주의인민공화국 대외관계사』 (평양: 사회과학출판사, 1985), p. 60.
8) 조선중앙통신사 (1955), pp. 66-67.
9) 과학백과사전출판사 (2008), pp. 87-88.
10) 조선중앙통신사 (1955), p. 126.
11) 대표적 연구로는 Allen S. Whiting, *China Crosses the Yalu*,)Stanford: Stanford
University, 1968); Chen Jian, *China's Road to the Korean War: The Making
of the Sino American Confrontation*, (New York: Columbia University Press,
1994); 션즈화 지음, 김동길 옮김, 『조선전쟁의 재탐구』 (서울: 선인문화사, 2014);
박명림, 『한국전쟁의 발발과 기원 1·2』 (서울: 나남출판, 1996); 김경일, 『중국
의 한국전쟁 참전 기원』 (서울: 논형, 2005); 윌리엄 스톡 지음, 조성규·김형인·
김남균·김재민 옮김, 『한국전쟁의 국제사』 (서울: 푸른역사, 2001); 주젠룽 지음,
서각수 옮김, 『모택동은 왜 한국전쟁에 개입했을까』 (서울: 역사넷, 2005); 이완
범, "6·25전쟁에 대한 중국의 개입과 중국에 미친 영향," 『군사』 제63호(2007);
박두복, "중국의 한국전쟁 개입원인," 『한국전쟁과 중국』 (서울: 백산서당, 2001);
김동길·박다정, "중화인민공화국 건국 전후 및 한국전쟁 초기, 중국의 한국전
쟁과 참전에 대한 태도 변화와 배경," 『역사학보』 225집 (2015); Donggil Kim,

“Prelude to war? The repatriation of Koreans from the Chinese PLA, 1945–50,” *Cold War History* 12–2 (May 2012); 김동길, “중국의 한국전쟁 참전원인 연구: ‘국방선’의 무혈확장,”『한국정치외교사논총』제37집 2호 (2014); 박종철, “한국전쟁의 원인으로 중국의 역할과 전쟁개입목적에 관한 검토: 쉬쩌롱의 ‘중국의 한국전쟁 참전’을 중심으로,”『전략연구』제56호 (2012); 김옥주, “중국의 한국전쟁 참전결정과정,”『동북아연구』제28권 2호 (2013); 한상준, “중국의 한국전쟁 동의와 참전 결정,”『중국근현대사연구』제87집 (2020) 등이 있다.

12) 윌리엄 스톡 지음, 김형인 외 옮김,『한국전쟁의 국제사』(서울: 푸른역사, 2001), p. 68.

13) 김경일 (2005), p. 379.

14) 이완범, “중국의 한국전쟁 참전: 중국-러시아 자료의 비교를 중심으로,”『정신문화연구』제23권 2호 (2000), pp. 85–86.

15) 스탈린이 로신에게 보낸 암호전문 (1950. 5. 16), 이재훈, “1949–50년 중국인민해방군 내 조선인부대의 ‘입북’에 대한 북·중·소 3국의 입장,”『국제정치논총』제45집 3호(2005), p. 189.

16) 와다 하루키 지음, 서동만 옮김,『한국전쟁』(서울: 창작과비평사, 1999), pp. 37–38.

17) 김동길·안다정, “중화인민공화국 건국 전후 및 한국전쟁 초기, 중국의 한국전쟁과 참전에 대한 태도 변화와 배경,”『역사학보』제225호 (2015), p. 233.

18) “평양주재 소련대사 슈티코프(Terenti F.Stykov)가 스탈린에게 보내는 전보 (1950.07.20.),” 김동길·안다정 (2015), p. 233에서 재인용함.

19) 김동길·안다정 (2015), p. 235.

20) 김경일 (2005), p. 396.

21) 윌리엄 스톡 (2001), p. 199.

22) 필리포프가 로신에게 보낸 전문(1950. 10. 1), “러시아 제공 6·25 비밀문서,” 김경일(2005), p. 400.

23) 張民·張秀娟,『周恩来与抗美援朝』(上海: 上海人民出版社, 2000), 김경일 (2005), p. 401에서 재인용함.

24) 彭德怀,『彭德怀自述』(北京: 人民出版社, 1981), p. 257.

25) 彭德怀 (1981), p. 258.

26) 김경일 (2005), p. 400.

27) 주젠롱 (2005), p. 256.

28) Mao Zedong, “Our troops should and must enter Korea to join the fighting (October 13, 1950),” Mao Zedong on Diplomacy (Beijing: Foreign Language Press, 1994), p. 111.

29) 주젠롱 (2005), p. 355.

30) 와다 하루키 (1999), pp. 202–203 참조.

31) 김일성, "조선로동당 제4차 대회에서 한 중앙위원회 사업총화보고,"『조선로동당대회 자료집 Ⅱ집』(서울: 국토통일원, 1980), p. 96.

32) 조선중앙통신사 (1955), p. 99.

33) Robert R. Simmons, *The Strained Alliance: Peking, Pyongyang, Moscow and the Politics of the Korean Civil War* (New York: The Free Press, 1975), p. 184.

34) 신복룡,『한국 분단사연구』(서울: 한울아카데미, 2001), pp. 694–695.

35) 김옥준, "한국전쟁 휴전회담에서 중국의 협상전략: 군사분계선설정 협상을 중심으로,"『국제정치연구』제19집 1호 (2016), p. 150.

36) 로버트 R. 시몬스 지음, 기광서 옮김,『한국내전』(서울: 열사람, 1988), p. 258.

37) 와다 하루키 (1999), p. 317.

38) 왕원주, "한국전쟁기간 중국의 군비지출과 대북지원,"『통일인문학논총』제52집 (2011), p. 258.

39) 沈志華, "朝鮮战争重建与中国的经济援助(1945–1960),"『中共党史研究』, 第13期(中共党史研究编辑部, 2011); 董潔, "战后中国对朝鲜的经济援助和中朝关系: 1954–1970,"「北京大学 博士学位论文」(2012); 임방순·한 마크 만균, "중-소 분쟁 초기 중국의 대북한 원조: 1956–1960년을 중심으로,"『인문사회과학연구』제16권 3호 (2015) 참조.

40) 조선중앙통신사,『조선중앙연감 국내편 1951–1952』(평양: 조선중앙통신사, 1952), p. 425.

41) Adam Cathcart and Charles Kraus, "New evidence on Sino-North Korean Exchanges, 1950–1954," *Journal of Cold War Studies* 13–3 (2011), p. 43.

42) Masuda Hajimu, "The Korean War through the Prism of Chinese Society," *Journal of Cold of War* 14–3 (2012), pp. 22–23.

43) 박태호 (1985), p. 114.

44) 조선중앙통신사 (1952), p. 427.

45) 조선중앙통신사,『조선중앙연감 1953』(평양: 조선중앙통신사, 1953), p. 592.

46) 조수룡. "한국전쟁 시기 북한의 전시생산과 중·소의 지원,"『군사』제88호 (2013), p. 90.

47) 조선중앙통신사 (1953), p. 592.

48) 조선중앙통신사 (1952), p. 427.

49) 손승회, "중화인민공화국의 건립과 학습·비평의 조직화,"『중국근현대사연구』제38집 (2008), p. 115.

50) 조선중앙통신사 (1952), p. 427.

51) 조선중앙통신사 (1955), p. 153.

52) 조선중앙통신사 (1955), p. 157.

53) 김일성, "조선로동당 제4차 대회에서 한 중앙위원회 사업총화보고,"『조선로동 당대회 자료집 Ⅱ집』(서울: 국토통일원, 1980), p. 96.

54) 박영실, "『로동신문』을 통해 살펴본 북한의 전후복구 과정(1953-1958년),"『통 일문제연구』 제59호 (2013), p. 335.

55) 조선중앙통신사,『조선중앙년감 1956』(평양: 국제생활사, 1956), p. 125.

56) 조선중앙통신사 (1955), p. 187.

57) 김용현, "한국전쟁 이후 중국인민지원군의 역할에 관한 연구,"『북한연구학회 보』 제10권 2호 (2006), p. 154.

58) 조선중앙통신사,『조선중앙연감(1954-1955년)』(평양: 조선중앙통신사, 1955), p. 486.

59) 임방순·한 마크 만균 (2015), pp. 337-338.

60) 조선중앙통신사 (1955), p. 187.

61) 조선중앙통신사 (1955), p. 593.

62) 조선중앙통신사 (1955), p. 210.

63) "金日成元师和彭德怀将军向朝鲜人民军和中国人民志愿军发布的停战命令(1953. 7.23.),"『한국전쟁관련 중국자료선집: 한국전쟁과 중국 Ⅰ』(대전: 행정자치부 정부기록보존소, 2002), p. 320.

64) "彭德怀司令员在朝鲜停战协定签字后的谈话(1953.7.28),"『한국전쟁관련 중국 자료선집: 한국전쟁과 중국 Ⅰ』(2002), p. 322.

65) 박종철, "북한에서 '중국인민지원군'의 철군을 둘러싼 북중관계연구,"『군사사 연구총서』 제5집 (2008), p. 196.

66)『로동신문』, 1956년 6월 1일.

67) 한상준, "안보위협에 대한 공동 인식과 북중관계의 '탄성',"『대구사학』 제19집 (2017), p. 16.

68) 중국 군사과학원 군사역사연구부 지음, 국방부 군사편찬연구소 옮김,『중국지원 군의 한국전쟁사 3』(서울: 국방부 군사편찬연구소, 2005), pp. 790-791.

69) Mao Zedong, "Telegram to Kim il sung on the Withdrawal of the Chinese People's Volunteers from Korea (January 24, 1958)," *Mao Zedong on Diplomacy* (Beijing: Foreign Language Press, 1994), pp. 237-239.

70) *Mao Zedong on Diplomacy* (1994), pp. 240-242.

71) 中华人民共和国外交部 外交史研究室 编,『周恩来外交活动大事记』(北京: 世界 知识出版社, 1993), pp. 229-231.

72) 中共中央文献研究室 编,『周恩来年谱 (中卷) 1949-1976』(北京: 中央文献出版 社, 1997), p. 128.

73) 조선중앙통신사,『조선중앙년감 1959』(평양: 조선중앙통신사, 1959), p. 169.

74) 최명해,『중국 북한 동맹관계: 불편한 동거의 역사』(서울: 오름, 2009), p. 141 참조.

75) 中华人民共和国外交部 外交史研究室 编, 『周恩来外交活动大事记』(北京: 世界
    知识出版社, 1993), p. 233.

76) Hakjoon Kim, *The Sino-North Korean Relations after the Chinese Inter-
    vention* (Seoul: The Korean Research Center, 1985), p. 109.

77) 朝鮮外国文出版社, "朝鮮民主主義人民共和國政府和中華人民共和國政府聯合聲
    明," 『朝中越人民的永远友谊』(平壤: 朝鮮外国文出版社, 1959), pp. 59-60.

78) 김일성, "중화인민공화국과 월남민주공화국을 친선 방문하였던 공화국 정부대
    표단의 귀환을 환영하는 양시 군중대회에서 한 김일성 수상의 연설," 『조선중앙
    년감 1959』(평양: 조선중앙통신사, 1959), p. 50.

79) 전홍찬, "소련의 대북한 경제 군사원조정책에 관한 연구," 『중소연구』 제17권 4
    호 (1993), pp. 198-199.

중소분쟁과
북한의 자주노선

북한과 중국의 관계는 1960년대 중소분쟁, 북한의 자주노선 선포, 베트남전쟁, 중국의 문화혁명을 거치면서 가장 큰 부침을 겪었다. 중소분쟁의 핵심은 중소 양국의 안보협력 무산이었다. 이 분쟁을 계기로 북한은 중소 양국으로부터 자국의 이익을 확보하는 한편, 두 나라에 의존하지 않은 자주노선을 공식화하였다. 중소분생의 여파는 베트남전쟁과 북중 관계에 영향을 주었고 특히 중국의 문화대혁명은 북중 간 갈등을 심화시키는 계기가 되었다.

1. 8월 종파사건·중소분쟁과 북중우호조약 체결

1956년 8월 종파사건 이후 중국과 소련의 개입은 북한이 북중관계에서 자율성 확대의 필요성을 자각하는 계기가 되었다. 이후 북한은 중국과의 우호조약에 '내정불간섭'이라는 표현을 포함시켜 중국의 북한 국내 정치 개입을 차단하였다. 먼저 북한의 1956년 8월 종파사건을 살펴본 뒤, 1961년 북중우호조약 체결과정을 통해 중소분쟁 초기 북중관계를 확인하기로 한다.

1) 중소분쟁의 발생과 8월 종파사건

1956년부터 시작된 중소분쟁은 사회주의권의 분열을 초래했고 사회주의 국가 간의 새로운 관계 정립을 요구하였다. 1956년 2월 14일 소련 공산당 제20차 전당대회에서 흐루시초프가 스탈린의 개인숭배를 비판하고, 사회주의의 평화적 이행과 평화공존을 주창하면서 중국과 소련의 갈등이 시작되었다. 중국 지도자 마오쩌둥은 소련의 대중국 안보지원을 기대하면서 즉각적으로 반박하지는 않았으나 평화공존론에 동의하지 않았다. 왜냐하면, 1956년 8월 중국은 타이완 통일을 위해 소련에 원자력 개발에 필요한 과학기술 및 생산 원조를 요청하고 소련과의 국방과학 협력이 필요했기 때문이었다. 소련의 안보지원은 1957년까지 순조롭게 실시되었기 때문에 중국은 소련의 입장에 즉각 반대하지는 않았다.[1] 중국은 사회주의권 내에서 자국의 입장을 지지하는 국가들의 지원을 필요로 했고, 북한은 소련에 대해 반기를 든 중국공산당과의 관계 설정에 신중을 기하였다.

북한과 중국의 관계에서 강대국과 약소국의 비대칭 갈등이 본격화된 계기는 바로 1956년 8월 종파사건에 대한 중국의 개입이었다. 이 사건은 중국뿐만 아니라 소련이 북한의 국내 정치에 개입하여, 소위 내정간섭을 한 대표적 사건으로 약소국인 북한은 자국의 안보를 의존하고 있던 중소 양국에게 자율성을 침해당할 수밖에 없었다. 국내 정치적 결정을 한때 번복했으며, 이 과정에서 최고지도자 김일성의 리더십이 손상되는 상황을 겪었다. 그러나 중소 양국의 개입으로 뒤집혔던 결정을 김일성이 다시 원래대로 되돌리면서, 오히려 북한은 자율성을 확보하고 김일성의 리더십은 더욱 공고해졌다.

1955년 12월 북한 조선노동당은 중앙위원회 전원회의에서 당중앙위원회 위원인 박일우의 반당적 종파행위를 결정하고 당에서 축출했다. 조선로동당은 전원회의에서 친중인사인 박일우에 대해, "당의 통일과 단결을 파괴하고 당을 반대하는 반당적·반혁명적 행위까지 감행하였다"며, 구체적으로는 "당과 국가비밀을 외부에 발설하며 당 정책과 당 영도에 대하여 정면에서는 찬성하고 배후에서는 비방하고 다니는 반당적 행위"라고 비난하였다.[2]

이후 1956년 8월 21일부터 23일까지 열린 조선노동당 중앙위원회 전원회의에서, 최창익은 당 내 개인숭배 현상에 대해 비판하고 박금철 당중앙위원회 부위원장의 직무 해제와 정일룡과 김창만에 대한 조사를 제안하였다.[3] 8월 30일 회의에서는 윤공흠, 서휘 등이 김일성을 중심으로 한 지도부에 반기를 들었다. 이에 대해 북한 지도부는 강력한 비판을 가하면서 '최창익, 윤공흠, 서휘, 리필규, 박창옥 등의 종파적 음모 행위에 대하여'라는 결의를 통과시켰다. 이에 따라 윤공흠, 서휘, 리필규는 출당을 당했고, 박창옥과 최창익 등은 당직을 박탈당하였다.[4]

8월 종파사건은 국내적으로 김일성에 대한 비판을 잠재우고, 대외적으로는 중국과 소련의 내정 개입을 경험한 계기로서 북한 역사에서 상징적인 사건이 되었다.

8월 종파사건 이후, 중국과 소련 지도부가 진상 파악에 나서 직접 평

양에 개입하였다. 소련공산당 미코얀(Anastas Ivanovich Mikoyan)이
중국공산당 제8차 대회 참석을 위하여 베이징을 방문하였고 9월 16일
당시 참석한 최용건 및 북한 대표단들을 통해 진상 파악에 나섰다. 이후
마오쩌둥은 조선대표단을 만나서 "소련, 중국, 조선의 관계가 매우 밀
접하여 만일 조선 국내에서 문제가 발생하면 중국과 소련에도 영향이
있기 때문에 우리는 간섭하지 않을 수 없다"고 북한에 대한 내정간섭의
정당성을 설명하였다.[5] 이러한 중국의 주장은 강대국으로서 자국의 이
익을 북한에 강요한 것이다. 특히 윤공흠, 서휘, 리필규 등은 중국으로
피신하였기 때문에 북한은 이들의 송환을 중국에 요구하였다.[6] 그러나
중국은 북한 정세 파악을 우선시하며 이들을 돌려보내지 않았는데, 이
로 인해 북한은 소련보다 중국에 더 큰 불만을 가지게 되었다.

　1956년 9월 베이징에 머물러 있던 미코얀과 중국의 펑더화이를 대
표로 하는 중소공동대표단이 평양을 방문하였다.[7] 김일성과 만난 중
소 대표단은 김일성에 대한 신뢰를 강조하면서 8월 전원회의에서 결정
된 반대파들에 대한 출당 처분을 철회할 것을 요구하였다. 김일성은 9
월 23일 당중앙위원회 전원회의를 소집해 마지못해 중소 양국의 의견
을 수용하여 최창익과 박창옥, 윤공흠, 서휘, 리필규의 중앙위원 자격
을 회복시키는 결정을 내렸다.

　그러나 8월 전원회의의 결정을 번복한 이후에도, 종파사건 주동자들
에 대한 반당 행위 규정과 비판은 오히려 더 노골화되었다. 김일성은 유
사한 사태의 재발을 막기 위해 반대파들을 더 억제하였다. 김일성은 중
소 양국의 개입을 통해 리더십 약화 가능성을 인식하고, 자율성 확보의
필요성을 절감하였다. 이 시기부터 김일성은 약소국인 자국의 자율성
확대의 필요성을 강하게 인식한 것으로 해석된다.

　이 과정에서 김일성은 소련보다 중국에 대해 더 큰 경계심을 가졌던
것으로 보인다. 그 이유는 두 가지로 볼 수 있다. 하나는 반대파들의 핵

심이 중국으로 출국한 뒤 귀국하지 않았고, 다른 하나는 중소 개입과정에서 중국의 태도가 더 적극적이었기 때문이다. 김일성은 1956년 9월 전원회의 이후 중국의 복종 요구가 자신의 권력을 위협할 수도 있다는 생각을 가지게 되었다. 반면 북한은 소련과는 의사소통을 이어갔다. 같은 해 10월 북한은 11차 유엔 총회에 참가할 것을 소련 대사관에 통보하면서 소련에게는 각을 세우지 않았다.[8] 이러한 북한의 태도는 향후 중국에 대한 자율성 회복의 노력으로 이어지는 계기가 되었다.

중국의 경우 북한의 국내 정치 변화가 자국을 포함한 다른 사회주의 국가들에게 미칠 영향을 우려하여 북한 내정에 개입하였다. 당시 중국은 소련과 함께 북한에 영향력을 행사하려 했고, 북한은 이를 두 강대국의 내정 개입이라는 뚜렷한 경험으로 받아들였다. 이 사건은 북한이 중소 양국에 대한 자율성 확보의 필요성을 절감하게 된 사례이다.

2) 중소분쟁에 대한 북한의 인식과 북중우호조약 체결

1958년 8월 25일 대만해협 위기가 푸젠성(福建省) 근처의 진먼(금문)·마쭈(마주)도 앞 해상에서 발생하였다. 소련 흐루시초프는 중국이 사전 협의 없이 미국을 상대로 먼저 발포한 것을 비판했고, 중국 해안에 중소 연합 함대를 만들고 뤼순(旅順)과 다롄(大連)을 소련의 기지로 하겠다고 통보했다. 그러나 숭국은 이를 주권침해라고 반대하였다. 소련과 이념적 갈등을 빚고 있는 중국은 소련군의 자국 영토 진입을 수용할 수 없었다.

이후 1959년부터 중소분쟁은 안보 갈등으로 발전하였다. 같은 해 6월 20일 소련은 중국과의 '국방 신기술에 대한 협정'을 파기하고, '중국에 원자폭탄 모형과 기술 자료 제공을 거부하였다. 또한, 1960년 7월 16일 소련정부는 중국에서 소련 기술고문단을 철수할 것을 통보하였다.[9]

1959년 6월 소련 코즈로프(Frol L. Kozlov)가 미국을 방문하고, 이어 7월 미국 닉슨(Richard Nixon) 부통령이 소련을 방문하는 등 미소 간의 '평화공존' 분위기는 소련에 대한 중국의 우려를 확대시켰다. 이와 동시에 중인(中印)분쟁에 대해 소련이 중립적인 태도를 보임으로써 중국의 기대는 다시 한번 무너졌다. 중국은 1950년대 말부터 국경 문제 해결에 힘써왔으며, 인도와의 갈등 이후 주변국과의 국경 문제에도 더욱 민감해졌다. 이처럼 인도와의 국경 분쟁의 후유증이 남아 있던 중국은 주변 국가들에 대한 국경문제의 안정을 서둘렀다. 1962년에서 1963년 사이에 몽골, 북베트남, 북한 등의 주변 인접 국가들과 국경문제를 논의했으며, 안정적인 국경 안보를 위해 북한과의 우호관계를 유지하기를 원하였다.

중소 대립 가운데 북한이 가장 주목한 것은 다른 국가의 민족해방운동에 대한 지원 문제였다. 1959년 소련공산당의 제21차 전당대회 결의문에서 "세계에서 사회주의의 완전한 승리 이전, 세계의 일부에서 자본주의가 계속 존재하고 있는 동안에도, 인류사회에서 세계전쟁을 없앨 수 있는 가능성이 점점 커지고 있다"라는 흐루시초프의 주장에 대해 중국이 반박하였다.[10] 중국은 식민지 전쟁은 혁명운동을 적극 지원함으로써만 '중단'될 수 있다고 주장하였다. 이러한 민족해방운동 지원에 대한 중소 양국의 상이한 의견은 북한이 1950년대 말 중국과의 협력을 강화하게 된 원인이 되었다.

1950년대 후반 중소분쟁에서 중립노선을 취하던 북한은 1960년대 초 사회주의 진영의 분열상황에 대하여 "1960년대 들어와서 일부 사회주의나라들 사이에 발생한 의견상이는 사상리론적 범위를 벗어나 국가관계에까지 영향을 미치면서 사회주의나라들과 국제공산주의운동의 통일단결에 저애를 주었다"고 진단하였다. 북한은 "전체 사회주의나라들을 옹호한다는 것은 … (중략) … 어느 한 사회주의국가나 혹은 일부

국가들만을 옹호하는 것이 아니라 모든 사회주의나라들을 다같이 옹호한다는 것"을 의미한다고 설명하였다. 북한은 사회주의권 분열에 대한 자국에 입장을 "형제 당, 형제 나라들 사이의 통일단결을 이룩하는 전제로 간주하고 이에 기초하여 단결·협조하며 국제적 연대성을 강화하면서 자주성을 견지하는 일관한 방침을 더욱 철저히 관철해 나갔다"고 주장하였다.[11]

1961년 조선로동당 제4차 당대회에는 소련과 중국 대표가 모두 참석했으나, 중소 간 입장 차이만 확인되었다. 소련의 코즈로프는 우주선 스푸트니크(Sputnik)의 발사 성공과 서독과의 관계 정상화 등 평화공존 정책의 성과를 강조했다. 반면 중국 덩샤오핑은 평화공존론을 일정 부분 이해하지만, 아시아에는 대만, 한반도, 베트남, 라오스, 캄보디아 등 미해결 문제가 많아 이를 적용할 수 없다고 반박했다. 특히 미국과 일본의 안보협력이 지역 불안정의 근본 원인이라고 하였다.[12] 중국이 대만뿐만 아니라 한반도 문제까지 언급하였기 때문에 북한은 심정적으로 중국의 입장에 동조하였을 것으로 추정된다.

그러나 1961년까지 북한은 중립적인 자세를 유지하며, 그해 7월 소련 및 중국과 각각 우호협력조약을 체결하였다. 6월에는 김일성이 소련을 방문해 '조소 우호협조 및 호상원조 조약(이하 조소우호조약)'을 체결하였다. 이후 7월 10일부터 15일까지의 김일성을 단장으로 하는 북한의 당 및 정부 대표단이 중국을 방문하여 '조중 우호협소 및 호상원조 조약(이하 조중우호조약)'을 체결하였다.[13] 북한은 중국 및 소련과 유사한 조약을 체결함으로써 양국 모두로부터 안보지원을 보장받을 수 있는 길을 열어놓았다.

2. 북한의 등거리외교와 국경조약 체결

중소분쟁 초기 북한은 중립적 태도를 보이면서 중소 양국으로부터 자국의 이익을 극대화하고자 하였다. 이러한 북한의 외교를 '등거리외교' 또는 '시계추외교'로 표현할 수 있다. 당시 북한이 중국으로부터 얻은 실질적 성과 중 하나는 북중국경조약을 통해 두만강과 압록강의 섬들에 대한 소유권을 획득한 것이다. 북한의 등거리외교에 대한 중국의 대응을 양국 국경조약 과정을 통해 살펴보고자 한다.

1) 북한의 등거리외교[**]

1961년과 1962년 사이에 쿠바 미사일 사태와 라오스 사태에 대한 소련의 미온적 대응은 북한이 친중노선을 취하는 데 영향을 주었다. 1962년부터 북한의 대중국관계는 강화하기 시작했으며, 같은 해 3월 소련의 군비축소 제안에 분명히 반대하는 논조를 표방하는 중국의 보도 기사들을 강조함으로써 이러한 입장을 더욱 명확히 하였다.[14] 북한은 실질적으로 중국의 이념 노선에 치우쳤다. 한반도에서 미 제국주의 세력을 몰아내고 민족 통일을 이루어야 하는 입장에 있던 북한은 '제국주의와 민족주의'의 모순을 주요 모순으로 상정하는 중국의 노선과 일치하였다.

1962년 4월 23일부터 5월 3일까지, 펑전(彭真)을 단장으로 한 중국 전국인민대표대회 대표단이 평양을 방문한 이후 북한은 중국과 협력을 강화하였다. 당시 중국 대표단은 북한의 항일 유격대 창건 30주년 기념식에 참여하여 혁명유대를 강조하였다.[15]

....

[**]   이 부분은 이상숙, "중소분쟁 시기 북한과 북베트남의 자주외교 비교," 『통일정책연구』 제17권 2호(2008)를 수정·보완한 것이다.

　　김일성은 1962년 10월 23일 개최된 최고인민회의 제3기 제1차회의에서 발표한 "조선민주주의 인민공화국의 당면과업에 대하여"를 통하여 "오늘 제국주의자들과 그 앞잡이인 수정주의자들은 사회주의진영의 통일을 파괴하기 위하여 (중략) 수정주의자들은 제국주의자들의 사축하에 사회주의국가들을 중상하고 리간시키며 이 나라들의 당 및 정부를 전복하기 위한 음모활동을 감행하고 있습니다"[16]라고 사회주의 진영 분열이 수정주의자의 책임임을 지적하였다.

　　또한, 같은 연설에서 김일성은 자주적 입장을 내세우기 시작하였다. 김일성은 "사회주의국가들 간의 관계는 맑스-레닌주의와 프로레타리아 국제주의 원칙에 기초하고 있으며 그것은 제국주의 국가들 간의 호상관계와는 근본적으로 구별되는 완전히 새로운 형태의 국가관계"라고 하면서, "사회주의국가들은 큰 나라와 작은 나라나 할 것 없이 모두 다 완전히 평등하고 자주적이며 호상간에 서로 존중하며 지지합니다. 이 나라들 사이에서는 한 나라가 다른 나라의 내정에 간섭하거나 그 나라에 자기의 의사를 강요하는 일이란 있을 수 없습니다"[17]라고 사회주의국가들 간의 상호존중과 자주성에 대해 설명하였다.

　　이후 중국은 1963년 6월 14일, '국제공산주의 운동의 총노선에 대한 제안'이라는 반론을 공표하며 소련과의 전면적인 이념투쟁을 전개하였다. 이에 대해 북한은 중국의 이념 노선에 대한 지지를 표명하고 소련을 비난하기 시작하였다. 1963년 6월 최용건의 숭국 방문 시 북중 양국은 "현대 수정주의를 반대함과 동시에 교조주의 역시 반대해야 한다"는 데에 동의하고, "사회주의와 국제공산주의 운동에 존재하는 분열은 내부 평등 협상의 방법으로 해결해야 한다"고 주장하였다.[18]

　　또한, 조선로동당은 1963년 10월 28일자 『로동신문』의 사설 "사회주의 진영을 옹호하자"에서 국제공산주의 운동의 분열 원인을 '현대수정주의'라고 지적하며, 소련을 비판하였다. 아울러 소련이 경제 및 군

사 원조를 북한에 대한 정치적 압력의 수단으로 이용하고 있다고 소련을 비난하였다.[19]

1964년 6월 평양에서 개최된 제2차 국제아시아경제회의에서 북한은 대소 비난을 한층 강화했고, 중국과의 협력을 강화하였다. 이에 맞서 소련은 이 회의가 원래 동유럽의 니코시아(Nicosia)에서 열리기로 예정된 것을 중국이 회의 장소를 변경하고 아시아 경제에 무지한 사람들이 모여 토론을 벌였다고 비난하였다. 소련은 이 회의가 아시아 여러 나라에 중국식 경제 발전 모델을 따르도록 유도하기 위한 자리였다고 혹평하였다. 또한, 중국이 아시아 여러 나라에 대한 소련의 경제 원조가 그들의 주권을 침해하는 것이라는 정치 선동을 하였다고 소련공산당 기관지『프라우다』를 통해 중국과 북한을 동시에 공격하였다.[20]

이에 대해 북한은 해방 후 소련이 북한에서 일제 시대의 산업 시설들을 가져갔고, 일부 원조 물자는 제공했지만 건축 자재 등은 국제 시세보다 훨씬 비싸게 판매했다고 폭로하였다. 뿐만 아니라 소련군이 북한에 주둔하고 있는 동안 북한에서 금괴와 광산자원을 대량 반출했는데, 국제시장 가격보다 낮은 가격으로 사 갔다고 비판하였다.[21] 반면 중국군은 8년간 주둔하며 경제적 착취 없이 북한의 전후 복구를 지원했다고 밝혔다.

소련이 국제아시아경제회의 이후 북한과 중국에 대한 비난의 목소리를 높이자 북한도 소련을 '현대수정주의'로 칭하면서 사회주의 진영 분열의 책임을 소련에 돌렸다. 이는 1965년 조선노동당 창건기념일 김일성의 아래 연설을 보면 확인할 수 있다.

국제공산주의운동에서 현대수정주의가 머리를 쳐드는데 따라 종파주의와 교조주의를 반대하는 우리의 투쟁은 현대수정주의를 반대하는 투쟁과 결합되게 되었습니다. 우리 나라에서 수정주의는 국제적 수정주의조류에 편승하여 발생하였으며 종파분자들과 교조주의자들을 통하여 밖으로부터 들어왔습니다.

현대수정주의자들은 무엇보다도 미 제국주의에 대한 환상을 퍼뜨리면서 우리 당과 인민이 미제를 반대하여 견결히 싸우지 못하게 하려고 하였습니다. 그들은 또한 우리 나라에서 사회주의혁명이 〈시기상조〉라고 하면서 이것을 반대하였으며 우리 당의 사회주의적공업화로선, 특히 자립적민족경제건설로선을 반대하였으며 나아가서는 우리에게 경제적 압력을 가하여 우리나라 사회주의건설에 커다란 손실을 주었습니다. 현대수정주의자들의 목적은 결국 우리 당을 자기들처럼 맑스-레닌주의를 저버리고, 혁명을 저버리고, 반미투쟁을 집어던지고 우경투항주의의 길로 나아가게 하려는데 있었습니다.[22]

1964년 11월 16일 베이징 댜오위타이(钓鱼台)에서 김일성은 마오쩌둥, 펑진, 저우언라이, 덩샤오핑 등 중국 지도자들을 다시 만났다. 이 자리에서 북한은 소련의 신지도부에 대한 공개적인 논쟁을 잠시 중단할 것을 중국 측에 제안하였다. 이에 마오쩌둥은 소련공산당이 분열되어 있기 때문에 소련이 먼저 중국을 비판하거나 반중국적인 결의를 채택하지 않는 한 중국은 소련을 공격하지 않겠다면서 김일성의 제안을 받아들인 것으로 알려졌다.[23] 저우언라이는 소련이 12월 각국 당 국제회의 준비회의가 필요하다고 전했고, 마오쩌둥은 이미 아시아의 형제당들은 불참을 결정했기 때문에 소련의 태도를 보고 결정하면 된다고 말하였다. 이에 대해 김일성은 중국과 마찬가지로 반대의사를 표명하였다.[24]

중소분쟁의 안보갈등은 1964년 소련 흐루시초프 실각 이후에도 지속되었다. 1964년 소련 국방장관 말리노프스키(Rodion Malinovsky)가 중국 대표단에게 "마오쩌둥도 흐루시초프처럼 실각시켜야 한다"고 언급하면서, 중소관계는 급격히 악화되었다.[25] 그러나 소련 흐루시초프 실각 이후에도 중국은 여전히 소련에 대한 경계심을 놓지 않았던 반면, 북한은 소련의 대외정책 변화에 대한 기대를 가지고 대소련정책을 조정해 나갔다.

2) 북중국경조약 체결

1962년부터 1964년까지 북한과 중국은 국경조약을 협상하였으며, 체결 과정에서 중국이 일정 부분 양보한 점은 북한의 중국 지지의 주요한 계기가 되었다. 1962년 10월 3일 북한과 중국은 '국경문제에 관한 회담 기요'를 통해 국경문제를 구체화할 준비를 한 뒤, 10월 12일에 '북중비밀국경조약'을 체결하였다.[26]

협상 당시 저우언라이가 이끄는 중국 협상단은 북한과의 국경 안정을 위하여 북한의 입장을 상당 부분 수용해주었다. 당시 중국은 중소분쟁뿐만 아니라 인도와의 국경분쟁으로 인해 어느 때보다도 국경의 안정이 시급한 상황이었기 때문이다.

북중 육상 국경은 천지(天池)를 중심으로 설정되었다. 두만강과 압록강에 대해서는 '삼동(三同)' 원칙을 채택하였다. 삼동은 공동 소유, 공동 관리, 공동 이용을 의미한다. 그러나 실제로 중국은 두 강에 가장 큰 섬들을 포함하여 80%의 섬에 대한 관할권을 북한에 넘기는 데 동의하였다. 특히 압록강의 비단섬은, 한국전쟁 당시 중국인민군 참전에 대한 감사로 중국에 양도했으나, 이후 중국이 자국 거주민들을 본국으로 이주시키면서 다시 북한에 반환되었다.[27]

또한, 중국인들은 압록강 하구의 90%에 달하는 통제권도 북한에 양보하였다. 이에 대해 중국 지린성과 랴오닝성의 지도자들은 항의를 하기도 하였다. 중국은 북한과 평화로운 관계를 지속하기를 원했고 주변 국가들과 국경문제를 조화롭게 해결하기를 원했기 때문에 북한의 입장을 수용한 것이다.[28] 결국, 1964년 3월 20일 '국경 의정서'에 서명함으로써 압록강에서 천지와 두만강을 잇는 비밀 국경조약을 완성하였다.

중국은 북한과의 국경문제 해결을 통해 동북지역의 국경 안정을 얻었다. 당시 중국이 인도 및 소련과 국경문제로 어려움을 겪고 있었기 때문에 북한과의 국경조약의 체결은 매우 중요하였다. 이에 따라 북한은 국경문제에서 실리를 취하면서 중소분쟁에서 중국의 노선을 지지하는 방향으로 나아갔다.

1965년 6월 북한 최고인민회의 상임위원회 부위원장 강양욱은 동비우(董必武) 부주석과 덩샤오핑 총리를 만나 '한일기본조약' 체결에 대한 불승인을 요청했고, 중국은 정부성명을 통해 조약의 불승인 입장을 밝혔다.[29] 그해 11월에는 북한 내각 부수상 이주연이 김일성의 특사자격으로 중국을 방문하여 '제2차 아시아·아프리카 회의'의 연기에 합의하였다.[30] 이와 같이 1965년까지 북한과 중국은 주요 대외 현안에 긴밀히 협력하였다.

3. 베트남전쟁과 북한의 자주노선[**]

중소분쟁 초기에는 이념적으로 친중노선을 보이며 소련의 사회주의권 분열에 대하여 비난하던 북한은 베트남전쟁 발발 이후 중국에게도 책임을 돌리기 시작했다. 북한은 베트남전을 아시아 사회주의 국가의 반제혁명 투쟁이자 분단을 극복하는 민족해방전쟁으로 간주하였기 때문에, 베트남전에 대한 북한과 중국의 시각 차이는 양국 간의 갈등 원인이 되었고, 북한의 자주노선을 정립하는 데에 영향을 주었다.

....

** 이 부분은 이상숙, "1960년대 중반 북한 – 중국의 갈등과 북한의 자주노선," 『북한학연구』 제3권 2호(2007)를 수정·보완한 것이다.

1) 베트남전쟁 발발과 중소 갈등

1964년 8월 2일 통킹만을 순찰 중이던 미국 구축함 매독스(Maddox)호가 북베트남 어뢰정으로부터 공격을 받는 일명 '통킹만사건'이 발생하였다. 그해 11월 대통령 선거에서 승리를 거둔 존슨(Lyndon B. Johnson) 대통령은 북베트남으로의 확전을 염두에 두고 항공기와 함대를 출동시켜 북부 지역을 강하게 폭격하면서, 미국의 본격 개입이 시작되었다.

1964년 11월 8일 마오쩌둥과 회담을 한 김일성은 하노이로 가서, 모스크바에서 돌아온 북베트남의 팜반동(Pham Van Dong) 수상으로부터 소련 방문 결과를 보고 받았다. 하노이 방문을 마친 김일성은 16일 베이징으로 다시 돌아와 댜오위타이에서 마오쩌둥, 펑진, 저우언라이, 덩샤오핑 등 중국 지도자들과 다시 회담을 가졌다. 이에 대하여 북한은 중국공산당과 소련공산당 사이에 명확한 분계선을 획정해야만 한다는 중국의 제의를 거부하였다. 오히려 북한은 북베트남 지원을 위한 소련의 연합전선 결성 제안에 중국이 동참할 것을 촉구하고 나섰다.[31]

미국의 베트남전 개입이 본격화되자 중국은 미국과의 충돌 가능성이 높아졌다고 인식했으나, 그 위험성을 우려해 전쟁 개입을 회피하였다. 1965년 1월 9일 마오쩌둥 주석은 한 미국 작가와의 회견 시 "중국은 공격하러 가지 않을 것이다. 미국이 쳐들어올 때에만 우리가 싸울 것이다. 이것은 역사가 증명한다"며, "우리가 미국을 치러 가지 않을 것이라는 점은 이미 말하였다. 이점에 대해서는 안심해도 좋다"[32]라고 미국의 선제공격을 경고하면서도 전면전은 원치 않음을 밝혔다. 또한 마오는 미국정부가 중국 국경 인근을 전장으로 삼지 말라고 경고하였다.

1965년 4월 2일 파키스탄을 방문한 저우언라이 총리는 칸(Mohammad Ayub Khan) 총리와의 회담에서 4월 말 미국 방문 시 중국의 입장을 전달해줄 것을 요청하였다. 그 내용을 살펴보면 다음과 같다.[33]

첫째, 중국은 먼저 미국과의 전쟁을 일으키지 않을 것이다. 둘째, 중국인의 말은 유효하다. 무릇 중국은 국제의무를 다할 것이며, 반드시 이행한다. 이와 관련해, 1950년 10월 한국전쟁 참전 전날 중국이 미국에 경고했음에도 의사 전달이 실패했던 사례를 상기시켰다. 저우언라이는 "중국 해방이 채 1년이 안되었을 때 미국이 조선전쟁에 출동하였고 동시에 7개 함대가 대만해협에 정박하여 중국의 대만 회복 의지를 저해하였다. 중국은 당시 인도주재 대사관을 통하여, 미국에 38도선을 넘을 경우 압록강을 따라 중국이 개입할 것이다. 당시 인도정부도 확실히 미국정부에 이 사실을 통보하였으나 미국은 중국이 북한을 지원할 것이라는 점을 불신하였다"[34]라고 부연 설명하면서 한국전쟁 당시 상황과 1965년 상황을 연계시켰다. 셋째, 중국은 이미 준비를 마쳤다. 이후 4월 20일 비동맹정상회의 10주년 기념 경축 회의에서도 이러한 발언을 유지하였으며, 5월 28일 인도네시아와의 회견에서도 위의 세 가지를 강조하였다. 그는 중국인의 말이 유효하다는 것은 한국전쟁이 이를 증명한다고 역설하였다.[35]

전쟁 상황이 점점 악화되자 소련은 중국에 베트남 지원에 대한 협력을 제의하였다. 1965년 4월 3일 소련은 중국정부에 보낸 비밀서한에서 베트남 원조에 관한 중국·소련·베트남의 3자회담을 제안하였다. 그러나 중국은 이를 거절하였고 4월 8일 베트남공산당과의 단독 회담을 가졌다. 이 자리에서 양당은 중국의 베트남 파병과 관련한 협성을 맺었다.[36]

이후 북베트남 지도부는 중국의 파병과는 별개로 소련의 항공기를 비롯한 안보물자의 지원과 소련군의 파병을 요청하였다. 이에 따라 소련은 2주 후, 4,000명의 병력이 중국을 경유해 베트남으로 이동하는 방안을 중국에 제안했으며, 소련 공군기의 중국 남서부 비행장 사용 및 중국 영공 통과권 등을 요구하였다.[37]

그러나 중국은 1965년 11월 11일 소련의 제의를 반박하면서 다음과 같은 논평을 발표하였다.

> 오늘날 세계정세의 특징은 국제계급투쟁이 날로 심화되는 상황하에서 바야흐로 대혼란, 대분화, 대개편이 일어나고 있다는 점이다. (중략) 즉 세계의 각종 정치역량들이 극렬하게 분화되고 다시 새롭게 모이고 있는 것이다. (중략) 제국주의 및 각국의 반동파와 현대수정주의는 멸망의 길을 걷고 있다. 그러나 제국주의와 반동파는 타격을 가하지 않으면 쓰러지지 않고, 현대수정주의도 투쟁하지 않으면 몰아낼 수가 없다. (중략) 국제정세의 발전으로 어쩔 수 없이 모순과 충돌이 충만해졌으며 굴곡과 반복이 되풀이되고 있다. 세계각국인민들의 혁명투쟁은 부득이 물결이 퍼져나가는 식으로 발전할 수밖에 없이 되었다.[38]

중소분쟁 중 소련과 이념 노선은 물론 안보상 대립하고 있는 상황에서 중국은 소련군의 자국 영토 통과와 군사시설 이용 요청에 대해 부담을 가질 수밖에 없었다. 중국은 이를 소련의 정치적 술수로 비판하며 외면하였다.[39] 이에 대하여 소련은 11월 28일 『프라우다』에 '만국공산주의자의 국제주의적 의무'라는 사설을 게재하고 중국의 공동행동 거부는 베트남 인민의 투쟁을 방해하고 침략자를 원조하는 것이라고 비난하였다.

2) 베트남전쟁에 대한 북한의 지원과 북중 갈등

중국의 반대로 베트남전 초기 소련군의 지원이 원활하지 않았다는 점은 북베트남뿐만 아니라 북한의 대중 인식에도 영향을 주었다. 북한은 북베트남 지원에 사회주의 진영 전체가 힘을 합쳐야 미국에 대항할 수 있다고 주장하였다. 이러한 때에 진영이 분열되고 협력이 이뤄지지 않는 상황에 대한 불만을 다음과 같이 토로하였다.

모든 사회주의나라들은 응당 힘을 합쳐 싸우는 웰남인민을 지원하여
야 할것이며 공동으로 미제의 웰남침략을 파탄시켜야 할것입니다. 그
러나 오늘 사회주의 진영나라들은 호상간의 의견상이로 하여 미제의
침략을 반대하고 웰남인민을 지원하는데서 일치한 보조를 취하지 못
하고 있습니다. 이것은 싸우는 웰남인민을 괴롭히고있으며 공산주의
자들에게 있어서 참으로 가슴아픈 일입니다.[40]

북한은 미 제국주의와의 투쟁에서 요구되어지는 "단결된 행동"은 수
정주의에 대한 투쟁과 모순되는 것이 아니며, 공산당들 간의 견해 차
이는 국제적 반제공동투쟁과 연합전선결성을 위해 잠시 동안 유보되어
져야 한다고 선언하였다.[41] 소련 사회주의를 '수정주의'로 비판하던 중
국과 북한은 베트남전에서 사회주의 혁명 승리를 위하여 수정주의자와
손을 잡느냐 마느냐에 문제를 놓고 갈등을 보였다. 또한, 반미를 주장
하면서도 실제적인 공동 대응을 방해하는 행위에 대해 다음과 같이 비
판하였다.

미제에 대한 태도는 현시기 공산당 및 로동당들의 립장을 검열하는 중
요한 척도로 됩니다. 공산주의자들은 언제나 제국주의, 무엇보다도 미
제국주의를 반대하는 원칙적 립장을 확고히 견지하여야 합니다. 특히
오늘 미제국주의자들이 웰남에 대한 침략을 확대하고 있는 조건에서
모든 사회주의나라들은 미제에 대하여 랭랭하고 강경한 태도를 취하
여야 할 것입니다. 우리는 국제문제들에서 원칙을 버리고 미제와 타협
하는 일을 절대로 허용하지 말아야 합니다. 이와 함께 미제를 반대한
다고 큰소리만 치고 미제의 침략을 저지시키기 위한 구체적 행동을 취
하지 않는 것도 잘못입니다. 더욱이 반제력량이 단합하여 미제침략자
들에게 타격을 주기 위한 실제적인 대책을 취하는데 난관을 조성하는
일이 없어야 할 것입니다.[42]

북한은 미국에 대한 태도를 기준으로 당시 사회주의 진영의 제국주의에 대한 태도를 평가하고, 미 제국주의와의 타협에 단호히 반대하였다. 특히 미국에 대한 타격을 주는 정책에 대하여 난관을 조성하는 일이란 바로 소련의 베트남 지원에 대하여 협조하지 않은 중국의 행위를 지칭하는 것이다. 중소분쟁 이후 소련과 대립의 각을 세웠던 중국은 수정주의자와의 협력이 중국에 유해하다고 인식하였으나, 북한은 반제통일전선의 중요성을 들어 중국의 태도를 이기주의로 비판하였다. 북한은 미 제국주의와의 투쟁에서 요구되어지는 '단결된 행동'은 수정주의에 대한 투쟁과 모순되는 것이 아니며, 공산당들 간의 견해 차이는 국제적 반제공동투쟁과 연합전선결성을 위해 잠시 동안 유보되어져야 한다고 선언하였다.[43] 결국, 연합전선결성에 관한 중국의 비타협적인 태도가 북중관계를 악화시키는 중요한 요인으로 작용했던 것이다.

이러한 중국의 전쟁 회피 노력은 베트남전쟁을 "혁명력량과 반혁명력량 사이의 투쟁"으로 규정한 북한의 입장과는 배치되는 것이었다.[44] 북한은 인도차이나반도와 한반도 정세를 연계시키며 전쟁 확대에 대한 경계심을 드러내었다. 이 때문에 베트남에서의 반제투쟁을 '제국주의 침략세력'과 '세계 반제 평화애호역량'의 대결로 정의하고 미 제국주의에 대한 반제통일전선에 모든 역량을 집중할 것을 지속적으로 주장하였다.

중소분쟁 시기, 중국의 주장은 제국주의와 민족주의의 모순이 기본모순이라는 것이었다.[45] 중국은 식민지에 대한 전쟁은 혁명운동을 적극 지원함으로써만 중단될 수 있다고 주장하였다.[46] 그러나 중국이 베트남 민족의 반제투쟁에 적극 지원하지 않음으로써 민족해방운동을 기본 모순으로 보고 이를 적극 지원한다는 시각과 다른 행동을 취하였다. 미국에 대한 경고와는 달리 실제 미 제국주의와의 충돌을 회피하는 중국의 태도는 북한으로 하여금 중국의 민족해방운동 지원 의지에 대해 의구심을 갖게 하였다.

한편 북한은 사회주의 형제국인 북베트남을 지원하기 위해 대남 및 대미 도발을 감행하여 남베트남에 집중되어 있는 미국의 힘을 한반도로 분산시키는 전략을 취하였다. 북한에게 있어서 남조선혁명을 지원하는 것은 단지 남조선의 혁명을 위한 것이 아니라, "사회주의와 공산주의 건설이라는 투쟁 목적과 지향의 공통성에서 미제의 침략에 반대하여 싸우는 베트남 인민"을 지원하는 것과 연결되어 있었으며, 궁극적으로는 사회주의 진영과 국제공산주의운동의 통일을 강화하는 수단으로 파악하였다.[47] 제국주의를 반대하는 투쟁은 "미 제국주의에 공격을 집중하는 것이 중요"하며 이 때문에 "하나에 공동전선에 결합"하여 공동투쟁을 하여야 한다고 주장하였다.[48]

같은 맥락에서 북한은 1965년 8월 7일 정부성명을 통해, 남한의 베트남 파견 결정을 강하게 비난하고 이와 같은 행위는 베트남 인민뿐만 아니라 한반도에 대한 '도전행위'이며 '위협행위'라고 주장하였다. 또한 한국의 전투병력 파병을 지켜보면서 "미제와 남조선의 도발행위를 예의주시하고 있으며 결코 수수방관하지 않겠다"라고 경고함으로써 대남 도발 가능성을 시사하였다.[49]

북한은 미제국주의과의 대결이 전 세계적으로 연계되어 있기 때문에 한 곳의 승리가 다른 곳의 승리로 파급될 수 있다는 논리로 한반도에서의 위기 조성을 베트남 지원의 일환으로 간수한 것이다. 한반노에서 제국주의에 대한 투쟁이 인도차이나 전선에 긍정적 역할을 할 수 있다는 관점에서 북한의 대남 공세는 더욱 강화되었다. 김일성은 "미제를 반대하는 한 전선에서 승리는 미제국주의의 힘을 그만큼 약화시키게 되어 다른 전선에서의 승리를 촉진할 것"이기 때문에 "(미제)가 침략의 손질을 뻗치고 있는 모든 곳에서 연합하여 미제국주의에 타격을 가하는 것이 필요"하다는 논리를 내세웠다.[50]

북한은 베트남에 대하여 언제든지 지원병을 파견할 용의가 있음을 여러 차례 밝혔으나 베트남 파병과 관련하여 반대 의견이 있었다는 사실을 간접적으로 언급하였다. 김일성은 "현 시기는 이전의 소련이 사회주의 진영에 모든 무기를 공급하는 시기가 아니고 발전된 사회주의 나라들이 있기" 때문에 베트남이 왜 지원을 받지 않겠느냐는 반문하였다. 이어 그는 "그 누구도 사회주의 나라들이 베트남에 지원병을 보내는 것을 반대할 수 없습니다"라고 언급하여 베트남 지원에 대한 반대세력이 있음을 암시하였다.[51] 이는 바로 중국이 북한의 베트남 지원병 파견에 반대했음을 뜻하는 것이었다.

그럼에도 불구하고 북한은 1965년 7월 16일에 '웰남민주공화국에 경제 및 기술 원조를 제공할 데 관한 협정'을 체결한 이후 베트남에 대해 무상 원조를 제공하였다. 실제로 북한이 베트남에 지원병을 파견한 것은 1966년 7월경인 것으로 알려졌다.[52] 북한의 베트남 파병은 폴란드 군사특사가 북한을 방문한 이후 북한이 30명의 조종사와 10대의 미그 21(MIG-21) 전투기를 보냈다는 사실이 확인되면서 드러났다.[53] 이와 같이 북한은 직·간접적으로 북베트남을 지원함으로써 독자적인 외교 노선을 구축하기 시작하였다.

3) 북한의 자주노선 공식화

중국의 문화혁명 혼란 속에서 북한은 1966년 8월 12일자 『노동신문』 논설 "자주성을 옹호하자"[54]에서 대외관계에서의 자주적 입장 견지를 주창하였다. 이 논설은 다음과 같은 8개의 항목으로 구성되었다. 첫째, 자기 머리로 사고해야 한다. 둘째, 자기 힘을 믿어야 한다. 셋째, 맑스-레닌주의는 행동의 지침이다. 넷째, 남의 경험을 기계적으로 모방하지 말아야 한다. 다섯째, 민족적 긍지를 가져야 한다. 여섯째, 자립적 민족

경제는 자주성의 물질적 기초이다. 일곱째, 자주성을 서로 존중하여야 한다. 여덟째, 자주성을 견지하면서 반제공통투쟁을 강화하자.

이후 1966년 10월, 북한은 대외관계에서 자주성을 공식적으로 선언하기에 이르렀다. 김일성은 "국제공산주의 운동의 현 정세는 우리들로 하여금 자주성과 독자성이 없이 남이 하는 대로 따라간다면 로선과 정책에서 원칙성과 일관성을 가질 수 없게 될 것입니다"라고 밝혀 자주노선을 견지해야 하는 이유를 강조하였다.[55] 여기서 말하는 '국제공산주의 운동의 현 정세'란, 베트남 지원에 대한 사회주의 국가들 간의 갈등을 일컫는 것이다.

북한이 중국의 영향력을 배제하고 자주노선을 체계화한 이 논설은 "교조주의를 반대하고 주체를 확립하기 위한 투쟁은 우리 당 력사에서 중요한 자리를 차지하고 있다"로 시작된다. 그 결론을 요약하면 다음과 같다.

우리는 공화국 북반구에서 사회주의 건설을 더 잘하여야 하며 남조선에서 미제를 몰아내고 조국통일의 위업을 달성하여야 한다. (중략) 우리 당은 맑스-레닌주의와 프로레타리아 국제주의 원칙에 기초한 사회주의진영의 통일과 국제공산주의운동의 단결을 수호하기 위하여 모든 노력을 다할 것이다. 우리 당은 현대수정주의와 교조주의 및 종파주의를 반대하며 맑스-레닌주의의 순결성을 고수하기 위하여 투쟁할 것이다. 우리는 또한 혁명투쟁을 진행하는 세계인민들과의 련대성을 강화하며 모든 반제력량과 단결하여 미 제국주의를 반대하고 세계혁명의 종국적 승리를 위하여 싸워 나아갈 것이다.[56]

또한, 좌우경적 편향을 모험주의와 소극성과 추미주의로 표현하며, 이 두 가지를 모두 '기회주의적 편향'으로 평가하여 이러한 편향이 투쟁지도 등에서 북한 내로 침투하지 못하도록 경계 하였다.

대중운동과 투쟁지도에서 좌경적 편향은 적아의 력량관계와 국내외정
세를 신중하고 정확하게 타산하지 않고 덮어놓고 과격한 투쟁을 벌리
려는 모험주의에서 표현되며 우경적 편향은 혁명이 간고하고 정세가
불리하다고 하여 유리한 정세가 도래하기만 기다리면서 적극적인 투
쟁을 전개하지 않는 소극성과 추미주의에서 표현된다. 좌우경적 편향
은 다 같이 맑스-레닌주의원칙에서 좌우로 리탈하는 기회주의적 편향
으로서 혁명력량의 준비와 혁명발전에 커다란 해를 끼친다.[57]

1966년 6월 북한은『로동신문』과『민주조선보』에 연이어 조선 인민
이 고대 중국의 침략자들을 격퇴시킨 이야기들을 게재하였다. 이후 북
한 신문들은 항일전쟁 시기 중국의 "쇼비니스트들이 조선인 간부를 음
해하였다"는 비판 기사를 발표하였다.[58] 7월 13일 북한은『로동신문』
을 통해 "맑스-레닌주의는 좌우경 기회주의의 투쟁 중에 발전한다"[59]고
밝히며 좌우경 기회주의를 모두 비판하였다.

이후 북중관계를 더욱 악화시킨 것은 중국 홍위병들의 김일성 비난
과 국경충돌이었다. 1967년 2월 베이징 홍위병들의 대자보에는 김일
성을 '수정주의자'와 '흐루시초프의 제자'라고 비난한 글이 실렸다. 당
시 홍위병들은 김일성을 흐루시초프와 다름없는 수정주의자로 매도하
였으며, 남한이 남베트남에 파병하여 전쟁을 지원하고 있는 데 반해,
북한은 북베트남을 도와주지 않는다고 지적하고, 한국전쟁의 중국 지
원을 상기시켰다.

이에 대해 북한당국은 강력히 항의하였다. 2월 28일 북한의 주인도
영사는 기자 간담회에서 중국인들이 대자보를 이용하여 날조된 허위
선전자료를 유포하고 있다고 주장하였다. 3월 1일에는 쿠바 하바나에
서 열린 기자 간담회에서 북한 기자가 "홍위병들은 우리 당을 수정주의
당으로 비판했는데, 그것은 바로 그들 자신이 수정주의 입장에서 있기
때문"이라고 반박하였다.[60]

북한에 반감을 가진 홍위병들은 1967년 북한의 군부가 북한 지도자 김일성을 체포하였다는 벽보를 썼다. 1967년 1월 26일 조선중앙통신은 성명을 통해 "베이징과 그 외의 중국 다른 지역에 홍위병 신문들이 허위 선전을 하고 있다. 이것은 우리 당, 정부, 인민, 군대가 참을 수 없는 행위이다. 영웅적 인민의 군대는 위대한 당의 영도하에 적의 어떠한 침입에도 대응할 준비가 되어 있다"고 홍위병들에게 경고하였다.[61] 1967년 초 북한은 현준극 주중 대사를 소환하였고, 평양 주재 중국 대사도 추방해버렸다. 현준극 대사가 복귀한 것은 1969년이었다.[62]

같은 달 중국공산당 정치위원인 강성은 지린성 지도자들에게 소련과 북한 수정주의자들의 간첩 활동을 중단시키라고 요청하였다. 당시 북한의 연변조선족 자치주 초대 주장 및 연변대학교 교장 등을 역임했던 주덕해가 간첩으로 지목되면서 숙청되었다. 이러한 비난으로 홍위병의 압력 때문에 추방된 중국의 조선족들은 북한 두만강과 압록강을 따라 탈출하였다. 이 과정에서 1968년 북중 국경에서 무력 충돌이 있었다. 1960년대 들어서서 북중관계에서 잘 지켜졌던 양국 간 국경문제가 부상한 것이다. 중국이 1967년부터 1969년까지 몇 개 사단의 병력을 압록강 북쪽에 배치하였다는 사실이 알려져 있다.[63]

북한과 중국은 인접 국가이기 때문에 국경분쟁이 언제든지 발생할 수 있다는 점에서 안보상 밀접한 연계를 가지고 있다. 당시 북한은 중국의 내부 상황으로 인해 자국이 영향을 받는 것을 우려했고, 중국은 가장 민감한 부분이었던 국경 불안을 북한이 야기하였다는 점을 심각하게 받아들였다. 문화혁명으로 인한 북한과 중국의 갈등은 사상문제뿐만 아니라 현실적인 안보문제로 인한 갈등이기도 하였다.

또한, 북한은 베트남 문제에서 중국과 소련의 분열 상황이 전체 국제 공산주의 진영의 협력을 약화시키기 때문에 피압박민족의 혁명투쟁을 효과적으로 지원하지 못한다고 판단하였다. 제국주의 세력에 대한

혁명역량을 확대하기 위해서는 무엇보다도 중국과 소련의 지원이 절실
한 상황에서 사회주의 내부 분열로 인해 제국주의와의 투쟁이 어려움
을 겪게 될 것을 우려하였을 것이다. 북한은 중소분쟁으로 인해 자국의
안보를 보장해줄 수 없음을 판단하고, 1962년 당중앙위원회 제4기 제
5차 전원회의의 '조성된 정세와 관련하여 국방력을 더욱 강화할 데 대
하여'라는 연설을 통해 국방과 경제 병진노선을 강화하였다. 이에 북한
은 '자주노선'을 선택하였다. 북한의 자주노선은 중국에 대한 자율성을
확대시켰고, 이후 북중 간의 비대칭 갈등이 부각되는 결과를 가져왔다.

■ 주

1) 신종호 외, 『강대국 경쟁과 관련국 대응』(서울: 통일연구원, 2020), pp. 229-230.

2) 조선로동당 중앙위원회, "박일우의 반당적 종파 행위에 대하여," 『조선로동당 중앙위원회 결정집(1955년도 전원회의, 정치, 상무위원회)』(평양: 조선로동당 중앙위원회, 1955), pp. 52-53.

3) 션즈화 지음, 김동길 외 옮김, 『최후의 천조: 모택동, 김일성 시대의 중국과 북한』(서울: 선인, 2017), p. 473.

4) 조선로동당 중앙위원회, "최창익, 윤공흠, 서휘, 리필규, 박창옥 등 동무들의 종파적 음모 행위에 대하여," 『조선로동당 중앙위원회 결정집(1956년도 전원회의, 정치, 상무, 조직위원회)』(평양: 조선로동당중앙위원회, 1956), p. 16.

5) 조선로동당중앙위원회 (1956), pp. 492-495.

6) 션즈화 (2017), p. 487.

7) 조선로동당중앙위원회 (1956), p. 24.

8) 션즈화 (2017), p. 515.

9) 모리 가즈코, 『중국과 소련』(서울: 사민서각, 1989), pp. 67-69.

10) 모리 가즈코 (1989), pp. 67-69.

11) 박태호, 『조선민주주의인민공화국 대외관계사 2』(평양: 사회과학출판사, 1985), p. 8.

12) 서대숙, 『현대 북한의 지도자: 김일성과 김정일』(서울: 을유문화사, 2000), p.

99.

13) 조선중앙통신사, "조선 민주주의 인민 공화국과 중화인민공화국 간의 우호, 협
　　조 및 호상 원조에 관한 조약,"『조선중앙년감 1962』(평양: 조선중앙통신사,
　　1962), p. 160.

14) 통일연구원, "중국공산당이 조선 노동당의 정책에 미치는 영향(1963년 4월 8
　　일),"『독일지역 북한기밀 문서집』(서울: 선인, 2006), pp. 56-57.

15) 人民出版社, "彭真团长在平壤举行的纪念朝鲜抗日游击队创建三十周年群众大
　　会上的讲话(1962年 4月 5日),"『中朝友谊鲜血凝成』(北京: 人民出版社, 1962),
　　p. 15.

16) 김일성, "조선민주주의인민공화국 정부의 당면과업에 대하여,"『북한최고인민
　　회의자료집 Ⅱ집』(서울: 국토통일원, 1988), pp. 1175-1176.

17) 김일성 (1988), p. 1175.

18) 人民出版社 "刘少奇主席和崔庸健委员长联合声明,"『崔庸健委员长访问中国』
　　北京: 人民出版社, 1963), p. 10.

19) 『로동신문』, 1963년 10월 28일.

20) 서대숙 (2000), pp. 104-105.

21) 『로동신문』, 1963년 9월 20일; 이상숙, "중소분쟁 시기 북한과 북베트남의 자주
　　외교 비교,"『통일정책연구』제17권 2호 (2008), pp. 69-70에서 재인용함.

22) 조선중앙통신사, "조선로동당창건 스무돐 경축대회에서 하신 보고 (1965. 10.
　　10),"『조선중앙년감 1966-1967』, p. 12.

23) 中华人民共和国外交部 外交史研究室 编,『周恩来外交活动大事记 1949-1975』
　　(北京: 世界知识出版社, 1993), p. 429.

24) 조진구, "중소대립, 베트남 전쟁과 북한의 남조선혁명론,"『아세아연구』제46권
　　4호 (2003), p. 234.

25) 노경덕, "중·러 관계의 역사적 전개," 장덕준(편),『중·러 관계와 한반도』(서울:
　　한울, 2012), p. 65.

26) 박선영, "북한과 중국의 비밀 국경조약,"『중국사연구』제34집 (2005), p. 389.

27) 박선영 (2005), p. 389.

28) Chae-Jin Lee, China and Korea: Dynamic Relations (Stanford: Hoover
　　Press, 1996), pp. 99-100.

29) 外交部档案馆 编,『中华人民共和国外交大事记: 第三卷(1965-1971)』(北京: 世
　　界知识出版社, 2002), p. 36.

30) 外交部档案馆 编 (2002), p. 68.

31) 정진위,『북방삼각관계』(서울: 법문사, 1985), p. 143.

32) 姜长斌,『从对峙走向缓和』(北京: 世界知识出版社, 2000). p. 268.

33) 中国外交部 中共中央文献研究室 编,『周恩来外交文选』(北京:中央文献出版社,

1989), pp. 442-443.

34) 中国外交部 中共中央文獻硏究室 編 (1989), pp. 440-441.

35) 陈兼·James G. Hershberg "越战初期中美之间特殊的信息.传递," 『冷战与中国』 (北京: 世界知识出版社, 2004), pp. 629-630.

36) 姜长斌, 『从对峙走向缓和』 (北京: 世界知识出版社, 2000). pp. 272-274.

37) 조진구, "중소대립, 베트남 전쟁과 북한의 남조선혁명론," 『아세아연구』, 제46권 4호(2003), p. 238.

38) 『人民日報』, 1965년 11월 11일자.

39) 세종연구소 북한연구센터, 『북한의 국가전략』 (서울: 한울아카데미, 2003), p. 103.

40) 김일성, "현정세와 우리 당의 과업," 『조선중앙년감 1966-1967』 (평양: 조선중앙통신사, 1967), p. 102.

41) 정진위 (1985), pp. 143-144.

42) 김일성 (1967), p. 100.

43) 정진위 (1985), pp. 143-144.

44) 박태호, 『조선민주주의인민공화국 대외관계사 2』 (평양: 사회과학출판사, 1987), p. 28.

45) 모리 가즈코 (1989), pp. 83-84.

46) G. F. 허드슨·리차드 로웬탈·로데릭 맥화쿼 지음, 김유 옮김, 『중소분쟁: 자료와 분석』 (서울: 인간과사회, 2004), p. 25.

47) 조진구 (2003), p. 228.

48) 조선중앙통신사, 『조선중앙년감 1968』 (평양: 조선중앙통신사, 1968), p. 31.

49) 조선민주주의인민공화국 정부 비망록 (1965. 1. 22), 『조선중앙년감 1966-1967』 (평양: 조선중앙통신사, 1967), p. 66.

50) 조선중앙통신사 (1968), pp. 31-32.

51) 정규섭, 『북한외교의 어제와 오늘』 (서울: 일신사, 1998), p. 109.

52) Edward E. Azar, COPDAB: The Conflict and Peace Data Bank (1948-1978).

53) Karen L. Gatz, *Foreign Relations of the United States 1964-1968*, Volume X X IX Part 1. Korea (Washington: United States Government Printing Office, 2000), p. 480.

54) 『노동신문』 (1966년 8월 12일).

55) 『김일성저작선집 제4권』 (평양: 조선로동당출판사, 1968), pp. 334-335.

56) 조선중앙통신사 (1967), pp. 495-505; 『로동신문』, 1966년 8월 12일.

57) "남조선혁명승리와 조국통일의 앞길을 밝혀주는 강령적지침," 『남조선문제』, 1966년 제12호(평양: 남조선문제출판사, 1966), pp. 5-6.

58) 刘金质·张敏秋·张小明, 『当代中韩关系』(北京: 中国社会科学出版社, 1998), p. 42.

59) 『로동신문』, 1966년 7월 13일.

60) 刘金质·张敏秋·张小明, 『当代中韩关系』(北京: 中国社会科学出版社, 1998), p. 43.

61) Lee (1996), pp. 101-102.

62) 刘金质·张敏秋·张小明(1998), p. 43.

63) 헬렌 루이즈 헌터, "북한과 등거리외교의 신화," 『남북한 정치통합과 국제관계』 (서울: 경남대 극동문제연구소, 1986), p. 197.

미중 데탕트와 북중관계

북한과 중국의 비대칭 갈등은 1970년대부터 뚜렷해졌다. 데탕트 시기 북한과 중국은 상호 인식과 정책을 변화시켰고 한반도 안보문제에 대한 비대칭갈등이 나타났다. 1970년대 데탕트 시기 북중 간의 비대칭 갈등은 1980년대를 거치면서 지속되었고 탈냉전 이후 확대되었다. 북중관계의 전체 역사에서 보면 1970년대 데탕트 시기가 변곡점이 되었다. 이 시기부터 북한과 중국은 대외관계에서 상반된 노선을 걷기 시작하였기 때문에 미중 데탕트 시기 북한과 중국의 관계 변화와 그 원인을 파악하는 것은 탈냉전 이후 북중관계를 이해하는 데에 필수적이다.

1. 미중 데탕트와 북중관계의 복원^{**}

1970년대 말부터 중국은 주한미군 주둔을 일정 부분 용인하는 한편, 북한의 도발을 관리하면서 한반도 통일이라는 현상 변경보다는 현상 유지(status quo)의 정책을 시행하였다. 1970년대부터 중국의 대한반도 정책은 미중관계와 한반도 안정에 의해 결정되었으며, 이 두 가지는 북중관계를 좌우하는 핵심 요인이 되었다.

1) 중국의 국제적 위상 변화

베트남전 종전과 함께 미소 및 미중 데탕트는 동아시아의 안보 지형을 변화시켰다. 특히 북중관계에 더 큰 영향을 준 것은 미중 데탕트와 그로 인한 중국의 국제적 위상 변화였다. 중국은 유엔 안전보장이사회 상임이사국 진입을 통해 지역뿐만 아니라 세계 강대국으로서의 위상을 정립하였다. 이에 중국은 강대국으로서의 정체성을 강화하였고, 북중관계에서 비대칭 갈등을 심화시켰다.

먼저 중국의 국가정체성 변화과정을 살펴보면 다음과 같다. 중국은 1964년 이후부터 중간지대론(中間地帶論)을 중국공산당의 공식 외교노선으로 채택하였다. 1970년대 초 중간지대론은 중간지대 국가들과 반대되는 초강대국들을 전제로 하며, 중국은 두 개의 초강대국인 미국과 소련이 패권을 다투고 있다고 보았다. 소련을 '수정주의'라고 칭하면서 소련이 말로는 사회주의적이지만, 행동으로는 제국주의적인 '사회주의적 제국주의 국가'라고 비판하였다.[1]

** 이 부분은 이상숙, "미중협력과 한반도 위기로 좌우된 북중관계," 서보혁 외, 『오래된 미래? 1970년대 북한의 재조명』(서울: 선인, 2015)를 수정·보완한 것이다.

중국은 스스로를 제3세계 국가라고 선언하며, 제3세계의 대변자이자 지도자로서의 위상을 구축하고자 하였다. 그런데 1970년대 초 중국이 직면한 위협은 미국 제국주의와 소련 수정주의에 둘러싸여 있다는 것이었다. 이러한 상황을 타파하기 위해 중국은 미국에 접근하였다. 1970년대 들어서서 미국은 중국과의 통상금지 완화 등 유화정책을 시도하였다. 1971년 4월 베이징 당국이 미국의 탁구선수단을 초청한 것을 계기로 그해 7월 9일부터 11일까지 키신저(Henry Kissinger) 미국 대통령 안보담당 특별보좌관이 베이징을 방문하였다. 그해 7월 15일 닉슨(Richard Nixon) 대통령이 1972년 베이징 방문 계획을 공동성명을 통해 밝힘으로써 미중 간 점진적인 관계 정상화가 시작되었다.

미중 데탕트로 인해 중국은 국제사회의 영향력이 있는 국가로 인정받으며 유엔에 가입하게 되었다. 1971년 10월 25일 유엔 총회에서는 중국을 '중국을 대표하는 유일한 국가'로 하자는 알바니아안이 76 대 35(기권 17)로 가결되었다. 유엔 가입은 중국의 국제적 지위를 높였고, 중국은 스스로를 지역 강대국이라고 인식하게 되었다. 이러한 인식을 바탕으로 중국은 주변 지역문제에 대한 영향력을 회복하려 하였다.

중국의 대외 위상 변화에 따라 북한은 중국을 지역 강대국으로서 인식하고 대중국정책을 변화시키기 시작하였다. 1970년대 중국의 대미 접근에 대해 베트남은 중국을 비판한 반면, 북한은 이를 지지하며 중국과의 협력을 강화하였다. 북중 간의 긴밀한 의사소통 속에서 1971년부터 미국의 베트남 철수가 시작되면서 북한은 이 상황이 한반도에 유리하게 작용할 것으로 판단하였다.

북한은 미국이 중국을 고립시키고 봉쇄하는 정책을 써왔으나 오히려 중국의 국제적 위신이 높아졌다고 설명하고, 중국의 유엔 가입을 "중국인민이 거둔 커다란 승리"라고 평가하였다.[2] 북한은 한편으로 중국의 유엔 가입으로 인한 대외적 위상 강화를 활용하여 한반도 문제 해결을 모색했고, 다른 한편으로는 중국을 통해 미국과의 직접 대화를 달성하려고 노력하였다. 1960년대 후반 북중관계가 악화된 것은 사실이나 1969년 중국의 문화혁명 흐름이 안정됨에 따라 북중 양국은 상호관계 개선의 필요성을 인식하게 되었다.

2) 북중관계의 복원

1969년부터 북한과 중국은 문화혁명으로 단절되었던 관계를 회복하기 위해 노력하였다. 한동안 중단되었던 '상호물자공급의정서'를 같은 해 다시 체결하였다. 9월 10일 베트남 호치민 주석의 장례식에 참석했던 북한 최고인민회의 상임위원장 최용건과 내각 부수상 겸 외무상 박성철은 베이징을 방문하여 관계개선에 대해 논의하였다. 이어 9월 30일 최용건은 중국 건국 20주년 경축 행사에 다시 참석하며 관계개선 의지를 재확인하였다.

1970년 4월 저우언라이 총리의 북한 방문으로 북중 간 협력이 재개되었다. 당시 양국은 미일의 새로운 침략전쟁 도발이 날로 가속화되고 있는 상황에서 협력의 중요성을 강조하는 공동성명을 발표하였다. 중국은 "미국의 남조선 점령과 침략정책을 규탄하고, 미군의 남조선 철군을 지지하며, 조선의 자주적 통일 실현을 지지한다"라는 입장을 천명하고, 양국 인민의 혁명적 의의와 공동투쟁을 강조하였다.[3] 그해 7월에는 북한 인민군 총참모장 오진우 대장과 부참모장 김철만 상장 등 군사대표단이 중국을 방문하여 마오쩌둥과 저우언라이 등을 만나 안보협력도 재확인하였다.

그해 10월 김일성은 베이징을 방문해 마오쩌둥과 저우언라이와 회담하였다. 이 자리에서 마오쩌둥은 문화혁명 중에 극좌파의 행태를 비판하며 양당과 양국관계에 대한 의견을 나누었다. 이를 계기로 양국은

'1971년부터 1976년까지 상호 주요물자 공급협정'과 '중국의 대북한 경제 기술지원 제공 협정'을 체결하였다. 이어 10월 25일, 중국은 중국 인민지원군 참전 20주년을 기념하기 위해 대규모 친선대표단을 북한에 파견하기도 하였다.

1971년 7월, 양국은 상호합작우호조약 체결 10주년을 맞이하여 마오쩌둥과 저우언라이가 축전을 보내어 우호관계를 과시하였다. 또한, 그 무렵 저우언라이가 평양을 방문하여 미국의 키신저의 방문 내용을 사전에 북한에 설명한 것으로 알려졌다. 이후 7월 30일 베이징을 방문한 김일 부수상 일행은 저우언라이와 회담을 가졌다. 이 자리에서 김일은 "조선로동당 정치위원회에서 닉슨의 방중문제를 신중하게 토론하였으며, 중국공산당의 반제 입장에는 결코 변화가 없고, 이에 대한 우리 당의 믿음도 변함이 없다"는 뜻을 전달하였다.[4] 양국의 협력 사실을 확인하기 위해 8월 북한 내각 부수상 정준택을 단장으로 하는 북한 경제 대표단이 중국을 방문하여 상호 '경제합작' 협정을 체결하기도 하였다.

1971년 10월 키신저의 두 번째 중국 방문 직후인 11월 1일부터 3일까지 북한 김일성 주석이 베이징을 방문했던 사실은 미중 간의 논의사항에 대해 북중 간의 의견교환이 있었다는 것을 의미한다. 이후에도 미중대화 결과에 대해 북중 양국은 회담을 지속했는데, 1972년 1월 26일 리셴녠(李先念)과 저우언라이는 중국을 방문한 북한 내각 부수상 박성철과 회담하였다. 또한, 1972년 3월 저우언라이가 북한을 방문하여 김일성과 회담한 자리에서 닉슨 미 대통령의 중국 방문의 배경과 경과를 설명하였다.[5]

1972년 8월 김일성은 다시 베이징을 방문하여 저우언라이와 회담을 가졌다. 양국은 국제통일전선과 한반도, 일본, 미소관계 및 유엔 문제 등에 대해 의견을 나누었다. 이 자리에서 저우언라이는 "외교상 지도부와의 왕래를 쟁취하는 목표는 바로 인민이다. 인민이 양자관계의 연계

를 희망하는 것이 중요하다"라고 대미관계 접근을 우회적으로 정당화하였다.[6]

　중국의 대미접근에 대한 북한의 공식적 반응은 긍정적이었다. 북한은 미국의 닉슨 방문에 대해 미국이 백기를 들고 온 것으로 주장하면서 중국의 대미접근에 동조하였다. 이러한 북한의 태도는 중국이 대미 데탕트의 충격을 최소화하기 위해 주변국에 미리 통보하고 회담 상황에 대해 설명하는 노력을 기울였기 때문이기도 하다. 그러나 더 중요한 것은 북한이 중국의 높아진 대외적 위상을 활용하여 한반도에서 북한에 유리한 정세를 조성하려는 의도를 가지고 있었기 때문이다. 이에 따라 북한은 한편으로 유엔에서 한반도 문제를 해결하려고 노력을 기울였고, 미중 간의 협상에서 한반도 문제에 대한 자국의 입장을 충분히 반영하기 위해 노력했던 것이다.

3) 남북대화의 시작과 중단

한국문제는 미국과 중국의 데탕트 과정에서 지속적으로 하나의 중요한 쟁점으로 등장하였다. 1968년 푸에블로호사건과 1969년 E-C 121기 격추사건 이후 미국은 한반도의 군사적 긴장을 완화해야 한다는 입장을 견지하였다. 중국도 또한 미국과 마찬가지로 남북대화를 지지하며, 북한이 남북관계 개선과 한반도 긴장완화에 나서도록 영향력을 행사하였다. 1971년 8월 6일 북한이 남한의 공화당과도 대화할 수 있다는 성명을 발표하여 남북관계 개선에 중요한 전환점을 마련했을 때 중국 측 관계자는 이를 '현재의 국제적 상황을 관통하는 분석'이라고 언급하였다.[7]

　미중 데탕트의 영향으로 남북한은 분단 이후 처음으로 남북대화를 시작하였다. 1971년 8월 대한적십자사 최두선 총재는 특별 성명을 통해 남북이산가족 찾기 운동을 제안하였다. 이에 남북한은 1971년 9월

20일부터 1972년 6월 16일까지 25차례의 예비회담을 통하여 적십자 본회담에서 논의할 의제에 대해 합의하였다. 합의된 의제는 다음과 같다. ① 남북으로 흩어진 가족과 친척들 주소와 생사를 알아내며 알리는 문제, ② 이들 사이의 자유로운 방문과 상봉을 실현하는 문제, ③ 이들 사이의 자유로운 서신거래를 실시하는 문제, ④ 남북으로 흩어진 가족들의 자유의사에 따른 재결합 문제, ⑤ 기타 인도적으로 해결할 문제 등이다.[8] 이후 남북한은 1972년 7월 4일 오전 10시에 서울에서 이후락, 평양에서 박성철을 통해 7·4 남북공동성명을 동시에 발표하였다. 여기서 남북한은 '자주, 평화, 민족대단결'이라는 통일원칙에 합의하였다.

이러한 남북대화의 시작은 남북한이 처음으로 상대방을 대화상대로 인정하고 한반도에서의 평화공존을 상정했다는 점에서 의의가 있다. 이전에 상호 비방과 대결로 일관하던 남북한이 협상 테이블로 나오게 된 것은 남북한의 자발적 선택이라기보다는 미중 간 합의에 대한 대응이었다는 분석이 제기된다.

그러나 1973년부터 남북대화는 교착 상태에 빠지기 시작하였다. 1973년 3월 평양에서 2차 남북조절위원회 회담이 개최되었으나, 북한은 5개 항의 군사적 제안을 선결 조건으로 주장하였다. 5개항의 내용은 남북의 무력증강 및 군비경쟁 중지, 남북 군대의 10만 명 이하 감축, 외부로부터의 일체 무기와 장비 반입 중지, 주한미군을 포함한 모든 외국 군대 철수, 남북평화협정 체결이었다. 이 중에서 핵심은 주한미군 철수와 남북평화협정 체결이었다. 남북한 양측이 합의한 내용 외에는 일체 공표하지 않기로 한 합의를 깨고 북한은 위의 5개 항의 군사 제안을 공표하였다.[9]

또한, 1973년에 접어들며 적십자회담도 지속의 동력을 잃기 시작하였다. 1973년 3월 평양에서 5차 남북적십자 본회담이 개최되었으나, 아무런 합의도 도출하지 못하였다. 이후 같은 해 5월 서울에서 열린 6

차 본회담에서는 북한이 '국가보안법'과 '반공법'을 구체적으로 언급하면서 두 법률의 폐지를 주장하였다. 이어진 남한의 '6·23 선언'을 통한 남북한 유엔 동시 가입 제안은 북한의 강한 반발을 불러왔다. 당시 북한은 남북한의 유엔 동시 가입은 분단을 고착화시키는 것이라며 강력히 반대하였다. 결국, 8월 28일 북한은 남북대화를 일방적으로 중단한다는 성명서를 발표하였고 남북한은 다시 대결 국면으로 접어들었다.[10]

남북대화 진행 중에 남북한 간 충돌은 크게 줄었으나 1973년 8월 남북대화가 중단되고 1974년 11월 북한의 땅굴이 발견되면서 남북관계는 악화되었다. 이러한 분위기 속에서 판문점에서는 양측 경비병 사이에 주먹과 발길질이 오가는 충돌이 발생하였다.[11] 1970년대 중반부터 판문점을 중심으로 한반도 내 긴장이 고조되었다.

4) 한반도 긴장과 중국의 대북한 우려

1970년대 중국의 대한반도정책은 남북한 통일문제와 관련된 북한의 주장과 제안에 대한 반응으로 나타났으며, 이는 비교적 명분적인 성격을 띠고 있다. 이를 보여주는 사례로, 1974년 6월 25일 『인민일보』는 한국전쟁 발발 24주년을 맞아 발표한 사설에서, 1973년 6월 23일 김일성의 '조국통일 5개 강령'에 대한 북한의 입장을 지지하였다. 해당 사설에서 중국은 한반도 통일에 대해 "어떠한 외세의 간섭도 없는 조건하에서 조선인민이 자주적으로 통일을 실현시키는 것"이며, "사회주의혁명과 사회주의건설의 공동투쟁에 있어서 중국인민은 영원히 영웅적인 조선인민과 함께 단결하고 상호지지하고 상호 학습하여 공동으로 전진할 것"이라고 강조하였다.[12]

그러나 1974년 7월 4일 자 『인민일보』에 실린 글을 마지막으로 중국의 한반도 통일문제에 대한 대남비방이나 대북지지의 논조에는 뚜렷

한 변화가 나타났다. 1974년 이전까지 중국은 북한의 주요 대남제의
기념일에 사설 또는 평론원의 논평을 게재했으나, 이후에는 북한의 통
일 관련 제의나 주장을 지지하는 논설을 게재하지 않았다.[13]

이와 동시에 중국은 베트남전 종식과 함께 베트남 통일에 대한 우려
를 가졌는데, 이러한 인식은 대북정책에도 영향을 주었다. 당시 중국
외교 당시 중국 외교 당국자들과의 인터뷰에 따르면, 중국은 동북아시
아에서 무력 충돌이 곧 소련의 지역 영향력 확대를 의미하는 것이기 때
문에 한반도에서 어떤 전쟁의 발발도 반대하였다. 따라서 중국은 통일
을 위한 북한의 무력 사용 역시 용납하지 않았다.[14]

실제로 1975년 하노이의 사이공 점령 이후부터 북한은 중국에 보다
적극적인 안보협력을 요청하였다. 1975년 4월 김일성은 중국을 공식
방문하여 덩샤오핑(鄧小平)을 만났으며, 북한은 주요 군사 인사들이 포
함된 대규모 대표단을 이끌고 중국을 방문하였다. 그러나 중국의 국방
장관 예젠잉(葉劍英)은 참석하지 않아 중국 측이 당시 회담에서 군사적
측면의 논의를 평가절하하려는 의도를 보였다.[15]

당시 공동성명에는 "논의된 모든 이슈들에 대해 양측 모두가 만족하
였다"라고 밝혔지만, 실질적 논의에서 양측의 입장 차이가 드러났다.
김일성의 방중 목적은 한반도에서 주한미군 철수에 대해 중국과 협의
하고 중국의 안보지원을 확보하기 위한 것이었다. 그는 매우 공격적으
로 남한 해방에 대한 연설을 하였는데, 주한미군의 철수와 자주적·평
화적 통일을 위한 전제조건으로 박정희 정권의 타도를 주장하였다. 그
는 "만약 남한에서 혁명이 일어나면 북한은 지체없이 지원을 제공할 것
이며 조선 인민들이 잃을 것은 휴전선이고 얻을 것은 통일"이라고 주장
하였다.[16]

당시 김일성은 1975년 4월 30일 "우리는 제국주의자들의 전쟁위협
에 언제나 경각성을 높이면서 전쟁이 일어나든지, 혁명이 일어나든지

다가오는 혁명적 대사변을 승리적으로 맞이하기 위하여 튼튼히 준비되여 있을 것입니다"[17]라고 공세적 입장을 표명하였다. 또한, 그는 1975년을 전후로 '혁명적 대사변' 및 전쟁에 대한 준비를 언급하면서, "우리나라에 조성된 정세는 그 어느때보다도 높은 혁명적 경각성을 가지고 당 및 국가, 군사 비밀을 철저히 지킬 것을 요구하고 있습니다. (중략) 복잡한 국제정세하에서 외부로부터 우리의 의도, 우리의 동향을 탐지하려는 시도들이 그치지 않고 있습니다. 이러한 조건에서 우리는 언제나 높은 정치적 강성을 견지하여야 하며 비밀이 새여나가는 일이 절대로 없도록 하여야 하겠습니다"라고 공세적 언급을 이어나갔다.[18]

김일성은 1975년 5월 캄보디아, 6월에는 유고슬라비아를 방문해 각각 친분이 두터웠던 시하누크(Norodom Sihanouk) 국왕과 티토(Josip Tito)를 만나서 북한의 혁명에 대한 적극적 지원과 지지를 부탁하였다.[19] 그리고 1975년 6월 김일성은 불가리아를 방문하여 불가리아 공산당 서기인 지프코프(Todor Zhivkov)를 만난 자리에서 "베트남전쟁에서 미국의 패배 이후 세계의 이목은 한반도 문제에 집중되어 있다"고 전제하고, "남한군은 76만 명으로 북한의 50만 명보다 강하며, 미군의 지원을 받는 무기 역시 월등이 뛰어남"을 인정하면서, 주한미군 철수를 강하게 주장하였다.[20] 또한, 1975년 10월 9일 당 창건 30주년 기념일 연설에서 "조국의 자주적 평화통일을 이룩하자"면서 일시적 정전상태에서 자주 평화통일을 위하여 민족대단결의 원칙에서 전국적 민족통일전선을 형성하여야 한다고 주장하였다.[21]

당시 북한은 인도차이나에서 베트남공산당의 승리 이후 한반도에서의 정세 변화에 대해 민감하게 반응하였고 이에 대한 중국의 입장을 시험하였다. 김일성은 당시 무력통일보다는 베트남 사례처럼 주한미군 철수를 통한 한반도 통일 달성에 대한 중국으로부터 확고한 지지를 얻고자 하였다. 또한, 베트남전 이후 한반도에 대한 미국의 개입을 우려

하면서 중국으로부터 안보지원을 받으려 했던 것으로 해석된다. 그러
나 당시 중국은 한반도 통일에 대해 '독립적·평화적 통일'에 대해서만
강조함으로써 북한은 중국으로부터 실질적 지원과 지지를 받는 데에
실패하였다. 당시 상황을 보도한 한 언론에 따르면 김일성을 만난 저우
언라이는 "정세의 근본적 변화가 있기 전에는 무력남침이 문제를 해결
할 수 없고, 따라서 무익한 일이니 무력남침을 시도해서는 안 된다. 이
런 정세하에서 사업의 중점은 남한 내부의 군중운동을 강화하고 북한
의 실력을 쌓아야 하며 정치투쟁을 우선해야 한다"고 김일성의 통일 공
세에 대해 부정적 반응을 보였다고 한다.[22]

이처럼 당시 마오쩌둥은 김일성이 한반도 통일 달성을 위해 '극단적
조치'를 취하는 공격적 군사 전략 사용에 대해 조심스러운 반대 입장
을 나타냈다. 공동성명에서 "중국정부는 북한 지도자가 도발적인 군사
적 행동에 의존하지 않겠다고 한 확언을 위반하지 않을 것이라 신뢰한
다"[23]라는 구절을 삽입함으로써 중국이 북한의 무력 행위의 자제를 요
구했음을 암시하였다. 공동성명은 한반도 통일이나 남한에 대한 북한
의 주장을 직접적으로 담지 않았고, 한반도의 자주적·평화적 통일을
지지하며 남북대화의 재개만을 촉구하는 데 그쳤다.[24] 이는 중국이 북
한의 주한미군 철수나 안보지원 요청에 대해 명확한 확신을 주지 못했
음을 보여준다.

이후 1975년 8월 홍콩의 『차이나(China)』와 대만의 『뉴 차이나(New
China)』에 실린 중국 외무장관 챠오관화(喬冠華)의 연설도 동일한 맥
락이었다. 그는 북한이 외세 개입 없이 자주적 통일의 길로 나가고 있으
며, 만약 한반도에서 충돌이 발생한다면 중국은 미국이 직접 개입할 때
만 군대를 보낼 것이고, 만약 미군이 개입하지 않는다면 단지 도덕적 지
지만을 보낼 것이라고 단언하였다.[25] 당시 북중관계를 관찰했던 동독
주재 베트남 대사 역시 역시 북한은 통일을 위한 투쟁에 중국의 정치·

경제적 지원을 요구했지만, 중국은 외부 세계에 북한과 우호관계를 유지하는 것처럼 보여주는 데에만 목적이 있었다고 주장하였다.[26]

2. 한반도 긴장 상승과 북중 갈등

남북대화가 중단되자 북중관계는 비대칭갈등이 부각되기 시작했다. 중국은 유엔 상임이사국이 되면서 미소 대립의 지역질서를 변화시켰다. 중국은 미국과의 협력으로 아시아지역의 안정을 추구하였으나, 당시 남북관계의 악화는 한반도 긴장을 고조시켰다. 미중 양국은 한반도 안정을 위해 노력하였고, 이 과정에서 북한과 중국은 주한미군 문제를 다른 관점으로 바라보았다.

1) 1970년대 중반 유엔외교에서의 북중 갈등[**]

국제적 위상이 높아진 중국은 지역 안보문제에 중심국가로서의 역할을 하려 했다. 중국은 베트남 문제와 함께 한반도 문제를 중요 현안으로 보고 미국과 논의했다. 이 시기 중국의 대한반도정책은 중국의 대미정책과 대소정책에 종속될 수밖에 없었고, 한반도에서의 정책 기조도 현상 유지를 중심으로 설정되었다. 반면 북한은 한반도에서의 현상 변경을 추구하며 중국과 입장 차이를 보였다.

1970년대 중반 북중 간의 비대칭 갈등은 다음의 두 가지 사례에서 찾아볼 수 있다. 첫째, 유엔 총회에서의 한반도 문제 상정에 대한 갈등이다. 이 문제는 1960년대 후반부터 동서 진영 간 대립으로 나타나기

[**] 이 부분은 이상숙, "데탕트 시기 북중관계의 비대칭 갈등과 그 영향," 『한국정치학회보』 제42권 3호(2008)를 수정·보완한 것이다.

시작해, 1970년대에 들어서서 본격적인 세 대결로 들어갔다. 1969년 유엔 총회에서 유엔 한국통일부흥위원회(UNCURK:United Nations Commission for the Unification and Rehabilitation of Korea)의 보고가 승인되고, 유엔의 역할 확대에 대한 미국 측의 안이 통과되었다. 그러나 이때 공산권 국가들은 제1위원회에서 남한 주둔 외국군 철수, UNCURK의 해산, 한반도에서 유엔의 역할 종식 등을 동시에 요구했다. 위원회에서 한국 문제에 대해 남북한의 참여를 허용하는 안도 통과되었다.[27]

이후 한반도 문제는 유엔 총회에서 동서 진영 간 대립 속에 교착 상태에 빠졌다. 1973년 남한이 남북한의 유엔 동시 가입을 주장하자, 이에 대해 북한이 동시 가입은 분단을 고착화시키는 것이라며 강력히 반대했다. 당시 북한은 유엔 동시 가입에는 반대했으나, 유엔을 통한 한반도 문제 해결에는 상당한 기대를 가지고 있었다. 북한은 UNCURK와 유엔사령부가 모두 해체되어야 하며 동시에 주한미군의 철수도 이루어져야 한다고 강조했다. 당시 북한은 중국이 유엔에 가입하면서 중국의 우호적인 지지를 기대할 수 있었고, 제3세계 중심의 비동맹외교에서 남한보다 상대적으로 자신감을 가지고 있었다. 이 때문에 유엔에서 한반도 문제 논의에 적극적으로 참여하고 제3세계 제3세계 국가들을 상대로 북한의 입장을 설득하려 했다. 1974년 중국은 미국이 이 문제들을 해결할 의사를 가지고 있다는 메시지를 북한에 전달하였다. 미국의 제안은 정전협정하에 지휘권 계승자로서 '한미연합사령부'를 북한과 중국이 수용하라는 것이었다. 이에 대해 북한은 강하게 반발했으나 중국은 반대 의사를 밝히지 않아 모호한 태도를 보였다.[28]

1975년부터 유엔군 사령부 해체문제는 평화협정 논의와 맞물리게 되었다. 당시 미국은 남북한의 교차승인을 제안하였으나, 중국은 한국과 대만이 수교 중이라는 이유로 한국과의 관계 정상화에 난색을 보였고, 교차승인은 무산되었다. 1975년 제30차 유엔 총회에서 미국과 남한은 휴전협정에 직접 관련된 모든 당사자들이 협의하는 4자 회담의 구도를 담고 있는 안을 제출하였다. 반면 북한은 유엔군 사령부 해체, 외국군 철수, 그리고 휴전협정을 평화협정으로 대체할 것을 주장하는 결의안을 내놓았다. 이것은 실질적으로 북미 간의 협상, 또는 남한을 포함한 3자 간의 평화협정과 주한미군 철수가 동시에 추진되어야 한다는 것을 의미하였다. 양측이 1975년 11월 18일 표결에 돌입한 결과, 두 개의 결의안이 모두 다수표로 채택되는 이례적인 상황이 발생하였다.

북한은 1973년부터 유엔에서 한반도 문제를 표결에 부치기 위해 비동맹 국가들을 중심으로 적극적인 활동을 벌였다. 북한은 중국에 미국과의 협상을 자국에 유리한 방향으로 이끌어 줄 것을 요청하였다. 그러나 1975년까지 이 문제가 지연된 데에는 중국의 역할이 컸다. 중국은 미국과의 합의하에 한반도 문제의 상정을 지연시켰다. 중국은 북한의 입장을 고려하여 대외적인 공식 발언에서는 이를 밝히지 않았으나, 관련 사안을 지연시키기 위해 이와 관련된 협력을 제3국에 구하기도 하였다.[29]

1976년 6월 26일과 8월 15일 『인민일보』 사설에서 중국은 한반도의 분단을 종결시키는 길은 1975년 제30차 유엔 총회에서 통과된 유엔군사령부 해체 결의안을 이행하는 것이라고 주장하였다. 그러나 같은 해 열린 제31차 유엔 총회에서는 해당 결의인에 대해 언급조치 히지 않았다. 이는 중국이 북한의 유엔 중심 해법에 동의하지 않았으며, 오히려 미국과 협력해 안건 상정을 지연시켜 북한의 주장을 무력화했음을 보여준다.

2) 1976년 한반도 위기 발생과 북중 갈등[**]

1975년경, 미국정부는 남한정부가 핵무기 개발 프로그램의 초기 단계를 진행하고 있다는 보고를 받았다. 미국정부는 남한이 10년 안에 제한적 핵무기와 미사일을 개발할 수 있다고 판단하였다. 미국정부는 남한이 실제로 핵무기를 생산하게 되기까지는 상당한 기간과 어려움이 있을 것이라는 평가했지만, 그 이전에 이 사실이 주변국에 알려질 가능성을 우려하였다. 남한이 핵능력을 보유하게 되면 북한과 일본이 영향을 받아 핵무장 시도를 할 수 있고, 북한이 한반도 불안정 시 소련이나 중국으로부터 핵무기 지원 보장을 이끌어낼 수 있다는 점에서 한반도 안보에 중대한 영향을 미칠 것으로 평가하였다.[30]

이에 따라 미국정부는 남한정부의 노력을 단념시키기로 결정하였다. 즉 핵폭발 능력이나 발사 시스템의 개발을 완전히 저지하는 것이었다. 이를 위하여 미국은 민감한 기술과 장비에 대한 남한의 접근을 제한하고, 무기용 핵물질의 확산을 막기 위한 강력한 규제를 추진하였다. 다른 한편으로는 남한이 핵확산금지조약(NPT)을 비준하도록 하고, 한국의 핵에너지 설비에 대해 기술적으로 훈련된 인사에 의한 사찰을 고려하였다.[31]

1975년 1월 전직 태국 주재 미국 대사 킨트너(William R. Kintner)의 '아시아·태평양지역에서 미국의 정책적 이해에 관한 연구' 보고서를 보면, 미국은 당시 주한미군이 전쟁 억제에 실질적 기여를 하고 있는 것으로 분석하였다. 그러나 한반도에서 가장 가까운 위험은, 북한이 모스크바와 베이징의 지원을 받거나 독자적으로 전쟁을 일으킬 수 있다는 오판 가능성이라고 지적하였다. 이 때문에 남한에서 전쟁을 막고

....

** 이 부분은 이상숙, "미중협력과 한반도 위기로 좌우된 북중관계," 서보혁 외, 『오래된 미래? 1970년대 북한의 재조명』(서울: 선인, 2015)를 수정·보완한 것이다.

한국군의 방위 능력을 유지하고 증강시키는 것이 주한미군의 핵심 목적이라고 주장하였다. 또한, 한반도에서 베트남전쟁과 같은 전쟁이 발생할 가능성은 낮지만 남한 내 도시지역에 심각한 내부 혼란이 있을 수 있으며 이를 활용하여 김일성이 도시 게릴라 작전 등으로 군사 개입을 할 가능성은 있다고 판단하였다.[32]

당시 남한의 핵개발 시도는 미국의 안보 보장에 대한 불확실성에서 비롯되었다. 남한은 미국으로부터 독자적 안보능력을 가지려는 노력의 일환으로 핵개발을 추진하였다. 이러한 이유 때문에 미국은 남한의 안보 불안을 해소하기 위해 안보지원을 강화하였다.[33] 남한정부는 핵개발 좌절로 인한 안보 안보 공백을 우려해 미국에 대한 안보지원 요청에 적극적이었는데, 이는 1976년에 일정 부분 성과를 거두었다.

남북대화가 중단된 이후 북한의 땅굴 발견 등으로 남북관계는 긴장이 고조되었고 판문점에서도 긴장이 발생하였다. 1975년 6월 미군 핸더슨(W. D. Henderson) 소령이 북한 기자와 시비 끝에 북한 경비병의 공격으로 후두부가 함몰되는 중상을 입은 사건이 발생하였다. 1976년에는 베트남의 통일과 함께 한반도에서는 판문점과 서해상에서 크고 작은 충돌이 일어났다. 이러한 긴장 상태를 막기 위하여 1976년 1월 유엔군 측은 가급적 상호 충돌을 피하기 위해 일방적으로 공동경비구역 무장병력을 절반으로 감축하였다.[34] 또한 1976년 6월 북한의 서북 5도 공격으로 한반도 긴상이 고조되자, 미군은 이를 예의주시했다.[35] 그리고 1976년 8월 5일 양쪽에서 몇 분 동안 총격이 오고가는 사건이 발생하였다.[36] 이에 대해 8월 5일 북한은 정부 차원에서 한반도에 전쟁 위기가 고조되고 있다는 특별성명을 발표하였다. 북한은 이 성명에서 "미국과 남조선이 전쟁준비를 마치고 도화선에 불을 지르려 한다"고 주장하였다.[37] 또한, 같은 날 중부 전선지역에서 총격전이 벌어졌는데 북한은 이를 남한의 도발이라고 비난하였다.[38]

그러한 가운데 1976년 8월 18일 한국 비무장지대(DMZ: Demilitar-
ized Zone)에서 사고가 발생하였다. 5명의 한국인 노무자와 3명의 유엔
군 사령부 장교 및 7명의 보안요원으로 구성된 작업반이 유엔군 제3관
측초소 인근의 나무 가지를 정비하기 위하여 파견되었다. 그러나 북한
군 경비병들이 도끼자루와 몽둥이로 이들을 공격했고, 이로 인해 미국
인 장교 2명이 사망하고 미국인 및 한국인 관계자들이 부상을 입었다.[39]

미국 측은 이를 북한의 계획적인 도발로 판단하였으며, 그 배경으로
는 첫째, 콜롬보에서 열린 비동맹회의에서 한반도 긴장의 책임을 미국
에 전가하려는 의도, 둘째, 미국 대선 기간 중 주한미군 문제에 대한 여
론을 자극하려는 목적이 있다고 분석하였다.[40] 이에 미국은 B-52 폭격
기 비행 훈련을 시작하고, 해군 기동대를 남쪽으로 이동시키는 한편,
F-111 전투기 18대를 출동시키는 등 대응 조치를 시행하였다.[41] 8월
20일에는 2개의 GBU-15(레이저 유도 활공폭탄)를 장착한 F-4E 전투
기가 미 앨먼도프 공군기지를 출발해 21일 한국 오산 공군기지에 도착
하였다. 그리고 즉시 남한에 '데프콘 3(Defense Readiness Condition
3: 정규전에 대비해 발령하는 전투준비태세)'를 발동시켰다. 데프콘 5
는 적의 위협이 없는 안전한 상태를 말하고, 데프콘 4는 대립하고 있으
나 군사개입 가능성이 없는 상태를 의미하며, 데프콘 3 발령 시 한국군
작전권은 한미연합사령부로 넘어가고, 전군의 휴가·외출이 금지된다.[42]

사건 직후인 8월 19일, 북한은 '조선인민군 최고사령부'의 명령으로
'인민군 전체 부대들과 노농적위대, 붉은 청년 근위대 전체 대원들'에
게 전투태세를 갖출 것을 지시하였다.[43] 이어 8월 20일 비공개 군사정
전위원회 회의 개최를 요청하면서 조선인민군 총사령관 명의의 서한을
유엔군 사령관에게 전달하였다. 8월 21일 조선인민군과 유엔군 사령부
수석 군사정전위원회 간의 비공개회의가 개최되었고 조선인민군 총사
령관 김일성의 메시지를 전하였다. 메시지에는 이번 사고에 대한 유감

을 표명하면서 재발 방지에 노력해야 한다고 주장하였다. 무장한 이들이 다시 들어온다면 유사한 사고가 언제든지 일어날 수 있으므로 향후 무장 인원의 출입 시 사전 통보를 요구하였다.[44]

당시 미국은 주한미군과 전투기 및 대량의 화력 수단들 덕분에 한반도에서 군사적 균형이 지속될 것으로 판단하였다. 그러나 만약 미군이 철수한다면 북한이 통일이라는 최우선 목표 달성을 위해 군사적 행동에 나설 가능성이 있다고 판단하였다.[45]

이에 미국은 8월 20일 남북대화를 재개하고 양측 간 현안 해결을 촉구하는 한반도결의안을 발의하였다. 이 결의안은 남북한과 미국, 중국 등 관련국들이 정전협정에 의거하여 유엔사령부 해산 또는 평화유지를 위한 영구적 협정 체결 등 대체 방안에 대해 조속히 협상에 나설 것을 촉구하였다.[46]

판문점사건 이후 북한의 추가 도발을 방지하기 위하여 미국과 한국 정부는 한국에 대한 안보지원을 강화하는 데에 합의하였다. 1976년에는 마베릭(MAVERICK) 공대지 미사일 비롯해 F-4E, F-5E/F 전투기와 호크 포병중대(Hawk batteries) 등 주요 군수물자가 한국에 추가로 판매되었다.[47] 1977년 미국 카터정부는 4~5년 내에 한국의 지상군과 핵무기 철수 결정을 내렸으나, 해·공군 주둔은 유지하고 군사원조는 오히려 확대하는 계획을 내놓았다. 결국, 일부 철군을 전제로 군사적 지원을 강화하는 방향으로 정책이 조정되있다.

당시 국제 여론 악화를 만회하기 위하여 북한은 판문점사건이 우발적 사건이라는 점을 크게 부각시키려 하였다. 1976년 10월 동독 군대 표단이 북한을 방문한 자리에서 김일성은 "이번 사건은 예상치 못한 사건으로 북한에 이익에 반하는 것"이며, "사회주의 형제국가들의 우려를 낳은 것에 대해 유감"이라고 밝혔다.[48] 이는 동유럽 국가들이 한반도의 불안을 초래한 북한에 불만을 품었기 때문이었다.

미국 국무부 문서에 따르면 1976년 8월 중국 언론은 '8·18 판문점 사건'에 대해 매우 신중하게 보도하였다. 자체 논평 없이 북한 언론을 인용한 보도만 제한적으로 내보냈으며, 미국의 대응에 대해서도 비판하지 않았다.[49] 이 때문에 판문점사건을 보도한 북한『로동신문』이 각국의 북한 지지 보도를 언급하면서 소련, 독일, 쿠웨이트 등의 보도를 인용하였으나, 중국의 보도에 대해서는 언급하지 않았다. 이전 시기까지 남북한 간 대립 사안에서 중국은 일관되게 북한의 입장을 지지하고 남한을 비판하였기 때문에 북한은 이를 언론에 보도해왔다. 그러나 이번 사안에 대한 중국의 기사를 전하지 않은 것은 중국의 중립적 보도 때문인 것으로 파악된다.[50]

1976년 '8·18 판문점사건'으로 중국은 미군이 북한의 무력 도발을 억제한다는 점을 분명히 인식하였다. 특히 주한미군의 철수에 따른 동북아 지역의 힘의 공백에 소련이 개입할 가능성을 가장 우려하였다. 또한, 이 사건 이후 중국을 비롯하여 북한의 입장을 지지했던 비동맹 회원국들도 국제사회 여론이 악화되자 북한 측의 의견을 더 이상 유엔에 상정하지 않았다.[51]

북한은 1978년 화궈펑(華國鋒) 방문 직후부터 적극적으로 소련과의 관계 강화를 모색하기 시작하였고,[52] 같은 해 12월 31일 나진항을 통해 소련의 화물수송에 동의하는 의정서에 조인하였다.[53] 이후 1979년 미중관계 정상화에 대해서 김일성은 1980년 제6차 당대회 보고에서 제국주의와의 타협에 대하여 "무원칙하게 타협하지 말아야"한다고 경고하였다. 특히 "자기 나라의 이익을 위하여 다른 나라의 이익을 희생시키는 행동을 하지 말아야"한다고 강조하였다.[54] 이는 1970년대 초 미중 접근에 보였던 우호적 태도와는 다른 북한의 변화된 대중 인식을 보여준다.

3) 주한미군에 대한 북중 간의 시각 차이

1970년대 중반 북한의 한반도 긴장 조성은 중국이 주한미군의 역할을 재고하는 계기가 되었다. 미중관계 개선 이전 중국은 공식적으로 는 북한의 대외정책과 대남전략을 일관되게 지지하며, 중국 언론과 유엔 대표부를 통해 주한미군의 철수를 요구하였다. 이에 따라 중국은 주한미군 철수문제에 대하여 북한의 '전면적이고 즉각적인 철수'를 지지하여 왔다. 그러나 1974년 이후부터 '전면적 철수'라는 원칙적인 언급만 할 뿐 '즉각적인 철수'라는 표현은 사용하지 않게 되었다. 이 무렵부터 중국은 아시아에서 미군의 존재를 강하게 반대하지 않았고, 한반도에서 미군의 한국주둔이 필요하다고 인정하는 입장을 취하기 시작했다.

윈스턴 로드 파일에 따르면 1974년 7월 미국과의 주한미군 문제를 논의하면서 중국은 기존의 '즉시 철수' 주장에서 한발 물러선 '장기간 머무르지 말아야'라는 표현을 사용하였다.[55] 또한, 1975년 7월 4일 자 『인민일보』 사설에서 주한민국의 철수를 주장하면서도, 한반도에서 어떠한 무력 충돌도 일어나지 말아야 한다는 점을 강력하게 주장했다.

실제로 1978년 화궈펑 주석은 북한 방문 시에 주한미군 철수에 관하여 "우리는 조선의 통일문제에 대해 조선인민 스스로에 의해 해결되어야 하며 어떠한 외부 세력도 간섭해서는 안 된다는 점에 의견을 같이했다. '유엔사령부'는 즉시 해산되어야 하며 미국은 남조선에서 침략적 군대와 무기를 전면 철수해야 한다"[56]라고 하였다. 이에 대해 김일성은 "미국 당국은 점진적으로 미군을 남조선에서 철수할 것에 동의하며 후퇴했으나, 오히려 대규모로 우리 공화국의 전쟁준비와 군비확장을 진행시켰다. (중략) 평화적으로 조선 문제를 해결하고자 한다면, 먼저 미국이 이러한 모험적 무력증강 행동을 중지하고, 이미 동의한 대로 즉시 남조선에서 자기 무력을 철수시켜야 한다"[57]라고 미군의 '즉시 철수'를 주장했다.

화궈펑은 유엔사령부에 대한 즉시 해산과는 달리 미군의 철수에 대해서는 '전면적인 철수'라는 원칙적 표현으로만 언급하였다. 반면 북한은 '주한미군 철수'에 더욱 초점을 맞추어 '즉시 철수'라는 표현으로 강조했다. 화궈펑의 이런 발언이 집권 초반 대외관계의 강화를 위해 이뤄진 북한방문 자리에서 나왔다는 것은 북한과 중국 사이의 한반도 안보 문제에 대한 시각 차이를 나타낸 것이라 할 수 있다. 이후 1980년 3월 도쿄를 방문한 중국의 외교부 부부장은 중국은 한반도의 분단과 주한미군의 존재를 '수용할(acceptable)' 수 있음을 확인했다.[58]

이처럼 중국은 북한의 주한미군 철수문제 공론화에 대해 미온적 자세를 보였다. 중국은 주한미군 철수 문제에서 북한과 일정 부분 공조했지만, 한반도 안정과 미국과의 협상이 중요하기 때문에 '즉각적인 철수'에는 동의하지 않았다. 이러한 태도는 북한의 중국에 대한 의구심과 북중협력의 한계를 인식시키는 계기가 되었다. 미중협력은 북한의 대중 우려를 심화시켰고, 자주 노선을 더욱 강화하는 계기가 되었다.

중국은 지역 강대국으로서 주변 국가들의 안보 문제를 미국과 협상하기 시작하였다. 베트남전쟁의 종식과 한반도 문제는 당시 가장 중요한 이슈로 등장하였다. 중국은 주변의 안정을 최우선 목표로 삼고 중심적 역할을 하기 위해 노력하는 한편, 지역 문제에도 적극적으로 참여하였다. 이 과정에서 중국은 자국의 국가이익을 우선시하였고, 그 결과 북한과의 비대칭갈등이 발생하였다.

1970년대 중국의 달라진 대외적 위상은 중국 중국 스스로를 강대국으로 인식하게 했으며, 이는 대북관계에서의 자신감으로 나타났다. 중국은 한반도에서 주한미군의 즉각 철수에 동의하지 않았으며, 북한의 통일정책 강화에 대해서도 적극적으로 나서지 않았다. 따라서 중국의 대외적 위상 강화를 통해 한반도의 변화를 이루려던 북한의 목적은 실현되지 못했다. 북한은 유엔에서 제3세계 국가를 중심으로 외교력을 집중하여 국제적 이슈화를 시도하였고, 이 과정에서 중국과의 비대칭 갈등이 구체화되었다.

이처럼 1970년대 중반부터 중국과 북한은 한반도 정세를 다르게 인식하고 있었으며, 한반도 통일과 주한미군 철수에 대해 다른 이해관계를 가지고 있었다. 미중관계 개선 이후 중국은 한반도 문제의 악화를 방지하기 위해 유엔에서 한국 문제 논의를 자제하려 했으나, 북한은 지속적으로 주한미군 철수를 공론화하기 위해 노력하였다. 이러한 가운데 발생한 1976년 '8·18 판문점사건'은 한반도의 위기가 언제든지 발생할 수 있다는 점을 중국에게 인식시켜 주었다. 이에 따라 중국은 한편으로는 주한미군 주둔을 당분간 용인하여 북한의 도발을 억제하고, 다른 한편으로는 북한에 대한 영향력 확보를 위하여 정치·경제적 협력관계는 유지하는 이중적 정책을 펼친 것으로 분석된다.

1980년 1월 황화 외교부장은 "중국의 동북부에 제2의 월남이 출현하는 것을 원치 않는다. 소련으로 하여금 조선해협의 대문을 열고, 아태지역으로 나와서 동·서에서 좌충우돌하도록 내버려둘 수는 없다"라는 점을 시인하였다.[59] 이는 중국이 북한의 도발로 인한 한반도 불안정을 억제하려 했음을 보여준다.

이와 같이 1970년대 전체를 통해 북한과 중국은 한반도 안보 이익에 대한 견해 차이를 보였다. 중국은 북한에 대해 '복종'을 기대했고 북한은 중국에 대해 '자주'를 추구하면서 비대칭 갈등이 확대되었다.

3. 1980년대 초반 신냉전과 한중관계의 발전[**]

1980년대 초반 미소 신냉전은 한미일 삼각협력 강화와 북소 협력 심화라는 구도를 형성하였다. 반면 중국은 미국과 협력을 강화하면서 한국과 간접적 경제협력을 시작하였다. 1970년대 형성된 미중협력은 1980년대까지 이어졌으나 북한은 여전히 한반도 불안정을 야기하면서 북중 갈등은 확대되었다.

1) 1980년대 초반 한반도 정세

1979년 12월 소련군이 아프가니스탄을 침공하면서 1980년대 초반 국제질서는 새로운 냉전 구도로 진입하였다. 또한, 1980년대 초 소련의 극동지역 군사력 증강은 이 지역의 미소 간 충돌 가능성을 높였다. 소련은 극동함대의 규모와 질을 강화하고, 일본 북방 영토 내 군사기지를 확충하였다. 그 결과 극동지역에서 소련은 막강한 군사력을 보유하게 되었다.[60] 이로써 소련은 유럽·중동과는 별도로 아시아에서도 독자적인 작전능력을 갖추게 되었다.

이러한 상황에 대응하여 미국 합동참모본부는 핵미사일 방어체제의 개발을 제안했고, 미국은 전략방위구상(SDI: Strategic Defense Initiative)을 추진하기로 결정하였다. 1983년 3월 23일 레이건(Ronald Reagan) 대통령은 전국연설에서 소련의 무기 증강과 쿠바 내 군사력 확대를 담은 기밀 사진을 공개하며, 군사 현대화 계획에 대한 국민적 지지를 촉구하였다. 이러한 미소 간의 대립으로 1983년까지 미소 간의 군축을 위한 협상은 진전을 보지 못했다.[61]

....

[**] 이 부분은 이상숙, "1980년대 초 외교 환경 변화와 북한의 아웅산 테러," 『담론 201』 제19권 3호(2016)를 수정·보완한 것이다.

한편 레이건 행정부는 미일동맹 강화를 적극적으로 시도하였다. 미국의 대일 방위공약을 재확인하고 미일 양국 간에 안보역할과 책임을 보다 명확하게 설정하고 확대한다는 점을 명확히 하였다. 1982년 11월 나카소네 내각 출범 이후 미일관계 공고화는 최고조에 달하였다. 나카소네는 일본 군사기술의 미국 이전을 승인하기 위한 일본 국내법을 개정하였고 미일 간의 정보 공유를 확대하였으며 주일미군에 대한 지원도 강화하였다. 군사력의 교차운영 능력을 향상시키기 위해 자위대가 미국과의 합동군사훈련에 처음으로 참여하기도 하였다.[62]

레이건 행정부는 한미동맹 또한 강화하며 이전 카터(Jimmy Carter) 행정부와는 다른 한국정책을 실시하였다. 전두환 대통령을 미국에 초청해 발표한 공동성명에서는 미국의 동맹 공약을 재확인하였으며, 카터 행정부가 추진했던 한반도 지상군 철수 계획은 더 이상 고려 대상이 아니라는 점을 분명히 하였다. 또한, 중단됐던 한미 국방부 간 안보협의회(SCC: Security Condultative Committee)와 팀스피리트 합동군사훈련을 재개하였다.[63]

이러한 한미동맹과 미일동맹 강화에 이어 한일 경협차관의 합의로 한일관계까지 개선되자 한미일 삼각동맹은 더욱 공고해졌다. 양국은 일본의 공적개발원조(ODA) 18억 5,000달러, 상업은행 차관 3억 5,000달러와 수출입은행 차관 18억 달러 등 총 40억 달러에 달하는 획기적 차관협정을 체결하였다. 그 결과 1965년 국교 징싱화 이후 치음으로 1984년 한국 국가정상이 일본을 방문하기도 하였다.[64]

이로써 1982년 일본 교과서 문제로 악화되었던 한일관계가 회복되었고, 미일 동맹 강화와 더불어 보수적 한미일 동맹의 안보협력 강화가 가시화되었다. 한미 간 합동군사훈련이 개시되고 한국의 안보력이 강화되는 가운데 한일관계까지 개선되면서 한미일 삼각 안보협력이 강화된 것은 북한에게는 안보 위기를 가중시켰다. 미국은 남한에 전투용 핵무기, 중성자탄, 미사일을 배치하고 지속적으로 현대화하였다. 특히 퍼싱2 미사일과 로켓미사일 배치가 계획된 상황에서 북한은 미국의 핵무기 진입권 내에 들어가게 되었다는 점은 북한 지도부의 위기 인식을 더욱 고조시켰다.

이러한 상황에서 1980년대 초 한중 경제관계의 확대는 북한의 견제 대상이었다. 한국과 중국 간의 제한적 민간 교류도 이 시기부터 시작되었으며, 1970년대 후반부터 제3국을 통한 간접 교역은 점차 확대되었다. 중국은 1981년 이후 제3국 주최 외교모임에서 자국 외교관과 한국 외교관 간의 접촉을 허용하였고, 1983년 8월 4일에는 일본과 중국을 오가는 민간 항공기가 한국의 비행정보구역을 통과할 수 있도록 한 새로운 항로 개설에도 합의하였다.[65]

1982년 9월 김일성의 베이징 방문 당시 북한은 한중 교역에 강력히 항의하면서 중국에 공식적인 규제를 요구하였다. 이에 중국은 1982년 9월 25일 이스라엘 및 남아프리카공화국과 함께 한국과의 간접무역을 금지하는 조치를 취하기도 하였다.[66]

이후 한중관계의 주목할 만한 사건이 발생하였는데, 1983년 5월 중국 민항기 불시착 사건을 둘러싸고 서울에서 한중 간 직접 교섭이 시작된 일이다. 이 과정에서 중국은 '대한민국'이라는 정식국호를 사용했고 한국 외무장관은 조속한 국교 수립에 대한 희망을 공개적으로 표명하였다. 이 사건은 양국 간 직접 대화의 중요한 계기를 마련하였다.

한편, 1983년 9월 1일 대한항공 007편 여객기가 사할린 남단 해상에서 소련 전투기에 의하여 격추된 사건이 발생하였다. 뉴욕출발 민항기에 승객과 승무원이 269명 탑승하여 탑승자 전원이 사망한 사건으로 이 중에는 60명의 미국인도 있었다. 소련은 공식 및 비공식 발표를 통해 미국의 중대 첩보 임무를 수행하던 중 자국 영공을 침범하였기 때문에 격추했다고 주장하였다.[67] 같은 해 9월 12일 유엔 제6차 회의에서 자본주의 진영은 이 사건에 대한 채택을 위해 노력하였으나, 소련의 반대로 무산되었다.

이 사건은 당시 미소 간의 군사적 긴장이 얼마나 고조되었는지를 보여주는 사례이다. 운항 중 소련 영공을 일시적으로 침범한 것만으로도, 소련은 해당 항공기를 미국의 정찰기로 오인하여 격추하였다. 이는 한국 사회에 큰 충격과 비통함을 안겨주었다. 이 사건으로 미소 간의 신냉전이 최고조에 달하게 되었는데, 레이건 대통령은 회고록에서 이 사건을 '소련이라는 악의 제국의 위협'을 입증하는 명백한 사례로 언급하였다. 결국 KAL기 격추사건은 미소관계의 긴장을 극단으로 몰고 간 결정적 계기가 되었다.

레이건 대통령은 이 사건으로 인해 1984년 추진할 예정이었던 미소 정상회담의 가능성도 사라졌다고 회상하였다. 사건 발생 수주 후, 소련은 제네바에서의 중거리 핵미사일 협상과 전략무기감축협상(START: Strategic Arms Reduction Talks) 등 장거리 전략무기 회담에서도 모두 퇴장하였다.[68] 이러한 미소 간의 긴장은 1984년 2월 안드로포프(Yuri Andropov)가 사망하고 체르넨코(Konstantin Chernenko)가 등장할 때까지 지속되었다. 이 사건이 북한에게 준 교훈은 당시 아시아에서 미소 간의 군사적 충돌 위험이 어느 때보다도 높다는 점과 소련의 거부권 행사로 인해 국제사회가 어떤 제재도 가할 수 없었다는 점이다. 수많은 민간인 희생자들을 낳은 테러사건이었지만 국제사회는 소련에게 어떠한 책임도 물을 수 없는 상황이었던 것이다.

2) 아웅산 테러사건과 북한의 대소관계 강화

소련의 KAL기 폭파사건 이후, 한반도의 남북한 긴장을 더욱 고조시키는 사건이 발생하였다. 1983년, 전두환 대통령은 미얀마를 포함한 5개국 순방을 진행하였다. 당시 미얀마는 비동맹 국가이자 친북 성향이 강하고 치안 상황도 열악했지만, 한국은 비동맹외교를 확대하기 위한 목적으로 대통령의 방문을 추진하였다. 그러나 첫 번째 방문국인 미얀마에서 한국의 장관 및 순방단이 사망하는 테러사건이 발생하였다. 이 사건은 북한의 테러범들에 의해 자행된 것이었음이 밝혀졌고 비록 전두환 암살은 실패했지만, 다수의 정부 인사가 희생된 비극적 사건이었다.

아웅산 테러사건은 북한정부가 직접적으로 관여한 테러라는 사실이 미얀마 수사당국에 의해 밝혀졌다. 북한의 테러에 대한 최대 응징은 당사국인 미얀마의 단교 조치였다. 그 외 코스타리카, 코모로, 서사모아가 외교관계를 단절하였고 호주, 뉴질랜드, 브루나이, 필리핀, 도미니카공화국, 프랑스, 네덜란드, 서독, 오만, 아랍에미리트 등 10개국이 대북한 수교 불가 방침을 밝혔다. 또한, 미국, 호주, 뉴질랜드, 일본, 캐나다 등의 자본주의 진영 국가 25개국이 공식 규탄성명을 발표하였다.[69] 특히 일본의 대북 제재는 북한 경제에 부정적 영향을 주었다.[70]

그러나 아웅산 테러사건 이후 북한의 대소관계는 오히려 강화되었다. 그 대표적인 사례가 1984년 5월 김일성의 소련 방문이다. 이는 1961년 이후 23년 만의 방문으로, 김일성은 당·국가 대표단을 이끌고 방소하였다. 소련 방문에서 북한은 바르샤바조약기구와의 협조 및 사회주의국가들의 다자 협의체에 참여할 준비가 되어있다고 선언하였다. 동시에 북한은 이들 국가와의 경제 협력을 장기적으로 조율하는 쪽으로 선회하였다. 경제적 협력관계를 심화하기 위해서 1984년 북한 최고인민회의는 향후 5~6년 내 사회주의국가들과의 무역량을 10배로 늘리기로 결의하였다.

1980년대 초반 북한은 중국보다 소련과의 안보 및 경제협력을 확대하였다. 북한은 소련을 포함한 10여 개국의 경협사업에 참여했고, 수천 명의 북한 노동자들이 소련 내 목재개발에 종사하였다. 당시 북한의 대소 교역 비중은 약 30%로, 중국(28%)과 일본(20%)을 앞질렀다.[71] 중소관계가 개선되지 않은 상황에서 북한은 미국 및 일본과의 협력을 중시하는 중국보다는 동아시아 안보를 강화하는 소련과의 협력이 더 유리하다고 판단하였다. 이에 따라 북한은 소련과의 협력으로 한반도의 한미일 협력에 대응하려 하였다.

3) 아웅산 테러사건 이후 북중관계

북한의 아웅산 테러사건은 북중관계를 후퇴시키는 사건이었으나 양국 관계가 완전히 단절되거나 냉각되지는 않았다. 중국은 사건 발생 사실에 대해서만 전했을 뿐 북한의 입장을 보도하지는 않았다. '모든 형태의 폭력을 반대한다'는 원칙적 입장을 통해 북한의 테러 행위를 우회적으로 비난하기는 하였으나 북한에 대해 직접적인 비난은 자제하였다. 중국으로서는 북한에 대한 비난보다는 북한을 관리할 필요성이 더 컸기 때문이다.

당시 한중 양국은 홍콩을 통한 중계무역을 확대하는 추세에 있었고 중국이 한국과 경제 협력을 확대하는 데 대해 우려를 나타냈다. 이에 1983년 중국 우쉐젠(吳學謙) 외상은 김일성에게 중국의 대북한정책을 재확인하고 중국 민항총국장의 방한 배경을 설명하기 위하여 북한을 방문하기노 하였나.[72] 북한과 소련 간의 경제 및 안보협력이 강화되면서, 중국은 북한으로 의한 한반도 불안정 가능성을 우려하게 되었다.

이 때문에 중국은 북한의 청진항을 활용해 북한과의 경제협력을 추진하였다. 중국의 청진항 활용은 두 가지 목적이 있었다. 하나는 일본과의 무역 확대를 위한 것이었다. 중국 다롄(大连)항은 포화상태였고 이를 해소하기 위하여 새로운 항구가 필요하였다. 다른 하나는 소련의 나진항 사용에 대한 대응이었다. 나진항은 북한의 해군기지와 조선소가 있는 안보 요충지였기 때문에 중국은 이를 견제하려 하였다. 나진항 주변 일대가 사실상의 소련 조차지로서 소련의 영향권 내에 속하게 되자 중국은 정치적 고려의 일환으로 남쪽 65km 떨어진 청진항을 활용하여 소련의 영향력 확장을 견제하고자 하였다.[73]

중국 당국은 1980년대 들어 북한의 청진항 활용에 대해 지속적으로 논의하였다. 1983년 7월 북한과 중국은 청진과 지린성·헤이룽장성 간 화물 운송 협정을 맺었다. 1984년 5월 중국 후야오방(胡耀邦)이 북한의 청진을 방문한 것은 아웅산 테러사건 이후 급속히 강화된 북소관계에 대한 중국의 우려를 반영한 것이었다. 김일성과 함께 그는 청진의 현대화된 부두시설들을 시찰하였고 청진을 중국과 북한의 우호에 있어서 '새로운 가교'라고 설명하면서 양국관계를 재확인하였다.[74] 이러한 중국의 대북한 경제관계 확대는 경제적 목적뿐 아니라 소련과의 전략적 경쟁관계를 고려한 것이었다. 아웅산 테러로 인해 북중관계가 악화될 가능성도 있었지만, 오히려 북소관계의 긴밀화가 이를 견제하는 역할을 하였다.

이 시기 중국은 북한의 아웅산 테러와 같은 대남 도발을 억제하려 하였으나 북한의 대소련 접근 심화로 인해 쉽지 않았다. 왜냐하면 북한이 소련과의 협력을 확대하면서 중국에 대한 자율성이 확대된 시기였기 때문이다. 중국은 북한의 한반도 도발을 억제하고 관리하기 위하여 북한에 대한 경제협력을 제공하였다. 1985년 소련의 고르바초프(Mikhail Gorbachev) 등장 이전까지 중소관계가 개선되지 않은 가운데, 북한은 소련과의 협력을 강화함으로써 중국에 대한 자율성을 확대할 수 있었다. 비대칭관계의 특성에 따르면 약소국은 다른 강대국과의 연합을 통해 자율성을 확대시킬 수 있다. 1980년대 초 북한은 소련과의 연합으로 중국에 대한 자율성을 확대시켰다.

▪ 주

1) Mao Zedong, *Mao Zedong on Diplomacy* (Peking: Foreign Languages Press, 1994), p. 494.

2) 조선중앙통신사, 『조선중앙년감 1973』 (평양: 조선중앙통신사, 1973), p. 42

3) 外交部黨案館 編, 『中华人民共和国外交大事记: 第三卷(1965-1971)』 (北京: 世界知识出版社, 2002), p. 242.

4) 中共中央文献研究室 编, 『周恩来年谱 1949-1976』 (北京: 中央文献出版社, 1997), p. 493.

5) 外交部档案馆 编, 『中华人民共和国外交大事记: 第四卷(1972-1978)』 (北京: 世界知识出版社, 2002), p. 11.

6) 中共中央文献研究室 编, 『周恩来年谱 (下) 1949-1976』 (北京: 中央文献出版社, 1997), pp. 545-546.

7) "주홍콩 미국 영사관이 국무부에 보낸 전문(1970.8.10.)," Subject-Numeric Files 1970-1973, Pol CHICOM-KOR N, Cold War History Project on Woodrow wilson center (http://www.wilsoncenter.org/program/northkorea-international-documentation-project, 검색일: 2024년 8월 25일).

8) 국토통일원 편, 『남북대화백서』 (서울: 국토통일원 남북대화사무국, 1988), p. 120.

9) 홍석률, 『분단의 히스테리』 (파주: 창비, 2012), pp. 341-342.

10) 홍석률 (2012), p. 360.

11) 홍석률, "1976년 판문점 도끼 살해사건과 한반도 위기," 『정신문화연구』 제28권 제4호 (2005), pp. 273-274.

12) 劉金質·杨淮生 编, 『中国对朝鲜和韩国政策文件汇编 5』 (北京: 中国社会科学出版社, 1994), p. 2098.

13) 이상숙, "데탕트 시기 북중관계의 비대칭 갈등과 그 영향," 『한국정치학회보』 제42권 3호 (2008), p. 451.

14) G. W. Choudhury, *China in World Affairs: The Foreign Policy of the PRC since 1970* (Boulder: Westview Press, 1982), p. 219.

15) "Memorandum from Richard H. Solomon to Kissinger(An Evaluation of Kim Il-song's Visit to Peking," Apr. 29, 1975, Box. 375, Winston Lord Files, NA.

16) "우리나라 당 및 정부대표단을 환영하여 중국공산당 중앙위원회와 중화인민공화국 국무원에서 차린 연회에서 하신 연설(1975. 04. 18)"; 조선중앙통신사 편, 『조선중앙년감(1976)』 (평양: 조선중앙통신사, 1976), p. 53.

17) 조선로동당출판사, 『위대한수령 김일성동지의 외국방문 문헌집』 (평양: 조선로동당출판사, 1975), pp. 10-11.

18) 김정일, "현정세의 요구에 맞게 혁명력량을 튼튼히 꾸리며 당사업을 더욱 개선
강화할데 대하여," 김정일, 『주체위업의 완성을 위하여 3 (1974-1977)』 (평양:
조선로동당출판사, 1987), p. 328.

19) 조선중앙통신사 (1976), pp. 56-100 참조.

20) "Information on the talks between Kim il sung and Todor Zhivkov(June 18,
1975)," *Conversations with Kim il sung*, Cold war histrory project on Woodrow
wilson center (http://www.wilsoncenter.org/program/northkorea-inter
national-documentation-project, 검색일: 2024년 8월 25일).

21) 조선중앙통신사 (1976), p. 134.

22) *The Washington Post*, April 19, 1975, p. 16; 오진용, 『김일성시대의 중소와
남북한』 (서울: 나남출판, 2004), p. 57에서 재인용.

23) "Memorandum from Richard H. Solomon to Kissinger(An Evaluation of
Kim Il-song's Visit to Peking," Winston Lord Files, NA.

24) "On the visit of a dark party and government delegation headed by Kim Il-
sung to China from 18 to 26 April 1975," *North Korea-China Relations*, Cold
war Histrory project on Woodrow wilson center (http://www.wilsoncenter.
org/program/northkorea-international-documentation-project, 검색일: 2024년
8월 25일).

25) "Report from the GDR Embassy in the DPRK," *North Korea-China Relations* 5,
Cold war history project on Woodrow wilson center, (May 1976).

26) "Report from the GDR Embassy in the DPRK(1976.05.06)," *North Korea-
China Relations*, Cold war History project on Woodrow wilson center (http://
www.wilsoncenter.org/program/northkorea-international-documentation-
project, 검색일: 2024년 8월 25일).

27) "Memorandum from John H. Holdridge to Kissinger: The Opposition Position
on Korea in the 27th General Assembly Emerges," August 3, 1972, CE 329,
Winston Lord Files, NA.

28) "Memorandum for the Secretary's Visit to Peking," Nov. 25-30, 1974.

29) "Memorandum from Winston Lord to Kissinger(1975. 8. 21)," Winston
Lord Files, Box 354, National Archives and Records Administration
(NARA).

30) 국가기록원, "한국의 핵무기와 미사일 개발계획 (CTA0000694)," 『1970년대 한
미관계(상)』 (대전: 국가기록원, 2008), pp. 38-39.

31) 국가기록원 (2008), pp. 39-40.

32) 국가기록원 (2008), pp. 187-188.

33) 국가기록원 (2008), p. 47.

34) "Telegram from the Embassy in Korea to the Secretary of the Department

of State," Aug. 19, 1976, box 1, Oberdorfer Files, 홍석률 (2005), p. 274에서 재인용함.

35) 국가기록원 (2008), p. 290.

36) 국가기록원 (2008), pp. 295-296.

37) "조선민주주의인민공화국 정부 비망록,"『로동신문』, 1974년 8월 6일.

38) 홍석률 (2005), p. 282.

39) 국가기록원, "공공경비구역 사건 추가정보,"『1970년대 한미관계(하)』(대전: 국가기록원, 2008), pp. 153-154.

40) 국가기록원 (2008), pp. 294-295.

41) 국가기록원, "한국 워싱턴특별대책반 의사록(CTA0000771),"『1970년대 한미관계(하)』(대전: 국가기록원, 2008), p. 310.

42) 국가기록원, "판문점 사고 상황 보고서,"『1970년대 한미관계(하)』(대전: 국가기록원, 2008), p. 324.

43) 『로동신문』, 1976년 8월 20일.

44) 국가기록원 (2008), p. 323.

45) 국가기록원, "비무장지대 사고, 한국, 1976년 8월 18일,"『1970년대 한미관계(하)』(대전: 국가기록원, 2008), p. 293.

46) 국가기록원, "판문점 사건,"『1970년대 한미관계(하)』(대전: 국가기록원, 2008), pp. 181-182.

47) 국가기록원 (2008), p. 182.

48) "Report on a Stay of a GDR Military Delegation in the DPRK in October 1976," German Federal Archive-Military Archive(BA-MA), AZN 8283, Cold war histrory project on Woodrow wilson center.

49) 국가기록원 (2008), pp. 179-180.

50) 『로동신문』, 1976년 8월 19일/20일.

51) 홍석률, "위기 속의 정전협정: 푸에블로 사건과 '판문점 도끼살해 사건',"『역사비평』여름호 (2003), p. 71.

52) 염홍철, "최근 10년간('76.7-'86.6) 북한의 대내·외정책에 관한 실증적 연구,"『한국정치학회보』제21집 2호 (1987), pp. 302-304.

53) 오진용,『김일성시대의 중소와 남북한』(서울: 나남출판, 2004), p. 39.

54) 국토통일원,『조선로동당대회 자료집 Ⅱ집』(서울: 국토통일원, 1980), p. 70.

55) "Action Memorandum," Box. 376(1974.8.15), Winston Lord File, NA.

56) 外国文出版社, "中国人民的英明领袖华国锋同志在金日成同志欢迎宴会上的讲话(1978.5.5),"『朝中友谊万古长青: 华国锋主席访问朝鲜』(平壤: 外国文出版社, 1978), p. 8.

57) "伟大领袖金日成同志在平壤市群众欢迎中国人民的英明领袖华国锋同志大会上

的讲话 (1978.5.5),"外国文出版社(1978), p. 16.

58) G. W, Choudhury, *China in World Affairs: The Foreign Policy of the PRC since 1970* (Boulder: Westview Press, 1982), p. 221.

59) "1980년대의 외교정세, 정책 및 향후의 임무(1980.1.25.)," 오진용(2004), p. 78에서 재인용.

60) 노만 레빈, "1980년대 동아시아 정세와 한미 안보관계," 강석호(편), 『80년대의 주변 정세』(서울: 거름, 1985), pp. 18-19.

61) 로널드 레이건 지음, 고명식 옮김, 『레이건 회고록』(서울: 문학사상사, 1991), p. 306.

62) 빅터 D. 차 지음, 김일영·문순보 옮김, 『적대적 제휴』(서울: 문학과지성사, 2004), pp. 274-275.

63) 빅터 D. 차 (2004), pp. 267-268.

64) 손기섭, "한일 안보경협 외교의 정책결정: 1981-1983년 일본의 대한국 정부차관," 『국제정치논총』제49집 1호 (2009), p. 314.

65) 정진위, 『북방삼각관계』(서울: 법문사, 1985), pp. 92-93.

66) 양성철·강성학, 『북한외교정책』(서울: 서울프레스, 1995), p. 246.

67) 외무부 외교문서, "주요 국제문제 분석," 1983, Box. 5906.

68) 로널드 레이건 (1991), pp. 306-311.

69) 박창석, 『아웅산 다시 보기』(서울: 백산출판사, 2013). pp. 149-155.

70) 빅터 D. 차 (2004), pp. 293-294; 조선중앙통신사(편), 『조선중앙년감 1984』(평양: 조선중앙통신사, 1984), pp. 626-633.

71) 외무부 외교문서, "오학겸 방북(1982.06.03.)," 1983, Box. 22943.

72) 외무부 외교문서, "중공의 청진항 경유 대일수출(1983.03.20.)," 1983, Box. 11411.

73) 외무부 외교문서, "중공의 청진항 경유 대일수출(1983.03.20.)," 1983, Box. 11411.

74) 이채진, "중공의 대북한정책," 이홍구·스칼라피노(편), 『북한과 오늘의 세계』(서울: 법문사, 1986), p. 110.

탈냉전 이후 한중수교와 북중관계의 변화[**]

9장

1980년대 중반부터 한국과 중국은 경제협력을 발전시켜 나갔으며, 1990년 한소수교 이후 1992년 한중수교가 이뤄졌다. 사실 1980년대부터 북한은 한중 경제협력을 견제하였으나 한중수교를 막는 데는 실패하였다. 북한은 한중수교 직후 중국에 대한 불만에도 불구하고, 중국은 '두 개의 한국정책'을 추구하면서 한중관계를 급속하게 발전시켰다. 이에 탈냉전 이후 북한은 미국과의 관계개선을 시도하면서 중국에 대한 의존을 벗어나려 하였고 북중관계는 갈등이 심화되었다.

....

[**] 이 부분은 이상숙, "김정일 시대 북중관계," 이상만, 이상숙, 문대근 저, 『북중관계: 1945-2020』 (서울: 경남대 극동문제연구소, 2021)를 수정·보완한 것이다.

1. 한중수교 직후 북중관계

1980년대 말 한국은 헝가리를 비롯한 동유럽 국가들과 수교한 데 이어 1990년에는 소련과도 외교관계를 수립하였다. 북한은 한중수교를 최대한 지연시키고자 하였으나, 중국은 한국의 유엔가입을 반대할 수 없다는 입장을 북한에 전달하면서 1991년 유엔 동시 가입을 권유하였다. 이후 중국은 유엔 동시 가입을 통해 국제사회에서 '두 개의 한국 정책'을 사실상 공식화하였고, 이를 계기로 한국과 관계를 정상화하였다. 1992년 한중수교 직후 북중 간 갈등은 최고조에 달하였다.

1) 남북한 유엔 동시 가입과 북중관계

탈냉전 이후 북중관계의 가장 큰 영향을 준 사실은 1992년 한중수교였다. 왜냐하면 한소수교 이후 소련은 사회주의체제 전환을 하였으나, 중국은 사회주의체제를 유지하고 있었기 때문이다. 한소수교 이후 2년도 되지 않은 시점에 성사된 한중수교는 북한 외교에 고립을 초래하였다. 1990년 9월 한소수교와 1991년 남북한의 유엔 동시 가입 이후 중국은 북한의 연기요청에도 불구하고 이듬해 한국과 공식적으로 수교하였다.

한국은 1980년대부터 지속적으로 중국과의 관계개선을 추구하였으나 중국은 북한을 고려하여 한중 경제협력은 확대하면서도 관계정상화는 최대한 지연시켰다. 그러나 중국이 한국과의 수교에 대한 명분을 획득한 사건이 발생하였는데, 바로 남북한 유엔 동시 가입이다. 남북한이 동시에 유엔에 가입함으로써 국제사회에서 두 개의 국가로 인식되었고, 이는 중국이 한중수교를 추진하는 데 유리한 환경을 조성하였다.

1991년 5월 리펑(李鵬) 총리는 북한을 방문하여 북한 연형묵 총리와 남북한의 유엔 동시 가입 문제에 대해 논의하였다. 이는 한국이 소련과

수교한 뒤 유엔 가입에 총력을 기울이며, 단독 가입 의지를 밝혔기 때문이다. 당시 중국은 그해 한국이 유엔에 가입한다면 이를 반대하기가 어렵기 때문에, 북한도 가입할 것을 권유하였다. 북한은 상황이 불리함을 깨닫고 동시 가입을 결정하였다. 귀국 직전 리펑 총리는 김일성 주석과의 면담에서 이 문제를 해결하는 데 있어서 양국이 협조할 것을 논의하였다.[1]

북한은 5월 28일 중앙방송과 평양 방송을 통해 남북한 유엔 동시 가입을 수용하는 정책을 발표했는데 한국이 단독으로 유엔에 가입하는 사태를 방지하기 위해 동시 가입을 받아들일 수밖에 없음을 다음과 같이 시인하였다.

남조선 당국이 기어이 유엔에 단독으로 가입하겠다고 하는 조건에서 이것을 그대로 방임해 둔다면 유엔 무대에서 전 조선 민족의 이익과 관련되는 중대한 문제들이 편견적으로 논의될 수 있고 그로부터 엄중한 후과가 초래될 수 있다. (중략) 조선민주주의인민공화국정부는 남조선 당국자들에 의하여 조성된 이러한 일시적 난국을 타개하기 위한 조치로서 현 단계에 유엔에 가입하는 길을 택하지 않을 수 없게 되어 (중략) 우리가 유엔에 가입하기로 한 것은 남조선 당국자들의 분열주의적 책동으로 말미암아 조성된 정세에 대처하여 불가피하게 취하게 되는 조치이다.[2]

리펑 총리의 방북 이후 양국은 북한의 유엔 가입문제에 대해 지속적으로 의견교환을 하였다. 1991년 6월 17일부터 20일까지 첸치천(錢其琛) 외교부장이 평양을 방문하여 김영남 외교부장과 회담을 가졌다. 이 자리에서 김영남은 남한의 단독 가입은 수용할 수 없기 때문에 이러한 사태를 막기 위해 북한도 가입 신청을 하기로 했음을 밝혔다. 또한 그는, 만약 미국이 남북한의 가입을 별도로 처리하려고 하면 중국이 이를

반대하고 미국이 북한의 가입을 부결시키면 중국도 남한의 가입을 부결시킬 것을 요구하였다.[3]

이후 첸치천은 묘향산에서 김일성과 면담을 하였다. 당시 김일성은 남북한 동시 가입이 되어야 한다고 주장하고, 만약 미국이 핵사찰 문제를 이유로 북한의 가입을 부결시킨다면, 북한이 더욱 곤란해질 것이므로, 유엔 가입문제에 대해 북한도 중국을 곤란하게 하지 않을 것이니 중국도 북한을 곤란하게 하지 말 것을 주문하였다.[4]

결국, 북한은 9월 17일 남한과 함께 유엔에 동시 가입하였다. 이는 북한이 어쩔 수 없이 중국의 정책을 수용한 것이다. 중국의 '두 개의 한국정책'은 남북한 유엔 동시 가입 지지로 현실화되었고, 이것은 중국이 한국과의 관계를 더욱 강화할 수 있는 외교적 명분이 되었다.

2) 한중수교의 북중관계에 대한 영향

남북한 유엔 동시 가입 이후 1991년 10월 4일부터 10일간 김일성은 중국을 방문하여 한중관계에 대한 의견을 전달한 것으로 알려졌다. 북한은 미국과 일본이 북한과 미수교 상태이므로 중국이 남한과의 공식관계를 수립하지 않도록 요청하였다. 김일성이 덩샤오핑과의 면담에서 북한이 미국과 수교할 때까지 남한과의 수교를 유보해달라고 요청했고 덩샤오핑도 남한과의 관계로 북한이 곤란을 당하지 않도록 하겠다는 입장을 전달하였다.[5] 당시 쟝쩌민 주석은 "한반도의 통일은 남북한 어느 한 편이 상대를 강점하는 통일이 되어서는 안 되며 연방체제하에서 상대방의 이념과 사회체제를 상호인정하는 1국가 2정부를 지지한다"고 밝혀 한국에 의한 흡수통일을 견제하는 언급을 하였다.[6]

이후 중국은 한중수교 방침을 북한에 사전 통보하고, 수교 이후에도 북중관계는 지속될 것임을 강조하며 북한을 설득하고자 하였다. 1992

년 4월 양상쿤(楊尚昆) 주석이 평양을 방문하여 한중수교를 고려하고 있다는 의사를 전달하였다. 같은 해 7월에는 첸치천 외교부장이 평양을 방문하였는데, 당시 중국은 한반도 정세 변화에 대응하기 위해 한중수교가 필요함을 강조하고 북한 측의 이해와 지지를 요청하였다. 이에 김일성 주석은 중국의 외교정책을 이해하고 향후 중국과의 우호관계를 지속할 것과 북한의 자주적 사회주의체제 유지 및 건설을 다짐하였다. 당시 회담은 중국 지도부의 북한 방문 중 최단 시간의 회담이었으며 관례상의 연회 초대도 없었던 것으로 전해진다.[7]

북한의 중국 설득 노력에도 불구하고 한중수교가 이뤄지면서 북중관계의 균열을 초래하였다. 북한은 한중수교 이후 1992년 12월 중국에 대해 관광, 문화, 스포츠 교환을 중단하겠다고 통보하고, 대외부채 약 250억 위안(약 30억 달러)의 면제를 요구하기도 하였다.[8] 또한, 중국 측에 '항의비망록'을 전달하고 베이징 주재 북한대사를 소환할 방침임을 통보하기도 하였다. 중국이 김정일의 중국방문 및 덩샤오핑과의 회담을 요청하자, 북한은 이를 거절하였다. 김일성 생일 행사에 참석하기 위한 중국 고위급 인사의 평양 방문도 취소되었다.[9]

1993년 2월초 리펑 총리는 한 외교부 회의에서 대한반도정책의 기본입장에 대해 북한과의 정치·군사관계를 확대하지 않기로 하고, 남북대화 및 한반도 평화통일을 위한 협상을 지지하기로 중국이 내부 입장을 정리한 것으로 알려졌다. 같은 해 12월, 북한이 중국에 항의각서를 제출하자, 이에 대해 중국 외교부는 비공개회의에서 리펑 총리에게 다음과 같은 내용을 보고하였다.[10]

첫째, 중국은 북한과 정치적·군사적 회담을 갖지 않으며 비공식적인 접촉과 관련된 실무는 인정하지 않는다. 둘째, 중국은 이데올로기 차이로 인해 남북한 간에 긴장이 조성되는 것을 원하지 않는다. 셋째, 중국은 한반도의 비핵화를 지지하고 핵무기 연구나 외국으로부터의 반입에 반대한다. 넷째, 중국은 남북한 간의 대화나 평화적 통일을 위한 협상을 지지한다. 다섯째, 중국은 북한에 대한 현대 무기 기술의 제공을 거부하며, 남한에 대해서도 다른 나라로부터의 유사한 공급에 반대한다. 여섯째, 한국과 외교적·우의적 관계의 발전은 중국 대외정책 기본방향 중 하나로서 아시아에서의 평화를 조성한다. 일곱째, 중국은 최근 남한이 북한에 대해 전쟁 위협을 가하지 않고 있다는 사실을 인식하고 있다. 여덟째, 중국은 북한이 자신들과의 우의를 보존하기를 바라고 북중관계에 해를 끼칠 수 있는 어떤 행동도 자제하길 기대한다. 이와 같은 여덟 가지 원칙을 중국지도부는 계속해서 견지할 것임을 주장하였다. 이에 따라 한중 간의 교류는 확대된 반면, 북한의 반발은 커졌다.

한중수교의 또 다른 결과는 북중 간 경제 교류의 축소이다. 한중수교 이후 북중 무역량의 급감은 이를 반영하고 있다. 표 9.1에 따르면 북중 무역액은 1993년 8억 9,900만 달러에서 1994년 6.24억 달러로 감소했으며, 1995년 5.50억 달러로 떨어졌다. 이것은 2년간 약 40% 정도 감소한 것이었다.[11] 이 시기 북한이 식량난을 비롯한 경제난을 겪었음을 고려하면, 북중무역 감소는 북한의 경제난을 심화시키는 데 기여하였다고 볼 수 있다.

한중수교 직전 중국의 외교부장 첸치천은 중공 중앙외교소조에 제출한 비밀보고서에서 "한중수교야말로 한국과 대만의 단교를 통해 대만의 외교적 고립을 심화시키고, 한국과의 경제협력을 강화하고, 평양의 지나친 요구를 감소시킬 수 있고, 미국의 압력에 대응할 수 있는 전략임을 강조하였다.[12] 즉 한중수교가 중국이 북한에 대한 부담에서 벗어날 수 있는 수단임을 인정한 셈이다.

특히 한중수교 전후 중국은 북한의 무기 개발 계획에 대한 협조 및 합동 해군 훈련 요청을 거절하는 등 군사 분야의 협력과 지원을 최소화하였다.[13] 이는 양국 간 군사적 관계에서 일정한 거리를 두겠다는 의도

표 9.1   중국의 대북한 무역 통계표　　　　　　　　　　　　(단위: 만 달러)

연도	수출	수입	총액
1990	35,816	12,458	48,274
1991	52,478	8,567	61,045
1992	54,111	15,546	69,657
1993	60,234	29,729	89,963
1994	42,452	19,922	62,374
1995	48,618	6,360	54,979
1996	49,701	6,863	56,564
1997	53,468	12,161	65,629
1998(1~10월)	28,994	4,732	33,726

출처: 『中国对外经济贸易年鉴』(北京: 中国社会科学出版社, 1995/1996年); 『中国对外贸易统计 1994-95』(东京: 日本贸易振兴会, 1996月 12日); 『海关统计』(北京: 中华人民共和国海关总着, 1998年 10月).

로 볼 수 있다. 즉 북한과의 우호선린관계는 유지하되 중국의 이익 추구의 관점에서 남북한에 대한 정책을 조율하겠다는 입장이었다.

한중수교 이후에도 1993년 7월 후진타오 정치국 상무위원과 츠하오텐(迟浩田) 방북한 점을 고려하면, 양국관계가 완전히 단절된 것은 아니었다. 그러나 1993년 한 해 동안 정치 인사 교류가 단 한 차례뿐이었고, 북한 인사의 방중이 전혀 없었다는 점은 북한이 중국에 대한 실망감을 드러낸 것으로 해석된다.

2. 북미제네바합의와 북중관계의 점진적 회복

한소수교에 이은 한중수교로 인한 북한 외교의 고립은 북한의 대외경제적 어려움과 경제난을 초래하였다. 여기에 자연재해까지 겹치면서 북한의 경제적 어려움이 가중되었다. 체제 생존의 위기를 타개하기 위하여 북한이 선택한 방법은 미국과의 관계를 개선하는 것이었다. 북한은 핵문제를 계기로 북미대화를 시작하였고 제네바합의의 타결을 통해 일시적으로 체제 위기를 벗어날 수 있었다. 이후 중국은 북한과의 관계를 점진적으로 회복하기 위해 노력하였다.

1) 제1차 북핵위기와 북중관계의 회복

한중수교 이후 한반도는 북한의 NPT 탈퇴 선언으로 촉발된 북한 핵문제로 안보 위기가 고조되었다. 탈냉전 이후 전 세계적 비확산 정책에 공을 들였던 미국은 유일한 초강대국으로서의 세계 전략을 방해하는 북한의 핵문제를 좌시할 수 없었다. 북한은 이 기회를 놓치지 않고 미국과의 관계개선을 추진하였고 이 과정에서 중국과의 관계도 회복해 나갔다.

원래 1991년 남북한이 '남북 기본합의서'와 '남북 비핵화 공동선언'까지 합의했기 때문에 북한의 핵문제는 남북 간에 해결해야 할 사안이었다. 그러나 북한은 남북 간 상호사찰을 거부하였고, 국제원자력기구(IAEA: International Atomic Energy Agency)의 일반사찰은 수용했으나 특별사찰은 끝내 거부하였다.

이후 1993년 3월 12일 북한은 NPT 탈퇴를 선언하였다. 당시 미국에서는 민주당 클린턴정부가, 한국에는 김영삼정부가 들어섰다. 취임한 지 한 달도 되지 않은 시점에 북한 NPT 탈퇴를 접한 김영삼정부는 북한 핵문제 해결을 가장 중요한 외교 이슈로 간주할 수밖에 없었다. 이에 따라 한미 양국은 그해 5월 13일 유엔 안보리에서 대북제재를 논의하였으나 중국은 5월 26일 중국 탕자쉬안(唐家璇) 외교부 부부장의 방미를 통해 제재에 대한 반대 의사를 표명하였다.

1994년 6월 북한은 연료봉 교체를 강행하였다. 이에 대해 한미 양국은 다시 유엔 안보리 제재를 추진하였으나, 중국은 제재에 대한 반대입장을 고수하였다. 같은 해 6월 12일 일본을 방문한 중국 첸치천 외교부장은 중국의 한반도 정책이 비핵화와 안정 유지이며, 긴장 심화 및 무력 충돌로는 북한 핵문제를 해결할 수 없다고 하였다. 중국 역시 북한의 핵개발에 대한 구체적인 정보는 없었으나, 유엔 안보리 제재는 북한의 NPT 탈퇴를 기정사실화 할 것이라고 주장하였다. 이러한 중국의 태도는 한중수교 이후 북한과의 관계가 소원해진 상황에서 북한을 자극하지 않으려는 의도가 있었으며, 북한의 경제난으로 인한 불안정성 확대를 억제하려는 목적도 있었던 것으로 분석된다.

북미 대화가 교착 상태에 빠진 가운데 카터(Jimmy Carter) 전 미국 대통령의 방북은 북미 양국 협상의 물꼬를 터주었다. 이로 인해 남북정상회담 개최도 합의되었다. 이에 중국은 남북정상회담 개최를 환영하고 '대화를 통한 핵문제 해결'이라는 원칙적 입장을 견지하였다.

이러한 상황에서 1994년 7월 8일 무더운 여름날 북한 지도자 김일성이 사망하였다. 김일성은 1948년, 혹은 그 이선부터 북한 사회주의 체제의 유일지배체제를 확립해온 인물이었다. 그의 사망은 탈냉전 이후 경제난과 맞물려 북한체제의 중대한 위기를 초래하였다. 이 때문에 한국을 비롯한 외부에서는 북한이 머지않아 동유럽의 사회주의국가들처럼 체제 전환 과정에서 붕괴하거나, 지도자 교체를 통해 체제에 상당한 충격이 가해질 것으로 예상하였다.

그러나 북한은 이미 1989년 사회주의권 붕괴에 따른 안보환경의 변화에 대응하기 위해 김정일체제로 전환을 적극 추진해왔다. 김정일은 이미 1990년 5월 확대 개편된 국방위원회 제1부위원장으로 추대되었고,[14] 1992년 4월에는 조선민주주의인민공화국 원수 칭호를 수여받아 조선인민군 최고사령관의 지위를 공식적으로 승계하였다.[15] 또한, 개정 헌법에서 국방위원회의 위상과 권한을 더욱 강화하고 조선인민군 최고사령관 김정일을 조선민주주의인민공화국 국방위원회 위원장으로 추대하였다.[16] 이로써 김정일은 1993년 무렵에는 이미 통치기반을 확고히 구축하여 지도자로서 자리매김하였다.

북한 김일성의 사망에 대해 중국은 사망 당일 평양에 있는 중국대사관을 통해 해당 사실을 통보받은 것으로 전해졌다.[17] 당시 북한은 중국과의 우호친선 관계의 지속을 희망하였다. 다음 날인 7월 9일 중국은 장쩌민 주석, 리펑 총리, 차오스(喬石) 상무위원장의 공동명의로 조전을 발송하여 "우리는 조선인민이 김일성 동지의 뜻을 이어 김정일 동지를 수반으로 하는 조선로동당 중앙위원회의 두리에 굳게 뭉쳐 자기 조국을 훌륭히 건설하고 조선반도의 공고한 평화를 이룩하기 위하여 계속 전진하기를 굳게 믿습니다. 중조 두 당, 두 나라, 두 인민들 사이의 친선은 계속 공고히 발전할 것입니다"라는 내용을 담았다.[18] 북한 역시 "조중 친선을 대를 이어 발전시켜 나가는 것은 위대한 수령 김일성 동지의 유훈이며, 우리 당과 공화국의 일관한 방침"[19]이라고 밝히며, 양국 우호관계의 지속을 강조하였다.

1983년 김정일이 후계자 자격으로 중국을 방문하였기 때문에 중국은 김정일 후계 승계를 사전에 인지하고 있었다. 당시 한국을 비롯한 일부 서방의 북한체제 위기론이 제기되었으나, 중국은 이에 동의하지 않았다. 중국은 북한체제의 붕괴 가능성에는 동의하지 않았지만, 김일성 사망으로 인한 불안정을 우려해 북중관계 복원을 위한 조치에 나섰다. 북한 역시 이를 체제 결속의 계기로 삼아 내부적 안정 강화를 도모하였다. 이에 따라 북한은 김일성 사망 이후부터 1997년까지 약 3년간 유훈 통치체제를 유지하였다.

남북정상회담은 무산된 반면 북미 양자회담은 지속되었다. 북한은 중국과의 고위급 인사 교류를 재개하지 않으면서 대외정책의 중심을 중국에서 미국으로 이동하였다. 물론 북중 간의 교류가 완전히 단절되었던 것은 아니었으나 북한이 북미관계를 우선시하면서 북중관계의 개선은 뒤로 미뤄졌다.

2) 북미제네바합의와 중국의 소극적 입장

탈냉전 시기인 1989년부터 북미 양국은 베이징에서 접촉을 시작하였고 북한은 미국과의 관계개선에 집중하였다. 대표적 사례가 1992년 1월 북한 조선노동당 국제비서 김용순과 미국 국무부 차관 켄터(Arnold Kantor) 간 북미 고위급 회담이다. 북한은 핵문제를 매개로 한 북미 대화에 대외정책을 집중하였다. 김일성의 사망에도 불구하고 북한은 미국과의 비핵화 회담은 지속하였는데 이는 당시 북한이 체제 생존의 열쇠가 유일 초강대국인 미국에 달려 있다고 인식하고 있었기 때문이다.

1993년 6월 2일부터 뉴욕의 유엔대표부에서 제1차 북미 고위급 회담이 개최되었다. 당시 갈루치(Robert L. Gallucci)와 강석주 간의 회담에서 북한과 미국은 북한이 NPT 탈퇴를 보류한다는 데에 합의하였다. 6월 11일 회담은 "북한의 NPT 잔류와 미국의 안전보장 약속을 교환하는 것"으로 마무리되었다. 북한은 이에 대해 "역사적 의미가 있는 회담," "자주적 입장을 관철하면서도 승리를 획득한 회담"이라고 자평하였다.[20] 그 이후 북한은 대미 비난을 자제하고 미군의 유해 일부를 반환하는 등 차기 회담의 성과를 위한 긍정적 분위기를 조성해나갔다.

제2차 북미 고위급 회담은 7월 14일부터 19일까지 제네바에서 열렸다. 이 회담에서 미국은 북한 대표단에게 북핵 시설에 대한 위성 촬영 자료와 그 분석 결과를 제시하였다. 또한 미국은, 북한이 IAEA의 특별 사찰과 남북 간 상호 핵사찰 의무를 이행해야만, 대북 핵위협 부재에 대한 새로운 성명서를 채택할 수 있으며 북미관계 진전을 위한 대화를 진행할 수 있다고 언급하였다.

이후 1994년 8월 5일부터 11일까지 개최된 회담에서 북미제네바기 본합의서(Agreement Framework)가 조인되었다. 이것은 한국전쟁 정전협정 이후 최초로 체결된 북미 간 공식 합의였다. 이 합의로 미국은 북한에 대한 경수로 지원과 핵무기 불사용을 확인하였고, 북한은 핵시설의 동결과 NPT 잔류를 합의하였다. 또한, 평양과 워싱턴에 각각의 연락 사무소를 설치하여 상호관계 정상화를 위해 노력할 것을 명시하였다.

이에 따라 양국은 정치·경제관계의 완전 정상화를 위한 단계적 조치로서 양측의 경제교류 관련 제재조치의 완화를 발표하기에 이르렀다. 북한 측이 먼저 북미기본합의서 제2조 1할에 의거, 1995년 1월 정무원 결정을 발표하여 미국 상품의 반입제한조치와 미국 무역선박의 북한 항 입항 금지조치를 1월 중순부터 해제하기로 하였다. 이에 대해 미국 무부가 1995년 1월 대북 경제 완화를 위한 4개 항의 조치를 발표하였다. 여기에는 북미 간 전화 및 통신 연결을 위한 거래 허용, 개인 여행 및 기타 여행 관련 신용카드 사용 허용, 언론인의 사무실 개설 허용 등의 정보통신 분야의 조치가 취해졌다. 미국에서 발생 또는 종결되지 않는 거래의 청산을 위한 북한의 미국 금융기관 거래 허용과 북한정부에 귀속되지 않는 자산에 대한 동결 해제 등 금융 분야의 조치도 함께 취해졌다. 이러한 조치의 일환으로 미국 재무부는 1995년 2월 14일 국무부 발표의 시행을 위해 '해외자산규제령'을 개정하기도 하였다.[21]

다른 한편으로 미국은 식량난에 처해 있는 북한에 대한 긴급 지원 계획을 발표하였다. 실제로 미국은 미공법 480조 긴급식량원조 항목을 통해 총 5,200만 달러 규모의 곡물을 세계식량기구(WFP: World Food Programme)를 통해 무상 지원하였고, 미국 구호단체인 아메리카레스(Americares)는 800만 달러 상당의 의약품을 미국 민간 항공편으로 공수하였다.[22]

한편, 북미 간 대화와 협력이 강화되던 시기, 중국은 이와는 대조적으로 한반도 문제에서 일정한 거리를 두는 태도를 취하였다. 실제로 1993년 북한의 NPT 탈퇴로 시작된 제1차 북핵위기에서 중국은 한반도 문제에 대해 소극적 자세를 보였고 한반도에너지개발기구(KEDO: Korea Peninsula Energy Development Organization)에도 참여하지 않았다. 당시 북중관계에 대한 북한의 입장은 1994년 4월 재미 언론인 문명자와의 인터뷰에서 확인할 수 있다. 김일성은 "중국이 우리에게 영향력을 행사하려고 했던 적은 없다. 우리는 중국의 속국이 아니다"라는 입장을 보였다.[23]

1994년 10월 북미제네바합의에 이르기까지, 중국은 북한에 대한 경제제재에 반대 입장을 분명히 하면서 북한을 자극하지 않으려는 자세를 취하였다. 중국은 한중수교 이후 대한반도정책에 대해 한반도에서의 평화와 안정 유지, 한반도 비핵화 실현, 외교와 대화의 방식을 통한 북한 핵문제 해결 등의 3가지 원칙을 강조하였다. 1995년 11월 방한한 장쩌민 주석은 "한반도 평화와 안정이 중국의 대한반도 문제의 기본원칙"이며, "한반도의 긴장 완화와 남북대화 및 관계개선, 평화통일을 희망"한다는 입장을 재확인하였다.

한편 제네바합의를 통해 북한은 경수로 건설과 중유 공급 등의 경제적 보상뿐만 아니라 북미 연락사무소 개설 등을 포함한 북미관계 개선을 확인받았고, 이러한 북한의 대미관계 개선은 한중수교로 악화된 대외관계 고립을 만회하는 데에 활용되었다.

실제로 1995년 7월 평양을 방문한 미국의 대표단(뉴욕에 본부를 둔 미국의 외교위원회)에게 북한의 관리는 "미국이 최근 부상하는 중국의 힘을 견제하길 원한다면, 북한과의 관계를 정상화해야 할 것"이라고 언급하였다.[24] 이것은 중소분쟁 시기에 북한이 중국과 소련 사이에서 등거리외교를 상기시키는 대목이었다. 즉 북한은 한중수교 이후 중국과 일정한 거리를 두면서 실리를 취하려는 의도를 가지고 북미관계 개선에 북중관계를 전략적으로 활용하였다.

반면 중국은 한반도의 현상 유지와 이 지역에 대한 영향력 유지를 위하여 북한과의 우호관계가 필요하였다. 1995년 6월 탕자쉬안 외교부 부부장이 북한을 방문하였고, 그해 9월 6일부터 13일까지 부주석 완궈첸(万国权)이 이끄는 중국인민정치협상회의 전국위원회 대표단이 방북하였다. 또한, 중국은 1996년 3월 5일 전국인민대표대회 공작보고를 통해 북한과의 전통적 우호관계 발전과 한국과의 평등·호혜·협력관계 강화를 동시에 확인하였다.

1996년 5월에는 홍수피해 지원을 요청하기 위하여 북한 홍성남 정무원 부총리가 방중하였고, 이 자리에서 중국 리란칭(李嵐清) 부총리는 전통적 조중친선관계를 언급하면서 "중국 당과 정부는 앞으로도 국제관계가 어떻게 변하여도 두 나라 사이의 친선관계발전과 조선반도의 평화와 안정, 조선의 자주적 평화통일을 위하여 계속 노력할 것"이라고 밝혔다.[25]

이후 1996년 7월 조중우호협조 및 호상원조에 관한 조약 체결 35주년을 기념하여 상호방문이 이뤄지면서 양국관계 개선이 점진적으로 진행되었다. 홍성남 정무원 부총리를 단장으로 하는 친선대표단이 중국을 방문하여 장쩌민 주석을 만났고, 중국에서는 뤄간(羅干) 국무원 비서장을 단장으로 하는 친선대표단이 북한을 방문하여 리종옥 부주석과 김영남 외교부장을 만났다. 주목할 점은 북한 대표단은 중국 최고지도자를 만난 반면, 중국 대표단은 최고지도자를 만나지 못하였다.

이에 따라 1992년 한중수교 이후 악화되었던 북중관계는 1995년부터 점진적으로 개선되기 시작하였으며 그 배경은 제네바합의를 통한 북미관계 개선이었다. 제네바합의는 북한이 NPT 탈퇴라는 '벼랑 끝 전술'을 활용하여 외교적 고립에서 벗어나고 대미관계를 개선한 외교적 성과였으며, 북한은 이를 바탕으로 대중관계 개선에도 나서게 되었다.

3. 북한의 정전체제 무력화 시도와 4자회담 중 북중관계

북미제네바합의로 체제 생존 위기에서 벗어나고 대미관계 개선을 이룬 북한은 정전체제 무력화를 시도하면서 북미 간 평화협정 체결을 추진하였다. 당시 중국은 북한과의 관계를 회복하지 않은 상황이었기 때문에 북한의 정전체제 무력화 과정에서 북한의 입장을 사실상 수용할 수밖에 없었다. 이 무렵 한미 양국이 4자회담을 제의하면서 한반도 문제는 중국을 포함한 남북한과 미국, 중국이 참여하는 다자 협의의 틀에서 논의되었다. 그러나 북한은 북한을 제외한 한미중의 협력을 우려하였기 때문에 4자회담에 소극적으로 임하였고 결국 4자회담은 성공하지 못하였다.

1) 정전체제 무력화 시도

탈냉전 직후인 1990년 12월 북한 연형묵 정무원 총리는 제3차 남북 고위급회담 기조연설을 통해 이른바 '평화강령'을 제시하면서 "평화를 보장하기 위하여 북과 남 사이에 불가침선언을 채택하고 조미 사이에 평화협정을 체결하며, 북과 남의 무기를 대폭 줄이고 남조선에서 핵무기

와 미국군대를 철수"할 것을 주장하였다.[26]

북한의 정전협정 무효화 시도는 1994년 4월 28일 북한 외무성 기자회견을 통해 정전협정 폐기를 선언하면서 본격화되었다. 북한은 미국이 정전협정을 위반하였다고 주장하며 해당 성명을 통해 정전협정의 폐기와 정전기구인 정전위원회에서 철수를 선언하였다. 북미 간의 적대관계를 해소하여 한반도의 진정한 평화와 안전을 보장하기 위해서는 정전협정을 평화협정으로 바꾸어야 한다면서, 기존 정전기구를 대신할 새로운 평화보장체계의 수립을 요구하였다.[27]

정전협정 무력화 시도를 하면서 1994년 5월부터 북한은 '새로운 평화체제' 구상을 제시하였다. 이에 따르면 우선 미군과 북한군은 비무장지대를 중심으로 '상호군사위원회'를 결성하여 군사분계선의 긴장을 완화하고 평화를 유지한 후, 1991년 남북기본합의서에 명시된 남북군사공동위원회를 가동하자는 것이다. 즉, 미국과 북한 간의 국가 차원의 협정을 강조하기보다는, 미군과 북한군 간의 군사 주체 간 평화보장기구를 설치하는 데 방점을 둔 제안이었다. 또한, 주한미군의 즉각적 철수보다는 일정 기간 한반도에 주둔하며, 미국과 북한이 함께 한반도의 안전보장을 책임져야 한다고 주장하였다.[28] 북한은 핵을 통해 안전보장과 경제적 지원을 포함한 포괄적 패키지를 요구하였는데, 이는 미국을 통한 근본적인 체제 생존과 정상국가화를 모색하려는 의도로, 핵문제의 초점 역시 미국과의 협상에 맞춰져 있었다.

1995년 5월, 북한은 또다른 정전협정 무력화 시도를 하였다. 북한은 조선인민군 판문점 대표부 명단을 통보하면서 향후 군사정전위원회 명의로 유엔군사령부와 접촉하지 않을 것임을 선언하였다. 또한, 1995년 2월 28일 중립국감시위원회 폴란드대표단을 철수시켰고 그해 12월 15일에는 중국 군사정전위원회 대표단도 소환하도록 요구하였다.[29]

이와 동시에 북한은 1996년 2월 완전한 평화협정이 체결될 때까지 군사분계선과 비무장지대의 관리, 무력 충돌 및 돌발사태 해결을 위한 북미 잠정협정 체결을 제안하였다. 잠정협정의 이행을 위해서 북한은 기존 '군사정전위원회'를 대신하는 '북미 군사공동위원회'의 구성을 제안하기도 하였다. 또한 북한 외교부 대변인 담화를 통해 북미 잠정협정을 제의하였다.[30] 잠정협정은 평화협정 체결이 지연될 경우를 대비해 정전협정을 대신하자는 구상이다.

3월 8일에는 조선인민군 판문점 대표부 비망록 '조선정전체계의 현실태에 대하여'에서 정전협정과 정전감독기구의 유명무실화를 지적하고 미국에 대해 잠정협정 체결을 촉구하였다. 또한, 미국이 이에 응하지 않을 경우 "최종적이며 주동적인 조치를 취할 것"이라고 경고하였다.[31]

1996년 4월에는 비무장지대의 법적 지위를 인정하지 않겠다고 선언하며, 자위적 조치로서 정전협정 준수 임무 포기를 선언하였다. 같은 시기 판문점 공동경비구역 내 무장병력을 추가 투입하고 중화기를 반입하고 박격포 진지를 구축하면서 군사적 긴장상태를 고조시켰다.[32]

이러한 북한의 정전협정 무력화 시도는 북중관계에도 영향을 미쳤다. 1994년 5월 24일 조선인민군 최고사령부는 군사정전위원회를 대신해 '조선인민군 판문점 대표부' 설치를 발표하였고, 같은 해 12월 15일 중국인민지원군 대표단을 북한에서 완전히 철수시켰다. 북한의 이 같은 철수 요구는 정전체제 무력화에 일차적 목적이 있었지만, 중국을 배제히고 미국과 한반도 평화문제를 논의하려는 의도도 포함되어 있었다.

이에 대해 중국은 북한의 정전체제 무력화 시도가 한반도 안정과 평화에 부정적인 영향을 미칠 수 있다고 보고, 평화체제 전환 시까지 정전체제가 유지되는 것이 바람직하다는 입장을 보였다. 1994년 11월 방한 중이던 리펑 총리는 기자회견을 통해 "새로운 평화체제가 수립되기 전까지는 기존의 정전체제가 유효하며, 따라서 정전협정이 준수되어야 한다"고 밝혔다.[33] 이것은 한반도 평화체제 전환 논의를 둘러싼 북한과 중국 간 입장 차이를 보여준다.

중국은 한반도 평화문제가 중국과 한국이 배제된 채 북한과 미국에 의해서 논의될 경우 한반도에 대한 미국의 영향력이 과도하게 커질 뿐 아니라 한반도 평화와 안정이 실효적으로 보장될 수 없다고 판단하였다. 따라서 중국은 한반도 정전체제의 평화체제 전환 논의에서 전환문제가 중국과 남한이 배제된 채 해결되어서는 안 되며 그렇게 해서는 해결될 수도 없다는 입장을 견지하였다.

이에 대해 그해 3월 선궈팡(沈國方) 중국외교부 대변인은 기자회견에서 "(중국이) 정전체제의 서명국은 아니나 직접 이해당사국임"을 천명하고 한반도 평화와 안정을 위해 계속해서 건설적인 역할을 수행할 것임을 밝혔다.[34] 중국이 말하는 건설적 역할이란 북한의 군사적 모험주의를 저지하고, 북한에 대한 무력 흡수 의도나 정책에 반대하며, 북한의 내부 붕괴를 방지하는 것으로 해석된다.[35] 이러한 중국의 자세는 정전체제 파기를 통해 한반도 평화문제를 미국과 직접 논의하려는 북한의 입장과 배치되는 것이었다. 중국은 한반도에서 정전체제를 유지함으로써 한반도 문제에 개입할 명분을 확보할 수 있다고 판단하였고, 이에 따라 평화체제 전환문제에 대한 북한의 입장을 전면적으로 지지하는 데에는 유보적 태도를 보였다.

2) 4자회담과 북한의 중국 견제

한반도 평화구축 과정에서 일정한 역할을 하면서 한반도에 대한 영향력 행사를 지속하고자 하는 중국과, 북미 간의 평화협정을 통해 중국을 배제시키고자 하는 북한의 입장 차이는 1996년 4월 한미 양국이 제안한 4자회담에서 표출되었다.

4자회담에 대한 북한의 첫 반응은 부정적이었고, 1996년 4월부터 1

년 이상 이 제의에 대해 정면으로 거부하지도 않은 채 모호한 태도를 유지했다. 북한은 미국과의 직접 평화체제 문제를 논의한다는 입장이여서 한국과 중국의 회담 참여를 반기지 않은 것으로 알려졌다.[36] 북한이 주장하는 북미 '평화보장체제' 대신 4자회담을 수용하는 것은 한국과 중국이 한반도 문제에 새로운 주체가 되는 것을 의미하기 때문에 북한으로서는 4자회담이 달가울 리 없었다.

북한은 군사정전위원회에서 철수하면서, 한국전쟁 정전협정의 당사자인 중국이 갖고 있던 모든 권한을 북한에게 위임한 것으로 간주하였다. 따라서 중국이 다시 정전협정 서명국으로서의 지위를 거론하며 나서는 것은 부적절하다고 주장하였다. 북한은 한중수교 이후 중국이 북한보다 한국의 이익을 옹호할 것을 우려하여 중국의 참여를 환영하지 않았다.[37] 북한은 "4자회담을 원칙적으로 수용한다"고 하면서도 예비회담 및 본회담의 개최 일자를 정하는 데에 반대하는 애매한 태도를 보였다. 정작 4자회담 개최를 전후한 미국의 대규모 대북 식량지원만 관심을 보였다.

반면 중국은 4자회담 제의를 환영하면서 적극적 참여 의사를 전달하였다. 중국은 한반도 문제는 남북한 당사자 간의 직접 대화를 통해 해결되어야 한다는 기본 입장을 유지하면서도, '2+2 회담' 또는 '2+다자 회담'도 역시 지지했던 것으로 알려졌다. 당시 중국은 아시아지역에서의 미국의 패권주의를 경계하고 있었으나 한반도 분제로 미국과 갈등 관계를 맺는 것을 원치 않았다.

이러한 4자회담에 대한 견해 차이를 조율하기 위하여 1996년 6월 6일 북한 최우진 외교부 부부장이 중국을 방문하여 첸치천 중국외교부장과 회동하였다. 이후 양국 간 논의 결과 북한 측은 접촉 과정에서 4자회담 형식과 관련, 남북한과 미국이 먼저 참여하는 3자회담을 진행한 뒤 적절한 단계에서 중국을 참여시켜야 한다는 '3+1 회담' 개최를

주장하기도 하였다.[38]

　4자회담 제의 이후 1년여가 지난 1997년 3월 5일, 북한은 뉴욕에서 열린 4자회담 관련 설명회에 처음으로 참석하며 참여 의사를 밝혔다. 그러나 북한은 당시 중국대표의 배제를 요구하며 중국을 견제하는 태도를 보였다. 이는 향후 4개국이 한반도 문제를 논의함에 있어 중국이 전적으로 북한의 입장에 동조하리라는 확신이 없었기 때문이다. 북한은 한국과 중국을 포함한 4자회담 자체에 대해 부정적 시각을 가지고 있었으며, 소극적인 태도로 일관한 결과 4자회담은 결렬되었다.

　4자회담 개최를 둘러싼 북한의 중국 견제는 1997년부터 1998년까지 양국 간 외교 교류가 소원해지는 결과를 가져왔다. 한중수교 이후 중단되었던 양국 간 고위급 교류는 1999년이 되어서야 재개되었다.

　김일성 사망 이후 김정일 위원장은 유훈통치 시대를 끝내고 1998년 9월 국방위원장 체제를 공식 출범시키면서 대외 행보를 본격화하였다. 1990년대 초중반 북한은 북미관계 개선을 통해 대미외교에 집중하였으나, 1998년 8월 광명성 1호 미사일 발사로 북미 미사일 협상이 난관에 봉착하였다. 이로 인해 북미제네바합의가 좌초될 위기에 처하자, 북한은 중국과의 관계를 개선하기 시작하였다.

4. 북한의 경제난과 중국 지원의 한계

1990년대 북한은 잇따른 자연재해로 인한 식량난 발생으로 배급체계가 무너지는 상황이 발생하였다. 이 시기 중국의 대북지원은 제한적이었기 때문에 북한은 국제사회의 인도적 지원을 요청하였다. 북한은 심각한 경제난 속에서 중국이 대북 식량 수출을 축소한 데 대해 비판적 입장을 가졌고, 북중관계의 회복은 지연되었다.

1) 북한의 경제난 심화

탈냉전 이후 북한은 사회주의권의 체제 전환으로 인해 경제적 어려움이 가중되었다. 소련의 급격한 소비재 부족을 확인한 뒤, 북한은 1990년을 '경공업의 해'로 설정하였고, 1990년 김정일의 "재정은행사업을 개선강화할 데 대하여"를 통해 연합기업소에 일부 가격제정권을 허용하는 조치를 취하였다. 또한, 기업소들의 이윤계획 수행 정도에 따라 계획의 5% 범위 내에서 기업소 기금을 적립할 수 있는 개별 인센티브 제도를 일부 도입하였다.[39] 그러나 1990년대 사회주의 시장과의 교역 및 원료 수입이 감소되면서 경제적 어려움이 가중되었고, 특히 원유 수입의 감소는 북한경제 전반에 심각한 타격을 주었다.[40]

표 9.2에서 확인되는 바와 같이 1990년 북한의 대소무역은 1989년의 45% 수준으로 급감하고 1991년에는 1990년의 3분의 1로 급락하였다. 반면 대중무역은 1991년부터 1993년까지 소폭 상승하였으나, 대소무역을 대체하기에는 역부족이었다. 이는 1989년까지 북한 무역은 소련에 의존되어 있었기 때문이다. 1989년 북소무역 총액은 약 25억 달러였으나, 같은 해 북중무역은 그 20% 수준에 불과하였다.

급격히 붕괴된 북한의 경제는 일반 주민들의 식량 수급마저 위협하며 위기감을 가중시켰다. 한국은행의 추정에 따르면, 북한의 경제성장률은 1991년부터 1998년까지 계속해서 마이너스를 기록했으며, 국내총생산은 약 30% 정도 감소하였다. 또한 북한이 2001년 5월 유엔아동보호기금(UNICEF: UN Children's Fund)에 제출한 보고서에 따르면, 1인당 국민총생산은 1993년 991달러에서 1998년 457달러로 급감하였다. 실제로 주요 산업 부문의 생산량을 평가해보면, 곡물을 제외한 대부분의 생산량이 1990년에 비해 1998년에는 약 절반 정도밖에 되지 않았다.[41]

연도	소련			중국		
	수출	수입	총액	수출	수입	총액
1986	64,200	118,700	182,900			
1987	68,300	139,100	207,400	23,600	27,700	51,300
1988	88,700	192,200	280,900	23,400	34,500	57,900
1989	89,000	164,100	253,100	18,500	37,700	56,200
1990	44,000	70,200	114,200	12,500	35,800	48,300
1991	17,100	19,400	36,500	8,600	52,300	61,000
1992			29,200	15,600	54,100	69,700
1993			33,100	29,300	60,200	89,500

출처: 정영철, 『북한의 개혁·개방』(서울: 선인, 2004), p. 49.

특히 심각한 문제는 1990년대 초중반 가뭄으로 인한 식량난이었는데 1990년대 이후 농업생산성의 급격한 저하로 인해 매년 130여 만 톤 이상의 식량이 부족한 상태였다. 1965년 이래 북한의 곡물 최고생산량은 1979년 470.4만 톤과 1984년 467.0만 톤을 기록한 반면, 최저생산은 1995년 345.1만 톤을 기록하여 1994년보다 하락하였다. 북한의 식량 자급도는 1996년은 60%에 불과하여, 외부의 식량 지원과 수입에 의존할 수밖에 없었다.[42]

이러한 식량난으로 인해 1995년부터 북한의 배급체계는 사실상 마비되었으며, 평양 이외의 대부분 지역에서 몇 달씩 배급이 중단되기도 하여 일부 지역에서는 아사자가 발생하였다.[43] 이에 북한은 국제사회에 공식적으로 식량 지원을 요청하였다. 북한은 1995년 8월 '큰물피해복구 및 대책위원회' 명의로 국제사회에 긴급수재구호를 요청하였고, 11월에 WFP로부터 원조를 수용하기 시작하였다.[44] 이후 국제사회의 대규모 식량 지원으로 배급체계는 1998년 이전까지 부분적으로 회복되었으나, 그 전까지 식량난은 계속되었다.

2) 북한의 대중국 의존 우려

1990년대에 들어서면서 소련과 사회주의권 국가들의 체제 전환은 북한경제에 큰 영향을 미쳤다. 이들 국가들은 기존에 구상무역(물물교환방식)을 통해 북한과 거래해왔으나, 1990년대 초반부터 경화결제(현금결제) 방식으로 전환하였다. 외화를 충분히 확보하지 못한 북한은 이변화에 적응하지 못하고 소련 및 사회주의권 국가들과의 무역을 크게축소할 수밖에 없었다.[45]

이에 따라 북한은 점차 중국과의 무역에 더 의존하게 되었다. 실제

표 9.3 북한무역 중 중국과 러시아의 비중 변화　　　　　　(단위: %)

연도	구분	러시아	중국
1984	수출 수입	38.2 33.3	20.8 17.8
1987	수출 수입	46.0 54.1	14.6 11.9
1994	수출 수입	4.76 7.88	23.74 33.45
1995	수출 수입	2.11 5.16	8.54 36.95
1996	수출 수입	3.99 2.87	9.45 39.77
1997(1~8월)	수출 수입	3.36 3.02	11.08 34.67

출처: 조명철, "북한과 중국의 경제관계 현황과 전망," 『정책연구 97-10』 (서울: 대외정책경제연구원, 1997), p. 33.

로 1989년 기준 북한의 대외무역에서 소련이 차지하는 비중은 49.9%에 달한 반면, 중국은 12.3%에 불과했다. 하지만 소련과의 무역 급감 이후, 중국의 비중은 꾸준히 확대되었고, 1993년에는 북중무역 규모가 약 9억 달러에 이르렀다. 이는 1980년대 연간 5~6억 달러 수준과 비교해 크게 증가한 것이다.[46]

그러나 1992년 1월 체결된 '북중 무역협정' 이후 중국 역시 원유 공급 등에서 국제 시세에 기반한 가격 책정과 경화결제를 요구하기 시작했다. 이로 인해 외화 부족에 직면한 북한은 중국과의 무역 규모도 유지하기 어려워졌다. 1994년에는 무역액이 약 6.24억 달러로 감소한 데 이어 1995년에는 약 5.50억 달러로 다시 하락하였다.[47] 이처럼 중국의 경화결제 요구는 북한의 경제난을 더욱 심화시키는 요인으로 작용했다.

표 9.4 북한과 중국의 무역 추이 (단위: 만 달러, %)

연도	북한의 수입	북한의 수출	북중 무역총액	북한의 무역수지
1987	30,820(12.0)	21,740(14.6)	52,540(12.9)	−9,060
1988	34,540(11.2)	23,370(13.0)	57,910(11.9)	−11,170
1989	37,740(13.0)	18,540(11.0)	56,280(12.3)	−19,200
1990	35,820(12.3)	12,460(6.7)	48,280(10.1)	−23,360
1991	52,480(30.7)	8,570(4.6)	61,050(12.8)	−43,910
1992	54,110(34.8)	15,550(17.0)	69,660(28.2)	−38,560
1993	60,240(39.2)	29,730(31.7)	89,960(36.3)	−35,060
1994	42,450(33.5)	19,920(23.7)	62,370(29.6)	−22,530
1995	48,620(36.9)	6,360(8.6)	54,980(26.8)	−42,260
1996	49,700(39.4)	6,860(10.7)	56,570(29.8)	−42,840

※ ( ) 안은 북한의 수출입 및 수출입 총액 중의 비중

출처: 조명철, "북한과 중국의 경제관계 현황과 전망," 『정책연구 97-10』 (서울: 대외정책경제연구원, 1997), p. 35.

이러한 가운데 1995년 중국의 대북 옥수수 수출 감소는 북한의 식
식량난을 더욱 악화시켰다. 중국은 1994년 동북지방의 옥수수 흉작을
이유로 대북 수출을 크게 줄였다. 표 9.5과 같이 1994년 북한의 대중
국 옥수수 수입액은 약 2,866만 달러였으나, 1995년 약 655만 달러로
1994년 대비 4분의 1 수준으로 급감하였다. 쌀 생산량의 부족으로 옥
수수를 주식으로 하고 있는 상황에서 중국의 수출 감소는 북한의 식량
상황을 더욱 악화시켰다.

이 과정에서 북한은 중국에 대한 불신과 경제 의존을 우려하였다. 북
한은 북한의 식량난에도 불구하고 중국이 옥수수 수출을 대폭삭감하여
북한의 식량 부족을 초래한 것에 대한 불만을 가졌고, 중국이 충분한
지원을 하지 않고 있다고 판단하며, 북한의 식량난에 대해 중국의 대북
정책도 일정 부분 책임이 있다고 인식하였다.

그러나 1996년 북한지역의 홍수 피해가 발생하고 식량난이 겹쳐서
아사자가 발생하자 중국은 북한에 대한 긴급지원을 시작하였고, 3만 달
러 규모의 옥수수를 북한에 수출하였다. 또한, 중국은 1996년 3,000만
위안화 상당의 긴급 구호 물자와 12만 톤의 식량을 지원하였고, 1997
년에는 2,000만 위안의 무상원조와 15만 톤 규모의 식량도 추가로 제
공했다. 이는 북한의 경제난이 체제 위기로 이어질 가능성을 우려한 중
국이 식량 수출과 무상원조를 확대한 조치였다. 그럼에도 불구하고 중
국의 대북지원 규모는 1997년 북한의 4자회담 참여를 유도하기 위해
미국이 지원한 5,200만 달러(약 520억 원) 규모의 식량 지원과 500만
달러(약 50억 원) 긴급의료 지원에 비하면 크지 않은 규모였다.[48]

그리고 1990년대 들어서서 에너지 수입에 어려움을 겪은 북한은 중
국으로부터 원유 수입에 크게 의존하였는데, 중국에 대한 식량과 에너
지 의존을 우려하였던 것으로 해석된다.

탈냉전 초기 중국이 한국과의 수교를 선택하면서 북한은 중국이 자

표 9.5 북한의 대중국 식량 수출입 실태(1994~1996년)   (단위: 만 달러)

HS 코드	품 명	1994년		1995년		1996년	
		수출	수입	수출	수입	수출	수입
I	산동물/동물성 생산품	1,457.6	287.4	1,140.8	482.7	689.3	456.8
1	산동물	0.7	2.0	8.0	0.6	23.5	1.4
2	식용유류	–	237.0	–	377.8	1.0	371.1
3	어류/갑각류/연체동물	1,452.5	10.8	1,079.2	25.9	649.9	–
4	낙농품/천연꿀 등	0.2	35.0	–	32.8	–	42.7
5	기타 동물성 생산품	4.2	2.6	17.7	45.6	14.9	41.6
II	식물성 생산품	287.1	4,703.9	239.6	4,259.9	266.6	14,067.7
6	수목/기타 식물	0.1	–	0.0	0.0	2.3	0.1
7	식용채수/부리	1.0	41.5	6.5	161.0	75.8	141.1
8	식용과실/견과	105.1	689.0	164.1	237.3	70.6	123.3
9	커피/차/향신료	0.1	2.7	–	2.3	–	5.6
10	곡물(사료용 옥수수 포함)	0.3	2,866.0	–	655.2	–	3,003.2
11	제분공업 생산품	–	177.2	–	1,960.8	–	9,650.5
12	종자/과실/공업용식품	157.6	913.0	51.1	1,242.1	107.0	1,124.5
13	아교/수지/식물성 액	–	7.9	0.3	1.2	3.5	1
14	식물성 편조 물용 재료	–	6.5	17.5	0.0	7.4	19.3

출처: 조명철, "북한과 중국의 경제관계 현황과 전망," 『정책연구 97-10』 (서울: 대외정책경제 연구원, 1997), p. 38.

국에 대해 실리주의적인 태도를 취하고 있다고 인식하였다. 특히 식량난 시기에도 중국이 적절한 지원을 하지 않았기 때문에 북한의 체제 위기와 경제난이 악화되었다고 인식하였다. 이에 북한은 중국에 대한 자율성을 확보하기 위해서 경제 의존을 탈피할 필요성을 느꼈고, 탈냉전 이후 초강대국으로 부상한 미국과의 관계개선을 위해 노력하였다. 제네바합의를 통해 북미관계 개선이 일정 부분 진전되자, 중국이 한반도 문제에 깊이 개입하는 것을 견제하려는 태도를 보여주었다.

■ 주

1) 钱其琛, 『外交十记』 (北京: 世界知识出版社, 2003), p. 153.
2) 이상옥, 『전환기의 한국외교』 (서울: 삶과꿈, 2002), p. 84.
3) 钱其琛 (2003), p. 154.
4) 钱其琛 (2003), p. 154.
5) 이상옥 (2002), p. 140.
6) 謝益顯(편), 『중국외교사 4』 (서울: 지영사, 2000), p. 331.
7) 钱其琛 (2003), pp. 157–159.
8) 블리디미르 S. 먀스니코프, "중국의 대북한정책: 신노선 추진의 첫 단계," 『중소연구』, 통권 제61호(1994), p. 100.
9) 리언 시걸, 『미국은 협력하려 하지 않았다』 (서울: 사회평론, 1999), p. 85.
10) 블리디미르 S. 먀스니코프 (1994), pp. 100–102.
11) 陈峰君·王传剑, 『亚太大国与朝鲜半岛』 (北京: 北京大学出版社, 2002), p. 333.
12) Samuel S. Kim, "The Future of China and Sino-ROK Relations," a paper presented for presentation at the International Conference on "The Future of China and Northeast Asia," May 22–23 1997, Kyungnam University, Seoul, Korea, p. 13.
13) You Ji, "China and North Korea: A Fragile Relationship of Strategic Convenience," *Journal of Contemporary China* vol. 10 (2001), p. 397.
14) 『로동신문』, 1990년 5월 25일.
15) 『로동신문』, 1992년 4월 21일.
16) 『로동신문』, 1993년 4월 10일.

17) 김하중, 『한국의 외교와 외교관: 김하중(상)』 (서울: 역사공간, 2018), p. 152.

18) 『로동신문』, 1996년 7월 10일.

19) 『로동신문』, 1996년 7월 11일.

20) 서훈, 『북한의 선군외교』 (서울: 명인문화사, 2008), p. 137.

21) U.S. Department of State, "Easing Sanctions against North Korea," January 20, 1995.

22) 민족통일연구원, 『통일환경과 남북한관계: 1997-1998』 (서울: 민족통일연구원, 1997), pp. 51-52.

23) 민주언론운동협의회, 『월간 말』, 1994년 6월.

24) "Beijing Backs North Korea Pact," *South China Morning Post*, 1994년 11월 15일; 자오찬성, 『중국의 외교정책』 (서울: 오름, 2001), p. 282에서 재인용.

25) 『人民日報』, 1996年 5月 23日.

26) 강석승, "휴전협정의 평화협정으로의 전환문제: 북측 주장 및 입장을 중심으로," 『한국정치외교사논총』 제16호 (1997), p. 245.

27) 『로동신문』, 1994년 4월 29일.

28) 민주언론운동협의회, "북한의 평화협정 대안, '새로운 평화체제'를 말한다." 『월간 말』, 1995년 11월.

29) 김강녕, "정전체제의 평화체제로의 전환: 과제와 전망," 『통일전략』 제3집 2호 (2003), pp. 130-131.

30) 최진욱, 『평화조약의 역사적 변천과 사례: 한반도 평화체제에 주는 시사점』 (서울: 통일연구원, 2007), p. 47.

31) 『로동신문』, 1996년 2월 23일.

32) 외교통상부, 『한반도문제 주요현안 자료집』 (서울: 외교통상부, 1998), p. 143.

33) 劉金質, 张敏秋, 张小明 編, 『当代中韩研究』 (北京: 中國社會科學出版社, 1998), pp. 184-188.

34) 『로동신문』, 1996년 3월 9일.

35) 『人民日報』, 1996년 4월 16일.

36) 이헌경, "한반도 평화체제 구축을 위한 4자회담," 『세계지역학회보』, 제19집 (1999), p. 152.

37) Samuel S. Kim and Tai Hwan Lee, *North Korea and Northeast Asia* (New York: Rowman & Littlefield Publishers, Inc., 2002), p. 120.

38) 이즈미 하지메, "북한에 있어서의 '평화와 안전' 보장," 오코노기 마사오(편), 『김정일과 현대 북한』 (서울: 을유문화사, 2000), p. 179.

39) 이정철, "계획 계량형 사회주의와 북한의 90년대 경제정책 변화," 김연철·박순성(편), 『북한경제개혁연구』 (서울: 후마니타스, 2002), pp. 63-64.

40) 정영철, 『북한의 개혁·개방』 (서울: 선인, 2004), p. 49.

41) 박순성, 『북한 경제와 한반도 통일』 (서울: 풀빛, 2003), pp. 109-110.

42) 이영훈, "공급제약과 체제전환," 김연철·박순성(편), 『북한경제개혁연구』 (서울: 후마니타스, 2002), p. 81.

43) 이영훈 (2002), p. 82.

44) 정영철 (2004), p. 64.

45) 조명철, "북한과 중국의 경제관계 현황과 전망," 『정책연구 97-10』 (서울: 대외정책경제연구원, 1997), p. 32.

46) 이기헌·전병곤·이석·박동훈, 『한중수교 이후 북중관계의 발전』 (서울: 통일연구원, 2016), p 105.

47) 陈峰君·王传剑 (2002), p. 333.

48) 조선중앙통신사, 『조선중앙년감 1996/1997』 (평양: 조선중앙통신사, 1998).

한반도 정세변화와 북핵 관련 북중관계

2000년 최초의 남북정상회담이 개최되면서 한반도에 탈냉전의 온기가 감돌기 시작하였다. 2000년 최초 남북정상회담 개최 직전 장쩌민과 김정일의 정상회담이 개최되면서 점진적으로 회복되던 북중관계는 지도자 간 교류가 재개될 정도로 가까워졌다. 이후 미국의 '9·11테러'로 인해 미국 주도의 대테러 전쟁이 본격화되자, 중국은 미국의 대테러전쟁에 대해 동의하였다. 미중협력을 바탕으로 중국은 한반도 문제에 적극 개입하여 북핵문제 해결을 위한 6자회담을 중재하였다. 그러나 북한에 대한 금융제재 문제로 인한 북중 간 갈등이 발생하였고 6자회담은 순조롭지 않았다.

1. 남북정상회담과 북중관계의 회복

한중수교 이후 소원해졌던 북중관계는 1990년대 후반 점진적으로 개선되었고, 북중정상회담 재개는 2000년 최초 남북정상회담의 결정이 계기가 되었다. 북한은 2000년 6월 15일 남북정상회담 개최 직전 중국과 정상회담을 개최하였다. 그러나 2002년 신의주 특별행정구 설치를 둘러싼 갈등은 북중협력의 한계를 보여주었다.

1) 남북정상회담과 남북협력 강화

1990년대 말 북한은 미국과의 미사일 회담이 순조롭게 진행되지 않으면서 북미관계 개선은 한계를 보였다. 이에 북한은 북미관계에만 초점을 맞추지 않고 중국 및 한국과의 관계개선에 눈을 돌리게 되었다. 때마침 1998년 출범한 한국 김대중정부는 남북관계 개선과 한반도 평화를 주요 국정 목표로 설정하고 '햇볕정책'이라는 구상을 실천에 옮겼고, 북한은 이 기회를 잘 포착하였다.

중국 역시 1990년대 말, 미일 신안보협력 가이드라인(the New Guidelines for U.S.-Japan Defense Cooperation)과 미국의 전구미사일방어체계(TMD: Theater Missile Defense) 추진에 대해 안보적 위기감을 느꼈다. 또한, 한반도에서 북미 미사일 협상이 교착되자 북한의 도발을 방지하고 한반도 안정을 위해서 북한과의 관계를 유지할 필요성이 있었다.

이러한 북중 양국의 필요에 따라 북중관계는 점진적으로 개선되었다. 북중 고위급 교류의 물꼬를 튼 것은 1999년 6월 김영남 최고인민회의 상임위원장의 중국 방문이었다. 당시 중국은 식량 15만 톤과 코코스탄 40만 톤 지원을 약속하였다. 이것은 1992년 한중수교 이후 북한 최고위급 인사의 첫 중국 공식방문이었다. 이어 같은 해 10월 중국 탕자쉬안 외교부장이 북한을 방문하여 북중관계 회복이 가시화되었다.

이 시기 북중관계가 적극적으로 개선된 결정적 배경은 남북관계의 진전이었다. 2000년 1월 1일 김대중 대통령은 한반도 냉전 종식을 위한 남북화해협력을 강조하면서 남북관계 개선을 시도하였다. 같은 해 3월 10일 독일을 방문한 김대중 대통령은 대북 경제지원, 평화정착, 이산가족 문제 해결 및 당국 간 대화 등을 포함하는 '베를린 선언'을 발표하였다.[1] 베를린 선언 이후 2000년 6월 한국 김대중 대통령과 김정일 위원장의 최초 남북정상회담이 개최되었다. 이에 중국은 남북관계 개선이 우호적 한중관계를 저해하지 않으면서, 동시에 북한과의 관계를 복원할 수 있는 기회로 판단하였다.

2) 최초 회담개최와 북중관계 회복의 한계

남북정상회담 개최는 북중관계에 큰 영향을 미쳤다. 북한은 남북정상회담 이전 중국과의 정상회담을 개최하여 한반도 정세 변화를 공유하였다. 2000년 3월 김정일 국방위원장은 평양 주재 중국대사관을 방문하여 중국 완융샹(萬永祥) 대사와 만났고, 같은 시기 북한 백남순 외무상은 중국을 방문하여 중국 탕자쉬안 외교부장과 회담하였다. 이어 2000년 5월 29일 김정일 위원장은 직접 중국을 방문하여 장쩌민 주석과 정상회담을 가졌다.

이 정상회담은 남북정상회담 개최를 앞두고 회담의 의제와 영향에 대해 논의하기 위한 목적에서 이루어졌다. 이 회담에서 중국 장쩌민 주석은 양국관계 발전을 위한 제안을 하였으며, 양국은 6월로 예정된 남북정상회담을 비롯해 주요 국제정세 전반에 대하여 의견을 교환하였다. 김정일 위원장은 중국공산당이 중국의 실정에 맞는 개혁개방정책을 실시하여 중국의 특색 있는 사회주의 현대화 건설에서 커다란 성과를 달성한 데 대하여 축하하였고, 중국의 경제발전을 확인하였다. 당시 김 위원장의 방문은 김정일 집권 이후 최초 북중정상회담으로 남북관계 개선이 북중협력을 강화하는 계기로 작용했음을 보여준 사례였다.

남북정상회담의 개최는 한반도뿐만 아니라 동북아시아의 정세 변화를 가져왔고 북한의 대외적 위상을 상승시켰다. 남북정상회담 개최 이후 북한은 EU국가들과 관계 정상화를 시작하는 등의 외교적 성과를 이루었다. 또한, 북미관계 개선도 이루어져 2000년 10월 9일 조명록 차수가 미국을 방문하여 클린턴(Bill Clinton) 대통령을 면담하였고, 10월 23일에는 미국 올브라이트 국무장관이 북한을 방문하여 김정일 위원장을 만났다.

남북정상회담 이후 북중 간의 협력도 빠르게 진행되었다. 2000년 6월 북한 김일철 부위원장이 중국을 방문하였고, 9월 다이빙궈(戴秉國) 당 대외연락부장이 방북하여 2001년 양국 정상회담 개최 준비를 하였다. 이어 10월에는 츠하오텐(迟浩田) 중국 국방장관을 단장으로 하는 군사대표단이 한국전쟁 참전 50주년 행사에 참석하기 위하여 북한을 방문하였는데, 이것은 한중수교 이후 북중 양국이 과거 군사협력의 전통을 복원하려는 움직임을 보여주는 사례였다.

다른 한편으로 북중 간의 경제협력도 재개되었다. 2001년 1월 북중 정상회담과 김 위원장의 '천지개벽' 언급으로 북한의 경제개혁·개방에 대한 기대감이 높아졌다. 당시 김 위원장은 상하이 푸동(浦東)지구 첨단산업기지의 건설계획 전시관과 제너럴 모터스 승용차 공장, 상해화홍전자유한공사 등을 시찰하였다. 그는 상하이의 발전상을 극찬하면서 '상상을 초월하는 변모', '천지개벽' 등의 용어를 사용하였다.[2] 당시 장쩌민 주석은 남북관계 개선과 함께 북한이 경제개혁·개방의 길로 나서도록 김 위원장을 적극 독려하였다.

그해 3월 중국 쩡칭홍(曾庆红) 중국공산당 조직부장이 방북하였고,

9월에는 중국 장쩌민 주석이 북한을 방문하여 김정일 위원장과 정상회담을 가졌다. 김 위원장은 비행장에 직접 나가 장 주석을 영접하였으며, 두 정상은 함께 북한 집단체조와 예술공연을 관람하는 등의 개인적 우호관계도 과시하였다.

이처럼 2000년대 초 나타난 북중관계 회복은 남북협력의 강화와 이에 따른 북미대화의 진전 등 한반도 긴장 완화와 병행되었다. 이에 따라 2000년 북중관계 개선은 남북관계와 북중관계가 동시에 동시에 진전된 대표적인 사례로 평가된다. 이후 2001년 출범한 미국 부시(George W. Bush) 행정부가 '9·11'테러를 계기로 테러와의 전쟁을 선포하고 이전 클린턴 행정부의 제네바합의와 같은 대북 유화정책을 비난하자 북한은 대미관계 개선을 기대할 수 없었다. 이에 북한은 중국과의 관계개선을 더욱 적극적으로 추진하게 되었다. 중국 역시 남북정상회담에 따른 한반도 정세 변화에 맞추어 북한에 대한 영향력 확보의 필요성을 느끼고 있었다.

그러나 북중 간 협력은 2002년 북한의 신의주 특구 조치로 인해 오래 지속되지 못하였다. 신의주 특구개발은 북한이 야심차게 추진한 본격적인 경제 개방의 조치였으나 결과적으로 중국의 동의와 협력을 얻지 못하여 좌초되었다.

신의주 특구 개발은 2001년 김정일 위원장이 중국 상하이를 방문해 경제 발전상을 직접 목격한 것을 계기로 본격화되었다. 그는 당시 '신사고'를 강조하며 경제개혁·개방에 대한 강한 의지를 표명하였다. 2002년 7월 1일 '7·1 경제개선조치(이하 7·1조치)'를 발표하여 경제개혁을 추진하였다. 7·1조치의 핵심은 실리주의의 도입으로 경제 관리의 권한을 분권화하고 시장가격을 인정하며, 시장을 활성화하고, 생산성에 따라 임금을 차등 지급하며 인센티브제를 강화하는 등의 시장경제의 원리를 도입한 것이다.[3]

7·1조치의 시행으로 시작된 북한의 경제개혁은 그해 9월부터 대외개
방정책을 담은 특구 경제 전략으로 이어졌다. 북한 당국은 신의주 특별
행정구(이하 신의주 특구), 개성공업특구, 금강산관광특구를 지정하였
다. 이 가운데 신의주 특구는 2002년 9월 12일 북한 최고인민회의 상임
위원회 정령을 통해 신의주와 주변 지역(위화도, 유초도, 비단섬)이 특
별행정구로 지정되었다. 신의주 특구 기본법에 따르면 특구에 입법권,
행정권, 사법권을 부여하고, 특구 여권 발급이 가능하며, 50년간 특구
토지를 임대하며, 특구 내 개인 소유 재산을 보호하며 상속권을 보장하
고, 외화를 제한 없이 반출입할 수 있고 자체 화폐금융정책을 실시할 수
있었다.[4]

이러한 북한 신의주 특구 지정은 북한 경제 개방을 알리는 첫 신호로
서, 종합형 특구를 도입한 획기적인 조치였다. 신의주는 중국 단둥지역
과 맞닿은 변경무역 도시로서, 신의주 특구의 초대 장관으로 임명된 양
빈(楊斌)이 네덜란드 국적을 가진 중국계 화교였다는 점에서, 북한이
중국과의 협력을 전제로 신의주 특구를 출범시킨 것이라는 합리적인
해석이 제기되었다.

북한이 양빈을 등용한 것은 농업현대화에 관심이 있었고 특히 겨울
철 채소 수급을 위한 온실사업에 주목하였기 때문이었다. 북한은 2001
년 4월 중국 선양에 '허란춘(和蘭村)'이라는 현대농업 생산기지를 건설
중이던 사업가 양빈과 협력하여, 북한 원예총사와 '평양-오야 합영회
사'를 통해 평양 시민들에게 겨울철 채소 등의 농산물을 공급하였다.

이러한 사업의 성과를 바탕으로 김정일의 신뢰를 얻은 양빈은 2002
년 9월 신의주 특별행정구 장관으로 임명되었으나, 같은 해 11월 중국
당국에 의해 정식 체포되어 북한의 신의주 특구 계획은 수포로 돌아갔
다.[5] 공식 발표에 따르면, 양빈이 농업용지를 불법 전용하였고 탈세를
하는 등 불법행위를 하였기 때문에, 중국정부의 조치가 전적으로 불합

리하다고 보기는 어려웠다. 그러나 신의주 특구의 실패는 북한이 중국과 충분한 사전 협의 없이 일방적으로 특구를 추진했기 때문인 것은 해석된다. 특히 양빈이 신의주 특구의 핵심 사업으로 카지노 시설 등을 포함한 관광업을 결정하자 중국 당국이 반발한 것도 또 다른 주요 원인이었다. 당시 중국은 탈세 단속 등 내부 규제를 강화하고 있었으며, 접경지역에 조성될 대규모 위락 단지가 동북지역에 부정적 영향을 줄 것을 우려하였다. 이에 따라 중국은 특구 사업에 대한 의견을 제시하였으나 북한이 이를 수용하지 않은 것으로 알려졌다.

　북한으로서는 7·1조치로 인한 대내 경제개혁과 함께 추진한 신의주 특구를 통한 대외개방이 좌절되는 경험을 하게 된 것이다. 북한의 경제개혁·개방을 통한 변화를 기대했던 중국이 역설적으로 북한의 대외개방 시도를 좌절시킨 셈이 되었다. 중국으로서는 북한 경제개혁·개방에 영향력을 행사하고 그 성과가 자국의 이익이 되는 방향이 되길 원했지만, 북한은 이를 수용하지 않았던 것이다.

2. 6자회담 출범과 북중관계[**]

제2차 북핵위기의 발발은 북중관계 발전을 저해하는 요인이 되었다. 2000년부터 양국 정상회담을 중심으로 경제협력을 위한 양국 간 중요한 모멘텀이 형성되었으나 이를 충분히 활용하지 못한 채 흐지부지되었다. 이후 중국은 북핵문제 해결을 위한 중재자로 나서며, 6자회담이라는 다자회담을 중재하였다.

....

[**]　이 부분은 이상숙, "북-미-중 전략적 삼각관계와 제2차 북핵위기," 『국제정치논총』 제49권 5호(2009)를 수정·보완한 것이다.

1) 6자회담의 배경: 후진타오 지도부의 등장

1994년 김정일 위원장으로의 리더십 교체는 탈냉전과 한중수교라는 구조적 변화 속에서 북중관계에 큰 영향을 주지 못하였다. 반면 2003년 중국 제4세대 후진타오 지도부의 등장으로 인한 중국의 리더십 변화는 북중관계에 보다 실질적인 영향을 주었다.

2002년 11월 제16차 중국공산당 당대회에서 장쩌민 총서기와 제3세대 지도부가 전원 퇴진하고 후진타오를 중심으로 한 제4세대 지도부가 등장하였다. 이후 2003년 3월 제10기 전국인민대표대회에서 장쩌민 국가 주석이 공식적으로 퇴진함으로써 후진타오 총서기가 국가주석에, 원자바오가 신임 총리에 선출되었다.

후진타오 주석은 동북아시아의 현상유지 정책을 재고하는 중이었다. 중국의 외교 전략도 제3세대 지도부를 대표했던 도광양회(韜光養晦) 전략에서 제4세대를 대표하는 화평발전(和平發展) 전략이 추가되었다.[6] 화평발전 전략은 중국의 대외 위상에 맞는 지위와 영향력을 확보하고 이에 합당한 대우를 받기 위해서 국제협력에 좀 더 적극적이고 평화적 모습을 보여야 한다는 것이다.

이러한 화평발전 전략의 차원에서 중국은 2003년부터 북핵문제 해결에 적극적으로 개입하였다. 2002년 10월 미국 제임스 켈리 특사 등 미국 대표단 8명이 북한을 방문한 이후 '북한의 핵무기 개발계획'을 발표하면서 북핵문제가 불거졌다. 그해 11월 15일 KEDO(한반도에너지개발기구)가 대북 중유 지원 중단을 결정하였고 12월 12일 북한이 핵동결 해제를 선언하면서 제2차 북핵위기가 본격화되었다. 2002년 중국 왕이 외교부 부부장은 북한의 '외교적 모험주의(diplomatic adventurism)'에 대해 강하게 비난하고, 그해 11월 중국외교부 고위급 회의에서 "에너지 및 식량 지원 중단"과 "더 많은 탈북자의 허용"에 대해 언급하기도

하였다.[7]

2002년 10월 제2차 북핵위기 발생 이후 중국은 초기에는 대화를 통한 평화로운 해결을 강조하고 미국에게 북한과의 직접적인 대화를 주문하였으나, 2003년 1월 북한이 NPT를 탈퇴하자 중국의 입장은 변화하기 시작하였다. 북한 핵문제에 대한 중국의 정책 변화 시점은 2003년 2월 이후라고 할 수 있다. 중국은 즉각적으로 북한의 NPT 탈퇴를 찬성하지 않는다는 입장을 발표했고, 후진타오 총서기 겸 국가주석도 한반도에서의 핵무기 존재를 강하게 반대하였다. 2003년 2월, 조명록 차수가 중국을 방문해 NPT 탈퇴 이후 중국의 외교적 지지와 에너지 지원 등을 요청했으나, 중국은 이를 받아들이지 않았다. 이는 북한의 핵 개발에 대한 중국의 불만을 상징적으로 드러낸 것이었다.

북핵 문제의 심각성을 인식한 중국은 문제 해결을 위한 다자화 방안을 추진하였다. 2003년 3월 첸치천 전 부총리가 북한을 방문하여 3자회담 참여를 설득하였고, 북한 조명록 국방위원회 제1부위원장이 중국을 방문하여 후진타오 주석과 회담을 가졌다. 그 결과, 4월 베이징에서 미국과 중국, 북한의 3자회담이 개최되었다. 중국은 4월 23일부터 25일까지 개최된 이 회담을 통해 북핵문제에 대한 적극적 개입 의지를 표명하며 중재자 역할을 자임하였다.

북한과 미국의 갈등을 조율하는 역할을 함으로써 중국은 북미 양국 간 대화의 기회를 마련하였다. 국제사회로부터 중국이 강대국으로서 책임 있는 역할과 기능을 수행하기를 바라는 기대가 높아졌고, 중국 스스로도 '책임대국(責任大國)'임을 자임하기도 하였다. 중국은 국제사회의 책임 있는 대국으로 존중받기 위해서 지역 평화와 안정에 적극적인 기여를 해야 한다는 인식 아래 북핵문제 해결에 적극적인 태도를 가지게 되었다.

3자회담 개최 이후 중국 다이빙궈 외교부 부부장은 평양을 방문하여 후진타오 주석의 친서를 전달하고 6자회담 참여를 설득한 결과, 7월 31일 북한은 6자회담 참여를 발표하였다. 초기에 중국은 북미 간 대화의 장을 주선하고 양측 간 합의가 이뤄질 수 있도록 조율하는 중재자 역할을 하였다. 중국은 대화를 통한 평화로운 해결을 강조하고 미국에게 북한과의 직접적인 대화를 주문하였다.

2003년 8월 27일부터 29일까지 기존의 미국, 중국, 북한 3자회담에 한국, 일본, 러시아가 참여하면서 6자회담이 공식 출범하였다. 6자회담에 임하는 북한의 입장을 보면, "첫째로 미국의 정책전환의지를 명백히 확인하자는 것, 둘째로 서로 공격하지 않도록 법적으로 담보하는 불가침조약을 체결하자는 것, 셋째로 미국이 적대정책을 포기하기 전에는 조기사찰이란 있을 수 없다는 것" 등이다.[8] 또한, 핵문제는 "북미 동시 행동조치로 해결되어야" 한다면서, "행동 대 행동 방식이 되어야 한다"고 주장하여 여전히 북미 양자 간 해결에 주력하고 있음을 드러냈다.[9] 6자회담 개최 전후 북한과 중국은 긴밀한 의사소통을 하였다. 8월 7일 왕이(王毅) 외교부 부부장이 방북하여 6자회담의 의제와 대표단 구성에 대해 논의하였고, 8월 19일 류훙차이(劉洪才) 당 대외연락부 부부장이 방북하여 최태복 최고인민회의 의장과 면담하였다. 8월 19일에서 20일까지 중국 쉬차이허우(徐才厚) 군 총정치부 주임이 방북하여 김정일 위원장과 조명록 제1부위원장과 면담을 가졌다.

제1차 6자회담 시 북한은 회담 지속에 미온적 태도를 보였다. 이후 10월 북한은 외무성 대변인 담화를 통해 "농축 우라늄 계획을 인정한 적이 있다"라고 주장하였고 북미 간 중재를 위하여 중국 우방궈(吳邦國) 전국인민대표대회 상무위원장이 평양을 방문하여 김정일 위원장과 면담하였다.[10]

그해 11월 KEDO 비공식 집행이사회에서 경수로 사업을 1년간 일시중단하기로 합의한 이후 6자회담은 교착 상태에 빠졌다.[11] 이 문제에 대한 북한의 입장을 확인하기 위하여 12월 왕이 외교부 부부장이 방북하여 이에 대한 의견을 교환하였다.

2004년 1월 왕자루이 당 대외연락부장의 김 위원장 면담이 이뤄진 이후에서야 북한은 6자회담 테이블로 다시 복귀하였다. 2004년 2월 제2차 회담 직전 북한 김계관 외무상 부상이 중국을 방문하여 6자회담에 대해 양국 간 입장을 조율하였다. 김계관 외상 방중 직후 개최된 제2차 6자회담에서는 미국이 플루토늄뿐만 아니라 고농축우라늄 프로그램의 해체까지 요구하면서 공동성명을 도출하지 못하였다. 이와 동시에, 북한은 중국에 대한 불만도 표출하였다. 이는 중국이 플루토늄 추출에 사용된 화학물질을 실은 것으로 의심되는 북한 기차의 중국 통과를 저지시켰기 때문이다.[12] 이러한 양측 간의 이견을 조율하기 위하여 제2차 회담 개최 이후 2004년 3월 중국 리쟈오싱(李肇星) 외교부장이 방북하여 김 위원장과 면담하고, 6자회담 내 실무그룹 구성에 대해 논의하였다.

2004년 4월에는 베이징에서 김정일 위원장과 후진타오 주석의 정상회담이 열리면서 후진타오 지도부 출범 이후 양국 간 고위급 의사소통이 재개되었다. 회담 직후, 양측은 "핵문제를 평화적으로 해결할 데 대하여 깊이 있게 의견 교환"을 하였다고 발표하며, 이번 정상회담이 대한 의견 교환을 위한 것임을 알 수 있었다. 당시 후진타오 주석은 핵문제의 평화적 해결과 함께 북한의 합리적 우려가 해소되어야 한다고 강조했으며, 김정일 위원장 역시 6자회담에 적극적으로 참여하면서 회담 진전을 위해 기여할 것이라고 언급하였다.

2004년 6월 개최된 제3차 회담에서 북한은 앞서 합의된 실무그룹 회의와 2004년 9월로 예정된 제4차 회담에 불참하겠다고 선언하였다. 북한은 이에 대한 원인으로 미국 의회의 '북한인권법안' 채택과 확산방지구상(PSI: Proliferation Security Initiative)에 따른 해상 합동

훈련, 그리고 미군의 130억 달러 규모의 대남 군수장비 반입 등을 들었다.[13] 이에 중국은 북한의 6자회담 복귀를 설득하고자 9월 10일에서 13일간 북한 조선노동당 리창춘 정치국 상무위원의 방중 기간 동안 경제지원을 제시하였다. 10월 19일 북한 김영남 최고인민회의 상임위원장의 방중 시에도 경제지원을 약속하였다. 그러나 2004년 11월 30일과 12월 3일에 있었던 북미 양국의 뉴욕 접촉 이후, 북한의 회담 이탈로 제4차 6자회담은 무기한 연기되었다.

중국 시진핑 지도부는 달라진 중국의 위상을 바탕으로 한반도 문제에 대해 적극적 역할을 수행하기 시작하였다. 1990년대 초 북핵 문제는 북미 간의 양자 협상 틀 속에서 진행되었으며, 당시 중국은 소극적 행위자로 남아 있었다. 이는 '6·4 톈안먼사건' 이후 중국이 대외관계에서 수세적인 입장을 취할 수밖에 없었던 상황과, 1992년 한중수교 이후 악화된 북중관계로 인해 한반도에 미치는 영향력이 제한되었기 때문이다. 반면 후진타오 주석 시기에는 한반도 영향력 회복을 위하여 6자회담을 추동하였고 이를 매개로 북한에 대한 영향력을 지속하려 하였다.

2) 방코델타아시아(BDA) 문제와 북중 갈등

6자회담이 중단된 가운데 2005년 2월 10일 북한은 외무성 성명을 통해 "6자회담 참가를 무기한 중단할 것"과 "이미 핵무기를 보유하고 있다"고 선언함으로써 사실상 핵무기 보유를 공식화하였다.[14] 중국은 대화를 통한 북핵문제의 해결이라는 대전제를 위해 노력하였으나 북한과 미국 간의 입장 차는 계속 평행선을 달렸다. 북한이 비록 위의 성명에서 "대화와 협상을 통하여 문제를 해결하려는 우리의 원칙적 입장과 조선반도를 비핵화하려는 최종 목표에는 변함이 없다"라는 입장을 밝혔지만, 북한의 핵실험 정황에 이은 '핵무기 보유' 선언은 중국에게 북한 핵개발에 대한 우려를 심화시켰다.

중국은 북한의 핵 보유를 자국의 국가전략 달성에 도움을 주지 못하는 부정적인 요인으로 판단하였다. 만약 북한이 핵무기를 보유한다면, 이는 북미관계에 부정적인 결과를 가져올 뿐만 아니라 중국의 주요 도시들이 북한의 미사일 사정권에 포함되기 때문에 중국에 대한 안보위협이 될 수 있다고 판단하였다. 더 큰 우려는 북한의 핵 보유가 일본의 재무장과 대만의 핵 개발을 촉발할 수 있다는 점이었다.

중국은 북한의 핵보유에 대해 '한반도 비핵화 원칙'을 강조하며 북한에 대한 강경한 입장을 취하기 시작하였다. 북한 핵문제가 심각한 국면으로 접어들자, 후진타오는 북한 위기관리를 위한 영도소조를 새롭게 구성하고, 보다 적극적 대응방안을 모색하였다.

북한의 핵보유 선언 직후 중국은 왕자루이 당 대외연락부장을 북한에 파견해 김영남 최고인민회의 상임위원장과 면담하고 북한의 의도를 확인하였다. 3월에는 북한 박봉주 내각 총리가 중국을 방문하여 경제협력에 대해 논의하고 '북중투자협정'을 체결하였다. 이것은 중국이 북한에 대한 경제적 인센티브를 통해 북한의 핵보유를 자제시키려 한 것으로 해석된다. 박봉주 총리는 북한의 '7·1조치'를 기획하고 실행한 경제 전문가로 당시 북한의 경제개혁을 이끌고 있었기 때문에 중국은 그의 개혁 노선을 지지하며 이를 활용하려는 의도를 보였다.

이후에도 북중 양국은 지속적 의사소통과 의견교환을 하였다. 2005년 4월 5일 강석주 외무성 제1부상이 중국을 방문하여 6자회담 재개 문제를 논의했으나 양측은 결론을 내지 못하였다. 7월에는 탕자쉬안 국무위원이 후진타오 주석의 특사 자격으로 북한을 방문하여 백남순 외무상과 면담하였다. 탕자쉬안 특사는 "6자회담의 조속한 재개를 위하여 북한이 귀중한 공헌을 한 데 대해 평가하고 핵문제를 평화적으로 해결하는 데서 북한의 관건적 역할을 계속 지지할 것"이라는 후진타오 주석의 뜻을 전하였다. 이에 대해 김정일 위원장은 "우리는 6자회담이 예정대로 제 기일 내에 재개되기를 바라며 회담에서 적극적인 진전이 이룩되기를 기대한다"고 언급하였다. 같은 해 7월, 제4차 1단계 6자회담이 개최되었다.

이어 그해 8월 우다웨이(武大偉) 외교부 부부장의 방북으로 양국 의견을 교환한 후 9월 제4차 2단계 6자회담이 개최되었고 이 자리에서 '9·19 공동성명'이 도출되었다. 공동성명은, 검증가능하고 평화적 방법에 의한 비핵화, 북한의 NPT 및 IAEA 복귀, 미국의 북한 군사적 공격 의사 부재 확인, 북미 간 상호 주권존중과 관계정상화, 한국의 에너지 제공 등 다자 경제협력, '공약 대 공약'과 '행동 대 행동'의 단계적 접근 원칙 등을 주요 내용으로 담고 있다.

그러나 '9·19 공동성명'의 합의 직후 미국의 대북 금융제재로 인해 북한과 중국의 갈등이 발생하였다. 2005년 9월 미국과 중국은 북한의 해외자금 은닉처로 지목되던 마카오의 방코델타아시아(BDA: Banco Delta Asia)를 압박하여 북한에 대한 금융제재를 실시하였다. 중국은 미국과 협력하여 북한의 BDA 자산을 동결하였으며, 미국의 대북한 '슈퍼노트(supernote)' 조사를 수용하였다. 특히 중국은 북한의 위조지폐 문제와 관련하여 미국 달러뿐만 아니라 중국 위안화에 대해서 상당한 의구심을 가지고 있었기 때문에 미국과 협력하였다.[15] 이에 북한은 미국의 금융제재로 인하여 비자금의 노출과 관련 자산 동결에 강하게 반발하며 미국은 물론 중국까지 비난하였다.

이러한 상황에서 2005년 10월 후진타오 주석이 북한을 방문하여 북중정상회담이 개최되었다. 회담을 통해 '경제기술협조에 관한 협정'이 조인되었고, 후 주석은 연설을 통해 "중국 당과 정부, 인민은 중조친선을 고도로 중요시하고 있으며, 중조친선을 공고히 발전시켜 나가는 것은 중국의 확고부동한 전략적 방침"이라고 언급하였다.[16] 양 정상은 북한의 집단체조 '아리랑'을 관람하고, 대안 유리공장을 참관하는 등의 우호관계를 과시하였다.

이 방문은 6자회담에서 의미 있는 공동성명을 도출한 직후 실행되었기 때문에 양국 경제협력 확대에 초점이 맞춰져 있었다. 중국은 북핵문제를 6자회담을 통해 해결하고자 공동성명을 성사시켰고, 이를 바탕으로 북중 양자관계도 진전시킬 수 있었다. 양국 정상회담 이후 11월 9일부터 11일까지 베이징에서 제5차 1단계 6자회담이 개최되었다.

6자회담 개최 이후 중국은 북한을 회담에서 이탈하지 않도록 설득하였고 북미 간 이견을 조율하는 중재자의 역할을 자임하였다. 그러나 2005년 북한의 핵보유 발언으로 촉발된 북미 간의 긴장 긴장 속에서, BDA 문제로 상징되는 대북 금융제재에 중국이 미국과 협력하자, 북한의 대중국 신뢰는 약화되었다. 비록 북중정상회담으로 북중 양국관계도 점진적으로 개선되었으나 이후 핵문제 해결 과정에서 북한은 중국이 언제든지 자국을 소외시킬 수 있다는 의구심을 가지게 되었다.

3) 제1차 북핵실험과 중국의 대응

6자회담의 '9·19 공동성명' 합의 이후 북한은 BDA 문제를 비판하면서 회담 진행에 주저하였다. 이런 상황에서 중국은 북한을 6자회담에 묶어두기 위해 북중정상회담을 다시 추진하였다. 2006년 1월 10일부터 18일까지 김정일이 중국을 방문하였으며, 광저우와 선전 등을 시찰하고 후진타오 주석과의 회담을 통해 중국의 경제발전에 찬사를 보냈다. 양국은 공동성명 이행과 6자회담 진전에 협력하기로 합의한 것으로 알려졌다. 중국은 경제협력을 유인으로 삼아 북한의 회담 복귀를 유도하고자 정상회담을 추진하였다.

이후 그해 2월 중국 우다웨이 부부장이 북한을 방문하였고 3월 북한 장성택 국방위원회 부위원장이 중국을 방문하여 경제 현장을 시찰하였다. 4월에는 탕자쉬안 국무위원이 방북하였고, 5월에는 북한 백남순 외무상이 중국을 방문하였다. 그러나 회담의 진전이 없고 6자회담은 돌파구를 찾지 못하였다. 이러한 상황에서 북한의 미사일 발사 움직임이 본격화되었다. 이에 대해 중국 왕광야(王光亞) 유엔 대사는 6월 19일 북한에 미사일 발사 자제를 공식 요청하였으나, 7월 5일 북한은 대포동 2호 미사일을 발사하였다. 이에 7월 10일부터 15일까지 중국 후이량위(回良玉) 부총리가 방북하여 미사일 추가발사 자제를 요청하였다.

이에 대해 유엔 안보리는 7월 15일 비난 결의를 채택하였다. 중국은 당초 안보리의 대응으로 의장 성명 수준이 적절하다고 주장했으나, 이후 '결의안' 채택에 동의함에 따라 유엔 안보리 결의 1695호가 채택되었다. 단, 중국은 제재를 명시하는 것에는 반대하며 거부권을 행사하였다.

유엔 안보리 결의 이후 북한은 미국의 대북 적대시정책을 거론하면서 "핵 억지력을 보유하지 않으면 안 된다"라고 주장하였다. 이후 북한은 10월 3일 핵실험을 예고하였고, 이에 10월 6일 유엔 안보리는 '깊은 우려'를 표명하는 의장 성명을 채택하였다. 중국 및 국제사회의 우려에도 불구하고 북한은 10월 9일 핵무기 실험을 단행하였다. 북한은 외무성 대변인 담화를 통해 핵실험을 "자위적 전쟁억제력을 강화하는 새로운 조치로" 천명하고, "핵실험이 핵무기와 현존 핵계획포기를 공약한 9·19 공동성명에 모순되지 않는다"라고 주장하였다.[17]

중국은 북한의 핵실험에 대해 강력히 비판하였다. 2006년 10월 북한의 핵실험은 한반도 비핵화를 정면으로 훼손하는 행위로 간주하였다. 중국외교부는 북한이 "제멋대로 핵실험을 하였다"고 비난하고 북한의 처사에 강력히 반대하며, 대북 무력제재를 제외한 외교 및 경제제재를 수용한다는 입장을 나타내었다.[18]

북한의 핵실험 강행에 대해 중국은 10월 14일 안보리 결의 1718호에 동의하였다. 이 결의는 유엔 헌장 제7장 제41조를 근거로 하여 경제제재 등을 규정하고 있으며, 북한에 대한 핵무기와 핵개발계획, 그 이외 대량살상무기, 탄도미사일 계획을 완전하고 동시에 검증 가능한 형태로 포기할 것을 의무화하고 있다. 또한 유엔 회원국에 대해서 핵, 미사일 관련 물자뿐만 아니라 전차, 전투기, 군함, 미사일 등의 교체용 부품을 군수 물자의 대북 수출을 금지하며, 북한으로부터 핵, 미사일 관련 물자를 조달하는 것 역시 금지하도록 규정하였다. 아울러 대량살상무기와 관련된 인물과 조직의 자산 동결 조치도 포함되었다. 다만, 제재 항목 가운데 '주변 지역의 긴장을 고조시킬 수 있다'는 이유로 중국이 수정을 요청한 '선박검사'에 대해서는 강제성을 배제하였다.

이와 같이 중국은 북한 핵실험 이전부터 북한에 대해 핵실험 자제를 요구해 왔으며, 북한이 제1차 핵실험을 강행하자 이에 대해 강력하게 비난하였다. 물론 북한에 대한 무력제재는 반대하였으며 '선박검사'의 수위를 낮추는 노력을 하였지만, 경제제재를 포함한 유엔 안보리 결의안에는 찬성하였다.

북한의 핵실험 이후 10월 18일 탕자쉬안 국무위원과 다이빙궈 외교부 수석 부부장 및 우다웨이 전 6자회담 의장 등이 북한을 방문하여 김정일과 만났다. 이 자리에서 탕 위원은 후진타오 주석의 구두 메시지를 전달하며 북핵실험 자제를 요청하고, 6자회담 복귀를 거듭 촉구하였다. 10월 31일 중국은 미국, 북한을 포함한 비공식협의를 베이징에서 주재하였고, 이 자리에서 미국의 금융제재를 6자회담 틀 안에서 해결하기로 합의하였다. 북핵실험 이후 중국은 북한과의 의사소통을 신속히 재개하여 북한을 6자회담 틀 내에 묶어두려는 노력을 지속하였다.

2006년 북한의 핵실험으로 인해 중국은 북핵문제가 중국의 안보를 위협할 수 있다는 인식을 갖게 되었다. 핵실험으로 인한 지진파가 중국 동북지역에서 감지되자 이에 대한 불만과 비난이 쏟아졌다. 특히 북한이 핵실험에 대한 정보를 직전에야 중국에 통보한 것으로 알려지면서 중국인들의 비판 여론은 거세졌다. 이에 중국은 북한과의 대화 가능성을 열어두면서도 북한의 위조지폐 제조를 중국경제의 위협으로 간주하고 금융제재에 동참하기로 하였다. 또한 제1차 핵실험 이후 중국은 상당 기간 북한과의 경제 협력 진전을 유보하였다. 이 시기부터 북한의 핵실험은 북중관계 갈등의 핵심 요인으로 등장하였다.

3. 북한 후계체제 구축과 중국의 협력^{**}

2010년 9월 13일 자 북한 『로동신문』은 "북중 우호관계의 전성기가 도래했다"고 보도하였다. 그리고 다음 날 중국 『인민일보(人民日報)』는 김정일 위원장이 2010년 5월과 8월에 중국을 방문해 진일보한 양당 및 양국관계를 구축했다고 평가하였다.[19] 2010년 두 차례에 걸친 북한 최고지도자의 중국 방문은 북중관계의 협력 강화를 위한 조치였다. 특히 2010년 5월 김정일 위원장의 방중은 천안함사건으로 인해 남북관계가 경색된 가운데 이루어졌다. 또한, 이 즈음 중국은 북한의 안정적 후계체제 구축을 지원하기 위하여 북한과의 경제협력을 확대하였다.

1) 미중관계의 변화와 중국의 대한반도정책

중국의 한반도 정책에 있어서 후진타오체제의 제1기와 제2기를 구분할 필요가 있다. 이것은 미중관계가 협력 중심에서 갈등 중심으로 전환되

** 이 부분은 "김정일-후진타오 시대의 북중관계," 『한국과 국제정치』 제26권 4호 (2010)를 수정·보완한 것이다.

었기 때문이다. 2008년 글로벌 금융위기를 기점으로 미국경제의 하락과 이에 따른 중국의 상대적 국력 상승으로 인해 미중관계는 세력경쟁의 단계로 진입하기 시작하였다. 금융위기 이후 전 세계적 경제침체가 나타났으나 2009년 중국의 GDP는 4.9조 달러로 미국(14.3조 달러), 일본(5.1조 달러)에 이어 세계 3위를 기록하였다. 이후 2010년 2분기부터는 5.9조 달러로 일본을 제치고 세계 2위의 경제 대국으로 부상하였다.

이러한 가운데 미국의 오바마(Barack Obama)정부는 아시아로의 회귀 정책을 추진하면서 이 지역에서 중국과 이익 충돌이 발생하였다. 대표적인 지역이 남중국해지역이었다. 이에 따라 중국 후진타오 지도부 제2기의 대외정책은 보다 공세적이고 적극적인 성격을 띠게 되었으며, 중국의 대외정책에서 '유소작위(有所作爲)'라는 표현이 등장하였다.

미중 간의 갈등은 2009년 11월 미국 오바마 대통령의 중국 방문을 앞두고, 미국이 중국의 인권문제를 제기하고 위안화 절상을 요구하면서 새로운 국면으로 접어들었다.

미중관계의 변화는 중국의 대한반도정책에 영향을 주었다. 중국은 북한의 도발로 인한 한반도 불안정 상황을 미중협력의 틀이 아닌, 미중 갈등의 시각에서 평가하였다. 대표적 사례가 천안함 피격사건으로 중국은 이 사건 이후 겉으로 차분한 대응을 강조하면서, 이로 인한 서해 상에서의 한미 연합훈련에 대해서는 강력히 반대하였다. 2010년 7월 1일 중국인민해방군 총참모부장인 마샤오톈(馬曉天)은 중국과 인접한 서해에서의 한미 연합훈련을 강하게 비판하였다.[20] 당시 중국은 7월 1일 미국이 대만에 약 60억 달러의 무기를 판매하고 양국 군 고위인사의 상호방문을 포함한 군사교류 실시를 비판하였으며, 이로 인해 미중 간의 갈등은 더욱 첨예화되었다.[21]

후진타오 지도부 제1기에 북한의 핵문제를 다자적으로 해결하려 했던 것과는 달리, 제2기에는 중국이 북한과의 양자적 관계를 통해 문제를 해결하려는 경향을 보였다. 중국은 미중 갈등이 부각되는 시기에 북한의 도발로 인한 한반도 긴장 고조가 미중 갈등에 부정적인 영향을 미칠 것을 우려하였기 때문에, 제2차 북핵실험에 대해 경제지원을 통한 북한 달래기에 중점을 두었다. 이러한 대응은 중국 외교의 우선순위가 한반도 비핵화보다 북한체제의 유지에 더 무게를 두고 있었음을 시사한다. 중국은 북한과의 협력을 강화함으로써 북한 내부 안정이라는 정책을 핵심 과제로 삼았다.

2) 김정은 후계체제와 북한의 화폐개혁

2008년 9월 9일 북한 정권수립 60주년 기념식에 김정일 위원장이 모습을 드러내지 않자, 국내외에 그의 건강 이상설이 제기되었다. 이는 바로 포스트 김정일체제의 북한에 대한 부정적 전망으로 이어졌다. 즉 북한 최고지도자의 건강 악화는 권력의 분열을 초래할 수 있으며 북한의 체제 불안정성을 높일 가능성이 있는 상황이었다.

북한체제는 사회주의체제 중에서 '유일체제' 또는 '수령제'라는 특성을 지닌 독특한 형태로 구분된다. 유일지배를 하는 최고지도자는 당, 정, 군의 권력이 고도로 집중되어 있어, 그 역할은 다른 어떤 국가보다도 절대적일 수밖에 없다. 득히 최고지도사의 교체를 난 한 번밖에 겪지 않은 북한으로서는 최고지도자의 사망으로 발생하는 권력 공백이 체제 불안정과 연계될 가능성이 높았다.

2009년 1월 8일 김정일 위원장이 김정은을 후계자로 결정했다는 교시를 리제강 중앙당 조직지도부 제1부부장에게 하달했다는 사실이 알려지면서, 김정일 후계 논의가 본격화되었다. 이후 후계자 김정은을 찬양하는 '발걸음'이라는 노래가 보급되었으며, 같은 해 5월 북한군 대상

내부 선전 문건인 '존경하는 김정은 대장동지의 위대성 교양자료'가 배포되었다.[22] 김정은 후계체제 구축이 가시화되면서, 김정일 위원장의 건강 이상설은 더욱 확실시되었다.

김정은 후계자 내정은 김정일 위원장의 건강이 더 악화되더라도 권력 공백을 최소화하기 위한 조치였다. 북한의 체제 특성상 가장 확실한 후계자의 정당성은 최고지도자의 지명이다. 또한, 아직 20대에 불과한 김정은이 지도자로서의 자질과 능력을 보여줄 수 있도록 후계자 후견 그룹을 주도하고 있는 장성택이 부상하였다. 그럼에도 불구하고 북한 후계체제 구축 과정에서 나타난 다양한 변화들이 북한의 체제 불안정을 초래할 가능성도 여전히 존재하였다.

중국으로서는 북한 김정일 위원장의 건강이상과 이에 따른 권력이양 과정에서 나타날 수 있는 체제 불안정성에 대비할 필요가 있었다. 김정일 위원장체제에서 새로운 지도부로의 이행은 불안정성이 높을 수 있다고 판단한 중국은 2009년부터 북한의 체제 안정을 면밀히 주시하였다.

또한, 2009년 이후 북한은 경제개혁의 후퇴와 함께 화폐개혁을 통한 충격요법은 경제적 불안정성뿐만 아니라 불안정까지 초래할 수 있는 상황에 직면하였다. 2009년 11월 북한은 전격적으로 화폐개혁을 단행하였는데, 이는 구권과 신권을 100대 1로 교환하고 은행 저축에 대해서는 10대 1로 교환하는 것이었다. 북한의 화폐개혁은 그 원래의 목적인 인플레이션 억제와 함께, 개인이 사적으로 보유한 부를 국가로 이전하는 데에도 중요한 목적이 있었다. 이로 인해 북한에 확산된 '시장'을 통해 사적 재산을 보유하게 된 개인들의 부가 국가경제로 귀속될 수밖에 없었다. 북한은 화폐개혁을 통해 개인의 상행위 및 시장경제 활동을 위축시켰다.[23]

이러한 화폐개혁의 부작용에 대해 우려하는 목소리가 높았다. 그 우려는 현실화되어, 전격적으로 실시된 조치에 대비하지 못한 주민들의 불만이 표출되기 시작하였다. 그 결과 2010년 2월 북한 당국은 전국적으로 시장통제를 풀고 모든 물품 거래를 허용하였으며, 화폐개혁을 주도했던 박남기 당 계획재정부장을 경질하였다.[24]

북한 주민들은 이미 시장에 의존한 경제활동을 하고 있었다. 이러한 상황에서 시장을 인위적으로 통제하고 국가 재정을 확충하려는 개혁은 인플레이션과 빈부격차 확대 등의 부작용을 드러낼 수밖에 없다. 이것은 주민들의 북한 당국에 대한 신뢰 저하로 이어질 수 있는 상황이었다. 따라서 북한은 이러한 부작용을 최소화하기 위하여 재빠르게 시장에 대한 통제를 완화하고 관련 책임자를 문책하였다.

그리고 북한 화폐개혁 과정에서 달러화, 위안화 등의 외화 사용을 금지시킨 것 역시 효과적이지 못했고, 오히려 대외거래에서의 혼란이라는 부작용을 초래하였다. 이에 따라 화폐개혁 단행 2개월 만에 외화 사용 금지 조치는 전격 철회되었다. 북한에는 북한 원화보다는 달러화나 위안화 등의 외화선호 현상이 확산되고 있었으며, 화폐개혁으로 북한 원화에 대한 불신은 더욱 심화되었다.

이러한 북한의 경제 불안정성은 중국으로서도 반가워할 사안이 아니었다. 화폐개혁 이후 북한 내 위안화 확산은 중국 동북 지역과의 교류에 혼란을 초래하고, 중국산 소비재 수요를 급증시키는 등 부정적인 영향을 미쳤다.

3) 중국의 대북지원

북한은 국제사회의 강력한 만류에도 불구하고, 2009년 5월 25일 함경북도 길주군 풍계리 인근에서 제2차 핵실험을 강행하였다. 이에 앞서 4월 5일에 장거리 미사일을 발사하여 한반도 주변의 긴장을 고조시켰으며, 핵실험 직후에는 단거리 미사일을 발사하여 위기를 고조시켰다. 그럼에도 불구하고 중국은, 2009년 북한의 제2차 핵실험 이후 대북지원을 오히려 확대하였다. 이처럼 중국은 2006년 제1차 핵실험 시에는 북한에 대한 비난의 목소리를 높이고 대북제재에 동참하였지만, 2009년에는 핵실험 감행에도 불구하고 오히려 대북지원을 강화하는 상반된 태도를 보였다. 이는 반복되는 북한의 위기 조성에 대한 중국의 대응방식이 달라졌음을 보여준다.

2009년 5월 제2차 핵실험 이후, 중국은 북한에 대한 압박 정책을 시행하지 않았고 공개적인 비판도 자제하였다. 중국은 북중관계를 전략적으로 재정립할 필요성을 인식하였으며, 이후 대북정책의 초점을 중국 동북지역과의 경제협력을 통한 북한의 개혁발전에 초점을 두기 시작하였다. 이와 함께 지도자 간 교류도 적극적으로 추진되었다.

그 결과, 2009년 10월에는 원자바오(溫家寶) 총리가 북한을 방문하여 대규모 경제지원을 약속하고, 양국 간 경제협력 방안을 제시하였다. 이어 2010년 3월 천안함사건 이후 남북관계가 경색된 가운데, 같은 해 5월과 8월 김정일 국방위원장이 두 차례 중국을 방문한 것은 중국의 대북지원 의지를 반영한 일정이었다.

실제로 중국은 2008년 1월부터 식량수출 억제정책을 시행하여 중국의 전반적인 식량수출은 감소한 반면, 북한에 대한 식량수출은 오히려 더 증가하였다. 그해 북한에 대해서만 옥수수와 쌀 등 식량수출이 확대되었다.[25] 이것은 당시 북한의 식량난이 악화되었기 때문으로, 북한이 옥수수 수출 할당제를 요구하면서 중국에 식량수출을 강력히 요구했기 때문인 것으로 알려졌다. 중국은 북한의 식량 부족이 체제 불안정으로 이어지는 것을 우려하여, 북한의 안정성을 유지하기 위한 차원에서 식량 지원을 확대하였다. 이것은 북한 김정일 위원장의 건강이 악화되고 남북관계가 악화된 상황에서 북한의 불안정성을 최소화하려는 전략적 대응으로 해석된다.

■ 주

1) 김계동, 『북한의 외교정책과 대외관계』 (서울: 명인문화사, 2012), pp. 206–207.

2) 『로동신문』, 2001년 1월 21일.

3) 권영경, "7·1조치 이후 북한정권의 경제개혁·개방전략과 향후 전망," 『북한연구학회보』 제12권 1호(2008), p. 3

4) 『조선중앙통신』, 2002년 9월 19일.

5) 김홍규·최명해, "양빈 사건과 북한·중국 관계," 『한국정치학회보』 제39권 1호 (2005), p. 328.

6) http://news.china.com/zh_cn/focus/maozedong/news/11015563/20031226/11593915.html (검색일: 2010.03.05).

7) Gregory J. Moore, "How North Korea Threatens China's Interests: Understanding Chinese 'duplicity' on the North Korean Nuclear Issue," *International Relations of the Asia-Pacific* 8–1 (2008), p. 8.

8) 『로동신문』, 2003년 8월 13일.

9) 『로동신문』, 2003년 8월 20일.

10) 외교통상부, 『한반도 문제 주요현안 자료집』 (서울: 외교통상부, 2004), p. 34.

11) 외교통상부 (2004), p. 34.

12) Gregory J. Moore (2008), p. 9.

13) 『로동신문』, 2004년 8월 16일.

14) 『로동신문』, 2005년 2월 10일.

15) S. Snyder, "China-Korea Relations: Kim Jong-il Pays Tribute to Beijing in His Own Way," Comparative Connections, *The Asia Foundation/Pacific Forum CSIS*, June 1; available at http://www.csis.org/images/stories/pacfor/0601qchina_skorea.pdf (검색일: 2006.06.20).

16) 조선중앙통신사, 『조선중앙년감 2006』 (평양: 조선중앙통신사, 2007).

17) 『로동신문』, 2006년 10월 11일.

18) 최춘흠, 『중국의 대북정책과 2·13합의에 대한 입장』 (서울: 통일연구원, 2007), p. 5.

19) http://world.people.com.cn/GB/12710206.html (검색일: 2010.09.14).

20) 『人民日報』, 2010년 7월 3일.

21) 『環球時報』, 2010년 7월 3일.

22) 이기동, "포스트 김정일 후계체제," 강성윤(편), 『김정일과 북한의 정치: 어제오늘 그리고 내일』 (서울: 선인, 2010), p. 392.

23) 양문수, "북한의 화폐개혁: 실태와 평가," 『통일문제연구』 제22권 1호 (2010), pp. 69–70.

24) 강성윤(편) (2010), p. 166.

25) 『食品商務』, http://www.21food.cn/trade/01001005.html (검색일: 2010.09.
16).

11장

시진핑-김정은 시기 북중관계[**]

2010년대 들어서서 중국에서는 시진핑(習近平) 지도부가 들어섰고 북한에서는 김정은이 최고지도자로 등장하였다. 이 시기 중국의 부상으로 인한 미중경쟁과 북한의 핵무기 개발로 인한 지역안보 환경의 변화는 한반도뿐만 아니라 지역 정세의 불안정을 가져왔다. 북한 김정은체제의 '경제건설·핵무력 병진노선'은 핵부기 개발에 집중하는 결과를 초래하였고 중국의 우려를 불러일으켰다. 그러나 2018년 평창올림픽을 계기로 조성된 남북 화해 분위기는 북중관계를 회복시켰다.

[**] 이 부분은 이상숙, "김정은 시기 북중관계와 북한의 대중(中)정책 (2012-2021)," 『정책연구시리즈』 2021-18(2022)를 수정·보완한 것이다.

1. 북중 양국의 리더십 변화

2012년과 2013년을 거치면서 중국과 북한의 지도자가 모두 교체되었다. 역사적으로 북한과 중국의 지도자 변화는 양국관계의 일정한 영향을 미쳐왔다. 양국 지도자의 세계관과 정체성의 변화는 북중관계를 단순히 안보동맹으로 정의하기 어렵게 만들었다. 특히 2008년 글로벌 금융위기 이후 들어선 중국의 시진핑 지도부는 강대국의 정체성을 바탕으로 등장하였다. 역사적으로 살펴볼 때 이러한 정체성이 강화될수록 북중 간 갈등도 심화되는 경향을 보여왔다.

2011년 김정일의 사망 이후 신속하게 김정은체제의 북한을 지지하였던 중국은 북한의 핵문제로 인해 결국 대북 경제제재를 강화하고 양국관계의 냉각을 감수하였다. 양국의 지도자가 교체 이후 2012년부터 2017년까지 정상회담이 개최되지 않았다는 점은 양국관계의 악화를 보여주는 단적인 사례이다.

1) 중국 시진핑 지도부의 대외정책

2013년 11월 중국공산당 제18차 당대회와 11월 15일 제18기 중앙위원회 제1차 전체회의(18기 1중전회)를 통해 중국 시진핑 주석과 리커창(李克强) 총리를 중심으로 한 새로운 지도부가 출범하였다. 시진핑 시기 중국의 대외정책은 미국의 아시아 재균형정책(rebalancing)에 대한 대응이 핵심이었다. '프레너미(frenemy)'라고 지칭되는 미중관계는 지역 내 문제에 있어서 갈등을 피할 수 없는 관계로 인식되었다.

이에 중국은 제18차 당대회에서 '신형 대국관계(新型 大国关系)'과 '책임대국(责任大国)'을 강조하였다. 신형 대국관계는 냉전 시기 미소 간 적대 및 갈등적 강대국 관계와는 달리 상호 신뢰를 바탕으로 협력과 윈-

원, 건설적 경쟁을 지향하는 관계를 의미한다.[1] 즉 미국과의 경쟁은 피할 수 없으나 그 속에서도 협력을 추구하겠다는 것이었다.

또한, 책임대국은 자국의 국제적 위상에 맞게 지역 및 글로벌 차원에서의 역할을 자임한다는 것이다. 후진타오 지도부는 중국의 부상이 시작되는 시기에 등장하였으나, 시진핑 지도부는 이미 'G2 시대'로 불릴 만큼 미국과 경쟁하는 강대국으로 부상한 시점에 등장하였다. 이에 따라 중국은 높아진 국제적 위상만큼 대외정책이 중요해졌으며, 국제사회가 요구하는 외교적 책임도 확대되었다.

책임대국에 대한 요구는 대외적으로뿐만 아니라 대내적으로도 점차 확대되었다. 정보화의 발달로 인해 기업, 지역정부, 네티즌 등의 다양한 행위자들이 대외정책 결정과정에 영향을 미치게 되었다. 이에 따라 시진핑 지도부는 지역 문제에 대해 적극적으로 대응하고 책임 있는 강대국의 역할을 하겠다고 언급하였다.

이러한 신형 대국관계와 책임대국을 관통하는 것은 중국의 강대국 정체성 확립이며, 이는 시진핑 시대 대외정책의 기반이 되었다. 강대국으로서의 정체성을 확립한 중국은 자국의 부상이 주변국의 위협이 되지 않는다는 점을 강조하였고 그 실천으로 책임대국이라는 슬로건을 전면에 내세웠다.[2]

한편 시진핑체제 이후 중국은 '핵심이익' 개념을 중시하기 시작하였고 그중 하나가 '영토보전'이었다. 또한, 시진핑 지도부는 안보 분야에 있어서 중국의 국제적 위상에 합당한 강한 군 건설을 천명하면서 중국의 해·공군력 강화를 강조하였다. 제18차 당대회의 신임 중앙군사위원회 구성을 보면 해공군의 균형발전을 중시하는 쉬치량(許其亮)이 부주석에 임명되었으며, 우주군 건설을 주장하는 창완촨(常万全)이 국방부부장에 올랐다. 중국은 국가주권과 안보이익을 강조하여 이에 대해서는 단호하게 대응하겠다는 입장을 재천명하였기 때문에 중국의 영토 및 영해 문제에 대한 주변국과의 갈등이 예견되었다.

이 과정에서 시진핑 지도부는 중국의 핵심이익에 대해 미국을 비롯한 다른 국가들이 존중해줄 것을 주장하였다. 남중국해에서의 주변국들과의 분쟁, 그리고 일본과의 센카쿠 열도/댜오위다오 영유권 갈등은 중국외교의 핵심 현안으로 떠올랐다.

시진핑 지도부의 신형 대국관계와 책임대국이라는 중요 대외정책 기조는 북한과의 관계에도 영향을 주었다. 신형 대국관계를 위하여 중국은 한반도 문제로 인해 미국과 불필요한 갈등을 빚는 것을 회피하려 하였고, 북한의 도발을 억제하려는 노력은 대내외적으로 중국에 대한 책임대국으로서의 역할 요구가 증대된 것과 관련되어 있었다. 특히 동북아시아의 북한 핵문제는 중국이 외면할 수 없는 안보 현안이었고 이에 대응하기 위해서 북한의 도발 억제를 중시하였다.

여기에 북한에 대한 중국 내 여론 악화 역시 중국의 대북정책에 큰 영향을 주었다. 북한의 반복된 도발은 중국의 전략적 자산이 아니라 부담이라는 인식이 확산되었고, 이러한 비판 여론을 잠재우기 위해서는 중국의 대북정책은 단호해질 필요성이 있었다.

2) 북한 김정은체제 등장과 중국의 대응

북한은 2011년 12월 김정일의 사망 이후 2012년부터 김정은체제로 전환하였다. 2012년 4월 김정은이 조선노동당 제1비서에 추대된 이후 김영일 노동당 국제부장이 중국을 방문하였다. 김 부장은 중국 후진타오 국가주석, 리위앤차오 공산당 조직부장, 다이빙궈 국무위원, 왕자루이 대외연락부장을 만났다. 당시 다이빙궈 국무위원은 "김정은 북한 노동당 제1비서의 지도력 아래 노동당과 정부, 인민들은 국가 번영에 지속적인 성공을 이룰 것"이라고 김정은 리더십을 지지하였다.[3]

당시 북한은 김정은체제 안착이라는 목표를 위하여 중국과의 협력외교를 선택하였다. 국내 정치적 안정을 위해 중국과의 협력 강화가 필요하였고, 대남 및 대미관계가 모두 악화된 상황에서 김정은 정권은 체제 안정을 위한 중국의 지원이 필요하였다.

중국의 김정은 정권에 대한 지지는 김정은 위원장이 군을 확실하게 장악한 이후 두드러졌다. 2012년 7월 16일 북한군의 핵심 인물인 리영호 전 총참모장이 전격 해임되었고, 7월 18일 김정은 위원장은 조선민주주의인민공화국 원수 칭호를 수여받았다. 이후 북중 양국의 고위급 회동이 이어졌다. 같은 달 북한 이명수 인민보안부장이 중국을 방문해 멍젠주(孟建柱) 공안부장, 저우융캉(周永康) 공산당 상무위원을 만났고, 8월에는 왕자루이 대외연락부장이 방북하여 북한 김정은 위원장과 회담을 가졌다.

같은 달 8월, 당시 북한의 2인자로 불리던 김정은 위원장의 고모부인 장성택 부장이 중국을 방문하여 북중 양국의 경제협력에 대해 논의하였다. 북한 측에서는 장 부장을 단장으로 김영일 당 중앙국제부장과 김성남 부부장, 이광근 합영투자위원장이 대표단에 참여하였다. 이들은 후진타오 주석, 원자바오 총리, 왕자루이 대외연락부장, 천더밍(陳德銘) 상무부 부장, 장핑(張平) 국가발전개혁위원회 주임, 쑨정차이(孫政才) 지린성 서기 등과 회담하였다.

북한대표단은 베이징, 농북3성, 장쑤성(江蘇省), 저상성(浙江省)을 방문하였고 북중 접경지역의 '일구양도(나선경제무역지구, 황금평·위화도의 두 개의 섬)' 경제특구개발 문제를 협의하였다. 당시 제3차 '중조 나선경제무역구 및 황금평·위화도 경제구 공동개발·공동관리연합지도위원회' 회의를 개최하고 2013년 상반기 평양에서 제4차 회의 개최를 결정하였다. 장성택 부장과 천더밍 상무부 부장은 '중조 경제기술합작협정'과 '나선경제무역지구항구 및 산업지구 투자협의'에 서명하였다. 이를 위해 나선지구 중국 전력의 송전 방안에 합의하고, 조선 평안북도 인민위원회와 중국 랴오닝성 인민정부의 '황금평경제구 관리위원회' 설립에 대한 양해각서를 교환하기도 하였다. 중국은 특구개발에 대한 중국 기업의 투자가 가능하려면 북한 측이 일정한 조치를 마련해야 한다는 점을 사전에 전달한 것으로 알려졌다.[4]

특구개발 이외에 당시 장 부장의 방중 목적은 김정은 방중 일정 및 의제 조율, 양국 고위층 간 소통 채널 지속, 중국의 대북정책 파악 등이었다. 김정은체제가 들어서자마자 양국 주요 지도자들이 면담하여 고위급 채널을 유지했으며, 중국 언론이 장 부장과 천더밍의 회의 결과를 소개하고 양국 경협의 진전을 강조한 것은 중국이 김정은체제와의 협력 의지를 드러낸 것으로 해석되었다.

이러한 중국의 대북정책은 시진핑 지도부 출범 이후에도 지속될 것으로 보였다. 실제로 2012년 11월 30일 시진핑 주석의 친서를 전달하기 위해 중국 대표단이 방북하였다. 그러나 그 바로 다음 날인 12월 1일 북한은 장거리 미사일 발사 계획을 발표하였다. 실제로 12월 12일 북한은 '은하 3호'를 발사하였는데, 이것은 중국 시진핑 지도부의 대북정책에 부정적 영향을 주었다. 당시 김정은 위원장은 김정은체제의 중국 지원이 필요하나 장성택이 추진한 중국과의 경제협력이 북한의 자율성을 저해하고 자신의 권력 기반 안정에 부담이 된다고 판단한 것으로 해석된다.

그럼에도 불구하고 김정은체제 초기의 대중국 정책은 김정일 위원장이 2008년 이후부터 쌓아놓은 협력의 틀을 강화하는 방향으로 이루어졌다. 즉 특구를 중심으로 한 경제협력을 본격화하고 정치·안보적으로 전략대화를 지속하며 지역 주요 현안에 대한 협력을 이어갈 것으로 해석되었다. 이는 김정은 시대 고위 인사의 첫 해외 방문이 장성택 부장의 방중이었고, 그 핵심 의제가 기존 특구 개발의 진전이었기 때문이다.

김정은체제 초기 북한 관련 중국지도부의 전반적 기류는 여전히 북한의 전략적 가치를 높게 평가하였고, 북한체제 붕괴와 탈북자 유입은 중국의 국가 이익을 위협하는 요소로 인식하였다.

그러나 북한의 미사일 시험 발사에 대해 새로 출범한 시진핑 지도부는 김정은체제가 한반도 불안정을 불러올 것을 우려하였고, 미국을 비롯한 국제사회와 함께 비판하였다. 특히 중국은 시진핑 주석의 친서가 도착한 다음 날 바로 미사일 시험 발사 계획을 발표한 것에 큰 우려를 가지게 되었다. 이로 인해 시진핑-김정은 시기 북중관계는 남북관계 개선 전까지 장기간 최고위급 협력이 재개되지 않았다.

2. 북한의 '병진노선'과 북중관계의 냉각

북한의 제3차 핵실험 이후 중국 내에서는 북한에 대한 비판 여론이 간헐적으로 제기되었고, 북한과의 관계에 대한 다양한 인식이 공존하고 있는 것으로 나타났다. 시진핑 주석은 최고지도자 신분으로 평양보다 서울을 먼저 방문한 최초의 중국 지도자가 되었으며, 이는 북중관계가 냉각을 상징하는 사례였다.

1) 북한 제3차 핵실험 강행

김정은 시기에 북한이 처음으로 미국과의 협상에 나선 것은 2012년 '2·29합의'였다. 북한은 김정은체제가 들어선 지 얼마 지나지 않아 미국 오바마정부와 협상을 시작하였다. 같은해 그해 2월 23과 24일 베이징에서 진행된 제3차 고위급회담을 통해 북한 핵실험, 장거리 미사일 발사, 영변 우라늄 농축 활동의 임시 중단과 미국의 대북 식량 24만 톤

지원을 교환한 '2·29합의'를 도출하였다.

그러나 북한이 '2·29합의' 이후 한 달 반여 만인 4월 14일 장거리 미사일을 발사하여 합의는 무효화되었다. 당시 북한 외무성 대변인은 4월 17일 성명을 통해 "미국은 행동으로 우리의 '자주권을 존중하며 적대의사가 없다'는 확약을 뒤엎음으로써 2·29 조미합의를 완전히 깨버렸다"고 하면서, "조미합의에서 벗어나 필요한 대응조처들을 마음대로 취할 수 있게 되었으며 그로부터 산생되는 모든 후과는 미국이 전적으로 책임지게 될 것"이라고 밝히며, 미사일 발사의 책임을 미국 측에 돌렸다.[5]

북한의 성급한 대미합의는 오바마정부 내내 미국이 '전략적 인내(strategic patient)'라는 대북정책을 정당화하는 데 유리하게 작용하였다. 북한이 장거리 미사일을 발사한 4월 15일은 김일성 생일을 기념하는 광명절로서 이 시기 미사일 발사는 적게는 수주부터 많게는 수개월 전부터 준비되었을 가능성이 크다. 이미 4월 행사가 예정되었다면 장거리 미사일 발사 이후 미국과 합의하는 편이 북한의 협상력을 높일 수 있었을 것이다. 북한은 군사 도발로 위기를 조성한 뒤 협상에 나서고, 합의 이행 없이 다시 도발하는 외교 전략을 반복해왔다. 그러나 '2·29 합의'는 합의 직후 이를 스스로 뒤집은 사례로, 북한외교의 새로운 행태를 드러냈다.

북미합의가 파기된 이후 북한은 도발에 집중하였고 이에 따라 중국은 미국과 협력하여 북한을 압박하였다. 2012년 12월 북한의 장거리 미사일 발사에 대해 유엔 안보리는 2013년 1월 22일, 결의안 2087호를 만장일치로 채택하였고, 중국도 동의하였다. 결의안 2087호는 북한이 추가 핵실험을 강행할 경우 중대한 조치(significant action)를 취할 것을 예고하고, 대량살상무기 관련 '캐치올 규제(catch-all control)'의 중요성을 강조하였다. 또한 개인 4명과 기관 6곳을 제재대상에 추가하고, 북한의 모든 선박에 대한 폐기 및 사용 불능화 등의 압류 및 처분,

대량 현금 사용 제한 등 구체적인 제재 조치를 포함하였다.[6]

이에 대해 2013년 1월 23일 북한 외무성은 '유엔 안보리 제재결의'와 관련한 성명을 통해 미국의 대북정책을 비난하고 "자위적 군사력을 확대·강화하는 물리적 대응조치"를 할 것을 발표하였다.[7]

다음 날인 1월 24일 북한은 국방위원회 성명을 발표하여 "여러 위성과 장거리 미사일, 높은 수준의 핵실험"을 주요 골자로 하는 전면 대결전 돌입을 선언하였다. 특히 이 성명에서는 "큰 나라들까지 미국의 전횡과 강권에 눌려 지켜야 할 초보적 원칙도 서슴없이 저버리고 있다"고 중국의 유엔 안보리 제재 동참을 강하게 비판하였다.[8] 북한은 중국이 미국과 협력하여 자국을 압박하는 것에 불만을 가졌고 중국을 강하게 비판하였다.

이에 대응하여 중국은 시진핑 지도부 출범과 함께 북한의 장거리 미사일 발사가 이어지자 유엔 안보리 제재에 동참하였다. 이는 향후 중국이 북한의 도발에 대해 단호한 대응을 할 것이라는 예고였다.

2013년 2월 12일 북한은 제3차 핵실험을 단행하였다. 북한은 외무성 대변인을 통해 핵실험의 목적이 "군대·인민의 분노를 보여주고 자주권을 지키려는 의지·능력을 과시하려는 데에 있다"라고 밝혔다.[9] 이어 조선로동당은 3월 31일 당중앙위원회 전원회의를 개최하여 김정은 시대를 이끌어갈 노선으로 '경제건설과 핵무력 건설 병진노선'을 천명하였다. 이를 통해 북한은 김정은체제 아래에서 핵무력 강화에 본격적으로 집중할 것임을 대내외에 선언하였다.

2) 북한 제3차 핵실험 이후 중국의 제재 동참

북한의 제3차 핵실험에 대해 3월 8일 유엔 안보리 제재 결의안 2094호가 채택되었는데 이는 핵실험 이후 한 달도 채 되지 않아 결의안이 통과된 첫 사례로, 중국이 대북 제재에 신속히 동의했음을 보여준다. 북한의 제1차와 제2차 핵실험 이후에는 중국이 중국이 결의안 초안에 대해 여러 수정이나 보완을 요청하였기 때문에 내용 협의가 한 달 이상 지연된 바 있다.

북한의 제3차 핵실험 이후 중국은 대북 경제제재에 대한 엄격한 이행을 강조하면서 북한을 압박하였다. 중국외교부는 2013년 3월 교통운수부, 은행업관리감독위원회, 해관총서, 변방부 등에 2094호 결의를 엄격히 집행하라고 요청하는 협조 공문을 보냈다. 중국이 이처럼 제재에 대한 엄격한 이행을 공식적으로 산하기관에 전달한 것은 북한 핵실험 시행 이후 처음인 것으로 알려졌다.

그리고 중국 당국은 다롄(大连)항을 중심으로 북한 수출 화물에 대한 검사를 강화하였다. 현지 관련 종사자에 따르면 그동안 다롄항 통관에서 화물의 임의 변경 등이 빈번하였으나 통관 신고와 실제 화물이 일치하는지에 대한 감시가 한층 강화되었다. 그리고 북한주민의 중국 유입에 대한 규제를 강화하기 위하여 신규 비자 발급과 단기 비자 획득 및 북한 주민의 노동 행위 감시를 강화하였으며, 북한 관광에 대한 일시적 중단이 이루어졌다.[10] 또한 외화 확보를 위한 북한의 금융 거래를 차단하기 위해, 중국의 4대 국유은행인 인민은행, 공상은행, 농업은행, 건설은행은 조선무역은행과의 거래를 중단하였다.

북한의 제3차 핵실험에 대해 중국은 북한의 핵개발 기술 발전이 급속히 이뤄지고 있다고 판단하였다. 실제로 북한의 제3차 핵실험은 제1·2차 핵실험에 비해 기술적으로 많은 진전이 있었다. 중국은 북한의 핵개발이 심각하게 한반도 안정을 저해하는 것으로 인식하였고, 북한의 농축 우라늄이 유출된다면 중국과 국제사회의 이익을 해를 끼칠 수 있다고 우려하였다.[11]

북한은 중국을 강하게 비난하기는 하였으나, 중국과의 관계 지속을 위해 제3차 핵실험 직후인 5월 최룡해 인민군 총정치국장을 중국에 파견하였다. 이어서 6월 북한 김계관 외무성 제1부상이 중국을 방문하여 '북중 외교부문 전략대화'를 개최하였다. 비록 북중 간 의사소통을 이어갔으나 대표단의 위상은 이전 후진타오 시기와 비교해 크게 낮아졌음을 확인할 수 있다.

중국 시진핑 지도부는 김정은 정권의 핵개발 지속에 대해 우려를 표명하고 도발에 대한 경제제재를 이행하는 방식으로 강경한 입장을 취하였다. 특히 2013년 12월 김정은 후계체제의 후원자로 알려지던 장성택이 숙청되자 중국은 북한과의 대규모 경제협력을 중단하고 양국관계의 경색을 감수하였다. 장성택은 중국과의 경제협력을 이끌어왔던 총책임자로서 그의 퇴진은 북한의 대중국 협력에 부정적 영향을 미쳤다.

3) 북한의 '병진노선'과 중국의 입장

2013년 3월 31일 북한은 조선노동당 당중앙위원회 전원회의를 개최하여 김정은 시대의 핵심 노선으로 '경제건설과 핵무력 건설 병진노선'을 천명하였다. 이와 동시에 '자위적 핵보유국의 지위를 더욱 공고히 할 데 대하여'라는 법령을 통해 핵보유국 지위를 공고히 하기 위한 10개 항을 결정하였는데, 여기에서 핵무기 사용을 "북한 최고사령관의 최종 명령에 의해서만 가능하다"는 조항을 삽입하였다. 북한은 대외 긴장이 고조된 상황에서도, 김정은체제의 권위 강화를 위해 '핵보유국 지위'를 공식화하고 이를 실행에 옮기는 강경 노선을 채택하였다.

이러한 북한의 핵무력 강화에 대해 시진핑체제 초기 중국의 대북정책은 단호한 대응을 기본 입장으로 삼았다. 시진핑 지도부는 북한의 핵무력 강화와 '핵보유국' 헌법 명시에 대해 강경 입장을 고수하고 국제사회의 대북제재에 참여하는 입장을 보였다.

그러나 시진핑 지도부는 북한 핵문제에 대한 원칙을 '뱌오번젠즈(標本兼治)'라고 규정하였는데, 표면적인 문제(標)를 북한의 핵문제로, 근본적인 문제(本)를 북한에 대한 체제 안전 보장을 의미하는 것이다. 북한 핵문제를 다룸에 있어서 핵문제 해결과 동시에 한반도 평화체제 논의가 병행되어야 한다는 것이다. 이에 따라 시진핑 지도부 1기 중국은 대북 경제제재에 찬성하고 북한과 정상회담을 포함한 고위급회담을 자제함으로써 북한의 핵개발에 대한 반대를 확실히 하였으나, 이와 동시에 북한 핵문제를 대화와 협상으로 해결해야 한다는 입장도 견지하였다.

3. 조선노동당 창건 70주년 기념식과 북중관계의 일시적 개선

김정은체제가 핵무력 강화에 집중하자 남북관계는 개선의 조짐이 보이지 않았다. 그런데 2015년 8월 북한 목함지뢰사건으로 남북한이 '8·25 합의'를 이끌어냈고, 합의의 성과로 남북한은 10월 20일부터 제20차 이산가족 상봉 행사를 개최하였다. 이러한 가운데 개최된 북한 조선노동당 창건 70주년 행사에 중국이 고위급 대표단을 파견함으로써, 북중관계는 일시적으로 개선되었다. 이는 남북관계 개선이 북중관계 개선을 가져온 사례로 평가할 수 있다. 그러나 북중 간 핵문제를 둘러싼 이견은 여전히 좁혀지지 않았다.

1) 남북관계의 일시적 개선

2013년 경제건설·핵무력 병진노선을 선포한 북한은 2014년까지 핵무력 강화와 대내적 김정은 리더십 강화에 집중하였다. 그 결과 '2·29 합의’ 이후 대미관계 개선은 좌절되었고, 대중관계도 뚜렷한 진전을 이루지 못하였다.

당시 박근혜정부가 새로 출범한 상황에서 북한이 제3차 핵실험을 강행하자 남북관계 역시 냉각되었다. 한국은 북한의 도발에 대응하여 2013년 4월 개성공단의 인력을 철수하는 강경책을 단행하였다. 이에 북한은 6월 개성공단 재개를 위한 남북대화를 제의하였고 9월 개성공단은 재가동되었다. 이후 2014년 1월 한국 박근혜정부가 소위 ‘통일대박론’을 주창하자 북한은 이를 흡수통일로 간주하면서 비판하였다. 그러나 그해 열린 인천 아시안게임 개최는 남북관계 개선의 계기가 되었다. 2014년 10월 4일 인천 아시안게임 폐회식에 북한 황병서 총정치국장, 최룡해 비서, 김양건 비서 등의 북한 고위급 대표단이 참석하였고, 한국 통일부 장관과의 회담하면서 남북관계의 물꼬가 트였다.

이러한 상황에서 2015년 8월 4일 비무장지대에서 북한군의 목함지뢰로 인해 한국군이 중상을 입은 사건이 발생하였다. 이에 한국은 대북 확성기 방송을 재개하는 심리전을 감행하였고, 북한은 48시간 이내 확성기 철거를 요구하며 실제로 8월 20일 확성기 방향으로 사격을 가하기도 하면서 남북 간 긴장이 고조되었다.

이 사건은 비무장지대의 긴장을 가져왔으나 해결 과정에서 오히려 남북관계가 개선되는 계기가 되었다. 북한의 제의로 남북한은 ‘2+2 고위 당국지 회담’을 개최하였다. ‘2+2 고위 당국자 회담’이라고 녕녕뇐 것은 당시 한국 홍용표 통일장관과 김관진 청와대 국가안보실장이 북한 군부 서열 1위였던 황병서 인민군 총정치국장과 대남 분야 수장인 김양건 통일전선부장이 참여하였기 때문이다. 이 회담을 통해 남북한은 ‘8·25 합의’를 도출하였다. 사건 발생 20여 일이 지난 8월 25일 북한은 총정치국장을 통해 “최근 군사분계선 비무장지대 남측지역에서 발생한 지뢰 폭발로 남측 군인들이 부상을 당한 것”에 대하여 유감을

표명하면서 긴장이 완화되었다.[12]

남북한이 안보위기를 대화와 협상으로 풀어나가면서 남북관계는 일시적으로 개선되었다. 이러한 남북관계의 변화는 북중관계에 우호적 영향을 주었다. 당시 시진핑 주석은 북한과 정상회담을 갖지 않은 반면, 2014년 한국과 정상회담을 개최하면서 한중관계를 관리하였다. 중국은 핵무력을 강화하고 한반도 긴장을 조성하는 북한에 대해 강경한 입장을 가지고 있었는데 한중 양국은 한반도 안정이라는 공동의 이익을 가지고 있었기 때문에 북한에 대한 공동 대응이 가능하였다. 중국으로서는 도발을 지속하는 북한과의 관계개선이 한국과의 관계에 부정적 영향을 줄 것이라고 예상하였다. 남북관계의 일시적 개선은 중국이 북한과의 관계를 회복하더라도 한국과의 관계에 악영향을 주지 않을 수 있는 환경을 조성하였다.

2) 당 창건 70주년 기념식과 중국 대표단 방북

2014년 12월 17일 베이징 주재 북한대사관에서 김정일 사망 3주기 추도식이 개최되었고 여기에 중국 류윈산(劉雲山) 정치국 상무위원이 참석하여 전통적 우호를 강조하는 발언을 하였다. 이러한 분위기는 2015년 1월 시진핑 주석이 김정은 위원장에게 생일 축전을 보내면서 이어졌고 중국외교부는 양국 협력을 내용으로 하는 '16자 방침'을 언급하였다.[13] 중국이 북한과의 관계개선을 모색하기 시작했다는 신호로 해석되었다.

2015년 조선노동당 창건 70주년 기념식이 개최되어 중국공산당 류윈산 정치국 상무위원을 단장으로 하는 40여 명의 중국 대표단이 참석하였다. 김정은 제1비서가 류 위원과 함께 열병식을 지켜본 모습이 대내외적으로 공개되면서, 2013년 북한의 제3차 핵실험 이후 냉각된 북한과 중국의 관계에서 협력이 강화될 것으로 여겨졌다. 류 상무위원과 왕자루이 대외연락부장은 시진핑 주석의 친서를 전달하면서 '전통적 우의'를 강조하였다.

그는 김정은 제1비서와 함께 최룡해 당비서, 김영남 상임위원장과도 회담하였다. 이 자리에서 양국 우호관계는 선대 지도자들로부터 물려받은 가장 큰 외교적 유산임을 강조하였다. 또한 조국해방전쟁승리기념관의 중국인민지원군관이라는 양국 우호의 상징성이 있는 곳을 방문하는 행보를 보여주었다.

류 상무위원은 중국공산당 내 이데올로기 및 사상 관련 업무를 담당하고 있는 만큼 북한과의 관계개선을 위한 적임자였다. 함께 방북한 왕 부장은 북한과의 교류에 핵심적 역할을 해온 대외연락부 책임자로서 그의 방북은 양국 소통 채널의 복원을 의미하였다. 특히 류 상무위원은 '전통계승, 미래지향, 선린우호, 협력강화'라는 16자 방침을 언급하였고, "고위층의 정치적 소통을 강화하고 경제무역 등에서 실속 있는 협력 등을 추진하자"고 전하였다.[14]

이러한 북중관계의 일시적 개선은 양국 간 경제협력에 대한 기대로 나타났다. 당시 중국 동북3성 지방정부는 북한과의 경제협력 확대를 희망했고, 그 일환으로 2015년 10월 15일 중국 단둥시의 접경지역 호시(互市)무역구를 개장하고 '제4회 중조 경제무역문화관광 박람회'를 개최하였다. 호시무역은 양국 접경지역 주민이 일정 금액 이하 물품을 관세 없이 사고파는 국경무역을 말하는 것으로 소규모 자유무역지대의 성격을 갖는다. 양국은 1997년과 2005년, 2010년 두만강 유역 국경도시인 지린성 투먼(图门) 등에서 호시를 연 바 있으나, 장기간 장기간 운영되지는 못했다.

북중 양국은 2016년부터 본격적으로 단둥 궈먼(国门)항 호시무역구를 가동할 계획을 발표하였다. 이 구역은 2만 4,000㎡ 부지에 북중 접경지역 20㎞ 이내에 거주하는 양국 주민에게 상품 교환 활동을 허용하고, 하루 8,000위안 이하 상품에 대해 수입 관세와 과징금이 면제되었던 것으로 알려졌다. 개시식에는 평안북도 인민위원회 홍길남 부위원장과 선양(沈阳) 주재 북한총영사관 김영남 부총영사가 참석해 랴오닝성정부와 평안북도 간의 경협임을 보여주었다. 호시무역 개시에 대한 기대감과 함께 양국이 단둥에서 박람회를 개최하였는데 이 박람회는 2012년부터 시작된 것으로 북한 기업 100여 곳이 참여하기도 하였다.

이 시기 북한과 중국의 관계개선은 남북한의 '8·25 합의'가 가장 중요한 원인으로 분석된다. 중국은 한반도의 긴장 고조를 반대해왔기 때문에 남북한이 긴장을 완화하고 합의를 도출하는 노력에 중국의 협력이 있었고, 이러한 남북관계 개선이 북중관계 개선에도 긍정적인 영향을 주었다.[15] 북한은 당 창건 70주년 기념식을 기점으로 국내 정치적 안정을 이루었으며, 이 시기를 전후로 대남 및 대중관계 개선에 나섰다. 이러한 북한의 행보는 대남관계 개선을 지렛대로 삼아 대중국관계를 개선하려는 전략으로 평가된다. 북한은 중국이 핵개발을 문제 삼지 않는 조건에서 대중국 협력을 원하였으나 중국은 이를 수용하기 어려웠다.

3) 북중관계의 악화와 북한의 제4차 핵실험 단행

2015년 북한 당 창건 70주년 기념식을 기점으로 북중 양국은 일시적으로 협력을 회복하는 듯 보였고, 그 상징으로 같은 해 12월 북한 모란봉 악단의 베이징 공연이 추진되었다. 그러나 공연 준비 중 북중 양국의 갈등으로 모란봉 악단의 공연이 전격적으로 취소되었다. 이 공연은 단순한 예술 교류가 아니라 북중 양국의 관계회복을 위한 수단이었기 때문에 공연 취소는 양국 지도부의 의중이 담겨 있다고 해석된다.

2016년 1월 6일 북한이 제4차 핵실험을 전격 단행한 것을 고려하면, 모란봉 악단 공연 취소의 배경에는 북한의 핵실험 추진이 있었던 것으로 분석된다. 북한의 제4차 핵실험에 대해 중국외교부는 "북한이 국제사회의 보편적 반대를 고려하지 않고 다시 핵실험을 진행하였다. 중국정부는 이에 대한 분명한 반대를 표명한다"고 대응하였다. 이와 같이 중국은 제4차 핵실험 반대를 명확히 하였고 6자회담을 통해서 한반도 핵문제를 해결해 나갈 것임을 표명하였다. 그러나 중국은 대화와 협상을 통한 북핵문제 해결이라는 원칙 아래 북한 핵문제와 평화협정 체결을 동시에 병행해야 한다는 '병행론'을 주장하였다.

이후 중국은 2월 2일 우다웨이 한반도 특별사무대표를 북한에 보내어 리수용 외무상, 리용호 외무성 부상을 면담하고 4차 핵실험에 대한 비판과 북한의 미사일 발사시험에 대한 우려를 표명하였다.[16] 이러한 외교적 접촉에도 불구하고 북한은 핵 및 미사일 개발 입장을 고수하였고, 이에 따라 중국은 미국과 함께 보다 강력한 제재 논의에 착수하게 된다.

한편 중국은 북한의 제4차 핵실험에 대해 2016년 2월 25일 미국과 함께 대북제재 결의안 초안에 합의하였고 3월 2일 안보리 결의안 2270호를 채택하였다. 안보리 결의안 2270호는 이전보다 훨씬 강한 제재 조항을 포함하였다. 그러나 북한의 석탄과 철광석 수출을 금지하면서 '민생 목적'인 경우를 예외로 남겨뒀는데 이것은 중국의 입장이 반영된 것이었다. 중국 당국은 제재는 목적이 아닌 수단일 뿐이며 한반도 비핵화를 실현하기 위해서는 대화와 협싱을 통해 평화적으로 해결해야 한다고 강조하면서 제재가 북한의 민생과 인도주의적 수요에 영향을 주어서는 안 된다고 지적하였다.

이와 동시에 중국은 안보리 제재에 대한 이행 의지를 명확히 하였다. 안보리 결의안 2270호 채택 이후 4월 5일 중국의 상무부는 석탄과 철, 철광석, 금, 티타늄, 바나듐, 그리고 희토류의 수입 금지를 발표했고, 동시에 항공유 등 5개 품목의 대북 수출 금지도 함께 발표하였다.

이러한 가운데 북한은 2016년 5월 제7차 당대회를 개최하였다. 북한 7차 당대회 직후 중국 시진핑 주석은 김정은 위원장의 노동당 위원장 취임 축전을 보냈다. 시 주석은 축전에서 "전통적인 북중 친선은 두 나라 공동의 귀중한 재부"이기 때문에 "중국 당과 정부는 북중관계를 고도로 중시한다"고 관계개선 메시지를 보냈다. 또한, 5월 16일 왕자루이 전국 정협 부주석이 주중 북한대사관에서 개최된 제7차 당대회 경축 행사에 참석하였다. 이어 5월 31일과 6월 1일 북한 리수용 당 부위원장이 방중하여 시진핑 주석을 면담하고 당대회 결과와 주요 내용을 공유하였다. 중국은 여전히 북한 핵실험에 대한 반대를 분명히 하였으나, 북한과 의사소통은 이어나갔다.

4. 남북관계 개선과 북중관계의 복원

2017년 5월 출범한 문재인정부는 북한 핵문제라는 심각한 안보 위기 속에서 등장하였으나 2018년 평창 동계올림픽을 계기로 남북관계 전환의 전기를 마련하였다. 2000년 남북정상회담 개최 시와 마찬가지로, 2018년 4월 27일 판문점 남북정상회담 개최 직전 시진핑-김정은체제 출범 이후 한동안 열리지 않았던 북중정상회담이 개최되었다. 이후 북미정상회담 직전에도 북중정상회담이 개최되어 고위급 전략대화가 재개되었다.

1) 남북관계 개선과 북중정상회담 개최

2017년 중국 제19차 당대회 이후 중국은 시진핑 주석의 특사로 쑹타오(宋濤) 대외연락부장을 북한에 파견하여 북중관계 개선 의지를 전달하였다. 이후 북한은 '국가 핵무력 완성'을 선언하면서 정책전환을 예고하였다. 북한은 2016년 제7차 당대회 개최를 계기로 김정은 위원장의 리더십을 확고히 하고 정책전환을 위한 국내적 기반 마련에 착수하였다. 당대회를 통해 당기능의 정상화를 추진하고 국방위원장체제를 국무위원회체제로 개편하였다. 또한, 핵능력 고도화에 집중하여 2017년 제5차 및 제6차 핵실험을 단행하고 그해 11월 29일에는 화성-15형 대륙간탄도미사일(ICBM: Intercontinental Ballistic Missile) 발사시험을 실시한 뒤 국가 핵무력 완성을 선포하였다. 국가 핵무력 완성 선포는 핵무력 강화를 일단락하고 협상으로 가기 위한 북한의 전략으로 해석된다.

이러한 북한의 정책 변화 배경에는 2017년 북한의 핵무력 강화가 지속되는 가운데 문재인 대통령이 그해 7월 '베를린 구상'을 발표하고 북한과의 협상을 추진했던 한국의 대북정책이 있었다. 새롭게 출범한 문재인정부는 한반도 평화 정착의 의지를 지속적으로 표명하였으며, 북한의 정책 변화에 긍정적 영향을 주었다.

2017년 11월 국가 핵무력 완성을 선포한 북한은 2018년 신속한 정책 변화를 표방하였다. 김정은 위원장은 2018년 1월 1일 신년사를 통해 남북관계 개선과 평창 동계올림픽 참여 의사를 밝혔다. 이후 2월 평창 동계올림픽에 김영남 최고인민위원회 상임위원장을 단장으로 한 북한대표단이 방문하였고, 김여정 조선노동당 중앙위원회 제1부부장을, 최휘 국가체육지도위원회 위원장, 리선권 조국평화통일위원회 위원장이 대표단에 포함되었다. 북한 대표단은 문재인 대통령과 접견을 통해 한반도 평화 프로세스의 출발을 알렸고, 이어서 3월에는 문재인 대통령이 대북 특사를 파견하였다. 이 자리에서 김 위원장은 대북 특사단을 통해, 대화를 통한 비핵화 문제 해결과 남북관계 개선에 대한 의지를 전달하였다.

2018년 평창올림픽을 계기로 남북관계를 개선한 북한은 국내적으로도 협상 국면의 전환을 정당화하는 조치를 취하였다. 2018년 4월 20일 제7기 제3차 조선노동당 전원회의를 통해 경제력 발전을 위한 총집중 노선을 주장하면서 이를 위해 우호적 대외 환경을 조성을 위해 노력할 것과 핵실험 중단을 선언하였다.

남북관계 개선과 함께 북한은 중국과의 관계회복에도 나섰다. 2018년 2월 평창올림픽 개막식에서 중국 한정(韓正) 중국공산당 정치국 상무위원이 북한 김영남 및 김여정을 비롯한 북한 대표단과 접촉하였을 것으로 추정된다.

이러한 일련의 조치들은 시진핑 시기 중국이 북한에 기대했던 방향성과 일치했기 때문에, 북중관계의 개선이 가능하였다. 2017년까지 핵무력 강화를 위해 중국과의 관계 악화를 감수했던 북한은 평창올림픽을 계기로 대남관계 개선과 함께 대중관계 개선에도 적극적으로 나섰다. 북한의 전략적 선택은 김정은 지도자의 리더십 안정과 핵 관련 과학기술의 발전이 뒷받침되었다. 다시 말해, 북한 외교의 두 핵심 목표인 후계체제 안정과 안보 위협 극복의 조건이 마련된 것이다.

2018년 4월 27일 열린 남북정상회담을 계기로 한반도에 평화 분위기가 조성되었다. 남북한이 합의한 '4·27 선언'은 개성 남북공동연락사무소 설치를 포함한 남북관계 개선, 한반도에서의 전쟁 위험의 실질적 해소와 첨예한 군사적 긴장상태 완화, 완전한 비핵화를 통해 핵 없는 한반도 실현 등의 내용을 담아 남북관계 개선 의지를 확인하였다.

당시 남북정상회담 직전 3월 25일부터 28일 북중정상회담이 개최되었다. 이 회담은 시진핑 주석과 김정은 국무위원장 간의 첫 정상회담이자, 김정은 정권 출범 7년 차에 이뤄진 첫 해외 정상회담이었다. 김정은 위원장은 부인 리설주와 함께 국무위원회 부위원장 최룡해, 당 중앙위원회 정치국 위원 박광호, 리수용, 김영철, 외무상 리용호, 조용

원, 김성남, 김병호 등을 대동하고 방중하였다. 이 회담에서 북중 양국은 '전략적 의사소통 강화'를 북중관계 개선의 핵심 수단으로 확인하였다. 특히 4월 27일 남북정상회담을 앞두고 남북관계 개선에 대한 논의를 한 것은 2000년 6·15 남북정상회담 이전 김정일이 중국을 방문하여 북중정상회담을 연 전례와 유사한 행보였다.

2) 싱가포르 북미정상회담과 북중정상회담 개최

시진핑-김정은의 두 번째 정상회담은 2018년 6월 12일 역사상 최초 북미정상회담을 앞두고 개최되었다. 북미정상회담을 위해 북미 양국은 발 빠르게 움직였으나 6월 2일 북미 간 실무접촉은 주춤하였다. 이러한 상황을 타개하고 중국과의 공조 강화를 위해 북한은 5월 7일에서 8일까지 다롄에서 시진핑 주석과 두 번째 북중정상회담을 가졌다. 당시 김 위원장은 시 주석과의 회담뿐 아니라 동반 산책을 통해 제1차 정상회담보다 더 긴밀한 관계를 보여주었다.

정상회담에서 김정은 위원장은 '한집안 식구'와 같은 관계임을 강조하며, 미국의 적대시 정책과 안보 위협의 제거 필요성을 언급하였다. 특히 김 위원장은 중대한 사업과 관련한 주석의 고견에 감사를 표시하였는데 이것은 북미정상회담과 관련하여 중국이 의견을 제시했음을 시사하는 대목이다. 당시 북한과 미국은 6월 정상회담 개최를 앞두고 미묘한 신경전을 하고 있었고 합의점을 찾지 못하고 있는 상황이었다.

이에 대해 시진핑 주석은 전통적 우의, 사회주의체제, 전략적 소통, 교류 강화라는 '신시대 북중관계'를 제시하며, 양국이 운명공동체임을 강조하였다. 시 주석은 "정세가 어떻게 흐르든 중조관계를 공고히 발전시키려는 것은 두 나라 당과 정부의 확고부동한 입장이자 유일하고 정확한 선택"이라고 양국관계의 의미를 부여하였다.[17]

이러한 북중관계의 발전은 북미정상회담을 앞둔 트럼프(Donald Trump) 대통령에게 부담으로 작용하였다. 트럼프 대통령은 "김정은 위원장이 시진핑 주석과 두 번 만난 다음에 태도가 좀 변하였다"라면서 "시 주석은 세계적 수준의 포커선수"라고 북중관계 발전에 불편함을 표출하였다.[18]

북한 입장에서는 북미정상회담에 앞서 북중정상회담을 개최함으로써, 북중 간 긴밀한 의사소통으로 대미관계 전략을 북중 양국이 공유하고 있다는 점을 보여주었다. 이것은 미중관계의 경쟁 가속화와 맞물려서 대북정책에 일정한 제약을 가하는 효과를 가져왔다는 점에서 북한으로서는 북중정상회담의 성과가 있었다고 평가 가능하다. 특히 북중 경제협력의 요충지인 다롄에서 정상회담을 개최함으로써 유엔 대북 경제제재 이후 움츠러들었던 중국 동북지역의 대북 경제협력에 대한 청신호를 밝혀준 셈이었다.

2018년 6월 12일 싱가포르에서 역사상 최초의 북미정상회담이 개최되었다. 트럼프 대통령과 김정은 위원장은 새로운 북미관계 설정, 한반도 항구적 평화구축, 완전한 비핵화 확인, 미군 전쟁 포로·실종자 유해 송환에 합의하였다. 싱가포르선언에는 북한 김정은 위원장이 원했던 큰 그림은 모두 담겨있었다. 북미정상회담 이전 북중정상회담을 앞세웠던 전략은 성공적이었다. 북미정상회담에 대해 중국은 왕이 외교부장을 통해 남북한과 미국이 "새로운 역사의 장을 열었다"고 언급하며 "한반도 평화·안정을 위한 새로운 우호 분위기가 조성되었다"고 긍정적으로 평가하였다.[19]

북미정상회담 직후 일주일 후인 6월 19일 베이징에서 시진핑 주석과 김정은 위원장의 제3차 북중정상회담이 있었다. 북한 김정은 위원장은 한편으로 북미정상회담의 결과를 공유하고 후속 조치를 협의하기 위하여, 다른 한편으로 중국과의 경제협력을 위하여 중국을 방문하였다. 김 위원장은 중국의 역할에 감사를 표하며, 중국과 '한집안 식구·

참모부'라는 점을 강조하고, 사회주의 수호와 조선반도 및 지역 문제에서 중국 동지들과 한 참모부에서 협력하겠다는 점을 확고히 하였다. 또한, 당시 김 위원장은 제1·2차 정상회담에는 포함되지 않았던 북한 경제 총책임자 박봉주 내각 총리가 동행함으로써, 제3차 정상회담은 경제 협력이 핵심 의제였음을 암시하였다.

이 자리에서 시진핑 주석은 "중국은 조선의 후방"이며 북중관계에서 "3가지 변할 수 없는 것"을 언급하였다.[20] 3가지 변할 수 없는 것은 중국의 당과 정부는 북중관계를 공고히 확고한 점이라는 것이 변하지 않을 것이고, 중국 인민의 북한 인민에 대한 우호관계가 변하지 않을 것이며, 중국이 사회주의 북한을 지지하는 것은 변하지 않을 것을 의미한다.

3) 하노이 북미정상회담과 북중협력 강화

첫 정상회담 이후 싱가포르 선언 이행 과정에서 양측의 시각 차이가 극명하게 드러났다. 북미정상회담 직후 이뤄진 폼페이오(Mike Pompeo) 장관의 2018년 7월 6일 3차 방북 당시, 북미협상은 별다른 진전을 보지 못하였다. 국내 정치적 어려움 속에 트럼프 대통령은 가시적 성과가 필요하였고 북한은 싱가포르 북미정상회담에서 얻었던 성취를 양보 없이 이어가려 하면서 협상은 돌파구를 찾지 못한 채 교착 상태에 빠지게 되었다.

이러한 상황에서 김 위원장은 2019년 1월 1일 신년사를 통해 "더 이상 핵무기를 만들지 않겠다"라는 표현으로 비핵화 의지와 제2차 북미정상회담에 대한 기대감을 표현하여 협상 국면의 지속 가능성을 시사하였다. 반면 "미국이 자기의 약속을 지키지 않고 일방적으로 그 모습을 강요한다면 새로운 길을 모색할" 것이라고 경고함으로써, 협상 국면이 전환될 수 있음도 동시에 암시하였다.[21]

신년사 직후 2019년 1월 김정은 위원장은 중국을 다시 방문하여 시 주석과 네 번째 정상회담을 가졌다. 이 회담은 제2차 북미정상회담이 예정된 이후 이루어졌다는 점에서, 북미회담을 앞둔 전략 조율의 성격을 띠었으며, 북중 간 전략적 의사소통이 한층 강화되고 있음을 보여주었다.

회담에서 김 위원장은 "지난해 중국의 중요한 역할에 감사"하다는 점을 강조하였고, "비핵화를 대화·협상을 통해 해결하고 북미 제2차 회담의 성과를 위해 노력할 것"임을 확고히 하였다.[22] 이에 시 주석은 "김정은 동지의 전략적 결심은 정확"하며, "조선이 주장하는 원칙적인 문제들은 응당한 요구이며 마땅히 해결되어야 한다는 데 전적으로 동감"한다며 북한의 입장을 지지하였다.[23]

김정은 시기에 들어서서 북한은 경제·핵 병진전략을 추진하였으며, 6차례 핵실험을 통해 핵보유 능력을 과시하면서 안보에서 중국에 대한 자율성을 최대화하였다. 반면, 중국은 북한의 핵무력 강화를 억제하려 했고 이에 대한 북한의 존중을 요구하면서 양국관계는 점차 악화되었다. 이에 따라 시진핑 시기 중국의 대북정책에도 일정한 변화가 있었다.

그러나 북한이 남북 및 북미관계 개선을 통해 외교적 국면 전환을 추구하는 과정에서 가장 먼저 정상회담을 개최한 것은 북중정상회담이었다. 당시 김정은 위원장의 연설을 보면 정상회담은 북한의 제의로 이루어진 것으로 해석되며, 이는 외교적 협상이 필요한 상황에서 중국의 지지와 협력이 필요하기 때문이다. 이는 북한이 안보 측면에서는 중국에 대한 자율성을 일정 수준 이상 확보한 반면, 외교 및 경제 측면에서는 여전히 자율성이 제한되어 있었음을 보여준다. 북한은 북미 협상을 유리하게 이끌기 위해 중국의 입장을 사전에 확인하고 협조를 구할 필요가 있었다. 두 차례 북미정상회담 직전 김정은 위원장은 모두 중국을 방문하였고 제1차 북미정상회담 직후에도 방중하였다. 북미관계에 대한 북중 간 긴밀한 의사소통은 미국을 견제하는 작용을 하였다. 북한은 중국 제19차 당대회 이후 중국과의 의사소통을 통해 한반도 정세 변화를 공유하였고, 이 과정에서 북중 간 전략적 협력을 위한 정상회담의 필요성에 대해 공감을 가지게 되었을 것으로 평가된다.

또한, 중국의 입장에서도 북중관계의 악화 원인이 북한의 핵무력 강화에 있었음에도 불구하고 북한의 정책 변화에 있어 관계회복에 나선 것은 북한이 여전히 중국의 대외 전략에서 중요한 대상이라는 점을 보여주었다. 북한이 중국과의 관계 악화를 감수하고 자국 핵무력을 발전시킨 것은 시진핑 지도부의 대외전략에 부정적 영향을 미쳤다. 이에 대해 중국은 북한과의 전략대화 단절 등으로 대응하며 양국관계를 냉각시켰다. 그러나 중국은 트럼프 행정부 시기 미국의 대중국 압박이 강화되는 상황에서 한반도에 대한 중국의 영향력 축소는 중국의 전략적 이익에 불리하게 작용할 수 있었다. 이점을 고려하면, 시진핑 시기 중국의 대북정책 변화는 북한의 공세적 세적 안보노선에 대한 전술적 대응이었을 뿐, 근본적 대북정책의 전환은 아니었던 것이다.

이와 같이 북중관계는 약소국과 강대국 사이의 자율성 추구와 존중 요구 간의 비대칭적 갈등이 지속되는 관계이다. 그러나 북중 양국은 제3국 견제와 지역 영향력 유지를 위해 협력이 불가피하기 때문에, 관계를 완전히 단절하지는 않는다. 결국 북중관계는 비대칭 갈등이 지속되는 가운데 상호 협력의 기능성을 내포한 전형적인 약소국과 강대국의 비대칭관계의 특성을 보여준다.

■ 주

1) 한석희, "시진핑 지도부의 대외관계 분석,"『국가전략』제18권 4호 (2012), p. 39.

2) 이상숙, "시진핑 지도부의 대북정책 변화와 전망,"『글로벌정치연구』제6권 1호 (2013), p. 68.

3) 『노컷 뉴스』, 2012년 4월 23일.

4) 이상숙, "시진핑-김정은 시대 북중관계 전망,"『주요국제문제분석』, 2012-39호 (2012), pp. 8-9.

5) 『로동신문』, 2012년 4월 18일.

6) www.un.org/documents/2087 (검색일: 2022년 10월 5일).

7) 『로동신문』, 2013년 1월 24일.

8) 『조선중앙통신』, 2013년 1월 25일.

9) 『조선중앙통신』, 2013년 2월 13일.

10) 『조선중앙통신』, 2013년 5월 10일.

11) Thomas Plant & Ben Rhode, "China, North Korea and the Spread of Nuclear Weapons," *Survival* 55-1 (2013), p. 70.

12) 『연합뉴스』, 2015년 8월 22일.

13) 이상만·이상숙·문대근,『북중관계: 1945-2020』(서울: 경남대극동문제연구소, 2021), p. 184.

14) 이상숙, "북한 노동당 창건 70주년 기념식 평가와 대외정책 전망,"『주요국제문제분석』(2015), pp. 10-11.

15) 이상숙 (2015), p. 13.

16) 임강택 외,『북중관계 주요분야별 현황 분석』(서울: 통일연구원, 2017), p. 64.

17) 『조선중앙통신』, 2018년 5월 8일.

18) 『연합뉴스』, 2018년 5월 23일.

19) 이상만·이상숙·문대근 (2021), p. 199.

20) 박병광,『시진핑 시기 북중관계에 대한 평가와 전망』(서울: 국가안보전략연구원, 2020), p. 93.

21) 『로동신문』, 2019년 1월 1일.

22) 『조선중앙통신』, 2019년 1월 10일.

23) 『조선중앙통신』, 2019년 1월 10일.

3부

북중관계의 쟁점

북중우호조약을 통해 본 북중관계: 북러협정과의 비교

북중관계의 주요 쟁점 중 하나는 북중관계를 안보동맹관계로 볼 수 있는가 하는 점이다. 한중수교 이후 북중관계는 안보동맹관계에서 '정상국가관계'로 변화되었다는 분석이 주를 이루었다. 반면 북중우호조약의 존재를 근거로 여전히 안보동맹관계로 정의한 시각도 있었다. 북중양국은 북중우호조약을 통해 안보동맹관계를 문서화했기 때문에 이를 토대로 안보동맹관계의 여부를 평가하는 것이 적절하다.

　1961년 체결된 북중우호조약은 북소우호조약과 비교할 때 더 동맹을 강하게 규정한 것으로 평가되었다. 그러나 2024년 체결된 '북러 포괄적 전략동반자관계협정(이하 북러협정)'은 북중우호조약보다 더 포괄적 내용을 담고 있어 두 조약을 비교할 필요성이 있다. 두 조약을 비교함으로써 북중우호조약의 성격을 보다 명확히 이해할 수 있고 그 현재적 함의를 더 정확하게 알 수 있다.

1. 비대칭 안보동맹의 특성을 통해 본 북중관계

북중관계를 안보동맹으로 규정하려면 양국의 안보협력을 명시한 북중우호조약의 유효성을 평가하고 이를 바탕으로 양국관계를 분석할 필요성이 있다. 여기에서는 비대칭 안보동맹의 특성을 통해 북중관계를 평가할 것이다.

1) 북중관계의 안보동맹적 성격

강대국인 중국과 약소국인 북한의 관계는 전형적인 비대칭관계로서 냉전 시기 북중관계를 규정하는 가장 일반적인 개념 역시 약소국과 강대국의 비대칭관계라는 것이다. 그리고 북중관계는 한국전쟁과 1961년 조중우호조약을 통해 중국이 안보를 지원하고 북한이 안보를 의존하는 비대칭 안보동맹으로 간주되었다. 특히 이 조약에 포함된 소위 '자동개입조항'은 양국을 군사동맹관계로 규정하는 근거가 되어왔던 바, 이 조약의 존속은 양국관계를 군사동맹관계로 볼 수 있는 근거가 되었다.

그러나 북한과 중국은 서로를 동맹국가로 표현하지 않고 '전통우호관계'라 설명한다. 북한에 중국군이 주둔하지 않고 있고 양국 합동군사훈련 등과 같은 실질적인 안보협력이 이뤄지지 않기 때문에 북중 양국은 양국관계가 한미동맹과 같은 안보동맹과는 다르다고 주장한다. 중국은 외교관계에서 여러 국가와의 관계를 '동반자관계'로 분류하지만 북한과의 관계는 이 분류에 포함되지 않으며, '전통우호관계'라는 다른 범주에 두고 있다.

다시 말하면 현재 양국은 냉전 시기 양국관계를 상징하던 '혈맹(血盟)' 또는 '동맹'이라는 용어를 사용하지 않고 양국관계를 '전통 우호관계'로 설명하고 있다. 2009년 중국 외교부 대변인은 중국과 북한의 관계는 '정상국가 간의 관계'라고 설명하였고, 북한도 중국과의 군사동맹관계를 더 이상 언급하지 않으며 자국을 안보적으로 자주적인 국가라고 주장하였다. 또한 중국이 북한에 군사 장비를 수출하거나 지원하지 않고, 합동 군사훈련이나 안보 분야의 정보 교류도 이루어지지 않는 점에서, 안보동맹을 구성하는 안보 협력이 관습화되지 않았기 때문에 동맹으로 보기 어렵다는 의견도 제기되고 있다.

그럼에도 불구하고 1961년 체결된 조중우호조약(이하 북중우호조약)이 파기되거나 수정되지 않은 상황이므로 북중관계를 안보동맹으로 규정하는 것은 합리적이다. 북중우호조약에 안보협력 내용이 포함돼 있고 지금까지도 이 조약이 존속하기 때문이다. 해당 조약 제2조는 "체약 일방이 어떤 한 국가 또는 몇 개 국가의 연합으로부터 무력침공을 당해 전쟁상태에 처하게 되는 경우 체약 상대방은 모든 힘을 다해 지체 없이 군사적 및 기타 원조를 제공"한다는 안보협력이 포함되어 있다. 또 제7조는 조약의 수정 또는 폐기에 대한 쌍방 간 합의가 없는 이상 계속 효력을 갖는다고 명시하여, 어느 한 국가가 일방적인 파기를 하지 못하도록 제한하였다.

2) 북중동맹의 형성 원인

1961년 양국의 북중우호조약 체결은 북한과 중국의 내·외적 위협이 동시에 작용한 결과이다. 중소 분쟁이 진행 중이던 당시, 중국은 미국과의 충돌 가능성이라는 외적 위협과 북한의 도발 가능성이라는 내적 위협에 직면해 있었고, 이는 북중우호조약 체결의 주요 배경이 되었다.

양국 동맹 형성의 가장 중요한 원인은 '위협균형(balance of threat)' 이론에 기반한다. 당시 중국은 소련과 갈등관계에 있었을 뿐만 아니라 인도와의 국경 문제도 겪고 있었다. 이러한 상황에서 중국은 국경을 접하고 있는 북한, 베트남, 몽골에 협력조약을 체결할 것을 먼저 제의했으며, 이는 국경 안정을 도모하기 위한 전략적 조치였다. 중인국경분쟁과 중소분쟁으로 인하여 국경안보가 위협받는 상황에서 중국은 북한의 도발 행위를 억제하기 위해 조약을 통한 제도적 장치를 마련하였다.

북한은 '북중우호조약'에 대해 "피로써 맺어진 조중 친선을 더욱 강화할 데 대한 두 나라 인민의 일치한 지향을 구현한 것이며 제국주의자들의 침략으로부터 사회주의의 전취물을 고수하며 평화를 수호하기 위해 견결히 투쟁할 데 대한 두 나라 인민의 확고한 결의의 표시이다. 따라서 이것은 미제의 침략을 반대하며 평화와 사회주의를 위한 공동투쟁의 길에서 굳게 단합된 조중 양국 간의 불패의 동맹이고 두 나라 인민의 전통적인 친선단결과 우의협조관계의 위력한 시위로 된다"고 평가하였다.[1]

당시 한국은 1960년 4·19혁명과 1961년 5·16 군사쿠데타로 인하여 사회적으로 불안정한 상황에 처해 있었기 때문에, 중국은 이를 오판한 북한이 한반도에 돌발 상황을 일으킬 가능성을 우려하였다. 이는 조약 체결을 통해 북한의 도발을 억제하려는 중국의 또 다른 의도였다. 중국은 자국의 국경안보에 집중해야 할 시기에 북한의 도발이 자국 안보에 부담이 될 것이라고 판단하였다. 따라서 중국에게는 미국이라는 외적 위협과 북한의 도발 가능성이라는 내적 위협이 동맹조약 체결의 동인이 되었다.

북한의 경우 한미동맹의 외적 위협에 대항하기 위해 중국과의 동맹조약을 체결하였다. 냉전 시기 북한은 미국과 일본을 위협 요인으로 인식하고 있었으며, 한국의 5·16 군사쿠데타로 군사정부가 등장하자 이에 따른 외적 위협을 인식하고 무력 충돌의 가능성을 예상하였다. 1960년부터 본격화된 중소분쟁은 중국과 소련에 안보를 의존하고 있었던 북한에게 안보적 위협으로 인식되었다. 두 강대국이 충돌할 경우 북한은 어느 국가로부터도 안보지원을 받을 수 없는 상황에 놓여 있었기 때문이다.

이에 따라 북한은 중소분쟁으로 긴장관계에 있는 중소 양국 모두와 비슷한 시기에 동맹조약을 체결하였다. 여기에는 중국과 소련 양국 모두로부터 안보지원을 받으려는 목적, 즉 북한이 방기(abandonment)당할 가능성을 차단하려는 의도에서 나온 것이었다.

3) 비대칭 안보동맹 해석의 한계

북중관계 전체를 일반적인 강대국과 약소국의 비대칭 동맹으로 보는 것은 설득력이 부족하다. 북중관계는 강대국의 안보 지원과 약소국의 자율성 제한이 교환되는 전형적 비대칭동맹과는 차별성을 가진다. '비대칭 안보동맹'을 연구한 모로우(James Morrow)는 한 국가가 동맹으로부터 자율성의 이득을 얻고 다른 국가는 안보의 이득을 얻게 되는 '안보-자율성 교환모델(autonomy security trade-offs model)'로 비대칭 동맹을 설명하였다.[2] 일반적으로 비대칭관계에서 약소국은 강대국의 안보 보호를 받는 대신, 강대국의 이익을 훼손하지 않는 범위 내에서 경제적 양보나 대내외 자율성에 대한 타협을 하게 된다.

'안보-자율성 교환모델'에 따르면 중국이 북한의 안보를 지원하고 북한은 중국에 경제적 양보나 대내외적 자율성을 제한하는 방식의 관계를 형성하게 된다. 1961년 북중우호조약 체결 당시 북중관계는 일정 부분 이러한 모델의 특성을 지녔고 그런 맥락에서 안보조항인 제2조가 포함되었다. 북중우호조약의 체결 배경은 1950년대 말부터 시작된 중소분쟁이다. 중소 양국으로부터 안보지원을 받던 북한은 중소분쟁으로 양국 모두에서 안보지원을 받지 못하는 상황을 우려하였다. 이 때문에 북한은 소련 및 중국과 각각 안보지원 조항이 포함된 안보동맹 조약을 체결하였다. 두 조약 내용을 비교해보면, 북중우호조약은 제2조에 '지체 없이'란 문구를 삽입해 북소우호조약보다 더 긴밀한 관계란 점을 부각하였다.

이와 같이 북중우호조약은 북한과 소련 간의 안보조약보다 훨씬 더 안보협력을 강하게 유인하는 내용을 담고 있다. 왜냐하면, 중국이 북한의 입장을 받아들여 북한의 원하는 내용을 적극 수용했기 때문이다. 특히 양국 중 한 국가라도 폐기를 원하지 않는 이상 조약이 유지되도록 한 것은 조약을 어느 한 국가가 일방적으로 파기할 수 없도록 명문화한 것이다. 북소우호조약에는 포함되어 있지 않은 이 조항으로 인해 북중우호조약은 장기적 지속성을 확보하게 되었다. 이 조약을 통해 북한과 중국의 '동맹'이 외교 조약으로서 공식화되었다. 이는 중소분쟁 속에서 안보를 보장받으려는 북한의 전략과, 국경 안정 확보 및 북한을 자국 안보질서 내에 편입시키려는 중국의 의도가 결합된 것으로 볼 수 있다.

그러나 역설적으로 1961년 북소 및 북중우호조약을 통해 소련과 중국으로부터 안보지원을 문서화한 직후부터 북한은 군사력 강화에 더욱 집중하였다. 1962년 북한은 국방·경제 병진노선을 채택하고 국방력 강화에 집중하였다. 이후 1966년 '자주노선'을 선포하면서 대외적으로는 자주, 안보적으로는 '자위'를 주창하였다.

또한, 1970년대 미중 데탕트로 인해 북중 양국은 대미 위협인식에서 차이를 보이기 시작하였다. 북한은 1970년대 후반부터 대미 위협인식을 강화하면서 북중 간 대미 인식의 간극은 양국 간 안보협력을 제약하는 요인이 되었다. 따라서 북중관계는 탈냉전 이후에도 우호조약의 존속을 통해 안보동맹을 유지하는 것으로 볼 수 있으나 현재 북중관계를 '자율성-안보 교환모델'에 따른 전형적 비대칭 안보동맹으로 보는 것은 한계가 있다.

2. 북중우호조약의 실효성과 지속[**]

북중관계를 안보동맹으로 보는 것은 합리적이기 때문에 이 조약의 실효성을 평가할 필요가 있다. 그리고 이 조약의 한계에도 불구하고 양국이 조약을 지속하는 이유를 검토할 필요성이 있다. 이를 위해 북중우호조약의 내용을 바탕으로 그 현재적 함의를 확인할 것이다.

1) 북중우호조약의 내용

조약의 서문에서 양국은 "맑스-레닌주의와 프로레타리아 국제주의의 원칙에 립각하여"라고 전제하고 "국가 주권과 령토 완정에 대한 호상 존중, 호상불가침, 내정에 대한 호상 불간섭, 평등과 호혜, 호상 원조 및 지지의 기초하여"[3] 조약을 체결한다고 명시하였다. 여기서 언급된 상호존중, 상호불가침, 내정불간섭, 평등과 호혜, 상호원조 및 지지는 저우언라이의 '평화공존 5원칙'에 기초한 것이다.

북중우호조약의 제2조는 상대국이 안보 위협 상황에 지원한다는 구체적인 군사 개입 조항이 포함되어 있어 안보동맹조약의 성격을 가지고 있다. 이 조항은 양국이 상호 안보지원 의무를 부과한 것으로 이것은 상대국이 침략받았을 경우에 해당하는 방어동맹임을 확인하였다.

....

[**] 이 부분은 이상숙, "북중우호조약의 현대적 함의와 양국관계," 『주요국제문제분석』 제11권 31호(2011)를 수정·보완한 것이다.

중요한 것은 상대국이 제3국을 침략하였을 경우에는 안보지원 의무가 적용되지 않는다는 점이다. 중국은 북한이 한반도에서 무력 도발을 할 경우 이를 지원해야 할 의무를 지니는 것은 아니다. 반대로 상대국이 침략을 받게 되는 경우에는 이에 개입할 수 있는 근거가 되기도 한다. 즉, 한반도에서 북한이 침략받게 되면 중국의 군사력 투입은 이 조항에 의해 정당화될 수 있다.

이 조항에 따라 한반도 유사 시 중국의 개입 여부는 당시 한반도 내 불안정 상황의 원인과 대내외적 정세를 종합적으로 고려하여 결정할 것이다. 냉전의 갈등이 최고조였던 1950년 한국전쟁 참전 역시 중국지도부에서 오랜 논쟁 끝에 신중하게 결정되었다. 탈냉전 시기에 중국이 책임대국을 강조하고 있는 상황에서는 개입에 더욱 신중할 것이다. 따라서 탈냉전 이후 중국이 한반도에 무력 개입하는 것은 조심스러운 선택일 것이기 때문에 군사적 개입을 쉽게 결정하지 않을 것이다. 예를 들어 북한체제 내부 혼란 시에는 국경 안정을 위한 제한적 개입이 불가피할 수 있지만, 평양 등 주요 도시에 대한 단독 개입은 용이하지 않을 전망이다.

그럼에도 불구하고 북한과 중국은 북중우호조약으로 군사동맹을 공식적으로 천명하고 이미 형성되어 있던 안보지원-안보의존의 관계를 제도화하였다. 조약의 공식 체결은 동맹의 기능을 안보협력에서 외교 및 타 분야의 협력으로 확대하고 그 내용을 구체화하였다. 총 7개 조항으로 이뤄진 조약의 주요 내용을 살펴보면 다음과 같다.

제1조는 양국 협력의 원칙을 제시하고 있으며, 제2조는 양국이 상호 안보에 대한 의무를 부담하는 것으로 되어있다. 조약에서 "체약 쌍방은 체약 쌍방 중 어느 일방에 대한 어떠한 국가로부터의 침략이라도 이를 방지하기 위하여 모든 조치를 공동을 취할 의무를 지닌다"면서 "체약 일방이 어떠한 한 개의 국가 또는 몇 개 국가들의 련합으로부터 무력

침공을 당함으로써 전쟁 상태에 처하게 되는 경우에 체약 상대방은 모든 힘을 다하여 지체 없이 군사적 및 기타 원조를 제공한다"고 규정함으로써, 상호 간 군사안보 지원 의무를 명확히 하고 있다. 그러나 한국전쟁 이후 중국의 지속적인 원조 및 지원을 고려하면, 양국이 조약 체결 당시 중국의 대북 안보 지원을 염두해두고 조항을 넣었다고 해석가능하다.

제3조는 상호 동맹관계에 대한 규제로서 대외정책을 제약하는 내용이다. "체약 쌍방은 체약 상대방을 반대하는 어떠한 동맹"과 "어떠한 집단과 어떠한 행동 또는 조치"에도 참가하지 않는다고 함으로써 상대방을 반대하는 동맹과 집단에 참여하는 것을 금지함으로써 자본주의 세력과의 연대를 저지하는 기능을 수행한다. 특히 '상대방을 반대하는 집단'에는 북한의 반대세력인 남한과 미국이 포함됨을 알 수 있다.

조약 제4조는 상호지도자 간 상호방문과 국제문제에 대한 의사소통 강화를 명시한 조항이다. 그러나 2006년 북한이 중국과의 사전 협의 없이 제1차 핵실험을 단행하였기 때문에 북한은 이 조항을 위반하였다고 볼 수 있다. 제1차 핵실험은 중국의 안보 이익에 직접적인 영향을 주는 행위임에도 불구하고, 북한은 중국과 사전에 협의하지 않았다. 이는 "일체 중요한 국제문제들에 대하여 계속 협의"한다는 제4조의 내용에 명백히 위배되는 것이다. 그럼에도 불구하고, 이와 같은 위반 사례 역시 조약의 존속 여부에는 결정적인 영향을 미치지 못하였다.

조약의 제5조는 양국이 "주권존중, 내정불간섭, 평등과 호혜원칙 및 친선협조의 정신으로 상호 모든 경제적 및 기술적 원조를 제공하고 경제, 문화 및 과학기술적 협조를 계속 공고히 발전시킨다"는 내용을 담고 있다. 이것은 조약이 단순히 안보동맹조약에만 그치는 것이 아니라 다방면적 협력을 약속한 조약이라는 점을 보여준다.

조약 제6조는 평화적 한반도의 통일 실현에 대한 합의로 이 조항은 각국 지도자를 통해 지속적으로 확인되는 부분이며, 중국이 이에 협력한다는 점을 강조하였다. 이 조항은 표면적으로는 선언적 성격을 띠지만, 실질적으로는 한반도 통일 과정에서 중국이 개입할 수 있는 여지를 열어두고 있다.

조약의 제7조는 조약의 효력이 비준서 교환한 날로부터 발생한다는 점을 명시하고, 조약이 수정 또는 폐기에 대한 쌍방 간의 합의가 없는 이상 계속 효력을 가진다는 점을 규정함으로써, 조약이 장기간 유효함을 확인하고 있다.

2) 북중우호조약의 실효성

북중우호조약이 북중관계의 전모를 설명해주는 것은 아니다. 양국은 이미 조약의 여러 조항을 위반한 바 있으며, 이에 대한 어떤 제재 수단도 존재하지 않기 때문이다. 북중 양국은 상대국의 조항 위반을 비판하였으나, 이것이 조약의 폐기로 이어지지 않았다. 탈냉전 이후 북중관계의 변화로 인해 북중우호조약은 양국관계를 실질적으로 규정하기보다는 양국의 과거 역사를 함축하는 상징성을 지니게 되었다. 다시 말하면 북중우호조약의 각 조항이 엄격한 실효성을 가지는 것은 아니며 각 조항에 대한 준수 의무도 약화된 것으로 해석할 수 있다.

북중안보동맹에 변화를 야기한 주요 계기는 1970년대의 미중 데탕트였다. 냉전 시기 북중동맹은 한미동맹에 대항하는 성격을 가졌다. 그러나 중국이 미국과의 관계개선을 이루면서 북중 양국은 대미 위협인식에 있어서 차이가 발생하였다. 실제로 중국은 70년대의 데탕트 시기부터 한반도정책을 미중관계와 한반도의 안정이라는 두 가지 렌즈로 보기 시작하였다. 이후 한중 수교는 북중관계가 북중우호조약의 틀을 벗어나 갈등이 확대되는 전환점이 되었다.

탈냉전 이후 1992년 8월, 한국과 중국이 국교정상화에 합의하고 대사급 외교관계를 수립함으로써 북중우호조약의 안보동맹적 의미는 퇴색되었고 실효성이 약화되었다. 그럼에도 불구하고 양국은 우호조약을 수정하거나 폐기하려는 의사를 표명하지 않았고 2026년 1월 현재까지도 유효한 상태로 유지되고 있다.

3) 중국과 북한의 북중우호조약 지속 원인

북중관계의 변화에도 불구하고 북중 양국이 우호조약을 폐기 또는 수정하지 않는 이유는 조약의 유지가 양국의 이익에 부합하기 때문이다. 먼저 중국의 경우 한미동맹이라는 외적 위협에 대항하고 북한의 불안정성을 제어하기 위해 조약의 유지를 지지한다. 중국은 북중우호조약의 존재 자체만으로도 한미 양국이 한반도 문제에 대한 중국의 개입 가능성을 고려하게 되므로, 이 조약이 한반도의 무력 충돌을 억제하는 역할을 한다고 본다. 중국은 자국 한반도정책의 핵심 목표인 안정과 평화를 저해할 가능성이 있는 북한의 행위를 우려하여, 이를 통제하기 위한 수단으로 조약을 유지하려 한다.

또한, 1970년대 미중 데탕트 이후 중국은 자국의 대미정책 추진에 있어 북한이 걸림돌로 작용하지 않도록 하기 위해 북중우호조약을 유지해왔다. 북한이 한반도에서 무력 두발을 하고 남북관계가 악화되이 한반도의 불안정이 심화될 경우, 북한을 제어할 수단을 가지고 있는 것이 중국의 국가 이익에 부합하기 때문이다. 1970년대 미중 데탕트 시기부터 2000년대 초까지는 미중협력의 시대였기 때문에 중국은 대미협력에 부정적 영향을 미치지 않는 방향으로 대북정책을 이끌어갔다.

그러나 2008년 글로벌 금융위기 발생하면서 미중 간 국력의 격차가 줄어들면서 미중관계가 변화하기 시작하였다. 이 시기부터 중국은 공세적 대외정책을 본격화하였고, 미국은 대중국 압박정책을 적극화하면서 오바마 행정부 시기 '재균형정책'을 추진하였다. 여기에 2008년 한국에 보수정부가 들어서고 2009년 북한의 제2차 핵실험으로 인해 북핵문제가 심화되면서 한국은 한미동맹 강화에 중점을 두었다.

중국은 이 시기부터 북한에 대한 영향력 확대와 대미 견제를 위해 북한과의 협력을 더욱 필요로 하게 되었다. 이에 2009년 5월 북한의 제2차 핵실험 이후, 같은 해 7월과 8월 사이 중국정부는 북한체제의 유지와 한반도 관리에 중점을 두는 정책전환을 시도하였으며, 한반도에서의 영향력을 유지하기 위한 수단으로 북중우호조약의 필요성은 더욱 부각되었다. 중국은 제2차 핵실험 강행에도 불구하고 북한과의 의사소통을 유지하면서 경제협력 논의도 병행하였다. 특히 2009년 김정은 후계체제 구축을 본격화하자 북한의 내부 안정을 도모하기 위해 협력을 강화하였다.

이러한 가운데 2010년 3월 천안함 피격사건과 11월 연평도 포격사건의 발생으로 한반도 위기가 고조되자 중국은 관련국들이 냉정함을 유지하는 게 필요하다는 메시지를 발신하였다. 중국은 이러한 위기 상황 속에서 한미동맹이 강화되고 서해에서 미군의 활동이 확대되자 이를 비판하기도 하였다.

2017년 트럼프 대통령 집권 이후 미중 무역갈등이 확대되었고, 미중 세력경쟁 역시 심화되었다. 이러한 상황에서 중국은 북한과의 정상회담을 통해 북한을 통한 한반도 영향력 회복에 주력하였다.

미중 세력경쟁 시기 중국은 반미·반서방 국가들과의 협력을 필요로 하고 있으며, 브릭스(BRICS), 상하이협력기구(SCO)와 같은 다자협력체를 통해 미국의 대중 압박정책에 대응하였다. 특히 미국은 경제안보를 앞세워 자유민주주의국가들을 중심으로 글로벌 공급망 재편을 추구하고 있어 이에 대해 중국은 대응이 필요하다고 인식하였다.

비록 북한과의 경제협력이 중국 경제에 차지하는 비중은 미미하지만, 중국은 국가 이익을 위해 북한과의 협력관계를 구축할 필요성을 느꼈다. 이에 따라 중국은 북중 간 갈등을 잠재우고 협력관계를 유지하며 북한과의 사회주의 연대를 강화해왔다.

이러한 관점에서 본다면 중국의 조약 유지 목적은 한반도 유사시 개입할 수 있는 명분을 확보하고 미국이 한반도 문제를 일방적으로 처리하지 못하도록 하기 위함이다. 미중경쟁 심화에 따라 시진핑 시기 중국은 한미동맹 강화에 대한 우려가 존재하며 이는 북한의 입장과도 일치하였다. 북중 양국은 대미 위협 인식에서 차이가 있지만, 접점을 찾을 수 있게 있게 되었다. 따라서 중국은 조약 유지에 따른 비용이 증가하더라도, 조약을 유지하려는 입장을 고수할 것이다.

북한 역시 한미동맹이라는 외적 위협에 대항하기 위해 북중우호조약이 필요하다고 보았다. 한반도 문제가 한미 양국에 의해 좌우되지 않도록 북한은 중국의 개입이 일정 수준 필요하다고 인식하였다. 김정은 시기 북한은 안보위협 해소를 위해 헌법에 '핵보유국'을 명시하면서 핵무력을 통해 국방력을 강화하였고 2017년 11월엔 '국가 핵무력 완성'을 선포하였다. 그러나 북한이 한미동맹에 실질적으로 대항하기 위해서는 중국의 지원이 필수적이다. 북한은 북중우호조약이 중국의 개입 가능성을 의식하게 함으로써, 한국 주도의 무력 및 흡수통일을 제어하는 역할을 하다고 보고 있다. 미중경쟁 시기 북한과 중국은 북중우호조약 유지에 대한 공동의 이해가 확대되었다.

이에 따라 북한과 중국은 북중우호조약의 유효성에 대해선 모호성을 유지한 채 조약을 유지할 전망이다. 북중관계의 긴장과 갈등은 상존할 것이지만 양국은 최소한 한미 양국의 이익에 따라 한반도 상황이 변화되는 것은 견제하려 할 것이다. 결국, 북중우호조약은 한반도에서 소극적 분쟁예방 기능을 하고 있다고 평가할 수 있다.

3. 북중우호조약과 북러협정의 비교

2024년 6월 러시아 푸틴(Vladimir Putin) 대통령과 북한 김정은 위원장은 '북러협정'을 체결하였다. 북중우호조약이 중국의 한반도 안보 개입에 정당성을 부여해온 점을 고려할 때, 러시아도 이번 협정을 통해 유사한 개입 기반을 확보한 것으로 평가된다. 이러한 맥락에서 두 조약이 각각 어떤 공통성과 차별성을 가지고 있는가를 확인할 필요성이 있다. 이를 통해 북러관계를 동맹관계로 정의한다면, 북중우호조약의 실효성과 현재적 함의를 보다 명확히 평가할 수 있다.

1) '북러협정'의 내용과 함의

북러협정은 1961년 북한과 소련이 체결했던 '조소 우호협조 및 상호원조조약(이하 조소우호조약)'이 1995년 9월 공식 폐기되고, 2000년 '북러 우호선린협력 조약(이하 북러 신조약)'으로 전환된 이후 24년 만에 새롭게 합의된 북러 간 협력조약이다. 또한, 북러협정은 1961년 조소우호조약의 자동개입조항을 부활시켰고, 2000년 북러 신조약보다 양국 간 협력 내용을 보다 구체화하였다.

1961년 중소분쟁 시기에 체결된 조소우호조약은 "어느 일방이 어떤 국가로부터 침략받는 경우 모든 조치를 공동으로 취하며 체약 일방이 어떤 국가 또는 몇 개 국가들의 연합으로부터 무력침공을 당함으로써 전쟁상태에 처하는 경우 지체 없이 군사적 및 기타 원조를 제공"하는 의무를 적시하였다.[4] 이 조약으로 당시 북한과 소련은 군사안보 동맹관계를 문서화하였다.

1991년 소련의 해체 이후 출범한 러시아는 1992년 조소우호조약의 개정을 제안하였고 북러 양국은 1995년 9월 해당 조약의 폐기를 선언하였다. 1997년부터 북러 신조약 체결 협상이 시작되었고 1999년 3월 17일 가조인을 거쳐 2000년 북러 신조약이 체결되었다. 이 조약은 탈냉전의 영향으로 1961년 조약에 포함되어 있던 이념적 연대 요소가 삭제되었고 자동군사 개입 조항도 포함되지 않았다. 대신 "양국이 위협을 받을 경우 즉각 연락을 취한다"는 조항만 포함되어 군사적·경제적 지원 의무는 사라지고 통보의 의무만 남게 되었다.

그러나 2024년 북한과 러시아가 군사개입 조항을 포함한 '북러협정'을 체결함으로써 1961년 조소우호조약 수준의 안보협력을 다시금 공식화하였다. 또한 양국은 협정 전문에서 패권주의와 일극 세계질서에 대한 반대를 분명히 하면서 다극화된 국제체계 수립을 위해 공동으로 노력을 할 것을 강조하였다.

북러 양국은 이번 협정을 통해 양국 안보동맹관계를 회복하였다. 동 협정의 3조는 "어느 일방에 대한 무력 침략 행위가 감행될 수 있는 직접적인 위협이 조성되는 경우 쌍방은 어느 일방의 요구에 따라 서로의 입장을 조율하며 조성된 위협을 제거하는 데 협조를 호상 제공하기 위한 가능한 실천적 조치들을 합의할 목적으로 쌍무 협상 통로를 지체 없이 가동시킨다"고 명시하여, 안보 위협이 감지되는 초기 단계부터 양국이 즉각 협의에 착수할 것을 규정하고 있다. 또한 제4조는 "어느 일방이 개별적인 국가 또는 여러 국가들로부터 무력침공을 받아 전쟁상태에 처하게 되는 경우 타방은 유엔헌장 제51조와 조선민주주의인민공화국과 로씨야(러시아)연방의 법에 준하여 지체 없이 자기가 보유하고 있는 모든 수단으로 군사적 및 기타 원조를 제공"함을 명확히 하여, 양국이 명실상부한 안보협력 관계임을 선언하였다. 여기에 유엔헌장 제51조라는 전제조건을 추가한 것은 국제법적 정당성을 부여하기 위한 것으로 분석되고, 각국의 국내법에 준한다는 것 역시 무력행사에 대한 국내적인 논란을 불식시키기 위한 것으로 해석된다.

동 협정의 제5조는 "타방의 자주권과 안전, 영토의 불가침, 정치·사회, 경제·문화 제도를 자유롭게 선택하고 발전시킬 수 있는 권리와 타방의 기타 핵심이익을 침해하는 협정을 제3국가 체결하지 않으며 그러한 행동들에 참가하지 않을 의무"를 명시함으로써 북러 양국이 적대국가로 간주하는 국가들과의 협정을 제한할 수 있도록 하였다. 또한, "제3국이 타방의 자주권과 안전, 령토의 불가침을 침해할 목적으로 자기 영토를 이용하는 것을 허용하지 않는다"고 하여, 타국에 의한 영토 활용 가능성을 사전에 차단하였다.

제6조는 국제문제에 있어 북러 양국이 '다극화된 세계질서'를 추구하기 위한 협력을 밝혔고, 제7조와 제8조는 "세계와 지역의 발전문제들에서 호상 협의하고 협조"하고, "지역적 및 국제적 평화와 안전을 보장하기 위한 방위능력을 강화할 목적 밑에 공동조치들을 취하기 위한 제도들을 마련한다"는 내용을 포함하였다. 이것은 북러 간 국제문제에 대한 공조를 강화하고, 안보 협력을 제도화하려는 의도를 보여주는 조항으로, 상세한 내용은 밝히고 있지 않으나 안보 정보 공유는 물론 일정 수준 이상의 안보기술 협력 가능성도 내포하고 있음을 보여준다.

제9조부터 12조까지는 경제협력에 관한 것으로 제9조는 식량, 에너지, 정보통신기술, 환경, 보건, 분야에서의 협력을 명시하였다. 제10조는 무역, 투자, 과학기술 협력을 언급하고 우주, 생물, 평화적 원자력, 인공지능, 정보기술 등의 과학기술 협력과 공동연구를 강조하였다. 특히 제10조의 내용은 북러 안보기술 협력을 본격화할 수 있는 제도적 근거가 되며, 이를 통해 북한은 위성 기술 등 필요한 기술 지원을 받을 수 있다. 또한 평화적 원자력에 대한 협력을 포함한 것은 북한의 핵무기를 포함한 대량살상무기(WMD) 개발에도 불구하고, 북한을 사실상 핵보유국으로 묵인하려는 가능성을 내포하고 있다. 제11조는 양국 접경지역에 대한 경제협력을 확대하기 위하여 '지역 간 및 변경 협조 발전'을

지지하였고, 제12조는 농업, 교육, 보건, 체육, 문화, 관광 등의 분야에서 교류와 협조 강화를 언급하여 양국 협력 중 가장 신속하게 공식적으로 구체화할 수 있는 분야를 담았다.

제13조는 양국의 "규격과 실험기록부, 합격 품질 증명서의 호상인정, 규격의 직접적 적용, 측정의 통일성 보장을 위한 분야에서 얻은 경험과 최신 성과 교류, 전문가 양성, 실험 결과 인정 분야에서의 협력"을 발전시킨다고 명시함으로써, 양국 경제 및 과학기술 분야의 교육 협력 강화 의지를 표명하였다.

제14조부터 제15조까지는 법률 협력 및 범죄인 인도에 관한 내용을 다루고 있고, 제17조 역시 국제 테러 및 사법공조를 언급하였다. 제18조는 정보 분야의 협력을 강조하였고, 제19조와 제20조는 출판과 언론 협력을 구체화하였다.

가장 주목할 점은 제16조로, "일방을 반대하여 임의의 제3국이 일방적인 강제조치들을 적용하는 경우 쌍방은 위험을 감소시키고, 이에 대한 독점권에 미치는 직간접 영향을 제거하거나 최소화하기 위한 노력"을 기울인다고 명시하였다. 이는 북한 및 러시아에 대한 일방적 경제제재 조치의 부정적 영향을 축소하기 위해 함께 협력할 것임을 조약에서 간접적으로 보여주고 있다.

이와 같이 '북러협정'은 다방면적 협력을 포함하고 있어 향후 북러관계를 장기적으로 발전시키려는 의도를 엿볼 수 있다. 특히 제3조와 제4조에 구체적 안보협력 조항을 포함하고 있다는 점에서 북러관계가 안보 동맹관계로 발전한 것으로 평가된다. 이번 협정을 통해 북한은 러시아로부터 체제 안보에 대한 확실한 보장뿐 아니라, 안보 기술과 경제적 지원까지 확보하게 되었다. 또한 러시아는 단기적으로 우크라이나전쟁에서 지속적 북한의 무기 및 물자지원을 얻을 수 있게 되었다.

이 협정의 가장 중요한 함의는 러시아가 한반도문제에 개입할 수 있는 확실한 제도적 근거를 마련하였다는 점이다. 중국은 이미 1961년 북중우호조약 제2조에 자동군사개입 조항을 근거로 한반도 문제에 개입할 수 있는 제도적 근거를 보유하고 있다. 러시아는 이번 협정으로 중국보다 더 신속하고 폭넓게 한반도문제에 개입할 수 있는 기반을 확보했으며, 이것은 북한의 동의를 통해 이뤄졌다고 분석된다. 즉 북한은 중국보다 러시아가 한반도문제에 더 적극적으로 개입해주기를 요청한 것으로 풀이된다.

2) '북중우호조약'과 '북러협정'의 비교

2024년 북러협정을 체결한 북한은 북러관계를 안보동맹으로 규정하였다. 반면, 러시아는 협정 체결 이후에도 동맹이라는 표현을 공식적으로 사용하지 않았으나, 북한의 쿠르스크 파병을 공식 인정한 이후부터 동맹 표현을 사용하고 있다.

실질적으로 1961년 북중우호조약과 2024년 북러협정은 모두 안보 조항을 포함하고 있어서 동맹조약으로 볼 수 있다. 그러나 중국과 러시아는 모두 북한과의 북한과의 관계를 '안보동맹'으로 규정하는 데에는 신중함을 보이고 있다.

그중에서도 중국은 미국을 중심으로 한 서방의 안보동맹관계를 비판하고 있다는 점에서, 동맹이라는 용어 자체에 부정적인 인식을 갖고 있다. 중국은 미국이 북대서양조약기구(NATO: North Atlantic Treaty Organization) 회원국과 아시아 지역 동맹국들을 규합하여 중러 양국을 압박하고 포위하고 있다고 주장한다. 이에 따라 중국은 자국과 타국의 관계를 동맹관계로 표현하는 것을 주저하고 있다. 실제로 중국과 러시아가 안보협력을 강화하고 있는 상황에서도 중러관계를 동맹관계로 정의하지 않고 있는 것은 동맹에 대한 부정적 인식 때문이다. 특히 중국은 대외관계에서 어떠한 형태의 동맹도 맺지 않는다는 점을 강조하고 있기 때문에 공식적으로 동맹관계를 인정하지 않는 것도 동일한 맥락이다.

비록 중국과 러시아가 '동맹'이라는 표현에 신중한 태도를 보이고 있지만, 조약에 담긴 안보 협력 내용을 고려하면 북한과의 관계는 사실상 동맹에 준한다고 볼 수 있다. 중요한 것은, 그러한 판단의 근거가 되는 것은 양국 조약에 담긴 안보협력의 내용을 검토하고 이에 대한 의미를 해석하는 것이다.

중국과 북한의 '북중우호조약'의 의미를 보다 정확히 이해하기 위하여 러시아와 북한 간 체결된 '북러협정'과 비교해보면 다음과 같다.

첫째, 북중우호조약은 냉전 시기 체결되었기 때문에 이념적 연대를 포함하였으나, 북러협정은 이념 연대가 없으며 유엔헌장, 국제법 및 규범, 다극 질서를 강조하였다. 북러협정이 북중우호조약보다 보편적 기초에 있다는 점을 보여주었다.

둘째, 자동군사개입 조항을 비교해보면, 북중우호조약보다 북러협정이 북한 유사시 러시아의 개입을 더 강하게 담보하고 있다. 이는 북러 양국이 유사시 협상 통로를 지체 없이 가동해야 하고, '모든 수단'의 군사적 기타 원조를 제공해야 한다는 점을 적시하였기 때문이다.

셋째, 국제문제에 대한 공조를 비교해보면 북중우호조약보다 북러협정이 보다 포괄적인 협력체계를 담고 있는 것으로 평가된다. 북중우호조약은 상대방을 반대하는 '동맹' 또는 조직에 대한 참여를 제한하는 수준에 그쳤지만, 북러협정은 제3국과의 협정 체결 시 상대방의 핵심 이익을 침해하지 않도록 제한하고 있어, 더 긴밀한 공조가 예상된다.

넷째, 경제 및 과학기술에 대해서 북러협정이 북중우호조약보다 더 구체적 내용을 담고 있다. 향후 북러 간 안보기술 협력이 강화될 것으로 예상된다.

다섯째, 북중우호조약은 한반도 통일에 대해 언급하고 있는 반면,

표 12.1　'북중우호조약(1961)'과 '북러협정(2024)'의 비교

구분	북중우호조약(1961)	북러협정(2024)
전문	이념적 연대 강조, 평화공존 5원칙, 아세아와 세계 평화 유지 및 공고화 언급	지역 및 세계의 안전과 안정에 대한 기여 언급, 유엔헌장 및 국제법 원칙과 규범 확인, 국제법 우위에 기초한 다극화된 국제체계 수립 강조
자동군사 개입조항	침략 방지를 위한 모든 조치를 공동으로 취할 의무, 피침략 시 지체 없이 군사적 및 기타 원조 제공	직접 위협 발생 시 위협 제거를 위한 협상통로 지체 없이 가동, 피침략 시 유엔헌장 제51조와 각국 국내법에 준하여 지체 없이 모든 수단의 군사적 기타 원조 제공
국제문제 공조	중요 국제 문제에 대한 지속적 협의, 타방을 반대하는 동맹 체결 및 집단과 행동, 조직에 참가하지 않음	전략전술적협동 강화(최고위급회담 등), 타방의 핵심이익 침해 협정을 제3국과 체결하지 않음, 세계 및 지역 발전 문제에 대한 협의
경제협력	사회주의 건설사업에서 모든 경제적 및 기술적 원조 제공 경제 협조 발전	무역, 투자 과학기술 협력 확대, 농업·교육·보건·체육·문화·관광 협력
과학기술 협력	과학기술적 협조 발전	우주·생물·평화적원자력·인공지능·정보기술 교류 및 공동연구
사법 공조	언급 없음	사법 공조 명시
정보 협력	언급 없음	국제 정보·안보 분야 협력 강화
한반도 통일	조선의 평화적·민주주의적 기초에서 통일 실현	언급 없음
유효 기간	수정 또는 폐기할 데 대한 쌍방 간의 합의가 없는 이상 지속 효력	무기한 효력(단, 일방이 효력 중지하는 경우 서면으로 통지 후 1년 이후 중지)

북러협정은 이에 대한 언급이 없다. 이것은 최근 북한이 남북관계를 '적대적 두 국가'로 정의하고 '통일'이라는 국가 목표를 삭제했기 때문인 것으로 해석된다.

마지막으로 유효 기간을 비교해보면, 모두 효력의 지속성을 담보하고 있다는 점은 공통적이나, 북중우호조약은 쌍방 간 합의를 강조한 반면 북러협정은 일방의 일방의 의사에 따른 종료를 보다 용인하는 구조다.

따라서 북중우호조약과 북러협정은 모두 안보동맹관계를 규정한 조약으로 볼 수 있으며, 그 내용은 북러협정이 북중우호조약보다 구체적이고 포괄적이다. 예를 들어, 북중우호조약에는 자동 군사 개입 조항이 포함되어 있지만, 실제 이행 여부는 상황에 따라 달라질 수 있어 실효성에 한계가 있다. 물론 북러협정 역시 상황에 따른 '연루'의 위험을 피하기 위하여 유엔헌장 제4조에 '유엔헌장 제51조'와 '로씨야(러시아)연방의 법'에 따른다는 조건을 명시한 것으로 보인다. 그럼에도 불구하고 북한은 위부의 안보위협에 처하면 중국보다 러시아에 먼저 통보하고 협의하며 더 적극적 협력을 구할 수 있도록 협정의 내용을 세부적으로 적시한 것이다. 결국, 북중우호조약의 실효성이 제한적인 만큼, 북한은 러시아와의 추가적 안보협력과 지원을 보다 구체적으로 명문화할 필요가 있었던 것으로 해석된다.

▪ 주

1) "조선 민주주의 인민 공화국과 중화인민공화국 간의 우호, 협조 및 호상 원조에 관한 조약," 『조선중앙년감 1962』 (평양: 조선중앙통신사, 1962), p. 160.
2) James Morrow, "Alliances and Asymmetry: an Alternative to the Capability Aggregation Model of Alliances," *American Journal of Political Science* 35-4 (November 1991).
3) Morrow (1991), p. 161.
4) 정진위, 『북방삼각관계』 (서울: 법문사, 1985), p. 238.

중국의 북한 핵문제에 대한 정책

북중관계에서 제기되는 또 다른 쟁점은 북한 핵문제에 대한 중국의 입장이다. 중국은 북한의 핵개발을 반대한다는 일관된 입장을 견지해왔다. 2006년 10월 북한의 1차 핵실험 당시에도 이를 강하게 비판했다. 이후 반복되는 북한의 핵실험에 대해 반대 입장을 지속적으로 밝혀왔다. 특히 2013년 북한이 경제·핵무력 병진노선을 채택하고 핵보유를 헌법에 명시하자, 중국은 국제사회의 대북 경제제재에 동참하며 북중 간 고위급 교류와 전략대화를 중단하였다.

그러나 김정은 시기 북한은 핵무력에 집중하였고, 2019년 하노이 북미정상회담의 결렬 이후 더욱 핵무력 강화에 박차를 가하여 실질적 핵능력을 보유한 것으로 평가된다. 북한은 실질적 핵보유국의 지위를 얻기 위하여 노력할 것으로 예상되는데, 이 과정에서 중국의 입장은 중요한 변수가 될 수 있다.

특히 러시아는 2024년 6월 북한과 안보협력을 포함하는 협정을 체결하면서 북한의 핵무기 개발에 대한 반대를 표명하지 않으며 핵보유를 사실상 용인하는 태도를 보이고 있다. 이에 따라 중국이 북한의 핵보유에 대해 어떤 대응을 할 것인지는 북핵문제 해결에 큰 영향을 미칠 것으로 예상된다.

1. 중국의 핵개발 과정

중국의 북핵 문제에 대한 시각을 확인하기 위해서는 먼저 중국의 핵개발 과정을 검토해볼 필요성이 있다. 중국은 냉전 시기 중소분쟁을 거치면서 독자적 핵개발을 추진하여 성공하였다. 이러한 역사적 경험은 중국의 북한 핵개발에 대한 시각에 영향을 주었고, 북한 역시 중국의 선례를 일정 부분 활용한 것으로 해석된다.

1) 중국의 핵개발 결정

냉전 시기 미국과 소련은 핵보유국(nuclear weapons states)으로서 위상을 갖추며 양극체제의 두 축을 형성했다. 미국은 1945년 세계 최초 핵실험에 성공하였고 소련은 1949년에 이에 뒤따랐다. 뒤이어 1952년 영국과 1960년 프랑스가 각각 핵실험을 성공시키며 핵보유국 대열에 합류하였다. 이 네 국가는 제2차 세계대전 말부터 핵무기 개발을 추진해왔다.

이후 1964년 중국의 핵실험 성공은 서방 국가들에게 경계심을 불러일으켰다. 중국은 1950년 한국전쟁 참전을 계기로 미국의 핵위협을 인식하였다. 특히 1954년 오키나와 주일미군 핵무기를 배치하자 베이징에서 열린 중소정상회담에서 중국은 흐루시초프에게 핵개발 지원을 요청하였으나 소련은 중국의 요청을 거절하였다.[1]

그 후 중국은 1955년 제1차 대만해협 위기를 계기로 핵개발의 필요성을 인식하였고, 같은 해 1월 중국공산당은 중앙서기처 확대회의에서 핵개발 정책을 공식적으로 결정하였다. 당시 미국은 중국의 핵개발 착수에 대한 정보를 입수하였으나 중소관계 악화로 인해 소련이 중국에 핵기술을 이전하지 않거나 지연시킬 것으로 판단하여 중국의 독자적 핵개발 능력을 과소평가하였다.[2]

중국의 자체 핵개발 추진 배경에서 가장 핵심적인 요인은 중소분쟁이었다. 중국과 소련의 갈등이 시작된 것은 1956년 2월 14일 소련공산당 제20차 전당대회였으나, 마오쩌둥은 미국의 강력한 핵우위에 대항하기 위해서는 소련의 과학기술 협력이 절실했기 때문에 소련의 대중국 안보지원을 기대하였다. 실제로 같은 해 8월 중국은 소련으로부터 평화적 목적의 원자력 개발에 필요한 과학기술 및 생산 원조를 요청하였다.

중국 녜룽전(聶榮臻)의 메모에 의하면 1956년 당시 녜룽전 부수상과 리푸춘(李富春) 국가계획위원회 주임이 소련을 방문하여 미사일 개발원조를 요청하였으나 소련은 이를 거절하였다. 이후 1957년 7월 녜룽전이 베이징 주재 소련 고문단 단장이었던 바실리 아르히포프(Vasily Arkhipov)에게 첨단 병기 개발원조를 재차 요청하였고 8월에 소련이 동의하였다. 이후 소련은 중국의 원자력 산업, 원자력 미사일 생산과 항공공업 분야의 기술단을 초청하였다. 1957년 양국은 '국방 신기술에 대한 협정'을 맺었다. 이 협정은 소련이 중국에 핵 전문가를 파견하고, 중국에 원자폭탄 모형 및 제조 기술을 제공하기로 약속한 것이었다. 또한, '로켓과 항공기 등 신기술 분야 원조 협정'을 체결하였다. 이러한 소련의 안보 및 기술 지원은 1957년까지 순조롭게 실시되었다.[3]

그러나 1958년 4월부터 7월 사이, 중소 양국은 공동으로 사용하던 장파무선국의 건설과 연합 함대의 창설을 둘러싼 갈등이 있었고 그해 8월 대만해협 위기로 중소 안보 갈등은 확대되었다.[4] 이 일련의 사태를 통해 중국은 소련의 대중국 안보지원에 대해 의구심을 갖기 시작했다. 실제로 타이안 해협 위기 이후 1959년 6월 소련은 중국과의 '국방 신기술에 대한 협정'을 파기하고, 중국에게 원폭 모형과 기술 자료를 제공하지 않겠다고 선언하였다.[5]

이후 1959년 9월 흐루시초프의 베이징 방문은 중소 동맹관계에 중대한 전환점을 마련한 사건이었다. 그는 미국을 방문한 직후 베이징을 찾아 미국의 아이젠하워(Dwight Eisenhower) 대통령도 긴장완화를 바라고 있으며 평화공존은 레닌도 찬성한 것이므로 중국도 이에 동의해 줄 것을 요청하였다. 그러나 중국은 이를 거절하였다. 특히 마오쩌둥이 소련에 대한 기대를 접게 된 결정적인 계기는, 흐루시초프가 중국이 '두 개의 중국'을 수용하고 대만에 대한 영유권 주장을 포기해야 중국의 이익이 보장된다고 제안한 점이다.[6]

1959년 9월 중국은 원자폭탄과 수소폭탄을 제조하겠다는 의지를 표명하였고, 독자적 핵기술 역량 강화에 집중하기 시작하였다. 1960년 소련은 중국에 주재하던 자국 고문단과 전문가들의 귀국조치 결정을 일방적으로 통보했고 같은 해 하반기부터 모든 기술·군사 교류가 중단되면서 사실상 동맹관계가 종식되었다.[7] 1960년 7월 16일 소련성부는 중국 측에 소련 기술고문단의 철수를 공식 통보하였고, 이에 따라 1,390명의 기술자가 철수하였다. 343건의 기술원조 계약들과 257건의 과학기술협력 프로젝트들도 폐기되었다.[8] 이것은 소련이 중국에 대한 경제 및 안보지원을 중단한다는 의미였다.

1960년대 들어서서 미국은 중국의 핵개발을 우려하기 시작하였다. 당시 케네디(John F. Kennedy) 행정부는 "중국이 핵무기를 손에 넣으면 세계 정치를 뒤흔들 것이기 때문에 미국과 서방 국가들은 결코 받아들일 수 없다"고 언급하였다.[9] 이에 따라 미국은 소련을 통해 중국의 핵개발을 억제하도록 설득하려 하였다. 그러나 당시 중국은 이미 소련과 안보 갈등이 심화되어 있었고, 독자적 핵무기 개발을 가속화한 상황이었기 때문에 중국 핵개발 저지에 대한 소련의 역할은 제한적이었다.

2) 중국의 북핵에 대한 딜레마

1963년 7월 미국과 소련이 '제한적 핵실험 금지조약'을 체결하자, 중국은 이를 자국이 핵무기 보유국이 되는 것을 저지하기 위한 소련의 의도라고 비난하였다. 중국은 핵무기 개발이 미소 양대 초강대국의 패권에 맞서기 위한 정당한 자위 수단이라는 논리를 내세웠는데 이후 비공식 핵보유국들은 모두 동일한 논리를 주장하였다.

중국은 소련과의 안보 갈등 속에서 핵무기를 자력 개발하기 위해 노력한 결과 1964년 10월 신장위구르 자치구에서 고농축우라늄을 이용한 첫 번째 핵실험에 성공하였다. 중국은 1년 반 후인 1966년 5월 8일 첫 번째 원자폭탄 실험에 성공하였고, 불과 13개월 후인 1967년 6월 17일에는 수소폭탄 실험에도 성공하였다.[10] 원자폭탄에서 수소폭탄 실험까지 단 32개월 만에 성공한 사례는 중국이 유일하며 핵보유국 중 최단기간에 속한다.

1963년 8월 체결된 미소 핵실험금지조약은 중국의 핵개발을 저지할수 없었다. 미소 양국의 노력에도 불구하고 중국은 안보적 필요에 따라독자적 핵개발에 성공하였다. 이후 1970년대 미중 데탕트를 계기로 유엔 안전보장이사회 상임이사국이 되면서 공식적으로 핵보유국 지위를획득하였다.

중국을 포함한 공식 핵보유국들은 1966년 핵확산금지조약(NPT)체제를 출범시키고 1970년 발효시키면서 독점적 핵보유국 지위를 확보하였다. 그러나 인도, 파키스탄, 이스라엘은 NPT에 가입하지 않은 상태에서 핵무기 개발 및 실험에 성공하며 비공식 핵무장국이 되었다. 이들 국가는 조약 자체에 서명하지 않았기 때문에 NPT체제 내에서 핵개발을 억제할 수 있는 법적 장치는 제한적이었다.

탈냉전 이후 1995년 회원국들의 합의에 의해 NPT체제가 연장되었다. 현재까지 NPT에는 189개국이 회원국으로 서명하였으나 핵개발을 시도하는 국가들에 대한 제재 수단을 가지지 못한 한계를 가지고 있다. 미국을 중심으로 유엔을 통한 경제제재 조치가 확대되었으나 국제 경제 네트워크에 깊이 연계되어 있지 않은 국가들에 대해서는 이러한 제재가 핵개발을 효과적으로 억제하는 데 한계를 보였다.

핵개발을 시도하였으나 자발적으로 중도 포기한 국가는 아르헨티나와 브라질이 있고, 남아프리카공하국은 비밀리에 소수의 핵탄두를 개발하였으나 탈냉전 이후 1991년 NPT를 가입하고 자발적 포기를 선택하였다. 그리고 소련 해체 이후 자국 영토 내에 배치된 핵무기를 비자발적으로 보유하게 된 우크라이나, 벨라루스, 카자흐스탄은 국제사회의 신뢰를 얻기 위하여 핵무기를 스스로 반납한 사례이다.[11]

NPT 서명국 중 조약을 위반하고 비공식적으로 핵 프로그램을 추구한 국가는 1991년 걸프전 이전 후세인(Saddam Hussein) 정권 하의 이라크, 북한, 이란, 리비아, 시리아 등이 있다.

중국의 핵보유국 지위 획득 과정은 강대국들의 억제 노력에도 불구하고 독자적 핵개발에 성공한 북한의 사례와 유사성이 있다. 냉전 시기, 소련의 소극적인 안보지원 태도와 한계에 대한 인식은 중국이 독자적 핵개발에 착수하게 된 결정적 계기가 되었다. 이러한 중국의 핵개발 경험은 이후 북한이 독자적으로 핵무장을 추진하는 데 일정 부분 영향을 준 것으로 보인다. 특히 중국의 핵개발 논리는 후발 핵보유국뿐만 아니라 북한의 핵개발 논리에 활용되었다는 점에서 중국은 북한 핵에 대한 딜레마를 가지고 있다.

중국은 북한의 자체 핵개발을 초기 단계에서 명확히 저지하지 못하였고, 북한의 안보 불안 요인을 일정 수준 수용하고 있는 것으로 보인다. 따라서 중국은 북한의 핵보유국 지위 부여에 반대하면서도 이를 저지하기 위한 적극적 독자 행보를 취하기에는 어려운 딜레마에 처해 있다.

2. 북핵실험에 대한 중국의 대응

북한 핵개발이 진전됨에 따라 중국의 대응은 변화되었다. 중국은 북한 핵개발 초기에는 북한의 핵개발 의지 및 능력을 과소평가하였으나, 핵실험이 거듭됨에 따라 우려를 가지고 대응 수위를 높여갔다. 북한의 핵실험에 따른 중국의 대응은 국제정세와 양국의 국내 정치 변화에 따라 다양하게 나타났다.

1) 북한 제1차 핵실험에 대한 중국의 반응

1990년대 초반 발생한 제1차 북핵위기에서 북한은 핵문제가 북미 양자 문제라는 주장을 하면서 북미대화를 통해 '제네바합의'를 이끌어냈다. 반면 2000년대 제2차 북핵위기에서는 중국이 적극적으로 중재자 역할을 함으로써 북한 핵문제는 다자회담으로 전환되었다.

중국은 북한의 핵무기 개발에 대해 비판적 목소리를 높였고 북한에 대해 강경한 메시지를 보내었다. 2002년 중국 왕이 외교부 부부장은 북한의 '외교적 모험주의'에 대해 강하게 비난하고 그해 11월 중국외교부 고위급 회의에서 에너지 및 식량 지원 중단에 대해 언급하기도 하였다. 당시 중국은 후진타오 주석이 주석이 집권한 초기 시기로, 중국은 새로운 한반도 정책을 고심하는 중이었다. 중국은 미국이 북한에 대해 강경정책을 유지하고 있는 상황하에 자국의 현상유지 정책이 동북아시아의 안정을 보장하는 데 한계가 있다는 판단을 내리고 현상 변화 정책을 추구하였다.

2004년 11월 2일 부시 대통령의 재선이 확정되고 난 후 북미 양국은 뉴욕에서 11월 30일과 12월 3일 접촉을 하였다.[12] 이 접촉에서 북한은 미국이 기존의 대북정책을 변경할 의사가 없으며, 북한의 선제적 핵포기를 요구하고 있음을 확인하였다. 이에 따라 제4차 6자회담은 무기한 연기되었다.

북미 간의 대화 중단 이후 북한은 2005년 2월 10일 외무성 성명을 통해 "6자회담 참가를 무기한 중단할 것과 이미 핵무기를 만들었음을 선언"하였다.[13] 이러한 가운데 2월 19일 왕자루이 중국공산당 대외연락부장이 북한을 방문하여 북한의 의도를 파악하였다. 이것은 북한의 핵보유 발언에 대한 중국의 첫 반응으로 먼저 북한의 의도를 파악하고 북한과의 연락채널을 가동하기 위한 것이었다. 2월 21일 왕자루이와 김정일의 회담에서 북한은 6자회담 복귀 의사가 있음을 밝혔다. 그러나 3월 2일 북한은 외무성 비망록을 통해 미사일 시험발사 유예를 철회하였다.

그럼에도 불구하고 중국은 북한에 대한 설득과 회유를 지속하였다. 2005년 3월 22일부터 27일까지, 북한의 박봉주 총리가 중국을 방문하여 중국과의 경제협력에 대해 논의하면서 북핵문제와는 별도로 양자관계를 이어갔다.

이후 북한은 3월 31일 외무성 대변인 담화를 통해 6자회담의 성격을 군축회담으로 전환할 것을 요구하면서 6자회담은 교착 상태에 빠지게 되었다. 이러한 상황 가운데 2005년 4월 2일부터 5일까지 북한 강석주 제1 외무차관이 중국을 방문하였고, 우다웨이 외교부 부부장, 닝푸쿠이(寧賦魁) 한반도문제 담당 대사와 6자회담 재개에 대해 논의하였으나 별다른 성과를 낳지 못하였다. 중국은 회담이 교착된 가운데서도, 미사일 발사 문제와는 별개로 경제협력은 진전시켜 나갔다.

결국, 2005년 7월 12일부터 14일까지 탕자쉬안 국무위원이 후진타오 국가주석특별대표로 북한을 방문하면서, 6자회담 재개를 위한 최종 조율이 이루어졌다. 이에 따라 2005년 7월 26일 제4차 6자회담이 시작되었고 세 차례 회의를 거쳐 9월 19일 '9·19 공동성명'이 채택되었다. 공동성명의 채택 이후 10월 28일부터 30일까지 후진타오 국가주석이 북한을 방문하였다. 이 방문은 6자회담에서 회담 성과를 토대로 양국 간 경제협력 확대에 초점이 맞춰져 있었다. 중국은 6자회담을 통한 북핵 문제 해결 노력으로 공동성명을 이끌어내며 북중관계를 발전시킬 수 있었다.

그러나 2005년 9월 미국과 중국이 북한의 통치자금으로 추정되는 방코델타아시아(BDA)은행문제에 공조하자, 북한은 강하게 반발했고 6자회담은 다시 교착 상태에 빠졌다. 이러한 상황에서 2006년 1월 10일부터 18일까지 김정일 국방위원장이 중국을 방문하였고, 북중 양국은 6자회담의 공동성명 이행과 진전에 노력한다는 데에 동의하였다고 알려졌다.[14] 당시 중국은 경제협력을 유인으로 북한의 6자회담 복귀를 유도하고자 정상회담을 추진하였다.

그럼에도 불구하고 6자회담은 돌파구를 찾지 못하였다. 회담의 진전이 없고 회담 외적 상황도 북한에게 불리하게 전개되자, 북한의 미사일 발사 움직임이 본격화되었다. 이에 대해 중국 왕광야(王光亞) 유엔대사는 6월 19일 북한의 미사일 발사 자제를 요구하였다. 그러나 7월 5일 북한은 대포동 2호 미사일을 발사하였다. 이에 대해 유엔 안보리는 7월 15일 비난 결의를 채택하였다. 중국은 처음에는 의장 성명 수준의 대응을 선호했지만, 북한의 강경한 태도가 변하지 않자 결국 결의안 채택에 동의하였다. 그러나 중국은 무력 제재 근거 조항인 제7장을 결의안에 반영하는 것에는 반대하고 거부권을 행사하였다.[15]

이후 북한은 미국의 대북 적대시정책을 거론하면서 "핵 억지력을 보유하지 않으면 안 된다"고 주장하며 10월 3일 핵실험을 예고하였다.[16] 이에 10월 6일 유엔 안보리는 '깊은 우려'를 표명하는 의장 성명을 채택하였다. 중국 및 국제사회의 우려에도 불구하고 북한은 10월 9일 핵무기 실험을 단행하였다. 중국은 이 핵실험을 한반도 비핵화를 정면으로 파괴하는 행위로 간주하였다. 당시 중국외교부는 북한이 "제멋대로 핵실험을 하였다"고 강력히 비난하였다. 중국은 대북 무력제재에는 반대하면서도, 외교적·경제적 제재에는 동의하며, 10월 14일 유엔 안보리 결의 1718호 채택에도 협력하였다.

북한의 제1차 핵실험 직후인 10월 18일 탕자쉬안 국무위원과 다이빙궈 외교부 수석 부부장 및 우다웨이 전 6자회담 의장 등이 북한을 방문하여 김정일과 만났다. 이 자리에서 탕 위원은 후진타오 주석의 구두 메시지를 통해 핵실험 자제와 6자회담 복귀를 촉구하였다. 10월 31일 중국은 미국, 북한이 참여하는 비공식협의를 베이징에서 개최하고 대북 금융제재 문제를 6자회담 틀 내에서 해결한다는 합의를 이루어냈다. 북핵실험 이후 중국은 북한과의 의사소통을 신속히 재개하여 북한을 6자회담으로 복귀시키기 위해 노력하였다.

이와 같이 2006년 북한의 핵실험은 중국으로 하여금 북핵문제가 중국 및 동아시아 안보를 위협할 수 있다는 인식을 갖게 했다. 또한, 북한이 핵실험 직전에서야 중국에 통보한 사실이 알려지면서 중국 내부에서도 비판이 거세졌다. 중국은 미사일 발사에 대해서는 경제협력을 병행했지만, 핵실험에 대해서는 경제협력을 중단하며 보다 엄중한 대응 태도를 보였다.

2) 제1·2·3차 핵실험에 대한 중국의 대응 비교

북한의 제3차 핵실험 직후인 2013년 3월 8일 국제사회는 북한의 미사일 발사와 핵실험을 비난하고, 중국의 동참 속에 결의안 2094호를 채택하였다.[17] 이번 핵실험 이후 중국 내 북한 비판여론이 표출되었으며, 일부 당국자들이 이러한 견해를 외부에 드러내기 시작했다. 특히, 중국 네티즌 들은 노골적으로 북한의 핵실험을 비판하고 관련 여론을 확대시켰다. 그리고 중국 중앙당교가 발행하는 학습시보(學習時報)의 부편집장 덩위원(鄧聿文)은 2013년 2월 28일 영국 『파이낸셜타임스(*Financial Times*)』에 기고한 글에서 "북한의 3차 핵실험을 계기로 중국은 북한을 포기하고 한반도 통일을 적극 추진해야 한다"라고 주장하였다.

그는 "북중관계를 재평가할 수 있는 좋은 계기를 맞았다"면서 "북한 김정은 정권은 개혁과 개방을 추진하지 않겠지만 일단 문이 열리면 정권은 전복될 것"이라고 전망하였다.[18] 그러나 그는 보직에서 해임되었고, 그의 해임으로 그의 의견이 중국 당국의 공식적 의견이 아닌 것으로 판명되었으나 이를 둘러싸고 중국 내 대북정책에 '이견'이 존재함이 확인되었다.

시진핑체제 출범 이후 중국은 북한의 제3차 핵실험에 대해 대북 제재를 보다 엄격히 이행하며 압박 수위를 높였다. 중국은 각 핵실험 시기의 정세에 따라 차별적인 대응을 해왔으며, 1차에서 3차에 이르는 북한 핵실험에 대한 반응은 다음과 같다.

첫째, 2006년 10월 제1차 핵실험에 대해 중국은 심각한 우려를 표명하고 강하게 비판하였다. 당시 중국은 국제사회의 경제제재를 수용한다는 입장을 나타내고 안보리 결의 1718호에 동의하였다. 둘째, 제2차 핵실험에 대해 중국은 북한과의 경제협력을 확대하는 방향으로 전

술적 변화를 보였다. 셋째, 제3차 핵실험에 대해서는 중국이 북한의 핵
능력 고도화에 대한 우려를 드러냈고, 엄격한 제재를 실시함으로써 북
한에 대한 압박을 높였다. 중국은 3월 유엔 안보리 결의안 2094호 채
택에 동참하였고, 특사를 북한에 파견하지 않는 이례적인 조치를 취하
였다. 반면 북한은 최룡해 총정치국장과 김계관 외무성 제1부상을 잇
따라 중국에 파견해 관계회복을 시도하였다.

다시 말하면 북한 제3차 핵실험에 대한 중국의 대응은 제1·2차 때
보다 훨씬 더 엄격한 제재 조치로 이어졌으며, 양국 의사소통의 변화가
발생하였다. 과거 후진타오 정부는 특사를 포함한 고위급 인사를 먼저
파견했으나, 시진핑 정부는 북한의 태도를 지켜보며 특사 파견을 자제
했다.

2016년 7차 당대회 이후 북한과 중국의 관계개선 움직임이 있었으
나 핵문제에 대한 입장 차이로 인해 실질적인 관계회복은 이루어지지
않았다. 이는 북한이 2016년 하반기 중국 측의 관계개선 메시지를 거
절하고 9월 제5차 핵실험을 감행한 것에서 확인할 수 있다. 북한은 핵
실험 직전 9월 6일 최선희 외무성 부국장과 9월 8일 김성남 당 국제부

표 13.1 북한 핵실험에 대한 중국의 대응 비교

중국의 대응	북한 제1차 핵실험 직후	북한 제2차 핵실험 직후	북한 제3차 핵실험
내부 여론	동북3성을 중심으로 비판 여론이 발생함	비판 여론이 두드러 지지 않음	반북 여론이 부각되고 확산됨
경제제재 동참	동참은 했으나 엄격히 이행하지 하지 않음	동참은 했으나 엄격히 이행하지 하지 않음	경제제재에 대해 엄격한 준수를 하달함
지도부 간 상호 방문	특사 및 지도부간 상호 방문	지도부 간 전략 대화	외교부간의 외교부분 전략 대화
양국 교류·협력	일시적 축소되었으나 다시 재개됨	경제협력 및 인적 교류 확대	경제협력 및 인적 교류 축소

부부장을 차례로 중국에 파견하였는데, 이를 통해 핵실험을 미리 중국
에 알린 것으로 추정되었다.

　북한의 사전 통보 여부와 관계없이 중국은 제5차 핵실험 직후 북한
을 강하게 비판하였다. 중국외교부는 9월 9일 외교부 성명을 통해 "오
늘 북한은 국제적·보편적 반대에도 불구하고 다시 핵실험을 진행하였
고, 중국은 이를 결연히 반대한다. 우리의 입장은 한반도 비핵화, 핵확
산 방지, 동북아의 평화안정 수호로 이것은 확고부동한 것이다. 우리는
북한이 비핵화 약속을 지키고 안보리 결의를 준수하며 정세 악화 행동
을 중지할 것을 강력히 촉구한다. 중국은 향후 국제사회와 함께 한반도
비핵화를 굳건히 추진하고 6자회담을 통한 해결을 지지할 것이다"라고
밝혔다.[19] 이후 중국은 2016년 12월 채택된 안보리 결의 2321호에 동
의하였다. 2017년 9월 북한은 제6차 핵실험을 감행하였고 이에 대해
중국은 안보리 결의안 2375호에 대해 동의하면서 북한 핵실험에 대한
반대를 분명히 하였다.

3. 북한 핵문제에 대한 중국의 시각

김정은 시기 북한은 핵무장을 기정사실화하려는 태도를 분명히 하고
있다. 북미 비핵화협상이 결렬된 이후 북한은 자강력 제일주의를 내세
우며 핵무력 강화에 집중하고 있는 상황이다. 그러나 국제사회에서 북
한을 핵보유국으로 인정할 가능성이 매우 낮다. 이러한 상황에서 북한
은 핵보유국으로서의 위상을 정립하기 위하여 노력할 것이기 때문에,
이에 대한 중국의 대응을 확인하는 것은 북중관계의 중요한 쟁점이다.

1) 북한의 핵보유국 추구

핵보유국은 NPT가 인정한 5개 핵보유국(nuclear-weapon state)을 지칭한 것으로 미국, 러시아, 영국, 프랑스, 중국을 의미한다. 이외의 핵무기를 보유한 국가는 합법적으로 핵보유국의 위상을 가지고 있지 않기 때문에 '핵무장국(nuclear armed state)'으로 부르는 것이 적합하다.[20] NPT체제에 가입하지 않고 핵무장한 인도, 파키스탄, 이스라엘도 공식 핵보유국은 아니다. 북한의 경우, 불법적으로 핵활동을 하다가 NPT를 탈퇴하고 핵무기를 개발하였기 때문에 핵보유국이 아니라 핵무장국이다. 따라서 북한이 NPT체제 내에서 합법적인 핵보유국으로 인정받는 것은 불가능하다.

북한의 핵보유국 전략을 이해하기 위해서는 인도의 사례를 참고할 필요성이 있다. 인도는 중국과 오랜 국경분쟁을 겪은 상태에서 1964년 중국이 핵실험에 성공하자 1974년 5월 포크란 핵실험장에서 핵실험을 단행하였고 1998년 5월 '군사용 핵실험'을 실시한 이후 핵보유를 대내외에 선언하였다.[21] 미국을 비롯한 서방 국가들은 인도에 대해 제재를 단행하였다.

북한은 사실상 핵보유국으로 NPT에 가입하지 않은 채 핵무장을 이룬 인도의 선례를 밟으려 할 것이다. 핵심은 바로 미국과의 관계개선으로 인한 경제제재의 완화이다. 실제로 인도는 핵실험 이후 경우 원자력 물자와 전략물자의 수출 통제를 받았다. 미국은 첨단기술 분야에서 자국산 부품이 포함된 전략물자의 인도 수입을 금지하였고, 인도의 미사일 개발을 이유로 상업용 위성 발사를 금지한 바 있다. 그러나 인도는 상업용 위성을 제외한 기상위성이나 탐사위성의 경우 미국과의 협상을 통해 점진적으로 발사 가능하도록 범위를 확대해왔으며, 부품의 자체 개발을 통해 위성을 발사하는 데 성공하였다. 또한, 인도는 미국의 수출 통제 및 독자 제재를 완화시키기 위하여 미국과 지속적인 미사일(위성) 협상을 진행하였으며, 미국은 중국 견제를 위해 인도와 안보협력을 강화해 왔기 때문에 비상업적 부문에 대한 수출 통제와 제재를 점진적으로 완화해 주었다.

인도의 사례와 같이 북한도 사실상 핵보유국으로 인정받기 위해서는 미국과의 협력이 필수적이다. 핵보유 상태에서 경제제재를 회피하거나 완화하는 것이야말로, 사실상 핵보유국 지위 획득의 관건이라고 할 수 있다. 북한은 유엔의 강력한 경제제재뿐만 아니라, 미국을 비롯한 서방 국가들로부터 양자 제재를 받고 있는데, 궁극적으로는 미국과의 관계개선을 통해 경제제재 완화를 추진하려 할 것이다.

중국이 북한의 사실상 핵보유국 지위 추구 전략에 대해 어떻게 대응할 것인가는 북핵문제에 핵심 쟁점이다. 냉전 시기 미국과 소련의 저지 노력에도 불구하고 안보상 필요에 따라 중국은 독자적 핵개발에 성공하였고, 1970년대 미중 데탕트를 계기로 유엔 안전보장이사회 상임이사국이 되면서 공식적으로 핵보유국 지위를 획득하였다. 이로써 중국은 국제사회의 강대국으로서 자리매김하게 된 것이다.

중국이 독자적 핵개발 성공으로 러시아와 대등한 관계를 구축한 것과 같이, 북한은 독자적 핵개발을 통해 체제를 수호하고 남북관계에서 수세적 입장을 벗어나려 하고 있다. 제6차 핵실험과 ICBM 시험 발사까지 한 북한은 공식 핵보유국의 지위를 누릴 수는 없으나 사실상 핵보유국으로 인정받으려 노력할 것이다.

북한은 미중 패권 경쟁 구도를 활용하여 미국과의 관계개선을 통해 경제제재 완화를 시도할 가능성이 있다. 이 과정에서 세 가지 도전 과제가 예상된다. 첫째, 북한의 대미접근이 중국의 견제를 받을 수 있다는 점이다. 중국은 미중 패권 경쟁에서 북한이 미국과의 관계를 개선시키는 것은 자국의 이익을 저해하는 것으로 간주하고 있기 때문에 북한의 대미접근이 일정 수준 이상으로 진전되는 것을 견제할 가능성이 크다.

둘째, 미중 양국이 북한 핵문제에 대해서는 협력할 가능성을 배제할 수 없다는 점이다. 만약 미중 패권 경쟁이 지속되더라도 미중 패권 경쟁이 이어지더라도, 양국이 갈등과 협력을 병행하면 북한 핵문제에서 일정 수준의 공조가 가능하다. 이 경우 북한은 대미관계 개선과 경제제재 완화라는 두 가지 목표를 달성하기 어려울 수 있다.

셋째, 북한의 핵능력 고도화에 대응하여 미국의 대한국 확장 억제 강화 및 한미일 안보협력의 강화로 북한의 안보위기가 강화될 것이라는 점이다. 북한의 핵능력 발전에 따라 한미일 삼국 안보협력이 강화되고 있으며, 한국 내에서 독자적 핵무장에 대한 요구의 목소리가 높아지고 있는 상황이다. 이처럼 한미일 안보협력 강화는 북한의 핵능력 증대에도 불구하고, 오히려 북한의 안보 위기의식을 더욱 자극할 수 있다.

중국은 북한과의 안보협력에 소극적인 태도를 유지하며, 북한 핵보유를 반대한다는 입장을 지속적으로 내세울 것이다. 중국은 1970년대 미중 데탕트 시기부터 북한의 무력 증강 및 도발로 인한 한반도 불안정에 대해 우려해왔다. 북한 핵보유는 한국, 일본, 대만의 핵개발 가능성을 자극할 수 있기 때문에 북한 핵개발에 대한 반대 입장을 유지할 가능성이 높다.

2) 시진핑 지도부의 북핵에 대한 해법: 쌍잠정과 쌍궤병행

중국은 기본적으로 북한의 핵개발에 반대한다는 입장을 지속적으로 밝혀왔다. 앞서 언급한 바와 같이 2013년 출범한 시진핑 지도부는 김정은체제 북한이 핵무력 강화에 집중하는 것에 대해 비판하였으며 대북제재 조치의 집행을 강화하였다.

시진핑 지도부는 제3차 핵실험 이후부터 북한의 핵개발 진전에 대해 크게 우려하였고, 북한과 정상회담을 비롯한 고위급회담을 가지지 않고 경제제재에 찬성하는 방식으로 북한 핵개발에 대해 반대 의사를 적극적으로 표현하였다. 특히 국내적으로 북한 문제에 대한 비판이 제기되면서 시진핑 지도부는 북한의 핵무력 강화정책에 대해서는 단호한 입장을 보여주었다.

중국 시진핑 지도부의 북핵문제에 대한 해법은 공식적으로 쌍잠정(双暂停)과 쌍궤병행(双轨并行)이다. 쌈잠정과 쌍궤병행은 2017년부터 중국이 견지해온 북핵 해결 방안이다. 2017년 5월 21일 왕이 중국 외교부장은 중국발전고위급포럼에 참석해 "한반도 비핵화와 한반도 평화체제 구축의 쌍궤병행 노선을 추진해야 한다"면서 "북한은 일단 핵 및 미사일 개발 활동을 중단하고 한국과 미국도 대규모 군사훈련을 중지하는 '쌍중단(잠정중단)'을 쌍궤병행의 첫 걸음으로 삼아야 한다"고 하면서, 이것이 북핵문제 해결의 실질적이고 실현가능한 방안이라고 주장하였다.[22] 중국은 북한의 핵·미사일 활동과 대규모 한미연합군사훈련 동시 중단의 쌍잠정과 북한의 비핵화와 북미평화협정 체결 병행이라는 쌍궤병행을 한반도 문제의 해법으로 주장하였다.

중국은 2017년 9월 3일 제6차 북핵실험에 대해 "견결하게 반대하는 한편 강력하게 책임을 견책한다"면서 "중국은 국제사회와 함께 유엔 안보리의 대북 관련 결의를 전면적이고 완전하게 집행하며, 한반도 비핵화 목표를 견고하게 추진하고 한반도의 평화안정을 유지하겠다"라고 단호한 입장을 보였다.[23]

그러나 중국은 다른 한편으로 북한을 대화와 협상 테이블로 복귀시키려는 노력도 병행하였다. 2017년 11월, 제19차 당대회 이후 중국은 시진핑 주석의 특사로 쑹타오(宋濤) 공산당 대외연락부장을 보내 북핵 문제에 대한 의견을 나눈 것으로 알려졌다. 당시 쑹 부장은 최룡해 당 부위원장과 리수용 당 국제부 부위원장을 만나 회담하였으나 김정은 위원장은 만나지 못하였다.

쑹 부장의 방북 첫날인 11월 17일 북한은 로동신문을 통해 "우리 공화국의 최고이익과 인민의 안전과 관련되는 문제는 절대로 흥정탁(협상테이블)에 올려놓을 수 없다"고 언급한 점을 고려하면, 중국이 북핵문제 해결을 위한 '쌍잠정'과 '쌍궤병행' 방안을 북한에 제시했을 가능성이 제기된다.[24] 같은 날 한대성 주제네바 북한대표부 대사도 로이터 통신 인터뷰에서 중국이 내세운 쌍잠정에 대해 "현실은 그런 것들과 거리가 멀다"고 말하며 중국의 입장에 이견을 드러냈고, 이는 양국 간 의견 교환이 있었을 가능성을 암시한다.

이 지점에서 주목해야 할 것은 2018년 평창 동계올림픽을 계기로 조성된 남북대화와 북미 비핵화 협상이 결국 중국의 해법인 '쌍잠정'과 '쌍궤병행'에 부합하는 방향으로 전개되었다는 점이다. 2018년 평창 동계올림픽 개최를 앞두고 한국은 올림픽의 안정적 개최를 위하여 2017년 말, 대회 기간 중 한미 연합군사훈련의 연기를 미국에 제안했고, 매년 3월 실시해 온 키리졸브훈련과 야외 기동훈련인 독수리훈련(FE)이 연기되었다.

이로 인해 남북대화의 기회의 창이 열렸고 평창 동계올림픽에 김여정을 비롯한 북한 대표단이 참석하면서 문재인 대통령과 김정은 위원장 간의 남북정상회담이 성사되었다. 이후 2018년 싱가포르에서 북미정상회담이 개최되며, 북한 비핵회를 위한 쌍궤병행으로 가는 과정이 시작된 것으로 간주되었다.

3) 중국의 시각에서 본 북한 핵문제와 중러 대응 비교

2025년 현재 중국은 북한의 핵실험 및 대량살상무기 관련한 추가 경제제재 부과에 찬성하지 않을 것으로 보인다. 이미 중러 양국은 대북 경제제재의 완화를 주장하고 있고, 러시아의 유엔 안보리 전문가 패널 연장 반대로 인하여 대북제재의 모니터링 기능이 유명무실화되었다.

특히 중요한 문제는 러시아가 북한의 핵보유를 간접적으로 용인하고 있다는 정황이 드러나고 있다는 점이다. 2024년 6월 러시아는 북러협정을 체결하면서 '평화적 핵이용'이라는 문구를 포함하였다. 사실상 핵보유국으로 간주되고 있는 북한에 대해 '평화적 핵이용'에 대한 협력을 명시한 것은 북한의 핵무기 개발에 대해 침묵함으로써 결과적으로 면죄부를 준 것과 다름없다고 평가된다. 이는 미국이 사실상 핵보유국인 인도와 협력을 강화하면서 '평화적 핵이용'이라는 표현을 사용한 전례와 유사하다. 당시 미국은 인도의 핵무기 개발에도 이를 문제 삼지 않아, 사실상 이를 용인한 것으로 간주되었다. 이러한 사례로 미루어보면, 러시아가 북한의 핵보유를 묵인하는 정황은 명확하며, 이는 북한에게 전략적 이점을 제공할 수 있다.

그럼에도 불구하고 중국이 북한을 핵보유국으로 인정할 가능성은 높지 않기 때문에 북한 핵에 대해서는 반대 입장을 지속할 가능성이 높다. 실질적으로는 러시아의 입장을 고려하겠으나 명시적으로 중국은 북한을 핵보유국으로 인정하지 않을 것이다. 다만 중국은 북한 핵문제로 인한 한반도의 위기 상황에 대해서는 더 큰 우려를 가지고 있기 때문에 무력 해결이나 압박을 통한 해결을 반대하고 있다. 한편, 북한의 핵능력 고도화로 인해 중국은 내부적으로 북한을 핵보유국으로 간주하고 대응을 준비할 가능성이 있다.

■ 주

1) 이우탁, 『긴급 프로젝트 한반도 핵균형론: 북한의 핵보유국화와 미중 패권경쟁』 (파주: 역사인, 2023), p. 51.

2) 주재우·박태균, "냉전 시기 중국 핵개발 사례를 통해 본 북핵문제의 현재와 미래," 『역사와 비평』 (2019), pp. 332-333.

3) 모리 가즈코, 『중국과 소련』 (서울: 사민서각, 1989) pp. 66-67.

4) 모리 가즈코 (1989), pp. 68-69.

5) 박두복·김부기, 『최신중소관계론』 (서울: 경영문화원, 1991), p. 94.

6) G. F. 허드슨·리차드 로웬탈·로데릭 맥파커 지음, 김유 역, 『중·소분쟁: 자료와 분석』 (고양: 인간과 사회, 2004), p. 85.

7) 주재우, "중국의 러시아 관계 역사적 교훈의 순환과 실천의 반복," 코리아컨센서스 유라시아연구회 편, 『중국과 러시아의 현재』 (서울: 한울, 2011), p. 200.

8) 박두복·김부기 (1991), p. 95.

9) 이우탁 (2023), p. 52.

10) 프랑소와 주와이요, 『중국의 대외정책』 (서울: 탐구당, 1989), p. 58.

11) 이우탁 (2023), p. 57.

12) 『로동신문』, 2004년 12월 4일.

13) 『로동신문』, 2005년 2월 10일.

14) 『人民日報』, 2006년 1월 19일.

15) 히라이와 순지 지음, 이종국 옮김, 『북한·중국관계 60년』 (서울: 선인, 2013), p. 400.

16) 『로동신문』, 2006년 10월 4일.

17) 『조선중앙통신』, 2013년 3월 17일.

18) 『연합뉴스』, 2013년 2월 23일.

19) 中华人民共和国外交部, "2016年 7月 8日 外交部发言人洪磊主持例行记者会," http://www.fmprc.gov.cn/web/fyrbt_673021/t1378698.shtml, 이기현·전병곤·이식·박농훈, 『한중수교 이후 북중관계의 발전: 추세분석과 평가』 (서울: 통일연구원, 2016), p. 42에서 재인용.

20) 전봉근, 『비핵화의 정치』 (서울: 명인문화사, 2020), p. 44.

21) 전봉근 (2020), p. 56.

22) 『연합뉴스』, 2017년 5월 22일.

23) 이희옥, "중국의 대북한 영향력과 북중관계의 '재정상화'," 『중소연구』 제42권 3호 (2018), p. 23.

24) 『노컷뉴스』, 2017년 11월 23일.

북중 경제협력의 상호적 관점

일반적으로 중국의 대북 영향력은 중국의 경제적 지원으로부터 나온다고 인식된다. 중국의 경제적 지원은 북한의 생존에 필수적이고 중국이 지원을 중단한다면 북한경제는 붕괴할 것이라는 인식도 존재한다. 이는 북중 경제협력이 중국의 일방적 지원이라는 인식과 맞닿아 있다.

2022년 5월 북한이 코로나 확산을 공식적으로 인정한 이후에 중국이 관련 의료 지원을 한 것은 중국의 대북 인도적 지원을 보여주는 대표적 사례이다. 중국의 식량 및 에너지 지원은 북한에게 필수적이기 때문에 이러한 지원이 북한에 일정 정도 영향력으로 작용한다는 주장은 합리적일 수 있다.

그러나 인도적 지원이 아닌 북중 경제협력 전체를 중국의 일방적 시혜로만 보기는 어렵다. 경제대국이라고 해서 반드시 선진국들과만 교역하는 것은 아니기 때문이다. 경제대국이 저개발국과 경제협력을 하는 것은 자원 및 시장 확보의 목적이 있다. 이러한 관점에서 본다면 중국이 북한과 경제협력을 하는 것은 대북 영향력 행사뿐만 아니라 경제적 이익을 추구하는 행동으로 볼 수 있다. 따라서 중국이 북한과의 경제협력을 통해 얻는 이익이 무엇이고, 그것이 대체 불가능한 것인가에 대해 알아볼 필요가 있다.

1. 중국의 동북진흥계획과 창지투계획[**]

후진타오 시기 중국과 북한 경제협력을 추진하는 연결고리는 중국의 동북진흥계획이었다. 당시 중국은 이 계획을 중국의 전체 균형발전이라는 측면에서 중앙정부의 지원 아래 추진하였다. 이에 중국의 동북진흥계획 추진 목적을 확인하고 그중 핵심인 창지투(長吉圖)계획의 내용을 살펴볼 것이다.

1) 동북진흥계획의 추진

중국과 북한의 경제협력의 연결고리는 중국 동북3성(지린성, 랴오닝성, 헤이룽장성)지역이다. 이 지역 동북진흥계획이 중국의 국가 균형발전이라는 측면에서 어떤 의미를 지니고 있고, 이 지역이 북한과의 경제협력에서 어떤 위상을 차지하는지를 먼저 검토해볼 필요성이 있다.

중국 내부 균형발전은 중국의 안정적인 지속 성장을 가능하게 하고, 경제개혁·개방 발전 이후 지역 간 편중되었던 경제 성장의 성과를 전국

[**]　이 부분은 이상숙, "북한·중국 경제협력의 실태와 경제적 가치 평가,"『2011 정책연구과제』(2011)를 수정·보완한 것이다.

적으로 고르게 분배하여 내적 균형을 이루려는 목적이 있다. 중국 지역 균형발전의 대표적 사례는 '서부 대개발(西部开发)'과 '동북진흥계획(东北振兴)', '중부 대개발(中部崛起)'이다. 이중 서부 대개발은 '서북 5성구(省区)'와 '서남 5성구시(省区市)'를 대상으로 하는 내륙 개발 계획으로, 2000년부터 2049년까지 3단계로 진행되는 경제부흥 전략이며, 중국 제3세대 지도부의 중점 계획이었다.[1]

동북진흥계획은 후진타오 주석을 비롯한 제4세대 지도부의 중점 과제로, 2003년 5월에서 8월까지 원자바오 총리가 동북 3성인 지린성(吉林省), 랴오닝성(辽宁省), 헤이룽장성(黑龙江省)을 시찰하면서 본격화되었다. 같은 해, 이 지역을 중심으로 한 '동북진흥' 개발계획의 일환으로 100개 프로젝트를 발표하고 2004년부터 본격적으로 추진되었다. 이에 따라 동북진흥계획은 중국 내부의 균형 성장을 상징하는 대표적 프로젝트로, 후진타오 지도부의 역점 사업 중 하나였다.

중국 동북지역은 중국 동부, 북한 동북부, 러시아 극동지역 서남부가 만나는 북중러 접경지대를 포함하고 있어 발전 가능성이 큰 곳이다. 이 지역은 중화학 공업 분야의 대형 국영기업이 지배적인 위치를 차지하고 있으며, 러시아의 자원, 북한의 노동력, 중국의 자본이 결합하는 3국 간의 새로운 협력 모델이 창출될 수 있는 지역이기도 하다.

초기 동북진흥계획은 '3종5횡(三纵五横)'의 경제권의 공간발전 구조를 형성할 구상을 가지고 있었다. 3종은 다롄(大连) 경제구, 랴오중(辽中) 경제권, 창지(长-吉) 경제구를 남북으로 연결하여, 공업화와 도시화가 진전된 지역들을 중심으로 동북 지역의 핵심 축을 형성하는 것을 의미한다. 또한, 5횡은 다롄에서, 창싱다오(长兴岛), 진저우완(金州湾), 단둥(丹东), 화위안커우(花园口)를 동서로 연결해 연해 경제권을 조성하는 구상이었다.[2]

동북지역은 다른 지역에 비해 석유, 석탄 등의 에너지 자원이 풍부해 주변국의 새로운 에너지 공급원으로 잠재력이 크다. 게다가 연해지역이기 때문에 석유화학 및 석탄 관련 산업 발전에 유리한 입지를 갖추고 있다. 또한, 교육 및 과학연구 수준이 높은 지역으로 우수한 인재들이 집중되어 있고, 농업 현대화에서도 앞서고 있어 옥수수, 대두, 쌀의 주요 생산기지이며 축산물 생산량도 많은 등 지역 발전에 유리한 요소들을 다수 갖추고 있다.

또한, 투먼강지역은 중국, 러시아, 북한의 3국이 맞닿아 있는 성장 잠재력이 높은 지역으로 중국 동북지역과 북한, 러시아 극동의 인구가 약 1억 5,000명에 이르고 러시아의 풍부한 석유, 천연가스, 석탄, 목재 등의 자원을 활용하기 적합하다.[3] 이러한 자원 기반을 바탕으로 러시아 경제의 회복을 위한 인프라 개발과 3국 간의 경제 교류관계가 증대하고 있어 발전 가능성이 높다.[4]

중국의 동북진흥계획은 그 실행에서 다음과 같은 세 가지 목표를 가지고 있는데 이는 중국의 지속성장과 관련 깊다.[5] 첫째, 동북진흥계획은 주변국과의 적극적 협력을 통해 중국 경제 성장의 새로운 동력을 확보하고자 하였다. 이러한 경제 협력은 단순히 안보 차원뿐만 아니라, 경제발전의 수요에 의한 것이기도 하다. 중국 상품의 수출은 미국 및 EU 시장에 대한 의존도가 비교적 높기 때문에 이들 국가의 경기 변동에 큰 영향을 받는다. 중국정부는 이를 보완하기 위하여 개발도상국 및 주변국과의 경제협력 확대를 통해 신흥 시장을 개척하고, 중국 경제의 지속성장을 뒷받침하려 한다.

중국은 주변국과의 무역관계를 확대하고 있는데, 미얀마, 베트남, 몽골, 북한이 이에 해당한다. 이 중 미얀마와 베트남은 중국 남부지역의 자원 확보와 수출 항로 개척을 위한 주요 협력국이며, 몽골과는 '중-몽 대통도(中蒙大通道)'를 건설하여 무역을 확대하였다. 이와 마찬가지로 중국은 동북 지역에서도 북한과의 변경무역 규모를 점차 확대해 나가고 있다. 중국은 변경무역의 활성화를 위해 수출입 상품 기지의 생산비율을 높이고 왕래, 비자제도의 협력, 변경지역 화폐 교환과 정산의 편리화, 상품검사 및 검역제도의 협력 등 무역 절차 간소화를 위한 국제협력 조치들을 꾸준히 추진해 왔다.

둘째, 동북진흥계획은 주변국과의 협력을 통해 에너지 공급 경로와 물류 기지를 확보하고자 하였다. 중국 경제발전에 중요한 석유, 천연가스 등의 에너지 자원의 부족 문제는 주변국들과의 경제협력을 촉진하는 중요한 요인이 되고 있다.[6] 중국정부는 러시아와 중앙아시아의 자원에 많은 관심을 기울였다. 중국정부는 러시아와 중앙아시아의 에너지 자원 확보에 지속적으로 주목해 왔으며, 이들 자원을 중국 동남지역에 안정적으로 공급하는 방안을 모색해 왔다. 또한, 중국은 북한의 천연자원에도 주목하고 있으며, 이를 적극적으로 활용할 가치가 있다고 판단하여 북한과의 협력을 추동하고 있다.

중국은 이 지역을 동북아 물류기지로 활용하여 일본 및 EU지역의 수출 통로로 삼고자 하였다. 이 지역에 동북아 초국적 운송 시스템을 건설하는 것이 동북진흥계획의 핵심 목표 중 하나였다. 이 계획은 '양종양횡(兩纵两横)'으로 대별되는 운송 시스템과 '삼대 국제물류 중심지' 건설을 포함하고 있다. 양종은 중국 다롄에서 러시아 하바로프스크까지, 한국 부산에서 러시아 하바로프스크의 반도 동해안까지 이르는 것이고, 양횡은 중국 다롄에서 한국 부산의 서해안까지, 투먼강지역에서 러시아 치타(Chita, 赤塔, Читинская область)까지 이어지는 내륙 횡단 노선을 의미한다.

중국은 동북아가 일정 규모의 물류 중심지로 성장하고 있다고 판단하고, 이 중 다롄, 부산, 투먼지역을 3대 물류 중심으로 간주한다. 다롄과 부산은 많은 성장을 이루었지만, 투먼지역은 발전 잠재력은 크지만 아직 저발전 상태에 머물러 있는 지역으로 평가되었다. 남쪽 산업을 동북지역으로 이동하여 동북지역의 주요 항구 및 접경 해안지역이 '남화 북출(南貨北出: 남쪽의 상품을 북쪽에서 수출함)'의 역할을 해야 한다는 구상이다.[7] 말하자면 투먼지역을 중심으로 물류를 발전시키겠다는 장기 구상을 가지고 있는 것이다.

셋째, 동북진흥계획은 중국 전체 대외개방 균형정책의 일환이었다. 개혁·개방 이후 중국 동남 연해지역의 개방도시 및 경제특구는 대외개 방 정도가 높은 지역으로 경제 성장의 큰 혜택을 받았다. 그러나 상대 적으로 중국 동북지역은 상대적으로 대외개방 수준이 낮아 성장 혜택 이 제한적이었다. 이에 따라 중국정부는 동북지역의 대외개방 정도를 확대하여 새로운 동력으로 삼고자 하였다. 이 지역은 연해 지역이라는 지리적 특성 덕분에 한국, 일본, 북한과의 협력에 유리하며, 러시아와 의 연계도 가능한 전략적 입지에 있다. 특히 동북진흥계획에서 중국, 러시아, 북한의 3국이 인접하고 있는 투먼강지역은 중국의 대외개방 확대를 위해 중요한 요충지이다.[8]

이러한 목표들을 바탕으로 중국정부의 동북진흥계획은 구체적이고 체계적으로 진행되었다. 지속성장의 관점에서 동북진흥계획은 지속성 장에 필요한 신성장동력 창출, 에너지 자원 확보, 대외개방 확대라는 요건을 두루 갖추고 있다. 이에 따라 중국 경제의 전반적 안정을 위해 경제적 이익의 관점에서 동북진흥계획이 추진되었다고 볼 수 있다.

2) 창지투계획의 구체화

2003년 이후 중국의 대북 경제협력은 과거의 일방적이고 시혜적 차원 을 넘어서서 중국의 경제 규모의 확대와 함께 양국 상호 협력으로 전환 되었다. 이 시기의 중국의 대북 경제협력은 동북진흥계획의 실시와 연 관이 깊다. 중국정부는 2003년 10월 "동북지역 등 구공업기지 진흥전략 실시에 대한 몇 가지 의견(关于实施东北地区等老工业基地振兴战略的若干意见)"을 하달하고 공식적으로 동북진흥계획을 추진하였다.

동북진흥계획의 주요 내용은 주변 국가에 대외 산업기지와 경제무역협력지구를 설립하고, 동북아 국가들과의 경제무역관계를 공고히 하는 것이다. 이를 위해 변경무역을 발전시키고, 주요 접경 하구 지역에 변경경제협력구, 무역구, 가공수출구, 초국경공업구를 조성하여 에너지, 원자재, 지하자원 개발 등에서 주변국과의 협력을 촉진하고자 하였다. 또한, 투먼강지역 합작 개발을 지속적으로 추진하기로 하였다. 이러한 동북진흥계획은 북중 경제협력을 촉진하기 위한 기회와 우호적 조건을 제공하였다.

동북진흥계획이 구체화된 것은 창지투계획이다. 창지투계획은 2007년 1월 후진타오 주석이 지린성을 시찰하면서 과학기술을 강화하여 지린성의 낙후공업 발전을 이끌어가야 한다고 강조함으로써 출발하였다. 그해 3월 지린성정부가 '창지투계획'을 제출하고 원자바오총리는 '국가발전개혁위원회'에 이에 대한 검토를 지시하였으며, 이후 계획의 구체적 추진이 결정되었다. 그해 9월 중국 장춘 동북아국제투자무역 박람회를 개최하면서 이 지역에 '창지투 개발선도구' 건설을 선포하고 향후 5~10년 동안 장춘 및 지린을 중심축으로 하여 동북지역 개발을 추동하는 장기 계획이 마련되었다. 이러한 창지투계획은 동북진흥계획을 구체화한 핵심계획이었다.

이후 2008년 11월 중국 중앙정부가 지린성 방문 조사한 이후 정치협상회 제11기 1차 및 2차 회의에서 '창지투 개발-개방선도구' 건설이 공식 제안되었다. 2009년 4월 지린성 자원을 조사하고 창지투 개발-개방선도구 계획(이하 창지투계획)의 관철과 실시를 건의하고, 그해 8월 국무원에서 이를 국가전략으로 정식 비준하였다. 9월 '동북지역 낙후공업기지 진흥 전략'을 발표하고, 창지투계획에 대한 1,000억 위안(元)

의 재정 지원을 결정하였다. 이어 10월에는 지린성 정치협상회 제10기 23차 주석회의에서 창지투계획 관철과 실시에 관한 건의를 통과시킴으로써 중앙정부의 지원에 의한 본격적인 추진이 보장되었다.[9)]

이후 2009년 11월 창지투계획이 확정되면서 구체적 실행 방안이 마련되었다. 중국 국무원은 정식으로 '중국 투먼강지역협력개발규획요강-창지투(长吉图) 개발·개방선도구'를 공포하여 창지투계획을 본격화하였다. 이는 동북진흥이라는 과제를 추진하기 위해 창춘, 지린, 투먼(图门)을 연결하여 동변도 철도와 압록강 대교를 삼각 축으로 하는 지역 경제발전을 구상한 것이다.

중국 국무원이 창지투계획을 직접 주도한다고 공식 발표함으로써, 동북진흥계획이 국가 전략으로 격상되었음을 보여주었다. 지린성정부역시 중국 중앙정부의 힘을 빌려 동북 3성의 발전을 위하여 투먼지역을 개발시키려는 계획을 추진하였다.

따라서 창지투계획은 중국의 국가 발전 전략에서 시행되었으며, 이 계획의 성공을 위해서 북한과의 경제협력이 필요하였다. 중국 후진타오 시기 북중 경제협력이 확대된 것은 이러한 창지투계획을 핵심으로 하는 동북진흥 계획의 추진의 영향이라고 해석된다.

2. 중국의 대북 경제협력 이익

북한과 중국의 경제협력이 본격화된 것은 중국 후진타오 지도부 시기였다. 중국은 급속한 경제 성장의 성과를 중국 전역으로 확대하려 하였고, 지속성장을 위한 동력을 확보하려 하였다. 이러한 점에서 후진타오 시기 북중 경제협력은 실질적인 경제적 이익에 기반해 확대된 것이며, 이에 따라 중국이 대북 경제협력을 통해 얻는 구체적인 이익을 살펴볼 필요가 있다. 중국의 대북 경제협력 이익은 자원 확보, 노동력 활용, 물류기지로서의 전략적 가치 등 세 가지로 요약할 수 있다.

1) 자원 확보

후진타오 지도부는 2003년을 기점으로 자원외교를 강화하며 아프리카 외교를 적극화한 바 있다. 당시 중국은 급격한 경제 성장으로 인해 자원 수요가 크게 증가하였고, 이는 국제 원자재 가격 상승으로 이어졌다. 이러한 상황에서 중국은 북한의 지하자원에 주목하였고 지리적 인접성과 낮은 물류비라는 이점을 바탕으로 자원 확보를 위한 노력을 본격화하였다.

중국이 2003년부터 북한과의 경제협력의 실익을 인정하고 2004년부터 북한과의 이를 본격화한 것 역시 자원외교의 연장선으로 볼 수 있다. 당시 중국은 '에너지안보'를 주창하면서 자원외교를 중국 대외정책에 핵심 전략으로 삼았고, 북한과의 경제협력은 자원외교의 목표와 일치하였다. 자원의 중요성을 절감한 중국은 2005년 10월 중국공산당 제16기 5중전회에 제출된 제11차 5개년 규획(이하 '11·5 규획', 2006~2010년)을 통해 국내 총에너지 소비액을 20% 감축하는 목표를 제시하였고, 2006년 7월 G8 정상회의에서 후진타오 주석은 에너지 안보와 안정을 위한 정치환경 조성을 역설하였다.[10] 이러한 중국의 자원외교는 지리적으로 가까운 북한의 광물자원 확보가 중국의 경제 이익으로 이어진다는 인식과 맞물리게 되었다.

그러나 1990년대 북한은 심각한 경제난과 낙후된 채굴 기술로 인해 지하자원 개발의 효율성과 채산성이 모두 낮았다. 이를 파악한 중국은 북한의 광산 채굴권을 확보하고 자본을 투입하여 채굴 방식을 개선하고 효율성을 높임으로써 채산성을 높일 수 있었다. 중국은 특정 자원을 일정 금액에 사들인 것이 아니라 북한의 특정 광산에 대해 채굴권을 확보하고 그 광산에서 생산되는 다양한 자원을 가져오는 방식으로 북한의 자원을 확보하였다. 마침 국제 원자재 가격의 상승은 북한의 자원에 대한 채산성을 높이는 데에 도움이 되었다.

중국의 동북진흥계획은 지속 가능한 경제발전정책의 일환으로 진행되었고 여기에는 기초 에너지와 필수 원자재 확보가 필수적이었다. 한국광물자원공사의 2009년 3월 국회 국정감사 제출자료 '외국기업 북한자원개발 추진현황'에 따르면 북한은 중국, 일본, 싱가포르, 프랑스, 이집트와의 25건의 자원개발 사업을 진행 중이었다. 이 중에서 중국과의 자원개발이 전체의 약 80%인 20건을 차지했고, 중국의 대북 투자액 중 70% 이상이 지하자원 개발에 집중된 것으로 알려져 있다.[11]

북한의 주요 대중 수출품은 무연탄, 철강, 기타 광물자원, 수산물 등이다. 2003년의 경우 북한의 대중 수출품은 동식물성 식품(39%), 섬유제품(18%), 기계 및 전기전자(13%), 비금속류(8%), 광물자원(7%), 플라스틱(4%) 등의 순이었다. 반면 2008년에는 광물자원(41%), 비금속류(17%), 섬유제품(11%), 기계 및 전기전자(7%), 화학 및 플라스틱(7%) 등의 순으로 광물자원의 비중이 절대적으로 확대되었다. 북한의 대중국 수출품목에는 무연탄, 철광석, 선철 이외에도 아연괴, 천연 흑연, 규소, 철 스크랩 등의 지하자원이 포함되었다.[12]

북한의 무연탄 및 철광석은 2005년 가격이 상승하였기 때문에 수출 비중이 점차 확대되었다. 이에 따라 중국은 북한의 자원에 지속적인 관심을 가져왔으며, 2005년부터는 공동 채굴의 방식으로 협력이 진행되었다.

2008년 6월 중국은 북한의 기업과 협정을 맺고 황해북도 옹진군에 있는 철광석을 개발하기로 합의하였다. 중국의 대형 마그네사이트 가공업체인 S그룹과 북한은 공동으로 '서해합작기업'을 설립하여 2007

년 하반기부터 옹진군 장송리 일대의 옹진 철광석 개발을 진행하였다.
이 그룹은 북한의 마그네사이트 개발사업을 중점적으로 추진했고 북한
철광석 개발을 위해 광산개발 합작기업을 설립하기에 이르렀다고 알려
져 있다.[13]

표 14.1에서 알 수 있듯이, 중국의 북한 지하자원 채굴은 2004년부
터 시작되어 2005년부터 2006년 사이에 급격히 증가하였다. 종류별로
살펴보면 철이나 석탄 위주에서 점차 금, 동, 몰리브덴, 아연으로 다양
화되었다. 지역별로 보면 초기 채굴이 함경북도와 평안북도에 집중되
어 있었으나, 양강도, 평안남도, 황해도 등 전국으로 확대되는 경향을
보이고 있다.

2000년대 들어 중국은 지속성장 발전을 위해 에너지 자원의 확보가
시급해졌고, 이에 따라 자원외교를 본격화하였다. 이러한 중국의 자원
수요에 기반하여 북한과의 자원 공동개발이 본격화되었다. 북한의 지
하자원은 지리적 인접성으로 인해 물류비 절감 효과를 제공하며, 이것
은 중국의 자원 확보 측면에서 매우 중요한 협력 요인이 되었다.

2) 노동력 활용

중국은 세계의 제조업 기지로 각광받았으나 중국 경제의 성장과 함께
임금과 지대가 상승하여 노동집약적 제조업에서의 경쟁력이 축소되었
다. 이 과정에서 저렴한 노동력을 찾아 제조업 일부가 베트남 등의 다
른 국가로 이전되었고 북한의 저렴한 노동력은 동북지역 중국의 중소
기업들에게 새로운 대안으로 떠올랐다. 중국과 북한의 무역에서 임가
공무역의 확대는, 북한이 섬유류 등을 수입해 가공한 뒤 다시 중국으로
수출하는 방식으로 이루어졌다.

한 북중무역 관련자는 "예를 들어, 중국에서 여성 티셔츠를 제조할

표 14.1 중국의 북한 광산 채굴권 확보(2004~2008년)

지역		광산	계약 체결 시기	종류	투자금액
함경 북도	온성군	강안탄광	2005.7	갈탄	–
	회령시	요룡광산	2006.5	철	543억 원(3.16억 위안)
	무산군	무산광산	2006.11	철	172억 원(1억 위안)
함경 남도	덕성군	덕성광산	2004.3	철	1,165억 원(1억 달러)
	장진군	장진광산	2004.5	몰리브덴	20억 원(240만 유로)
	허천군	상농광산	2004.8	금, 동	–
양강도	보천군	보천탄광	2006.9	금	34.4억 원(2,000만 위안)
	혜산시	혜산청년광산	2008.11	동	75.6억 원(4,440만 위안)
	갑산군	8월광산	2006.9	동	17억 원(1,000만 위안)
	갑산군	문락평광산	2006.4	철	172억 원(1억 위안)
평안 북도	의주군	덕현광산	2007.3	철	6억 위안
	구장군	룡등광산	2005.1	무연탄	–
	구장군	룡문탄광	2005.1	무연탄	–
	신천군	신천탄광	2006.4	금, 은	–
평안 남도	순천시	2.8직동 청년탄광	2005.4	무연탄	–
	은산군	천성청년탄광	2005.4	무연탄	–
	성천군	룡흥탄광	2007.9	몰리브덴	51억 원(433만 달러)
황해 북도	은파군	은파탄광	2006.3	아연	602억 원(3.5억 위안)
	수안군	수안광산	2007.1	금	–
황해 남도	옹진군	옹진탄광	2008.6	철	516억 원(3,000만 유로)

출처: 윤승현, "최근 중국의 대북경협 실태와 전망," 『북-중 경제협력 강화에 어떻게 대응할 것인가?(북한정책포럼 제18차 국제세미나 자료집)』, pp. 50–51.

때 북한에서 앞판을 만들고 이를 중국에 가져와서 뒤판을 붙이고 마무리하여 수출한다. 왜냐하면, 대부분의 티셔츠는 앞판에 무늬와 색상 등 손기술이 필요한 노동이 들어가기 때문이다"라고 북중 임가공무역을 설명한 바 있다. 실제로 2016년 호주의 유명 서핑 의류업체 '립컬(RIP CURL)'이 북한산 의류를 중국산으로 표기해 판매한 사실이 확인되면서, 사과한 바 있다.

3) 물류기지로서의 전략적 가치

중국의 창지투계획은 북한의 청진, 나진, 무산 등의 지역을 도로 또는 철도로 직접 연결하여 러시아까지 이어지는 통합 물류망을 구축한다는 구상 아래 진행되었다. 청진과 나진항은 항구도시로서 중국의 연해 지역 개발 프로젝트와 연계되어 있으며, 동해로 나갈 수 있는 수출항이다. 한편, 무산과 삼봉은 북한지역의 광물자원이 있는 지역이다.

또한, 중국과 러시아의 인접 지역인 훈춘과 하산을 연결하여 러시아의 블라디보스토크까지 연계하려는 계획은, 중국이 동북아 물류 중심으로 도약하겠다는 의지를 엿볼 수 있다. 대부분의 건설기한이 5년 또는 10년 이후로 되어 있는 것은 창지투계획이 장기적 계획으로 추진되고 있음을 보여준다.

또한, 표 14.2와 같이 창지투계획은 동북진흥계획의 핵심으로 창춘, 지린, 투먼지역을 중심으로 발전을 시켜 주변 지역과 연계하는 계획이다. 공업, 서비스, 농업을 부문별로 발전시키고 이를 위해 교통, 수리, 에너지, 정보기반, 환경 등의 사회기반시설을 구축하고 지역적 협력체계를 구축하여 중국 동남부 연해지역과 연계시킨다는 것이다. 이것은 중국 동북지역 및 북한과 러시아의 자원을 자원 수요가 급증하는 동남지역에 공급한다는 중국 전체 개발계획과 맞물려 진행되었다.

표 14.2 창지투계획 내부건설 및 기타 지역과의 연동개발계획

대구분	소구분	분류	내용
내부 건설 계획	공간 배치 계획	훈춘시	대외개방 창구 기능 담당, 다국적 관광협력 전개
		옌지/ 룽징/ 투먼	옌지, 룽징, 투먼지역 대외개발의 최전방 지대로서 두만강지역 중요 물류센터와 국제 산업협력 서비스 기지의 기능 담당
		창지 편제구	창춘, 지린 중심의 자체적 산업기반과 인재 및 과학기술의 우위를 이용하여 생산 요소를 진일보하고 산업개발을 통해 지역협력의 개발을 지탱하는 핵심 기지 기능 담당
	산업 발전 계획	공업	자동차 제조업, 석유화학, 공업, 농산품 가공업, 전자정보산업, 제련건재산업, 장비 제조업, 바이오산업, 신소재 산업 등 3대 신흥고업기지 중점 건설
		서비스	물류업, 관광업, 문화 창조산업, 서비스업, 비즈니스 전시 건벤션업, 금융보험업 등 첨단 서비스 산업 중점 발전
		농업	경작지 자원보호, 농업기반 시설 건설, 식량종합 생산능력 강화, 특색 있는 농업발전
	기초 건설 시설 계획	교통 시설	일체화된 입지·교통망 건설, 장춘을 중심으로 하얼빈-다롄 철도 여객 전용선, 창춘-지린 철도 여객 전용선, 지린-투먼 고속철도, 창춘·지린 등 중심 도시의 도시 순환 고속도로 및 기타 도로 건설
		수리 시설	숭화강, 두만강 및 주요 도시의 홍수 방지 사업, 지린성 중부지구 수리사업, 농업수리 사업, 수자원 오염관리 프로젝트
		에너지 개발	훈춘 발전소 사업, 둔화 저수량 발전소 사업, 재생에너지 개발사업, 창춘-지린-옌지 천연가스 수송관 사업
		정보기반 시설	이동통신, 디지털 TV, 차세대 인터넷 사업 중점 강화, 전자 산업 활성화를 위한 기지 건설
		환경보호	순환경제, 저오염 경제발전, 백두산 천연림 보호, 송화강 수질 오염 처리, 지린성 중부 지구 관리

출처: 장동명, "동북아경제협력 메커니즘 구축에 관한 연구," 『북한정책포럼 제18차 국제 세미나 자료집』(2011년 4월 12일), p. 20.

3. 후진타오-김정일 시기 북중무역의 확대

중국의 동북진흥계획은 북한과의 협력을 고려하여 추진되었고, 그에 따른 경제적 이익이 있었다. 후진타오 시기 중국은 대북 무역 확대를 통해 자국의 이익을 확보하려는 기본 원칙을 제시하며 협력을 주도하였고, 김정일 시기 북한은 이러한 중국과의 경제협력을 바탕으로 심화된 경제난을 일정 부분 극복할 수 있었다.

1) 12자 방침합의와 북중무역 확대

북중무역은 후진타오 지도부가 등장하면서 확대되었다. 후진타오 지도부는 북한의 지하자원, 노동력, 물류 기지 등의 경제적 가치에 주목하면서 북중 경제협력을 확대하였다. 1990년대 말까지 북중무역액은 4.3억 달러로 북한 전체 대외무역의 11.6%에 불과하였다. 그러나 후진타오 시기 2003년 처음으로 양국 무역액이 10억 달러를 넘어섰고 이후 지속적으로 무역 규모가 확대되었다.

경제협력의 상호 이익에 따라 북중 경제협력은 지속적으로 성장하여 전체 무역에서 중국이 차지하는 비중이 2000년 25%에서 2004년 39%로 증가하였다. 무역 규모도 2005년 양국 간 무역액이 15억 8,000만 달러에 달하였으며, 이중 북한의 대중 수입 규모는 10억 8,200만 달러였고, 수출은 4억 9,900만 달러였다. 이러한 북중무역의 확대에는 중국의 지원정책이 있었다. 중국은 변경무역에 대해 50%의 세금 우대 혜택을 주었는데 실제로 북한과의 무역 대부분은 이 변경무역을 통해 이루어졌다.[14]

또한, 중국의 대북 경제협력 강화는 2005년부터 본격화하였다. 2005년 1월 원자바오 총리는 김정일 위원장과의 면담을 통해 '정부지도, 기업참여, 시장작동(政府引导, 企业参与, 市场运作)'의 원칙을 제시하였다. 이것은 북중경협을 양국 정부 차원에서 협의하여 결정하고, 사업운영은 시장경제의 논리에 따르며 실행단계는 민간기업이 북중양국의 합작 형태로 진행하는 것을 의미한다. 그해 3월 양국은 '투자혜택 및 보호협정'을 체결하여 중국기업의 대북 투자를 제도적으로 보장하였다.

또한, 2005년 10월 후진타오 주석이 북한을 방문하여 양국 경제기술협력에 관한 협정을 체결한 이후 중국의 대북한 지하자원 투자도 적극화되었다. 그해 10월 지린 철강기업, 옌볜 천지강철기업, 중강기업 등 세 기업이 70억 위안(약 9억 달러)을 투자하여 북한 최대 철광 자원인 무산철강의 50년 개발채굴권을 획득하였고, 이를 통해 매년 약 100만t의 철광석을 중국으로 수입하였다. 중국 오광(五礦)기업은 북한 용등(龍登) 석탄광산과 합자기업을 설립하여 북한 측의 비준을 얻어 채굴권을 확보하였다.[15] 그해 7월 훈춘 돌림경무 유한공사 및 훈춘 변경경제협력구보수세(边境经济合作区保水税) 유한공사가 북한 나선시 인민위원회 경제협력회사와 50년간의 '나선국제물류합영공사'의 합자경영에 서명하기도 하였다.

2006년 1월 김정일 위원장의 중국 방문은 북중 경제협력을 확대시킨 계기가 되었다. 김 위원장은 후베이성(湖北省)과 광둥성(广东省) 등의 지역을 방문하면서 지역 경제 발전 현황을 직접 확인하고 경제협력의 가능성을 타진하였다. 그해 5월 양국은 압록강의 문악 수력발전소 건설 계약을 하였는데 이 발전소 총용량은 4만 2,000킬로와트(kW), 연간 발전량은 1억 6,000만 킬로와트시이고 총투자액은 4억 위안에 이르렀다.[16]

2) 북중무역의 확대 원인

중국과 북한의 경제협력이 확대된 것은 중국 경제발전의 결과물로 중국 내 자원 소비량의 급증이 주요 원인 되었다. 표 14.3과 같이 북한의 대중 주요 수출품목은 광물자원, 광물성 원료, 철강, 아연, 어패류로 기초 원자재에 집중되어 있다. 이후 소금, 석고, 황, 시멘트, 석회 등의 수출이 증대되었다.[17]

또한, 2002년 의복 및 모피제품 제조업이 전체 15%를 차지하였으나 2013년의 경우 전체 약 19%까지 확대된 것을 확인할 수 있다. 이것은 북한의 노동력을 활용한 임가공무역의 확대로서 중국이 북한의 저임금 노동력을 활용한 이익을 추구한 것이다.

표 14.4와 같이 2005년부터 2009년까지 북한의 대중국 5대 수출품목을 살펴보면, 가장 많은 비중을 차지하는 것이 무연탄과 철광석이다.

표 14.3　북한의 대중국 주요 수출품목 산업별 비중 추이　　　(단위: %)

산업명	1992년	2002년	2013년
농축산업	4.5	7.1	1.7
석탄 광업	11.3	2.7	47.4
금속 광업	10.8	3.1	14.2
음식료품 제조업	7.5	10.7	3.6
의복 및 모피제품 제조업	0.4	15.0	18.9
화학물질 및 화학제품 제조업	5.7	0.2	0.4
1차 금속 제조업	47	8.5	7.5
임업 및 벌목업	3.1	1.4	1.7
어로 및 양식업	1.3	40.9	0.5

표 14.4　북한의 대중국 5대 수출품목 추이(2005~2009년)

(단위: 만 달러)

구분	2005년		2006년		2007년		2008년		2009년	
	품목	금액	품목	금액	품목	금액	품목	금액	품목	금액
1	무연탄	10,827.3	무연탄	9,665.1	무연탄	16,261.9	무연탄	20,127.3	무연탄	20,863.3
2	철광석	6,652.1	철광석	7,659.4	철광석	7,995.2	철광석	17,225.9	철광석	4,848.0
3	오징어/조개	5,114.0	오징어/조개	3,817.7	아연	4,766.7	오징어/조개	3,606.4	선철	2,055.7
4	철 스크랩	3,489.0	여성의류	1,921.4	오징어/조개	2,579.8	선철	3,500.5	오징어/조개	1,934.2
5	갈치/명태	2,327.0	남성의류	1,911.4	선철	2,218.8	합금철	3,103.9	남성의류	1,806.7

출처: 윤승현, "최근 중국의 대북경협 실태와 전망." 『북-중 경제협력 강화에 어떻게 대응할 것인가?(북한정책포럼 학술회의 자료집)』 2011년 4월 12일), p. 47.

표 14.5　북한의 대중무역 추이(2004~2008년)

(단위: 만 달러, %)

구분	2004년		2005년		2006년		2007년		2008년	
	금액	증감률	금액	증감률	금액	증감률	금액	증감률	금액	증감률
수출	58,570.3	48.2	49,915.7	−14.8	46,771.8	−6.3	58,125.1	24.3	75,404.6	29.7
수입	79,950.3	27.4	108,118.4	35.2	123,188.6	13.9	139,245.3	13.0	203,323.3	46.0
무역총액	138,520.6	35.4	158,034.1	14.1	169,960.4	7.5	197,397.4	16.1	278,727.9	41.2
무역수지	−21,380.0	−	−58,202.7	−	−76,416.8	−	−81,093.2	−	−127,918.7	−

출처: KOTRA, 『2008 북한의 대외무역동향』, KOTRA 자료 09-020 (서울: KOTRA, 2009), p. 24.

중국 후진타오 시기 자원 확보 정책이 영향을 주었음을 알 수 있다. 그 다음으로 많은 비중을 차지하는 것은 수산물이었다.

표 14.5와 같이 북한과 중국의 무역액은 중국 후진타오 시기 지속적으로 확대되었다. 2004년 북한의 수출액은 약 5억 8,600만 달러로 전년 대비 약 50%가 확대되었으며, 무역총액도 약 13억 8,520만 달러로 전년 대비 약 35% 상승하였다. 2006년 북한의 제1차 핵실험 이후, 중국은 일시적으로 북한산 수입을 축소하면서 양국 간 무역 총액의 증가세가 주춤하였으나, 2007년부터 북한의 수출입이 모두 확대되었다.

또한, 2008년 북중 교역액은 약 27억 8,728만 달러로 양국무역 총액이 최초로 20억 달러를 넘어섰다. 2004년 북중 교역액이 약 13억 8,520만 달러였던 것과 비교하면 4년 만에 약 2배로 상승하였다. 2008년 북한의 대중 수출은 약 7억 5,405만 달러로 전년 대비 29.7% 증가하였고, 대중 수입은 약 20억 3,323만 달러로 전년 대비 46%의 증가율을 보였다. 이와 같이 2000년대 이후 북중 양국의 무역 확대는 상호 이익의 관점에서 확대되었다고 볼 수 있다.

이와 같이 중국 경제 규모의 확대에 따라 광물자원 수요 증대와 자원 가격 상승으로 북한 지하자원의 채산성이 높아졌다. 이에 따라 중국은 북한의 자원 확보를 위해 노력하였고, 북한을 물류 기지로 활용하려는 전략은 중국의 동북진흥계획으로 나타났다. 특히 북중 경제협력으로 수혜를 보는 중국의 동북 3성지역은 중국 전체 지역 중에서도 경제 성장률이 낮은 편에 속한다. 북중 경제협력이 중국 전체 경제에서 차지하는 비중은 크지 않지만, 동북 3성지역의 경제에 있어서는 매우 중요한 비중을 차지하고 있다. 따라서 동북 3성 지역의 경제 성장을 위해 북한과의 협력이 필요하며 이 지역의 '일대일로(一帶一路)' 전략과의 연계를 위해서도 마찬가지이다. 중국 중앙정부는 동북3성지역의 요구를 수용할 명분이 있기 때문에 '동북진흥계획'과 같은 북한과의 경제협력을

추진해왔다. 이는 북중 경제협력이 중국의 일방적 지원만은 아니며 양
국 모두가 경제적 이익을 추구하는 상호 협력임을 보여준다.

■ 주

1) 王胜今·吴昊, "以科学观统领区域经济社会发展," 王胜今·朱显平, 『图们江区域
合作开发研究』 (长春: 吉林人民出版社, 2010), p. 342.

2) 王胜今·朱显平 (2010), p. 342.

3) 王胜今·邹向阳, "建设东北亚跨国运输走廊的设想及意义," 王胜今·朱显平 (2010),
p. 300.

4) 丁士晟, "东北亚未来的金三角," 王胜今·朱显平 (2010), p. 7.

5) 廉晓梅, "东北振兴过程中的对外开放: 总体思路与对策," 王胜今·朱显平 (2010),
p. 349.

6) 王胜今·于潇, 『图们江地区经济合作研究』 (长春: 吉林人民出版社, 2010), pp.
54-55.

7) 王胜今·邹向阳, "建设东北亚跨国运输走廊的设想及意义," 王胜今·朱显平 (2010),
p. 299.

8) 廉晓梅, "东北振兴过程中的对外开放: 总体思路与对策," 王胜今·朱显平(2010),
p. 346.

9) 장동명, "동북아경제협력 메커니즘 구축에 관한 연구," 『북한정책포럼 제18차
국제세미나 발표집』 (2011년 4월 12일), p. 19.

10) 何劍 編, 『東北亞安全合作机制研究』 (大連: 東北財經大學出版社, 2008), pp.
327-329.

11) 윤승현, "최근 중국의 대북경협 실태와 전망," 『북·중 경제협력 강화에 어떻게 대응
할 것인가?(북한정책포림 제18차 국제세미나 자료집)』 (2011년 4월 12일), p. 51.

12) 한국무역협회, "주요국 대외무역 동향," 2006-2010(www.kita.net, 검색일:
2012.1.30).

13) 呂楚, "중·북 경제관계의 현황과 전망," 『중·북 분야별 협력 현황과 북한의 변
화 전망』 (서울: 통일연구원, 2008), p. 81

14) 張慧智, "북한의 경제 변화와 북한 핵실험이 북·중 경제관계에 미친 영향," 『북
한학연구』 제2권 2호 (동국대학교 북한학연구소, 2006), p. 14.

15) 張慧智 (2006), p. 15.

16) 張慧智 (2006), p. 15.

17) http://www.21food.cn/trade/01001005.html (검색일: 2010.09.16.).

대북 경제제재의 효과성과 중국의 경제제재 이행

북한의 대북 경제제재는 지속적으로 강화되어왔고 2016년 이후 유엔 안보리 경제제재 강도는 매우 높은 수준이다. 북한경제는 위축되었고 코로나19 팬데믹을 거치면서 경제난이 가중되었으나 북한은 여전히 핵무력 강화에 집중하고 있는 상황이다. 이는 국제사회의 대북 경제제재가 그 최종 목적을 달성하지 못하고 있다는 점을 보여준다. 그 주요 원인은 최근 러시아를 비롯한 일부 국가들이 대북제재를 엄격하게 준수하지 않기 때문이다. 특히 우크라이나와의 전쟁으로 높은 수준의 경제제재를 받고 있는 러시아는 북한과 안보 및 경제협력을 확대하고 있어 대북제재를 충실하게 이행하지 않고 있다는 우려를 낳고 있다.

우크라이나전쟁 발발과 코로나19 팬데믹 상황에도 대북 경제제재에 대한 중국의 책임론은 끊임없이 제기되어 왔다. 그러나 중국은 대북 경제제재를 준수하고 있다는 점을 분명히 하였다. 실제로 2016년 이후 강화된 대북제재에 중국이 적극적으로 참여하여 북한경제가 위축되었고, 이는 북한의 남북대화와 북미협상 참여에 영향을 미친 것으로 해석된다.

그럼에도 불구하고 2018년 시작된 북미 간 비핵화 협상은 성공하지 못하였다. 대북 경제제재의 효과성과 중국의 경제제재 이행을 정확히 파악하기 위해서는 보편적 경제제재의 효과성에 대한 세밀한 분석이 선행되어야 한다. 이를 통해 대북 경제제재의 효과성을 평가한 다음 중국의 역할을 정확하게 평가할 수 있다.

1. 경제제재의 목적과 효과성

경제제재의 효과에 대한 선행연구들은 제재의 효과에 대한 일치된 의견을 보이지 못하고 있으며 회의적인 주장도 적지 않다. 경제 성장이나 발전의 측면에서 경제제재의 효과는 경제성장률, GDP, 무역총액 등으로 측정할 수 있으나, 경제제재의 궁극적인 목적이 피제재국의 행위를 변화시키는 것이라면 제재의 효과성은 통계나 수치의 측정 이상의 것이 되어야 한다. 이에 따라 제재의 효과성을 측정하기 위해서는 피제재국이 국제사회의 레짐을 위반하는 행위를 중단하고 레짐을 준수하는가를 평가할 필요성이 있다.

경제제재의 목적을 달성하여 레짐 위반 행위를 중단한 사례는 소수의 불과하다. 또한, 경제제재가 다른 수단과 병행하여 활용된 경우가 많아, 레짐 위반 행위의 중단이 경제제재의 직접적인 효과인지 불분명한 경우가 많다. 경제제재의 목적을 확인하고 그 달성 효과성에 따른 평가해보면 대북 경제제재의 실제 효과를 보다 명확히 확인할 수 있을 것이다.

특히 경제제재가 레짐 위반 행위와 직접적 관련이 없는 일반 국민들의 삶에 부정적 영향을 준다는 점을 고려하여, 최근 경제제재에 대한 논의는 일반 국민들의 삶을 제한하지 않으면서 특정 집단에만 경제제재가 집중되도록 하는 '타깃(target) 제재' 또는 '스마트 제재'의 효과를 높이는 데에 집중되고 있다.

1) 경제제재의 목적

북한이 핵무력 강화에 집중하자 이를 제어하기 위하여 국제사회는 북한에 대한 경제제재를 강화해왔다. 그러나 북한은 경제제재에도 불구하고 지속적으로 핵능력을 증진시켜왔기 때문에 경제제재의 실효성에 대한 논의가 끊이지 않고 있다. 대북 경제제재 효과의 핵심은 2016년 제재 강화 이전 북한 무역의 약 90%를 차지하는 중국의 대북 경제제재 이행 여부에 달려 있었다.

일반적으로 경제제재는 '대상 집단의 정책 변화에 영향을 주기 위하여 실질적 또는 위협적으로 경제적 자원을 인출(withdrawal)하는 것'으로서 정의된다.[1] 즉 특정 국가의 정책 변화를 이끌어 내거나 적어도 이들이 추구하는 정책에 대해 항의를 표시하기 위한 방법으로 사용되는 강압적인 경제 조치로 정의된다.[2] 일반적으로 경제제재는 자산동결을 포함하여 여행 제한, 엠바고, 무역장벽, 수입 관세 부과 등의 수단으로 실행되고 특정 개인, 집단, 기업을 목표로 하거나(타깃 제재) 전체 국가의 상업 활동을 제한하는 것(일반 무역 제재)을 포괄한다.

경제제재의 목적은 중요하다고 여기는 규범의 위반을 방지하고 특정 규범의 위반에 대한 국제적 행위자를 처벌하기 위한 것이다.[3] 특정 국가가 경제제재를 통해 다른 국가에게서 얻어내려는 정치적 목표는 다음의 다섯 가지로 정리할 수 있다. 정책의 온건한 변화, 정권교체, 군사도발의 저지, 군사적 잠재력 약화, 기타 주요 정책의 변경 등이다.[4]

북한의 핵무기 및 대량살상무기의 확산에 대한 경제제재는 군사적 잠재력을 약화시키기 위한 조치에 해당한다. 대북제재의 목적은 북한으로의 대량살상무기 관련 물자의 반입을 차단하는 것과 북한경제에 압박을 가함으로써 대량살상무기 개발 정책에 변화를 주려는 것이 목적이다.

2) 경제제재의 효과와 그 결정요인

경제제재의 효과에 대해서 다양한 의견들이 존재하나 정치학자들 사이에서는 제재의 효과에 대한 회의적인 견해가 적지 않다. 경제제재에 영향을 미치는 요인은 크게 국제적 요인과 피제재국의 국내요인으로 구분할 수 있는데 피제재국과 제재국의 국내 요인 모두가 제재의 효과에 영향을 준다고 평가된다. 먼저 경제제재의 한계에 대한 대표적인 논의를 정리해보면 다음과 같다.

월렌스틴(Peter Wallensteen)은 제재국의 경제제재 지속 여부를 경제제재의 성공 여부를 판단해야 한다고 보았다. 그는 제재국이 경제제재를 중단했다면 이는 성공한 제재이며 제재국이 경제제재를 지속하고 있다면 이는 실패한 제재라고 주장한다.[5]

후프바우어(Gary C. Hufbauer)는 경제제재의 효과를 제재 목적의 달성 여부에 따라 평가하였다. 즉, 목적이 완전히 달성된 경우에 경제제재의 효과는 매우 높은 것으로 평가하고 반대로 달성되지 못한 경우에 효과는 낮은 것으로 평가하였다. 그는 경제제재의 목적 달성 정도와 경제제재의 기여 정도를 측정하여 경제제재 성공 지수를 개발하기도 하였다.[6]

길핀(Robert G. Gilpin)은 피제재국이 제재국을 대체할 무역 대상국을 쉽게 찾을 수 있을 경우 경제제재의 효과가 낮을 수밖에 없다고 보았다. 대부분의 경제 피제재국들이 제재국과만 무역관계를 맺는 것이 아니기 때문에 제재의 실효성은 낮을 가능성이 높다고 주장한다.[7]

다음으로 경제제재에 영향을 미치는 요인을 살펴보면, 크게 국제적 요인과 피제재국의 국내 요인으로 구분할 수 있다.

독시(Margaret P. Doxey)는 정치체제의 유형에 따라 경제제재의 효과가 달라질 수 있다고 보았다. 피제재국이 독재국가라면 언론 통제가 가능하기 때문에 경제제재에 대한 저항의 비용이 높지 않게 되며, 결과적으로 피제재국의 제재 저항 가능성은 오히려 높아진다고 주장하였다.[8] 경제제재는 대상국 국민들에 대한 경제적 손상을 유발하고 이들이 정책결정권자의 정책 변화를 강제하여 최종적으로 외교적 행위를 바꾸게 하는 메커니즘을 기본으로 한다. 그런데 이러한 메커니즘은 국민들의 투표를 통해 최고 정책결정권자의 권력이 다양한 이익집단의 압력에 영향을 받는 자유민주주의체제에서 기대될 수 있는 현상이다. 지난 30년간 발의된 경제제재의 78% 이상이 권위주의 국가를 대상으로 한 것이기 때문에 경제제재의 효과가 회의적인 경우가 대부분이었다.[9]

또한, 앨런(Susan H. Allen)은 정치체제에 따라 피제국의 내부 결집효과(rally-round-the-flag-effect)가 다르게 나타난다고 보았다. 다시 말해 피제재국 국내적으로 결집효과가 발생하면 경제적 부담과는 별개로 정치적 반감이 형성되어 외부의 압력에 맞서는 결과를 초래한다고 하였다.[10]

제재국의 정치체제 또한 제재 효과에 영향을 미친다. 제재국이 민주주의에 가까울수록 제재 이행에 필요한 제재국의 감시 활동과 이행이 비교적 안정적으로 이뤄진다.[11] 반면 제재국이 권위주의에 가까울수록 정책 이행에 대한 감시가 잘 이뤄지지 않을 가능성이 높고 이행 과정이 장기화될수록 제재의 지속 가능성은 더욱 낮아질 수 있다.

반면 제재 효과에 영향을 주는 국제적 요인으로는 피제재국과 제재국의 경제적 상호의존도와 제3국가들과의 의존도 및 동맹을 들 수 있다. 첫째, 피제재국과 제재국의 경제적 상호의존도가 높을수록 제재의 효과는 클 것이다. 둘째, 피제재국과 경제적으로 밀접한 관계에 있는 제3국가들의 제재에 대한 협조 여부가 제재 효과에 영향을 준다. 셋째, 피제재국이 국제정치 및 경제시스템 내에서 어떤 네트워크를 형성하고 있는지가 중요하다.[12] 마지막으로 피제재국과 제재국 간의 전략적 상호작용 역시 제재의 효과에 영향을 주는 요인이다.

먼저 피제재국과 제재국의 경제적 상호의존도가 높을수록 피제재국뿐만 아니라 제재국에서도 제재에 대한 비용이 증가한다. 북한의 경우 경제제재를 주도하는 국가가 한미일 삼국인 점을 고려하면 일본과 한국의 대북 경제제재는 북한뿐만 아니라 일본과 한국에게도 제재 비용을 발생시켰다. 1990년대부터 점차 강화된 일본의 대북 양자 제재는 북한 경제난의 중요 원인 중 하나였다. 또한, 한국의 경우 2008년까지 북한의 주요 경제 파트너였기 때문에 한국의 대북 경제제재인 2010년 '5·24 조치'는 북한경제에 어려움을 주었다는 것이 일반적인 평가이다.

또한, 경제제재의 효과가 사례를 살펴보면, 경쟁국가보다 전통적 경제 파트너 국가들이 제재에 참여할 때 제재 효과가 가장 크게 나타나는 반면, 피제재국에 대한 '흑기사(Black knight)' 국가가 존재할 경우 그 효과는 반감된다.[13] 중국과 러시아는 북한의 전통적 경제 파트너로서 대북제재에 참여할 경우 자국 경제에도 상당한 손실이 발생할 수밖에 없다. 특히 중국은 북한 대외경제협력 비중이 가장 큰 국가이므로 중국의 제재 이행 여부는 북한 제재에 핵심 변수이며 중국이 '흑기사' 역할을 한다면 대북제재의 효과는 반감될 가능성이 높다.

그러나 주목할 점은 경제제재의 효과는 제재국과 피제재국 간의 전략적 상호작용에 따라 달라질 수 있다는 점이다.[14] 제재국이 피제재국에 대해 적극적 상호작용을 한다면 피제재국의 정책 변화에 영향을 줄수 있다. 제재를 주도한 한미 양국이 2018년부터 북한과의 긍정적인 상호작용을 시작하였기 때문에 남북관계와 북미관계의 변화는 제재 효과에 일정한 영향을 미쳤다고 볼 수 있다.

3) 스마트 제재와 대북제재 효과의 확대

스마트 제재는 정책을 통제하는 개인이나 그룹에 대해서만 영향을 주면서 대중들에 대한 영향을 제한하는 것이다. 이를 위해 첫 번째 단계는 객관적 정책에 책임이 있고 그것을 변화시킬 수 있는 정책결정 엘리트를 확인하는 것이다. 다음 단계는 이 엘리트의 가장 취약한 자산과 자원을 파악하는 것이다. 제재의 목적은 정책결정자들이 객관적 정책의 비용과 이익을 재평가하여 그들에게 실질적인 부담을 주며, 동시에 국내 반대 세력에 대한 지지를 높이는 데 있다.[15]

그러나 이러한 스마트 제재는 정부와 지도자의 정책과 행위가 의회 다수와 국민의 선호를 반영하는 민주주의 사회에 적합하다는 것이다. 이런 점에서 북한과 같은 체제에서는 스마트 제재는 효과성이 제한될 수 있다. 두 번째 우려는 경제제재가 단순한 압박을 넘어 체제 생존 자체를 위협할 가능성이 있다는 것이다. 만약 그렇다면 항복의 비용은 반항의 비용보다 높고 경제제재의 유용성은 일반적으로 제한적일 가능성이 높다는 것이다.[16] 대북 경제제재의 강화 역시 북한체제 생존을 위협하는 요인이며 이것이 제재의 효과를 높이는 데에 제약으로 작용할 가능성이 높다.

코트라이트(David Cortright)와 로페즈(George A. Lopez)의 주장에 따르면 제재 효과성의 측정은 제재의 수행, 모니터링, 강제 조치를 수행하는 유엔의 능력을 강화하려는 국제적 협력을 통해 입증될 수 있다. 어떤 평가 기준을 택하든, 가능한 낮은 인도주의적·경제적 비용으로 가능한 신속하게 목적을 달성하도록 고안되고 수행되어야 한다.[17] 특히 선택적이든 포괄적이든 간에 제재는 강제와 국제적 준수의 폭이 넓을 때 가장 효과적이다. 반면 강제와 협력이 부족할 때는 성공을 기대하기 어렵다. 가장 중요한 점은 신뢰할만한 노력과 조율된 국제협력 없이는 제재가 성공하기 어렵다는 점이다.[18] 이에 따라 국제사회의 협력과 이를 제재를 장기적으로 지속할 수 있는 제재국의 의지와 능력이 중요하다.

또한, 제재의 유형 측면에서는, 피제재국 경제의 취약한 부문에 직접적으로 타격을 가할 때 더욱 손실이 커지게 된다. 예를 들어, 에너지 자원이나 식량과 같이 필수 자원을 대부분 수입에 의존하는 국가는 이러한 자원을 확보할 수 없게 된다면 치명적 손실을 입을 수 있다.[19] 북한의 경우 식량보다는 에너지 자원에 대한 의존도가 높아, 석유 수입을 제한하는 경제제재가 큰 영향을 준 것으로 평가된다.

따라서 대북 경제제재의 성공 여부는 국제사회의 협력과 참여에 달려 있다. 제재를 강압적으로 준수하도록 하기 위해서는 위반에 대한 적발과 처벌이 뒤따라야 하는데 이는 모두 비용이 수반되는 과정이다. 국제사회의 광범위한 협력을 장기적으로 유지하려면, 각국이 제재 준수에 따르는 비용을 감수할 수 있도록 적절한 인센티브를 제공해야 한다. 특히, 피제재국과 정치·경제적으로 밀접한 국가들까지 제재에 참여하도록 유도할 수 있는 유인책 마련이 핵심이다. 북한과 정치·경제적 의존성이 높은 중국과 러시아가 제재에 얼마나 지속적으로 참여할 수 있느냐가, 대북제재의 실질적인 효과를 좌우할 것이다.

2. 유엔 대북제재 안보리결의안의 내용

북한에 대한 경제제재의 역사는 한국전쟁 시기로 거슬러 올라간다. 전쟁 이후 북한은 미국을 비롯한 서방 국가들로부터 '공산국가적성국 제재'를 받기 시작하였고, 냉전 시기에는 테러지원국으로 지정되어 추가적인 제재를 받았다. 탈냉전 이후 북한의 핵을 비롯한 대량살상무기 개발로 인해 1993년 유엔 안보리 결의안 825호가 채택되었다. 2006년 북한의 제1차 핵실험으로 인해 유엔 안보리 결의안 1718호가 채택된 이후 유엔 안보리 제재가 강화되었고, 2016년 유엔 안보리 결의안 2270호의 채택으로 북한경제에 대한 압박이 본격화되었다. 또한, 일본과 한국이 북한과의 경제협력을 추진하던 시기에는 양국의 독자적 제재는 북한경제에 실질적인 타격을 준 것으로 평가된다.

1) 2016년 이전: 유엔 대북제재의 구조적 한계 노출

대북제재는 1993년 유엔 안보리 결의안 825호를 시작으로, 북한의 핵 및 미사일 개발이 진전됨에 따라 점진적으로 확대되었다. 이후 2004년 1540호, 2006년 1695호와 1718호, 2009년 1874호와 1887호 결의안이 채택되었다. 결의안 825호는 북한의 NPT 탈퇴 재고를 요구한 것이고, 1540호는 핵 및 생화학무기 등의 대량살상무기에 대한 확산과 유출에 대한 것이며, 1695호는 북한의 탄도미사일 '대포동 2호'발사에 대응해 채택된 것이다.[20]

2006년 채택된 결의안 1718호는 북한의 제1차 핵실험에 대응한 것으로 중국이 동참하여 대량살상무기 생산·제조와 관련된 개인이나 단체들에 대한 금융제재와 사치품 수입 금지 등 표적 제재가 포함되었다. 2009년에는 1874호와 1887호 결의안이 채택되었는데, 제2차 핵실험 이후 채택된 결의안 1874호는 대북제재 전문가 패널을 설치하여 제재 위원회 산하에 두는 조치를 포함하였다.

김정은 집권 이후에는 2013년에는 유엔 안보리 결의안 2087호와 2094호가 채택되었다. 결의안 2087호는 2012년 12월 12일 광명성 3호 2호기 로켓 발사에 대한 대응으로, 금융제재와 선박 검색 등의 조치를 포함하고 있다. 이어 제3차 핵실험에 대응해 채택된 결의안 2094호에는 무역금수조치가 추가되며 제개 수위가 강화되었다.

2) 2016년 상반기: 결의안 2270호와 제재 강화

북한 제4차 핵실험에 대하여 2016년 2월 25일 미국과 중국이 대북제재 결의안 초안에 합의한 후 3월 2일 안보리 결의안 2270호가 채택되었다. 이 결의안은 대량살상무기 확산에 집중되었던 이전 제재 결의안과 달리, 북한 광물 거래를 비롯한 일반 무역까지 포괄하는 한층 강화된 제재라고 볼 수 있으며 주요 내용은 다음과 같다.[21]

첫째, 모든 회원국들은 물리학, 컴퓨터 공학, 항해술, 핵공학, 항공과학을 포함한 북한의 핵활동이나 핵무기 운반 시스템 관련된 북한 인사들의 교육 및 훈련, 수리 등을 금지하고 생화학무기와 관련된 물자의 이동을 금지하였다. 둘째, 모든 북한 수출입 화물은 검색이 의무화되며, 북한 선박이 유엔 회원국의 영해·영토·영공을 동과할 경우에도 예외 없이 적용되었다.

셋째, 북한 대량살상무기(WMD: Weapon of Mass Destruction) 관련 품목에 기존에 '권고'였던 캐치올(catch-all) 수출 통제 조치는 '의무'로 강화하였다.

넷째, 북한산 혹은 북한 항공·선박을 이용한 석탄과 철, 철광석의 수출을 금지하나 해외 생산의 신뢰할만한 정보를 가지고 나진항을 통해 수출하는 경우는 사전 신고를 원칙으로 하고 예외를 인정한다. '민생 목적'인 경우 역시 예외로 규정하였다. 또한, 북한산 금, 티타늄, 바나듐, 희토류의 수출을 금지하고 북한 선박과 항공기에 대한 로켓연료를 포함한 공유의 판매와 공급도 금지된다. 단, 민간 승객을 위한 항공유 재급유는 예외로 하였다.

　다섯째, 국방과학원, 청천강해운, 대동신용은행, 혜성무역회사, 조선광선은행, 조선광성무역회사, 원자력공업성, 국가우주개발국, 군수공업부, 정찰총국, 39호실 제2경제위원회 등의 32개 단체와 28명의 개인에 대해 국외 자산을 동결하고 입국을 금지한다. 북한의 금이 해외 거래 수단으로 사용되는 것을 금지하였고, 북한 금융기관이 유엔 회원국 영토 내 지점, 사무소 신설을 금하였으며 기존 지점도 90일 안에 폐쇄하도록 하였으나, 대북 인도적 지원, 유엔 활동, 외교관 활동에는 예외를 두었다.

　2016년 1월 6일 북한의 4차 핵실험 직후 중국외교부는 이를 반대한다는 입장을 밝혔으며 동시에 대화를 통한 해결도 강조하였다. 4차 핵실험 반대 성명에서 중국은 6자회담을 통해서 한반도 핵문제를 해결해나갈 것임을 표명하였고, 북한 핵문제와 평화협정 체결을 동시에 병행해야 한다는 '병행론'을 주장하였다.

　이와 동시에 중국은 안보리 제재 참여 의사를 명확히 하였다. 결의안 2270호 채택 이후 4월 5일 중국의 상무부는 석탄과 철, 철광석, 금, 티타늄, 바나듐, 그리고 희토류의 대북 수입 금지를 발표했고, 항공유에 속하는 5개 품목을 대북 수출 금지 목록에 포함시켰다. 다만, 민생 목적의 수입은 허용함으로써 여지를 남겨두었다.

3) 2016년 하반기: 결의안 2321호와 석탄 상한제 도입

북한이 다시 2016년 9월 제5차 핵실험을 감행하자 유엔 안보리는 11월 30일 결의안 2321호를 채택하였다. 이 결의안은 북한의 주요 수출 품목인 석탄에 수출 상한제를 시행한 것이 특징이며 주요 내용은 아래와 같다.[22]

첫째, 북한 인공기 소유나 무국적기를 포함한 북한 선박에 대해 승무원 및 선박 서비스의 제공을 예외 없이 금지하였다. 또한 위원회에서 인정된 에너지 수송 회항 경우를 제외한 모든 항구에의 입항을 금지하며 북한 선박의 소유, 임대, 운영을 비롯해 인증 및 선급 보험 관련 일체의 서비스 제공을 예외 없이 금지하였다.

둘째, 2270호 안에 더하여 북한인들의 재료공학, 화학공학, 기계공학, 전기공학, 산업공학 관련 기술의 교육 및 훈련을 금하며 의료 분야를 제외한 공식적인 개인이나 단체와의 과학 및 기술적 협력을 금지하였다.

셋째, 북한 공관 규모 축소를 촉구하고 대량살상무기 관련 북한 관료, 정부인사, 군인의 입국을 금하며, 북한인의 여행용 수하물 검색 절차를 명확히 하였다. 또한 북한 은행 및 금융기관과 그 대리인에 대하여 북한 송환을 위한 추방을 결정하였다.

넷째, 북한 외교관들의 전문 또는 상업 활동으로 개인 이익을 취할 수 없음을 강조하며 부동산 소유를 통한 임대업을 금지하였다. 또한 북한 공관 및 공관원당 은행 계좌를 1개로 제한하고 유엔 안보리의 예방 조치 또는 강제조치의 대상이 되는 유엔 총회 회원국은 그 권리와 특권이 정지될 수 있음을 상기시켰다.

다섯째, 철도와 도로를 통한 금지 품목의 이동에 대한 우려를 표명하며, 북한인의 여행용 수하물과 북한 항공기의 이착륙 시 화물에 대한 검색 의무를 명확히 하였다. 아울러, 북한행 또는 북한발 제3국 경유

민간 항공기에는 필요 이상의 항공유를 제공하지 않도록 주의를 촉구하였다. 이와 함께, 제재위원회의 승인을 받지 않은 경우에는 조형물의 공급·판매·이전을 금지하고, 북한에 대한 신규 헬리콥터 및 선박의 공급·판매·이전도 금지하였다.

여섯째, 북한 석탄 수출 상한선은 연간 4억 90만 달러 또는 750만 톤 중 낮은 쪽으로 설정하며 매월 수입량은 30일 이내에 유엔 대북제재위원회에 보고하도록 규정되었다. 또한 은, 동, 아연, 니켈 등의 수출금지 광물을 추가하였다. 제재 이행에 대하여 회원국은 연 2회 전문가 패널에게 보고서를 제출하고 제재위원회가 유엔 차원의 제재 이행 관련 특별회의를 개최할 것을 지시하였다.

북한이 2016년 하반기 중국 측의 관계개선 메시지를 거절하고 제5차 핵실험을 감행하면서 중국의 제재 이행 의지가 적극화되었다. 이러한 외교적 배경 속에서 채택된 유엔 안보리 결의안 제2321호는 기존 제재의 실효성을 높이기 위한 조치로, 북한의 주요 수출품인 석탄에 대해 연간 상한선을 설정하고 보고 및 감시 체계를 강화하는 등 보다 구체적이고 엄격한 경제 제재를 도입하였다. 이 시기부터 중국의 대북 제재 이행 의지가 강화되었고 이로 인해 대북 제재의 실효성이 증가되었다.

4) 2017년 이후: 결의안 2371·2375·2397호와 전방위 제재 확대

2016년 국제사회의 대북제재에도 불구하고 경제가 크게 위축되지 않았던 북한경제는 2017년에 새로운 국면을 맞았다. 2016년 9월 제5차 핵실험 이후 11월에 채택된 유엔 안보리 결의안 제2321호는 북한의 석탄 수출에 대한 제한 조치를 포함하고 있었으며, 이 제재는 2017년부터 본격적으로 효력을 발휘하였다.

2017년 7월과 8월, 북한이 ICBM급 미사일을 연이어 시험 발사하자, 유엔 안전보장이사회는 이에 대응하여 같은 해 8월 대북제재 결의안 제2371호를 채택하였다. 이번 결의안은 이전의 제2270호 및 제2321호가 지닌 한계를 보완하고, 북한의 주요 수출 경로를 실질적으로 차단하기 위한 강화된 조치였다. 주요 내용으로는 북한의 주력 수출품인 석탄에 더해, 철 및 철광석, 납, 수산물의 수출을 전면 금지하였으며, 다만 원산지가 북한산이 아님을 신뢰할 수 있는 정보가 확인된 경우에 한해 나진항을 통한 수출은 예외적으로 허용되었다. 또한, 북한 해외 노동자의 추가 고용을 금지하고, 북한 개인 및 기업에 대한 신규 투자도 전면 금지하였다.[23]

2017년 9월 채택된 안보리 대북제재 결의안 2375호는 유류 공급 제한과 섬유·의류에 대한 전면 금수 조치를 포함하였다. 대북 정유제품 공급량에 연간 상한선을 설정하여 원유 공급량을 2017년 10월부터 연말까지 50만 배럴, 2018년부터는 연간 200만 배럴 수준으로 동결하였다. 또한, 김정은 정권의 또 다른 외화수입원인 해외 노동자도 신규 노동허가 발급을 금지하였고 공해상에서의 북한 선박과의 선박 간 환적(Ship-to-Ship transfer) 금지조치를 도입하였다.[24]

2017년 12월 22일 결의된 안보리 대북제재 결의안 2397호는 북한의 3대 수출품목 이외의 식용품, 농산품, 목재류, 전자기기 등 다양한 품목의 수출을 전면 규제하는 내용이 포함되있고 북한의 조업권 양도 및 판매를 금지하였다. 또한, 북한에 대한 원유 수출을 연간 400만 배럴의 상한선을 명시하였고, 정유제품의 공급량은 연간 200만 배럴에서 50만 배럴로 감축하였다. 이외의 24개월 이내 북한 노동자들의 본국 송환을 명문화하여 해외 노동자 파견에도 제동을 걸었다.[25] 이러한 조치들로 인하여 북한의 대외무역은 급감하였고, 특히 에너지 수입 제한은 북한의 에너지 부족을 심화시켰다.

3. 중국 대북 경제제재 이행과 그 한계

앞서 살펴본 바와 같이 대북 경제제재의 효과성은 2016년 사례에서 보이듯이 경제적 지표나 손실로 객관적으로 측정되기보다, 피제재국 내 지도자들의 정치적 대응에 의해 결정되는 것이다. 경제제재의 효과성 측정은 피제재국의 경제 지표 하락이라는 경제적 손실 부과 단계를 넘어서 궁극적으로는 피제재국의 정치적 행동 변화가 중요한 기준이 된다.

그런 의미에서 대북 경제제재는 2017년 북한이 협상에 나서도록 북한 지도자의 행동 변화를 가져왔다. 그러나 2019년 하노이 북미정상회담이 결렬된 이후 대북 경제제재의 효과가 한계를 보인 것은 중국과 러시아가 북한제재에 대한 '흑기사' 역할을 하였기 때문이며, 이러한 상황은 2026년 1월 현재까지 이어지고 있다.

1) 2016년 이전 중국 대북제재 이행의 한계

2016년부터 대북 경제제재는 실질적으로 북한경제에 부정적 영향을 미치기 시작했으며, 그 효과는 2017년부터 드러났다. 그러나 2017년 이전 중국의 대북제재 이행은 여러 한계를 노출하였는데, 그 원인을 추적해보면 양국 무역의 회복성, 중국의 원유 및 전기 공급 지속, 임가공 무역의 확대, 북한 노동자 파견 등을 들 수 있다.

첫째, 북중 양국 무역의 회복성이다. 북한의 주요 교역국인 중국은 2013년 2월 북한의 제3차 핵실험 이후 대북 경제제재 이행을 명확히 하였다. 실제로 도표 15.1에서 나타나듯이, 2013년 2월부터 5월까지 중국의 대북 수출은 전년 동기 대비 감소세를 보였고, 북한산 수입도 일시적으로 줄어들었다. 그러나 하반기 들어 수출입 모두 빠르게 회복되며, 연말에는 오히려 높은 증가율을 기록하였다. 이러한 흐름은 북한

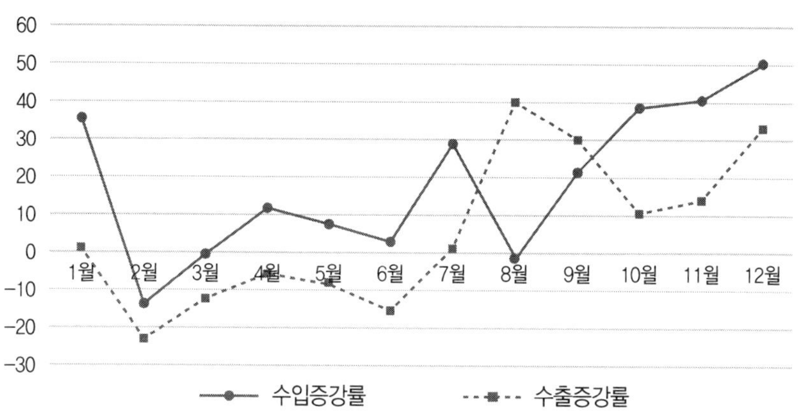

출처: 한국무역협회, http://www.kita.net/ (검색일: 2016년 9월 30일).

의 제4차 핵실험이 있었던 2016년에도 유사하게 나타났다. 상반기에
는 제재의 영향으로 중국의 대북 수입이 전반적으로 감소했지만, 하반
기에는 회복세로 전환되어 연말에는 이전 수준에 근접하거나 이를 상
회하였다. 실제로 도표 15.2에 따르면, 2016년 상반기 대북 수입액은
2013년 같은 기간보다 낮았으나, 하반기에는 점차 회복되어 연간 수입

도표 15.2 2013년/2016년 월별 중국의 대북한 수입 동향 (단위: 억 달러)

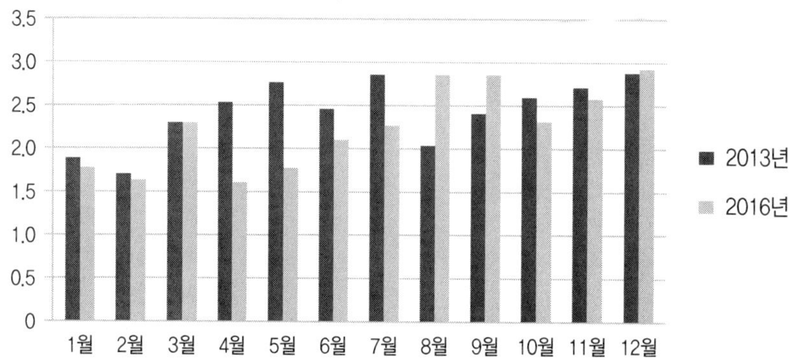

규모는 증가하는 추세를 보였다.

이와 같이 중국은 대북 경제제재에 분명한 참여 의지를 보였으며, 중앙정부 차원의 지침도 하달되었음에도 불구하고, 북한의 핵실험과 유엔 안보리 제재 결의 직후에 나타난 무역 감소는 단기적인 현상에 그쳤다. 상반기에 제재가 결의되면 무역 감소 등의 효과가 나타나지만, 하반기에는 위축되었던 수요가 반영되어 상반기의 축소분을 상쇄할 만큼 증가하여 전체적으로 증가세를 보였다. 이러한 북중무역의 특수성을 고려하면 완전한 중국의 대북제재 이행은 2016년까지 그 한계를 보여주었다.

둘째, 북중 간 에너지 협력의 비공개성이다. 중국의 원유 공급 지속을 막을 수 있는 수단이 없다는 점을 이해할 필요성이 있다. 중국이 북한으로 원유를 보내는 방식 중 하나는 압록강 하저에 매설된 약 11km 길이의 송유관이다. 중국 국영기업인 중국석유천연가스공사(CNPC: China National Petroleum Corporation)의 자회사인 중조우의수유공사(中朝友谊输油公司)가 운영하며, 단동의 '중국석유관도공사단동기지(中国石油管道公司丹东培训基地)'에서 원유를 보내면 북한 평안북도 피현군 백마지역에 있는 저장시설로 들어간다. 이러한 송유관을 통한 중국의 대북 원유 지원은 공식 통계가 존재하지 않고, 외부에서 그 규모를 추정하기도 용이하지 않다. 이로 인해 원유 공급을 제한하는 경제제재가 시행되더라도 중국의 대북 에너지 지원은 사실상 지속될 가능성이 매우 높다.

중국 해관 당국이 집계하는 북중 간 무역 현황 자료에 따르면, 2009년부터 2012년까지 중국은 북한에 매년 약 52만 톤의 원유를 수출하였다. 이 원유는 주로 북한의 5,000톤 규모의 유조선 및 소형 유조선을 통해 운송되었다. 대한무역투자진흥공사(KOTRA: Korea Trade-Investment Promotion Agency) 베이징 무역관의 중국 해관총서 통계에 따르면, 2014년 상반기(1~6월) 대북 원유 수출은 전무했던 것으로 나타났다. 그러나 공식적 통계에 포함되는 원유 수출이 중단되었다고 해서 실제 중국의 대북 원유 유입이 중단되었다고 볼 수 없다. 중국의 해관은 2013년 약 6억 달러의 대북 원유 수출을 통계를 내놓았으나 2014년부터 해당 수출 내역을 더 이상 구체적으로 공개하지 않았다.

또한, 북중 간 대표적인 에너지 협력 사례에는 압록강 수력발전소를 통한 전력 공동 생산이 있다. 압록강 수력발전소 중 윈펑(云峰) 발전소와 웨이옌(威延) 발전소는 북한이, 웨이펑(威锋) 발전소, 타이핑완(太平湾) 발전소는 중국이 각각 관리하고 있다. 네 곳의 발전소에서 생산되는 전기는 연평균 75억 kWh로 중국과 북한에 동등하게 공급되고 있으며 북한은 경제적 어려움으로 인해 갈수기에 중국에서 생산한 전기를 차용하고 이를 증수기에 반환하는 일을 반복해왔다.[26] 이후 양국이 공동 건설한 수력발전소로는 2006년 압록강 상류 창춘 일대 국경 지역에 착공한 림토(Rimtho) 발전소와 문악 발전소가 대표적이다. 이러한 수력발전소를 통한 전기 공급은 완전히 차단되기 어렵다.

셋째, 북한의 임가공무역 확대이다. 2000년대 이후 중국 중소기업은 북한의 평양, 남포, 신의주, 나선지역에 의류, 수산물, 식품가공, 전자조립 분야 등을 중심으로 임가공사업을 확대하였다. 북한의 대중 의류 수출은 2009년을 기점으로 급격히 늘어나기 시작하여 2015년에 사상 최대치인 약 8억 달러를 기록하면서 석탄 수출에 이어 두 번째를 차지하였다. 그중에서도 봉제 의류의 대중수출은 2009년 5,600만 달러에서 2014년에는 6억 2,200만 달러로 최대치를 기록하면서 5년 사이 11배 이상 증가하였다.

실제로 2016년 북한의 대중국 의류수출은 중국의 전체 의류 수입액 중 16%를 차지하는 것으로 나타났다. 이는 북한이 섬유 원자재를 수입해 의복과 신발을 가공한 뒤, 이를 중국에 재수출하는 임가공 구조에 따른 결과이다. 같은 기간 섬유류 수입과 수출이 모두 높은 비중을 보인 것도 이와 같은 구조 때문이다.

북한의 의류 수출이 대북제재의 틀에서 벗어날 수 있는 것은 비공식 기업들이 참여하고 있기 때문이다. 중국 기업들 중에 국가에 공식적으로 등록한 기업도 있으나 공식 등록된 기업의 명의만 빌려서 북한에 투자하거나 공장을 운영하는 경우가 있다. 정식으로 북한 당국의 허가를 받고 중국에 해외출장소를 차린 무역회사는 주로 'ㅇㅇ무역회사'라는 명칭을 사용하곤 했지만, 이들 회사는 명칭을 자주 변경하기 때문에 이름만으로는 회사의 특성을 파악하기 어려운 경우가 있었다.

마지막으로 북한 노동자의 중국 파견이다. 북한 노동자 파견 역시 주요한 외화 획득 수단이었다. 표 15.1과 같이 중국 국가여유국 통계 기준으로 2013년부터 2015년까지 매년 중국에 입국하는 북한인들의 수는 18만 명부터 20만여 명 정도였고 이중 절반인 9만여 명을 노동자로 분류하였다.

북한은 주로 중국과 러시아에 노동자를 파견하였고, 이들의 임금은 무역 외 수입원으로 북한의 중요한 외화 획득 수단이었다. 러시아는 주로 시베리아지역의 벌목이나 건설 현장에서 북한의 노동자를 고용하였고, 중국의 경우 IT 인력을 비롯하여 다양한 분야에서 북한의 인력을 활용한 사례가 확인되었다.

표 15.1 북한인의 중국 출입국 현황(2013~2015년)　　　　(단위: 만 명)

구분	공무	여행	친지 방문	취업	기타	합계
2013년	5.51	0.29	0.03	9.33	5.50	20.66
2014년	3.39	0.15	0.01	8.91	5.97	18.44
2015년	2.59	0.15	0.01	9.42	6.67	18.83

출처: 중국 국가여유국 (www.cnta.com, 검색일: 2016년 9월 30일).

이와 같이 2016년 이전 대북 경제제재는 북중 경제협력의 구조적 특성으로 인해 한계가 있을 수밖에 없었다. 이러한 한계를 극복하기 위하여 2016년부터 대북 경제제재는 북중 경제협력 중 비중이 높은 분야의 협력을 차단하는 방향으로 설계되었다.

2) 2017년 이후 경제제재로 인한 북중무역의 급감

후진타오 시기 북한과 중국의 경제협력은 점차 확대되어 북한의 전체 무역에서 중국과의 교역액이 90% 이상의 비중을 차지할 만큼 대중국 무역 의존도가 커졌다. 2008년 북중무역총액은 약 27억 8,728만 달러였으나, 표 15.2와 같이 불과 3년 만인 2011년에는 약 56억 2,900만 달러로 2배 이상 증가하였다.

2013년 시진핑(翏近平) 지도부 출범과 함께 북중무역은 처음으로 60억 달러를 넘어섰으나 2013년 북한의 제3차 핵실험 이후 양국 무역도 감소되었다.

표 15.2 연도별 북한의 대중국 무역 현황(2011~2016년) (단위: 억 달러, %)

연도	2011년	2012년	2013년	2014년	2015년	2016년
수출	24.64 (107.4)	24.85 (0.8)	29.12 (17.2)	28.41 (−2.4)	24.83 (−12.6)	26.34 (6.1)
수입	31.65 (38.9)	34.46 (8.9)	36.33 (5.4)	35.23 (−3.0)	29.46 (−16.4)	31.92 (8.3)
총무역	56.29 (62.4)	59.31 (5.4)	65.45 (10.4)	63.64 (−2.8)	54.30 (−14.7)	58.26 (7.3)
무역수지	−7.00 (35.7)	−9.61 (−37.1)	−7.21 (24.9)	−6.81 (5.6)	−4.62 (32.1)	−5.57 (−20.6)

출처: 한국무역협회(stat.kita.net).

　　북한에 대한 경제제재가 본격화된 2016년 이후 북한의 대외무역 현황을 살펴보면 다음과 같다. 한국은행의 통계에 따르면, 2016년 북한의 대외무역 규모는 총 65억 5,000만 달러로 이중 수출은 28억 2,000만 달러이고, 수입은 37억 3,000만 달러이며, 2015년 대비 4.7% 증가한 것이다. 2015년 북한의 대외무역 규모가 2014년 대비 17.9% 감소했던 것과 비교하면 무역이 다시 증가세로 전환된 해로 평가할 수 있다. 같은 통계에 따르면 북한의 경제성장도 2016년 3.9%로 플러스 성장으로 돌아섰다.

　　표 15.2에 따르면, 2016년 북중무역은 58억 2,600만 달러로 2015년의 54억 3,000만 달러보다 7.3% 증가하였다. 양국 무역은 2013안과 2014년 각각 65억 4,500만 달러와 63억 6,400만 달러로 최고치를 기록한 이후 2015년 크게 감소하다가 2016년 소폭 증가하였다.

　　2016년 말부터 국제사회는 북한의 대량살상무기에 대한 제재에서 한 걸음 더 나아가 북한의 외화 획득 경로를 차단하는 방향으로 제재를 강화하기 시작하였다. 그 결과, 2017년부터 북한경제 전반에 제재의 영향이 미치기 시작하였다. 한국은행 추정 통계에 따르면, 북한경제는 2012년부터 개선되기 시작하여 2016년 3.9%의 비교적 높은 성장률을 기록하였으나 2017년 강화된 국제사회의 경제제재로 인하여 −3.5%라는 최대 하락폭을 보였다.[27]

　　표 15.4와 같이 2017년 북한의 대중국 무역액은 약 50억 5,000만 달러로 2016년 59억 4,000만 달러에서 감소하였다. 이중 대중국 수출은 약 16억 9,000만 달러로 표 15.3에 따라 47%의 큰 감소폭을 보였다. 2017년 북중무역액을 월별로 확인해보면, 북한의 대중국 수출 중 3월 이후 무연탄 및 철광석의 수출이 중단되었기 때문에 2017년 4월 큰 폭의 감소세를 보였고 9월 안보리 결의 2375호로 인하여 섬유제품 수출 중단으로 10월도 역시 큰 폭의 감소세를 보였으며, 12월에도 안

	1월	2월	3월	4월	5월	6월
수출	21,122.5	16,151.3	23,626.9	26,878.0	24,001.6	28,806.9
수입 (전년 동기 대비 증감률)	18,260.6 (−4.0)	16,726.8 (2.5)	23,724.1 (13.1)	16,769.8 (22.3)	18,080.8 (−12.6)	21,570.2 (−3.2)
계	39,383.2	32,878.2	47,351.0	43,647.8	42,082.4	50,377.1

7월	8월	9월	10월	11월	12월	계
19,407.6	33,695.7	28,581.1	28,686.1	35,099.0	33,623.7	319,680.4
23,205.6 (−5.0)	29,134.1 (16.4)	23,457.5 (−6.9)	23,837.9 (23.1)	26,224.8 (34.1)	29,706.3 (42.2)	270,698.5
42,613.2	62,829.8	52,038.6	52,523.9	61,323.7	63,330.0	590,378.9

출처: "海关统计咨询网," www.chinacustomsstat.com (검색일: 2017.08.25).

보리 결의 2397호의 영향으로 크게 감소하였다. 2017년 북한의 대중국 수출이 전반적으로 축소되어, 2017년 북한은 약 16억 5,000만 달러의 사상 최대의 대중국 무역수지 적자를 기록하였다.[28]

    2017년 사상 최대의 무역적자를 기록했던 북한의 대외무역은 2018년에 다시 2017년의 절반으로 축소되었다. 표 15.5에서 확인할 수 있듯이 2018년 북한의 대중국 무역액은 2017년 대비 약 51%로 하락하였고 득히 북한의 대중국 수입은 약 90% 급락하였다. 월별 통계에서도 알 수 있듯이 매월 무역액은 50% 이상 하락하였고 북한의 대중국 수입액은 약 40% 정도 하락하였으며, 대중국 수출액은 10분의 1로 추락하였다. 중국과의 무역이 북한의 전체 무역의 90% 이상인 점을 고려하면 북한의 2018년 대외무역 적자는 사상 최대치를 기록했음을 확인할 수 있다.

표 15.4　2017년 중국의 월별 대북한 수출입 현황　　　　　　(단위: 만 달러)

	1월	2월	3월	4월	5월	6월
수출	24,148.8	17,671.9	32,800.7	28,816.8	31,976.4	32,685.0
수입	20,687.3	15,191.7	11,455.7	9,926.6	12,374.8	16,217.3
계	44,836.1	32,863.6	44,256.4	38,743.3	44,351.2	48,902.3

7월	8월	9월	10월	11월	12월	계
299,84.6	31,597.3	26,634.6	24,414.9	28,783.9	25,773.3	335,288.2
156,31.5	28,829.2	14,582.3	9,074.5	10,018.2	5,468.0	169,457.1
456,16.0	60,426.5	41,216.9	33,489.4	38,802.1	31,241.4	504,745.3

출처: 中华人民共和国海关总署统计月报, http://www.customs.gov.cn/customs/302249/302274/302277/index.html, 검색일: 2017.8.25).

표 15.5　2018년 중국의 월별 대북한 수출입 현황　　　　　　(단위: 만 달러, %)

	1월	2월	3월	4월	5월	6월
수출	11,160.5 (−33.7)	6,628.3 (−34.3)	9,075.4 (−46.1)	10,263.5 (−46.7)	13,670.0 (−44.5)	13,003.8 (−43.1)
수입	3,100.4 (−78.5)	603.4 (−86.1)	785.4 (−87.0)	744.9 (−87.4)	860.1 (−87.8)	828.2 (−88.7)
계	14,260.9 (−54.3)	7,231.7 (−60)	9,860.7 (−62.9)	11,008.3 (−61.9)	14,530.1 (−59.8)	13,832.0 (−59.2)

7월	8월	9월	10월	11월	12월	계
11,463.5 (−43.1)	13,392.0 (−42.6)	20,033.1 (−37.7)	22,745.4 (−34.9)	22,770.2 (−33)	20,742.5 (−31.7)	221,765.0
1,116.3 (−88.8)	1,288.0 (−89.8)	1,820.2 (−89.6)	1,788.8 (−89.1)	2,004.5 (−88.6)	2,146.1 (−87.7)	21,314.7
12,579.8 (−59.2)	14,680.0 (−60.3)	21,853.3 (−57.1)	24,534.2 (−54.7)	24,774.7 (−52.9)	22,888.7 (−51.2)	243,079.7

※ ( )은 전년 대비 증감률임.

출처: 中华人民共和国海关总署统计月报, http://www.customs.gov.cn/customs/302249/302274/302277/index.html (검색일: 2019.02.06).

이와 같이 2016년 이후 유엔의 대북 경제제재는 2017년부터 북한 경제에 부정적 영향을 주었고 북한경제활동을 크게 제약하였다. 특히 2017년부터 경제적으로 큰 효과를 발휘했다고 평가 가능하며, 이것은 북한의 무역에서 가장 높은 비중을 차지했던 중국의 제재 참여가 결정적 요인이 되었다. 2017년부터 발휘된 대북 경제제재 효과로 인해 경제적 어려움이 가중된 북한이 2018년 대외정책을 전환하고 남북관계 개선과 북미 비핵화협상에 나선 것으로 해석할 수 있다.

3) 북한의 국경봉쇄와 대북 경제제재 제한적 효과의 원인

코로나 19 팬데믹 발생 이후 북한은 중국과의 국경을 봉쇄하며 스스로 고립을 자초하였다. 북한은 열악한 의료 상황을 고려하여 봉쇄정책을 일관되게 유지하였고, 그 결과 경제제재보다 더 강한 수준의 경제적 고립 상태에 놓이게 되었다. 이로 인해 북한 경제는 제재로 인한 피해보다 코로나 봉쇄로 인한 타격이 더 컸다. 북한의 입장에서 가장 큰 경제 대상국인 중국과의 국경봉쇄는 대북 경제제재보다 더 큰 악영향을 미쳤다. 경제제재보다 더 큰 어려움을 감수하면서도 북한은 코로나 봉쇄 정책을 지속하였고 이 시기 대북 경제제재는 북한의 자체 봉쇄로 인해 유지된 측면이 있다.

이러한 상황 속에서, 2022년 베이징 동계올림픽과 러시아의 우크라이나 침공 이후 북한은 국방력 강화에 집중하면서 중국 및 러시아와의 협력을 강화하였다. 비록 코로나19 팬데믹 상황으로 인해 북한이 북중 국경을 봉쇄한 바 있으나, 북한이 코로나 발병을 시인한 이후 중국은 신속히 지원을 공식화하였다. 중국의 이러한 대응은 북한의 코로나 확산세를 저지하는 데에 기여하였다.

코로나 시기 북한의 연이은 미사일 발사와 ICBM 시험 발사에도 불구하고 유엔 안보리 대북제재가 확대되지 못한 것은 중국과 러시아의 반대 때문이다. 2022년 개최된 NPT 평가회의에서 북한 비핵화에 대한 내용이 포함된 선언문이 채택되지 못한 것은 이러한 상황을 반영하고 있다. 당시 회의에서는 한반도의 완전하고 검증 가능하며 불가역적인 비핵화(CVID: Complete, Verifiable, Irreversible Dismantlement) 지지, 북핵에 대한 우려, 유엔 대북제재의 이행, 여섯 차례에 걸친 북한 핵실험 규탄과 향후 추가 핵실험에 대한 경고 등을 담은 선언문이 채택될 예정이었으나, 러시아의 반대로 최종 합의에 이르지 못하였다. 이처럼 미국과 중러 간 국제 현안에 대한 의견 대립은 대북 경제제재의 효과를 약화시키는 결과를 가져왔다.

또한, 경제제재 효과에 대한 논의를 살펴보면 피제재국이 권위주의 체제인 경우 그 효과는 제한적일 가능성이 높다. 특히 북한은 언론 통제가 가능하기 때문에 경제제재로 인한 국민들의 불만이 내부적으로든 외부적으로든 표출될 경로가 제한되어 있다. 오히려 북한은 경제난의 원인을 외부의 제재로 돌리고 있기 때문에 앨런이 언급한 내부 결집 효과가 발생했을 가능성이 높다. 2019년 하노이 북미정상회담 결렬 이후 북한의 선택이 자력갱생 노선이었다는 점은 이를 뒷받침한다. 이러한 점을 종합하면, 북한체제의 특성은 대북 경제제재의 실질적인 효과를 제한하는 요인이 되었음을 알 수 있다.

다음으로 대북 경제제재의 한계는 북한과 경제적 상호의존도가 높은 국가인 러시아와 중국의 비협조를 들 수 있다. 이들 국가가 북한을 지원하는 '흑기사'가 되었기 때문에 대북 경제제재는 한계를 가지게 되었다. 먼저 러시아의 경우 2023년 9월 13일 북러정상회담을 통해 대북 경제제재를 정면으로 위반하는 사례를 보여주었다.

중국은 공식적으로는 대북 경제제재를 위반하지 않고 있으나 북중 간의 비공식 무역은 중국이 북한에 대한 흑기사 역할을 하고 있음을 보여준다. 예를 들어, 2019년 코로나 19의 확산 이후 중국과 북한의 국경이 봉쇄된 이후 육상으로 물자이동이 제한되었으나 봉쇄 기간 중에도 해상을 통한 북중 간 물류 이동은 완전히 중단되지 않았다.

2023년 7월 23일 로이터 통신은 최근 G7 국가들과 한국, 호주, 뉴질랜드 및 EU 회원국들이 장쥔(張軍) 유엔 주재 중국 대사에게 중국 푸젠성(福建省) 북동부 싼사(三峽)만에서 북한에 석유제품을 불법 판매하는 유조선이 출현한 것에 중국 책임론을 제기하였다.[29] 실제로 8월 2일 중국 선적이었던 유조선이 북한 선적으로 변경된 사례가 확인되었고, 2023년 4월 유엔 대북제재위원회 전문가 패널은 지난해 북한이 불법으로 매입한 선박 21척을 포함한 25척의 북한 선박을 제재할 것을 권고한 바 있다.

중국은 현재 국제사회의 대북제재 이행을 공언하고 있기 때문에 이를 위반하는 경제협력을 공식화하지는 않을 것이다. 그러나 코로나 시기 동안 유엔 안보리 대북제재를 위반하는 다양한 비공식 거래가 존재하였다. 이는 중국 중앙정부가 지방 성정부에 제재 준수에 대한 강력한 지침을 발신하지 않을 경우 지방정부는 제재 위반을 단속할 유인을 갖기 어렵기 때문이다. 이로 인해 해상을 통한 에너지 불법 수출이나 북한의 광물자원 수입 등이 묵인될 가능성이 있다.

또한, 코로나19로 인한 국경봉쇄 기간에도 북한은 사이버 불법 행위를 통해 상당한 자금을 확보한 것으로 알려지고 있어 내북 경제제재 효과의 한계를 드러냈다. 특히 러시아와 중국이 무역 결제 시 달러 대신 루블화와 위안화의 사용 비중을 높이고 있어, 북한은 국제 금융시장에서 추적이 용이한 달러 대신 루블화나 위안화를 통해 아세안 등의 제3국과의 무역거래를 그 흐름을 추적하기 더욱 어려운 상황이 되고 있다.

결국, 북한은 리더십에 영향을 주기 어려운 권위주의체제이며 경제적 상호의존성이 높은 중국과 러시아라는 '흑기사'의 존재로 인해 경제제재의 효과는 장기적으로 지속되기 어려운 상황이다. 중국은 2016년과 2017년 사이에 강화된 경제제재에 대한 이행을 주장하였으나 비공식적 에너지 지원, 임가공 무역 확대, 노동자 파견 등으로 제재 효과는 감소되었다. 여기에 코로나19 팬데믹으로 인한 북중 국경봉쇄는 경제제재보다 더 큰 북한의 경제적 고립을 초래하였다.

이런 상황에서 2024년 러시아는 대북제재 전문가 패널의 임기 연장을 거부하였다. 전문가 패널은 대북제재 이행에 대해 매년 회원국들의 보고서를 발간하며, 평상시 대북제재 위반 사항에 대해 감시하는 역할을 해왔다. 이러한 패널의 모니터링 기능이 약화된다면 북한에 대한 경제제재의 실효성은 더욱 제한적일 수밖에 없다.

주

1) Steve Chan & A. Cooper Drury (eds), *Sanctions and Economic Statecraft: Theory and Practice* (Houndsmills: Palgrave Macmillan, 2015).

2) Barry E. Carter, *International Economic Sanctions: Improving the Haphazard U.S. Legal Regime* (Cambridge: Cambridge University Press, 1988), p. 4; 허재영·정진문, "대북 경제제재의 실효성 분석: 식량지원 중단을 중심으로," 『한국과 국제정치』제32권 제3호 (2016), p. 92에서 재인용.

3) Marina Klinova & Elena Sidorova, "Economic Sanctions and Their Impact on Russian Economic Relations with the European Union," *Problems of Economic Transition* 58-3 (2016).

4) Gary Clyde Hufbauer, Jeffrey J. Schott, Kimberly Ann Elliott & Barbara Oegg, *Economic Sanctions Reconsidered*, 2nd ed. (Washington, D.C.: Peterson Institute for International Economics, 1990), pp. 49-55.

5) Peter Wallensteen, "Characteristics of Economic Sanction," *Journal of Peace Research* 5-3 (1968), p. 250; 박지연, "경제제재의 비의도적 효과에 대한 고찰과 대북제재에의 함의," 『국가안보와 전략』제18권 2호 (2017), p. 87에서 재인용.

6) Gary Clyde Hufbauer, Jeffrey J. Schott, Kimberly Ann Elliott & Barbara

Oegg, *Economic Sanctions Reconsidered*, 3rd ed. (Washington D.C.: Peterson Institute of International Economics, 2007), pp. 49–50, 박지연, "경제제재의 비의도적 효과에 대한 고찰과 대북제재에의 함의." p. 88에서 재인용.

7) Robert Gilpin, "Economic Independence and National Security in Historical Perspectives," Klaus Knorr and Frank Trager(eds.), *Economic Issues and National Security* (Kansas: University Press of Kansas, 1977).

8) Margaret Doxey, *International Sanctions in Contemporary Perspective* (New York: St. Martin's Press, 1987).

9) Susan Allen, "The Determinants of Economic Sanctions Success and Failure," *International Interactions* 31–2 (2005), pp. 117–119.

10) 황태희·서정건·전아영, "미국 경제제재 분석: 효과성과 특수성을 중심으로," 『한국정치학회보』 제51집 4호 (2017), p. 195.

11) 황태희 외 (2017), pp. 195–196.

12) 황태희 외 (2017), pp. 196–197.

13) Bryan R. Early, "Unmasking the Black Knights: Sanctions Busters and Their Effects on the Success of Economic Sanctions," *Foreign Policy Analysis* 7–4 (2011), pp. 381–402.

14) T. Clifton Morgan, "Hearing the Noise: Economic Sanctions Theory and Anomalous Evidence," *International Interactions* (2015), pp. 745–747.

15) David Cortright & George A. Lopez(eds.), *Smart Sanctions* (Boston: Rowman & Littlefield Publishers, 2002), p. 17.

16) David Cortright & George A. Lopez(2002), pp. 172–173.

17) David Cortright & George A. Lopez (2002), p. 181.

18) David Cortright & George A. Lopez (2002), pp. 9–10.

19) 허재영·정진문, "대북 경제제재의 실효성 분석: 식량지원 중단을 중심으로," 『한국과 국제정치』 제32권 3호 (2016), p. 95.

20) 진희관, "유엔 대북제재의 결의와 유용성 및 한반도 주변국의 역할," 『북한연구학회보』 17권 1호(2013), p. 95.

21) Resolution 2270(2016), S/RES/2270(2016), http://www.un.org/en/ga/search/view_doc.asp?symbol=S/RES/2270(2016).

22) Resolution 2321(2016), S/RES/2321(2016),http://www.un.org/en/ga/search/view_doc.asp?symbol=S/RES/2321(2016)

23) www.un.org (S/RES/2371).

24) www.un.org (S/RES/2375).

25) www.un.org (S/RES/2397).

26) 呂楚, "중·북 경제관계의 현황과 전망," 통일연구원 편, 『중·북 분야별 협력 현

황과 북한의 변화 전망』 (서울: 통일연구원, 2008), p. 67.

27) 한국은행 경제통계시스템 (http://ecos.bok.or.kr/, 검색일: 2017.08.25).

28) 한국은행 경제통계시스템, http://ecos.bok.or.kr/ (검색일: 2018.10.05).

29) 『연합뉴스』, 2023년 7월 23일.

미중 세력경쟁 시대의
국제정세 변화와
북중관계

미중 세력경쟁의 심화와 우크라이나전쟁은 세계를 자유민주주의체제와 권위주의체제 간의 대립으로 이어졌고, 일각에서는 이를 '신냉전'으로 묘사하고 있다. 그러나 다른 한편으로 '소다자주의'가 확산되고 있으며, 미중 양국이 과도한 갈등을 관리하려는 모습을 보이고 있다. 또한, 중러 양국은 '다극화'를 주장하며 기존이 일극 중심 구조에 노선하고 있다.

이러한 국제정세의 변화 가운데 북한은 러시아와의 협력을 강화하고 있다. 이에 따라 북러 협력 강화에 대한 중국의 대응과 그로 인한 북중관계의 변화를 살펴볼 필요가 있다. 또한, 북중러 3국 간 협력이 어떻게 발전할 지를 살펴보면 향후 북중관계를 이해하는 데에 도움이 될 것이다.

1. 미중 세력경쟁과 우크라이나전쟁 발발

1970년대 미중협력의 시기가 저물고 2008년을 전후해 미중 갈등의 시기가 시작되었다. 이러한 국제정세 변화는 중국 외교의 공세적 성향을 강화시켰으며, 미국의 대중국 압박이 강화되자, 중국은 반미 성향의 국가들과의 협력을 강화하였다. 이와 동시에 우크라이나전쟁의 발발은 미국 중심의 동맹국들과 중러 양국 중심의 권위주의 국가들 간의 대립적 구도를 만들어냈다.

1) 미중 세력경쟁의 심화

2008년 글로벌 금융위기를 기점으로 미중관계는 세력경쟁의 단계로 진입하기 시작하였고, 미중관계의 변화는 중국의 한반도정책에 영향을 미쳤다. 중국은 1970년대 미국과의 데탕트 이후 한반도정책을 미중관계와 한반도 안정의 관점에서 추진해 왔다. 이 시기는 중국의 한반도 안정 추구가 미국과의 협력에 기여하기 때문에 중국은 북한의 도발을 일정 수준 이상 확대되지 않도록 노력하였다.

그러나 2008년을 기점으로 미중협력의 시대가 저물고 세력경쟁의 시대로 전환되면서 중국은 북한의 도발로 인한 한반도 불안정 상황을 미중 갈등의 시각에서 바라보기 시작했다. 대표적 사례가 2010년 발생한 천안함 피격사건과 연평도 포격사건이다. 당시 중국은 도발의 책임 소재보다는 한반도 안정을 강조하였다. 오히려 천안함 피격사건 이후 한미 양국의 서해상 연합훈련을 경계하면서 미국의 한반도 안보개입 강화에 우려를 표했다.

2013년 중국 시진핑 지도부 1기에 들어서서 미중경쟁은 더욱 본격화되었다. 대륙국가인 중국은 지경학적으로 일대일로 구상에 따라 해양 실크로드를 구축에 나섰고, 해양전략의 범위를 연안방어에서 근해 방어로 확대하는 '도련전략(島鏈戰略)'을 적극화함에 따라 해양에서 미중 세력경쟁은 심화되었다.[1]

이에 시진핑 지도부 1기는 미중관계의 갈등과 경쟁이 필연적이라는 점을 인정하였다. 중국은 2013년과 2014년의 아시아태평양경제협력체(APEC: Asia-Pacific Economic Cooperation)회의, 2014년 11월 G-20 회의 등을 통해, 아태지역과 세계에 시장과 상품, 자본 등 공공재를 제공할 능력과 의지가 있음을 주장하였다.[2] 2014년 11월 외사공작회의 연설을 통해 시진핑 주석은 보다 능동적이고 안보지향적 외교를 언급하면서 중국의 대외적 위상에 걸맞는 이익 중심 외교와 대국외교의 필요성을 주장하였다.[3]

그럼에도 불구하고 중국은 미중 세력경쟁의 장기적 성격을 인정하면서도 미국과의 갈등과 경쟁이 지나치게 확대되지 않도록 갈등을 관리하고자 하였다. 시진핑 주석은 '신형대국관계'를 제시하며 2014년 11월 베이징 APEC정상회담 기간 중 개최된 미중정상회담에서 기후변화, 반테러, 한반도 비핵화 등에 대해 협력하려는 입장을 보였다.[4]

그러나 2017년 미국 트럼프(Donald Trump) 대통령의 취임 이후 대중 무역적자를 지적하고 대중국 견제 경제정책을 추진하자 미중 무역 갈등은 심화되었다. 미중 무역 갈등은 트럼프 대통령이 2018년 중국의 대미 수출 500억 달러어치에 대헤 25%의 관세를 부과하면서 시작되었으며, 이에 대응하여 중국은 미국의 대중 수출 중 약 500억 달러에 대해 보복 관세를 부과하였다. 이후 미국은 다시 중국의 대미 수출 2,000억 달러 상당에 대해 추가 관세를 부과하였다. 또한, 미국은 중국의 대표 IT 기업인 화웨이 장비를 미국에 판매하지 못하도록 하는 조치를 취하기도 하였다.

이에 대해 2017년 10월 제19차 당대회를 통해 출범한 시진핑 지도부

2기는 당대회 보고를 통해 장기 집권의 가능성을 열어두고 '시진핑 신시대 중국특색 사회주의 사상'을 지도이념 중 하나로 삽입하여 시진핑 중심의 체제 결속을 공식화하였다. 또한, 중국은 미국과의 대등한 전략적 경쟁을 위해 공세적 외교를 펼칠 것이라는 '분발유위(奮發有爲: 해야 할 일을 적극적으로 한다)'를 강조하였고, 핵심이익에 관련 현안에서는 양보하지 않겠다는 적극적 대미정책을 본격화하였다.[5]

2) 우크라이나전쟁 발발과 국제정세의 변화

2020년 코로나 19 발생으로 인하여 미국 및 EU 국가들의 대중국 비난은 가속화되었다. 2021년 미국 바이든 행정부는 동맹국들과의 협력으로 '경제안보'를 강화하고 글로벌 공급망에서 중국을 배제하려는 노력을 가시화하였다. 바이든 대통령은 민주주의와 인권 등을 중시하는 가치 외교를 표방하면서 미중 세력경쟁은 자유민주주의 대 권위주의체제의 대결로 상징되기 시작하였다.

대표적인 사례가 2022년 베이징 동계올림픽 개막식이었다. 당시 미국 및 EU 국가 지도자들은 코로나 19 발생의 책임과 인권문제를 들어서 모두 불참하였다. 반면 러시아 푸틴 대통령은 개막식에 참여한 후 중러정상회담 개최를 통해 양국 협력을 과시하였다.

베이징 동계올림픽 폐막 이후 2022년 2월 24일 러시아의 우크라이나에 대한 전면 침공으로 우크라이나전쟁이 발발하였고, 이에 따라 자유주의 진영 대 권위주의 진영 간의 대립 양상이 더욱 부각되었다. 같은 해 4월 우크라이나군의 저항에 밀린 러시아군은 키이우에서 철수하였고, 이후 돈바스 지역에 대한 공세 강화와 점령지 확대에 집중하였다. 그러나 8월 이후 미국으로부터 제공받은 무기 지원에 힘입어, 우크라이나군은 북부 하르키우와 남부 헤르손을 탈환하는 데 성공하였다.

이어 11월 러시아군이 헤르손에서 철수한 뒤 전열을 재정비하고 기반 시설에 대한 폭격과 재공세에 나서며 전쟁은 장기화되었고, 현재까지 4년 이상 이어지고 있다.[6]

미중 세력경쟁으로 G-2 시대가 개막되었으나 경제적 상호의존성으로 인해 글로벌 정세가 양분되지는 않았다. 그러나 우크라이나전쟁이 발발하면서 미국과 EU 국가들이 러시아를 비판하고 우크라이나에 대한 지원을 강화하면서 자유민주주의 진영 대 권위주의 진영의 구도가 형성되었다. 특히 미국과 EU 국가들이 러시아에 대한 경제제재에 동참한 반면, 러시아는 중국, 브라질, 인도 등 브릭스 국가들과 우즈베키스탄, 카자흐스탄 등의 중앙아시아의 상하이협력기구 회원국들과의 협력을 강화하였다. 중러관계가 긴밀해질수록 '미국 대 중러'의 대립 구도가 두드러졌는데, 이는 중국 단독으로는 미국의 패권에 도전하기 어렵지만, 군사안보 면에서 미국에 필적하는 러시아와의 협력은 미국 패권을 위태롭게 할 수 있기 때문이다.

게다가 미국 바이든 행정부는 권위주의의 부상에 맞서고 민주주의 진영을 결집하기 위해 2021년에 '민주주의 정상회의'를 창설하였다. 반면 중러 양국은 브릭스(BRICS)와 상하이협력기구(SCO) 등의 회원국을 확대하였다. 이에 따라 자유민주주의체제 대 권위주의체제의 대립 양상은 '신냉전(New Cold War)'이라고 평가되기도 한다. 그러나 현재의 국제질서는 진영 간 소통이 유지되고 있다는 점에서 냉전 시기 진영 간 단절과는 차이가 있다.

이러한 미중 세력경쟁은 전 세계적으로 영향을 미치고 있으나, 동아시아지역에 더욱 큰 영향을 끼치는 것으로 평가되고 있다.[7] 동아시아지역은 남중국해, 센카쿠 열도/댜오위다오, 독도, 북방 4도 등의 영토분쟁이 해소되지 않았고 지정학적 갈등이 지속되고 있기 때문이다. 또한, 미국이 인도·태평양지역에 대한 전략을 강화하고 있으며 중국 역시 남중국해와 대만 문제를 중심으로 해군력을 강화하고 있기 때문에 동아시아 지역은 국제정세 변화에 민감할 수밖에 없다.

동아시아에서도 한반도는 북한의 핵무력 강화와 남북 간 안보대립 등으로 인하여 미중 세력경쟁의 영향을 가장 직접적으로 받고 있다. 북한은 우크라이나전쟁 발발 이후 국제정세를 '신냉전'으로 간주하고 한반도에서 진영 간 대립을 활용하였다. 하노이 북미정상회담 결렬 이후 북한은 중국과의 협력을 유지하면서 우크라이나전쟁 발발 이후 적극적으로 러시아를 지지하고 러시아가 우크라이나로부터 병합한 4개 지역(도네츠크 인민공화국, 루간스크 인민공화국, 헤르손, 자포로지예)을 공식적으로 승인하였다. 북한은 중국과의 이념 유대를 강조하고 러시아와는 반미 연대를 강조하는 방식으로 양국과의 전략적 협력을 강화하였다.

이에 대해 한국은 미국 및 일본과 안보협력을 강화하면서 한반도를 중심으로 한 '한미일 대 북중러'의 구도가 더욱 뚜렷해졌다. 2023년 8월 18일 미 대통령 별장인 캠프 데이비드에서 열린 한미일 정상회의에서 3국 정상은 캠프 데이비드 정신(The Spirit of Camp David), 캠프 데이비드 원칙(Camp David Principles), 3자 협의에 대한 공약(Commitment to Consult)을 합의하였다.

이에 따라 한미일 3국은 정상회의를 최소 연 1회 이상 열기로 했으며, 외교·국방·상무 및 산업장관과 국가안보실장 간 연 1회 이상 정례화하기로 합의하였다. 그리고 역내 3국 간 전략적 협력을 강화하고 새로운 협력 분야 발굴을 위한 차관보급 '한미일 인도·태평양 대화'를 신설하고, 광물, 배터리 등 핵심 물자에 대한 신속 교환과 공급망 교란에 대한 공동 대응을 할 것을 합의하였다. 또한, 북핵 위협에 대응한 3국 방어 훈련을 매년 실시하고 북한 미사일 경보 정보에 대한 실시간 공유 방안도 추진하기로 하였다.

3) 소다자주의의 확산과 중러의 다극체제 강조

신냉전으로 불리는 국제정세 변화에도 불구하고, 냉전 시기와 같은 진영 간의 단절은 초래되지 않았는데 탈냉전 이후 심화된 경제적 상호의존이 중요한 영향을 준 것으로 평가된다. 중국의 경제적 부상과 함께 중국의 제조업이 세계 곳곳에서 영향을 영향을 미치고 있어, 중국 경제와의 단절은 현실적으로 쉽지 않다. 실제로 우크라이나전쟁 이후 러시아에 대한 경제제재를 강화한 EU 국가들도 러시아 에너지 의존도를 축소할 수는 있으나 중국 경제와의 단절은 용이하지 않다는 사실을 인정하고 있다.

미중 세력경쟁과 우크라이나전쟁 발발로 인한 국제정세 변화는 과거 냉전과 다른 특징을 가지고 있는데, 그것은 소다자주의(mini-multilateral-ism)의 확산이다. 미국은 안보상 대중국 견제를 위하여 오커스(AUKUS: Australia, United Kingdom, United States), 쿼드(Quad: Quadrilateral Security Dialogue), 인도·태평양 경제프레임워크(IPEF: Indo-Pacific Economic Framework for Prosperity)와 같은 미국 중심의 소다자주의를 강화하였다. 반면 중국과 러시아는 브릭스와 상하이협력기구와 같은 다자협력체를 중심으로 협력을 강화하고, 자유무역과 다자주의를 강조하였다.

이러한 소다자주의가 배경에는 탈냉전 이후 다자주의의 한계가 자리하고 있다. 탈냉전 이후 다자주의를 상징하였던 세계무역기구(WTO: World Trade Organizaiton), APEC, 아시아-유럽 정상회의(ASEM: Asia-Europe Meeting) 등의 시스템이 효과적으로 작동하지 않았기 때문에 특정 이슈를 중심으로 한 소다자 협력체들이 다수 등장하고 있는 것이다. 이는 다자기구 내 다수 국가의 이해를 조정하고 합의를 도출하는 것이 용이하지 않다는 판단이 작용한 것이다.

이러한 흐름 속에서 주목할 만한 사례는 인도이다. 미국을 중심으로 한 쿼드에도 적극 참여하면서 중러 양국 중심의 브릭스에도 활발히 참여하고 있다. 이처럼 특정 진영에 완전히 속하지 않고 양측과 협력하는 국가의 존재는 소다자주의의 확산을 촉진함과 동시에, 신냉전 속에서 진영 간 단절을 억제하는 역할을 하고 있다.

한편 중러 양국은 '다극화' 질서를 강조하면서 브릭스 플러스와 상하이협력기구 등을 통해 협력국가를 확대하고 있는 상황이다. 북한 역시 미국 중심의 세계 질서에 대항하는 중러 주도의 다극화 구도를 지지하면서 대북 제재 회피와 경제 회복의 돌파구를 찾으려는 노력을 하고 있는 중이다. 중러 양국이 대북 경제제재의 완화를 주장하면서 대안 금융 시스템을 구축하고 있기 때문에 북한은 이 공간을 활용하여 경제 회복을 꾀하고 있다.

북한은 신냉전 구도의 강화가 핵무력 강화를 지속하면서 경제제재의 악영향을 최소화할 수 있는 환경이기 때문에 미중 양국의 갈등이 단기간 내 봉합되는 상황은 오히려 경계하고 있다. 반면 우크라이나전쟁의 장기화는 북한에게 기회로 작용하고 있으며, 이에 따라 러시아와의 관계 강화를 하는 것이 북한의 핵무력 강화와 경제제재 회피라는 두 개의 목표를 동시에 이루기에 유리한 것으로 판단하고 있는 것으로 평가된다.

2. 북중 양국의 정치·안보 변화와 북중협력 강화^{**}

2018년 이후 북중 양국은 양측의 정치적 변화에 따른 필요성으로 인해 협력이 강화되었다. 북한의 입장에서 보면 북미 비핵화 협상 실패 이후

** 이 부분은 이상숙, "김정은 시기 북중관계와 북한의 대중정책,"『정책연구 시리즈』 2021-18(2021)을 수정 및 보완한 것이다.

자강력 강화에 집중하였으나 경제제재로 인한 경제난과 코로나 방역의 어려움은 중국의 지원을 필요로 하는 상황에 놓이게 되었다. 한편 중국은 시진핑 3기가 출범하면서 사회주의체제 유지 및 당중앙의 통제 강화를 위해 북한과의 이념적 유대 강조가 자국의 이익에 부합하였다. 코로나 이후 재개된 대면외교에서 북중 양국은 협력적 모습을 보여주었으나 동시에 국제사회의 제재로 인한 협력의 한계도 노출하였다.

1) 북한의 비핵화 협상 실패와 시진핑의 평양 방문

북미 양국의 입장 차이가 명확해진 가운데 개최된 제2차 북미정상회담은 성과 없이 끝났다. 트럼프 대통령으로서는 북한에 양보하지 않았다는 점 때문에 미국 국내에서 '노딜(no deal)'을 긍정적으로 평가받았으며, 이에 따라 정치적 타격이 크지 않았다.

반면 김정은 위원장은 북미협상에서 성과를 거두지 못하였기 때문에 장기화된 경제제재로 인한 경제적 어려움을 해결하지 못하였다. 북한은 김 위원장이 하노이 회담으로 출발하는 여정부터 상세히 인민들에게 보도하였고 회담 이후 관련 기록영화를 제작하여 신속히 국내에 보도하였다. 다시 말해, 북한 당국은 대외 협상에 대한 인민들의 인식을 높이고 기대를 유도하였다. 협상 결렬은 북한 당국의 외교적 실패를 드러내는 결과로 작용했을 것으로 평가된다.

이러한 상황에서, 외교적 돌파구를 모색하기 위해 북한은 중국과의 협력을 더욱 긴밀히 하는 모습을 보여주었다. 특히 2019년은 북중수교 70주년 기념의 해였다. 시진핑 주석은 하노이 회담 이후인 6월 20일과 21일 평양을 방문하였고 두 정상은 다섯 번째 정상회담을 통해 우호관계를 과시하였다.

시진핑 주석은 방북 이전 로동신문에 기고문을 실어 양국 수교 70주년을 기념하여 북중관계의 발전을 과시하였다. 기고문을 통해 시 주석은 "국제정세가 어떻게 변하든 중조 친선협조관계를 공고 발전시킬 데 대한 중국당과 정부의 확고부동한 입장에는 변함이 없으며 변할 수도 없다"라고 양국 협력의 지속을 강조하였고, "조선동지들과 함께 손잡고 노력하여 지역의 항구적인 안정을 실현하기 위한 원대한 계획을 함께 작성할 용의가 있다"며 한반도 문제에 대한 중국의 적극적 관여 의지를 밝혔다. 이를 위해 '전략적 의사소통과 교류 강화'와 '친선적 왕래와 실무적 협조 강화'를 그 수단으로 내세웠다.

이러한 제5차 시진핑-김정은 정상회담은 이전 네 차례 정상회담과는 차이가 있었다. 우선 형식적으로는 김정은 위원장의 방중이 아니라 시진핑 주석의 방북이라는 점에서 김 위원장의 방중에 대한 답방의 일환이었다. 시진핑 주석의 방북은 중국 최고지도자의 방북으로는 2005년 10월 후진타오 주석 이후 14년 만이었다. 두 번째 차이점은 이전 정상회담이 남북관계와 북미관계를 중심 의제로 다뤘던 반면, 5차 정상회담은 북중 양국 간 실질적 의제 논의를 위한 것이었다는 점이다.

양국 지도자들의 발언으로 제5차 북중정상회담의 내용을 분석해보면 다음과 같다. 첫째, 북중관계의 사회주의체제 동질성 강조이다. 시진핑 주석은 북중관계가 신시대로 진입하였다고 평가하였고, 김정은 위원장 역시 북중우호의 새 시대가 열렸다고 표현하였다. 이는 양국이 사회주의체제의 유사성을 정치적 연대의 기반으로 삼고자 한다는 점을 분명히 드러낸다. 이러한 이념적 동질성을 바탕으로, 북중 간의 협력과 전략적 의사소통을 더욱 강화하겠다는 의지를 밝힌 것이다.

둘째, 북중 간 경제협력 논의이다. 김정은 위원장은 '중국의 경험'을 배워 발전에 적극 나서겠다고 발언하였고, 시진핑 주석은 양국 간 국가관리 경험을 교류하자고 제의하였다. 북한의 입장에서 보면 북한에게 '중국의 경험'은 곧 경제 성장 모델을 의미하므로, 이는 양국 간 경제협

력이 핵심 의제였음을 보여준다. 특히 시진핑 주석의 방북 명단에 허리
펑(何立峰) 국가발전개혁위원회 주임이 포함되어 있었다는 점은 이를
뒷받침한다.

셋째, 한반도 문제에 대한 북중 간 협력 강화이다. 시진핑 주석은 북
한의 체제 안전과 경제 회복에 대한 현실적 우려를 해소하기 위해 중국
이 할 수 있는 모든 도움을 제공하겠다고 언급하였다. 김정은 위원장도
한반도 문제 해결 과정에서 중국의 역할을 높이 평가하며 중국과 지속
적으로 소통하고 조율하겠다는 뜻을 밝혔다. 이러한 발언은 한반도 문
제를 둘러싼 북중 간 정책적 공조 의지를 보여준다. 시진핑 주석의 평
양 방문으로 북중관계는 '신시대 양국관계'라는 표현과 함께 협력이 강
화되었다.

2) 중국 시진핑 3기의 출범과 북중 간 이념 유대 강화

북중관계의 강화 배경에는 격화되는 미중경쟁이 자리 잡고 있다. 중국
은 북한과의 이익이 일치하지 않으나, 미국의 동맹국들을 통한 대중국
압박이 강화될수록 북한과 같은 반미 성향 국가들과의 협력 필요성이
증대되었다.

북한으로서는 하노이 정상회담 이후 북미관계 개선이 요원한 상황에
서 중국과의 협력이 절실했으며, 사회주의체제 유지외 정치직 안정성
확보 측면에서도 중국과의 협력은 필수적이었다.

북중 간 사회주의체제 동질성 강화는 시진핑 시기 중국 사회주의체
제의 강화와도 연계되어 있다. 2022년 10월 중국공산당 제20차 당대
회에서 중국은 시진핑 주석의 3연임을 가능하게 하는 당장을 수정하였
으며, 최고지도자와 당중앙의 리더십을 강화하였고, 사회 통제를 강화
하는 등 덩샤오핑식 정치개혁과는 다른 방향으로 사회주의체제를 재편

하였다.

2018년 3월 개최된 제13기 전국인민대표대회 1차 회의 제3차 전체회의에서 '당이 모든 것을 영도한다'는 내용을 당장에 명문화함으로써 중국공산당의 절대적 영도 원칙을 헌법에 반영하였다. 특히 차기 지도자를 사전에 결정하는 '격대지정(隔代之定)'의 관행을 깨고 헌법 제79조 제3항의 "연속 임직은 2번을 초과할 수 없다"는 문구를 삭제하여 시진핑 주석의 장기집권 가능성을 제도적으로 열어놓았다. 이는 지도자 교체의 제도화를 무너뜨렸기 때문에 정치 제도화의 후퇴로 평가된다. 이러한 중국 사회주의체제의 변화는 북한 입장에서 자국 체제 유지와 강화에 유익하게 작용할 수 있다. 중국을 통한 사회주의체제 위협 요인이 줄어든다면 북한은 중국과의 협력을 강화할 수 있다.

2019년 2월 하노이 북미정상회담이 결렬된지 두 달여 만인 4월 11일 북한은 최고인민회의 제14기 제1차 회의를 개최하고 김정은 위원장을 국무위원장으로 재추대하였다. 4월 12일자 『로동신문』은 "위대한 김정은 동지께서 전체 조선인민의 최고대표자 이며 공화국의 최고영도자인 조선민주주의인민공화국 국무위원회 위원장으로 높이 추대되셨다"고 전하였고, 4월 15일 중앙군중대회 경축보고에서 최룡해 국무위원회 부위원장도 "김 위원장을 공화국의 최고수위에 높이 추대했다"고 언급하였다.

사상적으로는 2021년 제8차 당대회 이후 '우리국가제일주의'를 더욱 강화하면서 내부 결속에 활용하였다. 김 위원장은 같은 해 1월 열린 제8차 당대회 보고에서 제7차 당대회 이후의 승리를 "새로운 발전의 시대, 우리국가제일주의 시대"로 규정하며 이 개념을 언급하였다. 이후 이러한 국가제일주의는 더욱 강화되었고 하노이 북미정상회담 결렬 이후 북한의 국방력 강화를 정당화시키는 역할을 하고 있다.

경제적으로도 북한은 2019년 하노이 북미정상회담 이후 자력갱생을 통한 경제 회생에 집중하였고, 대북 제재에 따라 생산과 소비의 국산화 및 내수 중심 구조가 강화되었다. 특히 코로나19 시기 북중 국경을 봉쇄하고 내부적으로 시장을 통제하면시 이러한 경향은 더욱 강화되었고, 이 과정에서 김정은 시기에 완화되었던 중앙의 경제 통제가 다시 강화되었으며, 경제 주체들의 자율성은 축소되었다.

중국 정치의 시진핑 1인 지배체제 강화는 북한이 중국과의 이념적 유대를 강조하는 데 이바지하였다. 2021년 1월 조선노동당 제8차 당 대회를 개최한 북한은 대중관계에 대해서 "사회주의를 핵으로 하는" 양국관계가 "전략적 의사소통"을 긴밀히 하고 있다고 평가하였다. 이에 대해 시진핑 주석은 1월 11일 김정은 총비서 추대 축전을 통해 "전 세계의 대변화 속에 양당 및 양국의 전략적 관계 강화"의 중요성을 강조하였다.

3) 코로나 이후 북중협력의 재개와 한계

2023년 3월 25일 『로동신문』에는 2018년 김정은 위원장과 시진핑 주석의 정상회담의 5주년을 기념하여 "조중친선은 사회주의 위업의 한길에서 불멸할 것이다"라는 제목의 논설이 게재되었다. 이 논설에서 북한은 중국이 '항미원조보가위국'의 기치 아래 한국전쟁에 참전하였던 역사를 언급하면서 사회주의 건설과정에서의 양국 협력을 깅조하였나.

코로나 19 팬데믹 이후 2023년 4월 7일 왕야쥔(王亚军) 주북 중국 대사가 최룡해 최고인민회의 상임위원회 위원장에게 신임장을 전달하고, 시진핑 주석의 구두친서를 전달하면서 북중 간 대면 외교가 본격화되었다.

그리고 2023년 4월 10일 시진핑 주석의 3연임이 확정되자 김정은 위원장은 시 주석에게 축전을 보냈고, 이후 4월 12일 시진핑 주석은 답전을 보냈다. 시 주석은 북중 양국을 "강이 맞닿아 있는 친선적인 이웃 국가"라고 표현하면서, "전략적 의사소통을 강화하고 중조관계의 발전 방향을 공동으로 인도함으로써 쌍방사이의 친선협조가 끊임없이 보다 높은 단계에로 올라서도록 추동하고 두 나라와 두 나라 인민에게 보다 훌륭한 행복을 마련해주며 지역과 나아가서 세계 평화와 안정, 발전과 번영을 촉진시키기 위하여 새롭고 적극적인 공헌을 할 용의가 있다"고 언급하였다.

지난 5월 9일 중국 왕야쥔 대사는 최선희 외무상과 박영호 외무성 부상을 접견하여 전통적 조중 친선 협조관계의 발전을 강조하였고, 6 월 2일 김정일 위원장의 첫 중국 방문을 기념하여 "조중친선의 역사와 전통은 대를 이어 빛날 것이다"라는 사설을 게재하면서 양국 간 친선 전통의 계승 및 발전을 다짐하였다.

북한과 중국은 2023년 정전협정 체결 70주년을 맞아 공동 행사를 개최하면서 한국전쟁 당시 양국 협력의 상징적 의미를 되살렸다. 이어 6월 28일 북중 우의탑의 내부 보수 완공을 기념하는 행사를 진행했으 며, 이 자리에 최룡해 최고인민회의 상임위원회 위원장 등 북한의 주요 당정 인사들과 왕야쥔 중국 대사가 참여하여 우의를 과시하였다. 당시 북한 임경재 도시경영상은 연설에서 "사회주의를 핵으로 하는 조중(북 중) 친선협조관계를 새시대의 요구에 맞게 더욱 굳건히 다져나갈 것"을 확인하였다. 이에 왕야쥔 대사는 "피로써 맺어진 중조(북중) 친선"을 강조하면서 "국제 및 지역정세가 어떻게 변하든 중조관계를 (중략) 훌 륭히 발전시켜나갈 중국 당과 정부의 확고한 입장은 변하지 않을 것"이 라고 양국 우호관계를 강조하였다.

이외에도 7월 11일 북중우호조약(조중우호, 협조 및 호상원조에 관 한 조약) 체결 62주년을 기념하여 『로동신문』에 "조중친선은 영원할 것이다"라는 논설을 게재하여 북중 양국의 공동의 이념적 기치가 '사회

주의'임을 강조하고 아시아태평양지역에서 대결 구도가 두드러지는 현
상황 속에서 북중협력이 더욱 요구되고 있음을 주장하였다.

2023년 정전협정 70주년을 기념한 북한의 전승절 행사에도 중국 대
표단이 참석하였다. 대표단은 7월 26일 최룡해 최고인민회의 상임위원
회 위원장과 김성남 조선노동당 중앙위원회 국제부장, 강윤석 최고인
민회의 상임위원회 부위원장 등과 함께 연회에 참석하였고, 이 자리에
서 한국전쟁 당시의 협력 역사를 회고하고 양국관계의 우의를 다짐하
였다.

김성남 부장은 연설을 통해 "가장 어려운 시기에 우리 인민의 혁명
전쟁을 피로써 도와준 중국인민지원군 열사들과 노병들에게 숭고한 경
의"를 표하며, "조국해방전쟁의 위대한 승리사와 북중 친선 역사에 빛
나는 한 페이지를 아로새긴 용사들의 영웅적 위훈과 공적을 영원히 잊
지 않을 것"이라고 중국의 한국전쟁 참전을 강조하였다. 이어 중국 리
훙중(李鴻忠) 부위원장은 연설에서 중국이 "양국관계의 건전하고 안정
적인 발전을 추동하며, 두 나라 인민에게 행복을 마련하고 지역의 평화
와 안정, 번영과 발전에 적극적 공헌을 할 의지가 있다"고 밝혔다.

한 가지 주목할 점은, 70주년 행사에 중국이 리훙중 전국인민대표대
회 상무위원회 부위원장을 대표로 하는 대표단을 파견한 것은 과거 유
사 기념식에 비해 상대적으로 낮은 급의 인사를 보낸 것으로 볼 수 있
다. 특히 2015년 당 창건 70주년 기념 행사에 참식한 류윈산(劉雲山)
과 2018년 국가수립 70주년 행사에 참여한 리잔수(栗戰書)는 모두 정
치국 상무위원으로, 리훙중 정치국 위원보다 중국공산당 내에서 위상
이 높은 인물이었다.

또한, 2013년 북한 정전 60주년 행사에 당시 중국 리위안차오 국가
부주석이 방문하여 시진핑 주석의 구두친서를 전달하였는데, 당시 리
위안차오 부주석은 김정은 위원장과 회담에서 중국은 "한반도 비핵화

실현과 평화와 안정 유지 방침을 견지"한다고 밝히면서 북한의 핵무기 개발에 대한 반대 입장을 명확히 한 것과 달리, 이에 비해 2023년 방문한 중국 대표단은 핵문제에 대한 별다른 언급이 없었다.

정전 70주년 행사를 통해 북중 양국의 메시지를 보면 북한은 공동의 사회주의 이념과 양국 간 유대를 강조한 반면, 중국은 추상적인 지원 의사만을 표명한 것을 확인할 수 있다. 중국은 관례적 표현인 "두 나라와 두 나라 인민에게 보다 훌륭한 행복을 마련"하고 "새롭고 적극적인 공헌을 할 용의가 있다"는 관례적 표현을 사용함으로써 공헌을 현재가 아닌 미래로 미루고, 조건부적이고 소극적인 태도를 보였다.

2025년 9월 3일 중국 전승절 행사 직후인 9월 4일 베이징 인민대회당에서 북한 김정은 위원장과 시진핑 주석의 정상회담이 약 6년 만에 개최되었다. 시진핑 주석은 북한과 중국이 "운명을 같이하고 서로 돕는 훌륭한 이웃·벗·동지"로서 "국제정세가 어떻게 변하여도 이 입장은 달라지지 않을 것"이라면서, "북한식 사회주의 위업 새로운 국면을 부단히 개척해나가는 것을 지지한다"라고 언급하였다. 이에 대해 김 위원장은 "국가의 주권과 영토 완정, 발전 이익을 수호하기 위한 중국공산당과 중화인민공화국 정부의 입장과 노력을 지지한다"라고 밝혀 중국의 타이완 문제 등에 대한 지지 의사를 밝혔다.

코로나19 이후 처음으로 개최된 북중정상회담에서 양국은 고위급 왕래와 전략적 의사소통의 강화를 합의하였고, 국제 및 지역문제들에 대한 공동의 이익 수호를 강조하였다. 이번 북중정상회담 당시 시 주석은 "북한과 협력하여 한반도 평화와 안정을 위해 최선을 다할 것"이라고 언급하여 한반도 문제에 대한 북중 양국의 전략적 협력이 강화될 것임을 보여주었다.

3. 북러 안보협력 강화와 북중관계

중러 협력 강화와 더불어 북한이 중국 및 러시아와의 관계를 동시에 강화하는 모습은 냉전 시기 북방삼각관계를 연상시킨다. 그러나 북러 안보협력이 두드러지는 반면, 상대적으로 북한과 중국의 경제협력은 부각되지 않고 있다. 이에 북러 안보협력 강화가 북중관계에 어떤 영향을 미치고 있는지를 살펴보는 것이 북중관계의 새로운 쟁점으로 대두되고 있다.

1) 북러 안보협력의 강화

북러 우호관계는 2022년 우크라이나전쟁 발발 이후 더욱 분명히 드러났다. 북한은 러시아의 우크라이나 침공에 대해 전적으로 지지하였고, 이에 러시아 루덴코(Andrey Rudenko) 외교부 차관은 북한의 지지에 대해 감사를 표한 바 있다. 2022년 9월 30일 러시아가 도네츠크, 루한스크, 자포리자, 헤르손 등 4개 지역의 병합을 선포하고 이를 헌법에 명시하자, 북한은 이 지역들에 대한 러시아의 병합을 인정하였다.

북한 전승절 70주년 행사에 러시아는 우크라이나전쟁 중임에도 불구하고 쇼이구 국방장관 등의 군사대표단을 파견하여 북한과의 안보협력을 과시하였다. 같은 해 7월 26일 김정은 위원장은 쇼이구 국방상관과 오찬을 함께 하면서 "한반도지역의 군사정치 정세에 대한 당과 정부의 평가와 원칙적 입장을 피력"하였음을 확인하였고, "국방 (안전) 분야에서 두 나라 사이의 전략·전술적 협동과 협조를 더욱 심화 발전시키는 중요한 계기"였다고 보도된 바, 양국의 안보협력이 가속화될 가능성을 보여주었다.[8]

쇼이구 장관이 대독한 축하연설에서 푸틴(Vladimir Putin) 대통령은 우크라이나전쟁에 대한 북한의 확고한 지지와 국제문제에 관한 북러 간 '연대성'을 강조하면서 이것은 "세계질서 확립을 저해하는 서방 집단의 정책에 맞서려는 우리 공동의 이해관계와 결심을 부각시켜주고 있다"라고 북러 간 안보협력이 미국을 비롯한 자유민주주의 진영에 대항한 것임을 공식적으로 표현하였다.

특히 김정은 위원장과 쇼이구 국방장관이 나란히 '무장장비전시회-2023'을 관람하면서 북한의 화성 17형과 18형 등 ICBM을 비롯하여 북한판 글로벌호크 등 첨단 무기들을 소개한 장면은 러시아가 북한의 대량살상무기 개발을 사실상 인정하는 메시지로 보일 수 있다. 조선중앙통신은 이들의 전시회 참관 소식을 전하며, "최근 인민군이 장비하고 있는 무기전투기술기재들을 소개하고 세계적인 무장장비 발전 추세와 발전 전략에 관해 이야기를 나누었다"라고 설명함으로써, 김 위원장이 북한의 무기를 일종의 '세일즈' 방식으로 소개했음을 보여주었다. 우크라이나전쟁을 치르고 있는 러시아로서는 가장 시급한 무기인 포탄 확보를 위해 북한과의 안보협력에 적극적인 행보를 보였다.

이후 2023년 9월 13일 러시아 극동지역 아무르주 보스토치니 우주기지에서 러시아 푸틴 대통령과 북한 김정은 위원장은 4년 5개월 만에 북러정상회담을 개최하고, 양국 간 안보협력을 강화하였다. 북한 김정은 위원장이 코로나 19 봉쇄 해제 이후 중국보다 러시아를 먼저 방문했다는 점은 주목할 필요가 있다. 북한은 이를 북러관계의 전략적 중요성 때문이라고 설명하였으며, "우리나라의 최우선 순위는 러시아와의 관계"라고 강조하였다. 이는 2018년 북러 수교 70주년임에도 불구하고, 당시 연이은 북중·남북·북미정상회담으로 인해 북러정상회담이 2019년 4월로 미뤄졌던 상황과는 대비된다. 이번 러시아와의 정상회담이 북중정상회담보다 앞서 개최하였다는 점은 현시점에서 북한의 대외관계의 우선순위 변화를 의미한다.

같은 해 10월 18일 러시아 라브로프(Sergey Lavrov) 외무장관이 평양을 방문하여 푸틴-김정은 정상회담 이후 후속 조치를 위한 실무적 협의를 하였다. 북한은 북러관계를 "새 시대와 현 정세에 맞게 보다 높은 단계"로 격상시키고, "경제, 문화, 선진 과학기술 등 각 분야에서 교류와 협력"을 위한 방안을 협의하였다고 전하였다.[9] 라브로프를 만난 김정은 위원장은 "안정적이며 미래지향적인 새 시대 북러관계의 백년대계"를 구축하겠다고 밝혀 북러관계의 장기적 청사진을 그리고 있음을 보여주었다. 이에 라브로프 장관은 "우크라이나 특수 군사작전과 관련한 지원을 높이 평가한다"면서 북한의 대러 군사지원에 대한 감사를 전하였다.

또한, 라브로프와 최선희 외무상 간의 외교장관 회담에서는 북러 간 무역·경제위원회를 구성하고 과학·기술 협력 강화를 합의하였다. 특히 지질 탐사와 북한이 요청하는 에너지 및 물자 공급 계획을 구체화하였고, 이 자리에서 라브로프는 한반도 문제에 대해 "전제 조건 없이 한반도의 안보문제 논의를 위한 정기적인 협상 프로세스를 구축하는 것"에 대한 지지를 표명하였다.

2023년 9월 푸틴-김정은의 북러정상회담 개최 시 김정은 위원장은 푸틴 대통령에게 방북을 요청하였고 푸틴 대통령은 이에 동의하였다. 이후 2024년 6월 푸틴 대통령은 김정은 위원장과의 정상회담을 위해 평양을 방문하였다. 이 회담을 통해 북러 양국은 안보협력을 공식화하고, 양국관계를 사실상 동맹 수준으로 격상시켰다. 정상회담 이후 북한 김정은 위원장은 "두 나라 사이 관계가 동맹관계라는 새로운 높은 수준"이 되었다고 양국 간 안보협력을 공식적으로 선언하였다.

이러한 배경 속에서, 북한은 우크라이나전쟁을 계기로 러시아로부터 위성 및 중장거리 미사일 관련 핵심기술을 이전받고 재래식 전력을 보완하며, 공·해군 전력 강화를 모색하였다. 한편, 러시아는 장기화된 우크라이나전쟁에 필요한 포탄을 비롯한 군수물자를 북한으로부터 확보하고, 장기적으로는 대미 공세를 위하여 한반도를 전략적으로 활용하려 할 것이다.

특히 북러 양국은 국제사회의 강도 높은 경제제재를 받고 있기 때문에 양국 간 무역에서 위안화 또는 루블화를 사용하거나, 물물거래 방식을 활용할 가능성이 높다. 우크라이나전쟁 이후 러시아가 병합한 지역의 재건에 북한 노동자를 투입하는 방안은 양국 모두에게 '윈-윈(win-win)'이 될 것이다.

2) 북러 안보협력 강화에 대한 중국의 입장과 북중러 삼각협력

2023년 푸틴-김정은 정상회담 이후 북러 안보협력이 강화되었으나, 이에 대해 중국은 '북러 양국의 문제'라고 거리를 두고 있다. 이러한 상황은 1980년대 초 미소 간의 신냉전 시기와 유사성이 있다. 당시에도 북러 간 안보협력이 강화되자, 중국은 이에 대응해 군사적 협력보다는 경제협력 강화로 방향을 돌렸다.

1980년대 초 러시아는 대아시아 안보 강화정책의 일환으로 북한의 나진항을 이용하고 경제 및 협력의 거점으로 활용하였다. 이에 북러 안보 협력의 심화를 우려한 중국은 북한의 청진항을 경제적으로 활용하고 이를 통해 북중 경제협력을 확대하는 방향으로 나아갔다.

그러나 1980년대 초반과 2024년 현재의 가장 큰 차이는 중러관계의 변화이다. 1980년대 초 중러관계는 중소분쟁 장기화로 인해 우호관계를 회복하지 못한 상태였던 반면, 현재는 다방면에 걸친 고도화된 협력관계를 유지하고 있다. 최근 2024년 5월 푸틴 대통령이 러시아 지도자로서 다섯 번째 집권 이후 첫 해외 순방지로 선택한 곳이 바로 중국이었다는 점은 이를 뒷받침한다.

　그렇다면 중국은 북러 안보협력 강화에 어떤 입장을 가지고 있는가? 미중 세력경쟁과 우크라이나전쟁으로 인해 중국과 러시아는 어느 때보다도 긴밀한 협력을 이어가고 있다. 북러정상회담 이전 중러정상회담이 개최된 점을 고려할 때, 중국과 러시아는 북러 안보협력에 대해 사전 논의하고 입장을 조율하였을 것이다. 중국은 우크라이나전쟁에서 러시아의 패배를 원하지 않기 때문에 북한의 포탄과 미사일 등 군수물자 지원을 묵인하거나 일정 부분 지지하고 있다. 또한, 중국은 러시아가 북한과의 안보동맹 조약체결이 북한의 도발을 억제할 수 있다는 관점에서 이를 지지했을 가능성이 있다. 러시아의 대북 안보협력 강화는 중국과의 긴밀한 의사소통을 바탕으로 이뤄지고 있음은 분명하다. 다만 중국은 러시아가 북한에 대량살상무기 핵심기술의 이전에 대해서는 우려를 표명했을 가능성이 높다. 왜냐하면, 북한의 핵무력 강화가 한국과 일본, 나아가서 대만의 핵무장에 영향을 줄 수 있기 때문이다.

　따라서 중국은 북러 간 군사협력에 대해서는 일정한 거리를 두면서 북중러 삼국의 안보협력 구도에 소극적인 태도를 보이고 있는 것으로 평가된다. 북러 간 군사협력의 강화는 '캠프 데이비드 선언'과 같은 한미일 안보협력의 강화를 초래할 수 있으며, 이는 결국 중국 포위 전략으로 귀결될 것이기 때문이다.

　중요한 것은 앞으로 중러 양국이 한반도 문제에 대해 일치된 견해를 보이고 공동 보조를 맞출 가능성이 크다는 점이다. 푸틴 대통령은 2024년 5월 16일 베이징에서 시진핑 주석과 정상회담을 통해 양국 협력의 공고화를 재확인하였다. 정상회담 이후 발표된 공동성명에서 양국은 "미국과 그 동맹국들에 의한 군사 분야에서의 위협 행동에 반대"한다면서, "이 같은 행동은 무력 사건들과 한반도에서의 긴장 고조 등 북한과의 추가 대결을 촉발"한다고 주장하였다. 동 성명에서 "국제사회는 한반도와 관련한 러시아와 중국의 건설적 구상을 지지해야"한다고 언급하면서, "미국이 군사적 긴장을 완화하고 협박과 제재 및 억압을 포기하며, 북한과 기타 관련국들이 서로의 안보 우려에 대한 상호 존중과 수용을 바탕으로 협상을 재개할 것을 촉구"하여 한반도 문제에 대한 중국과 러시아의 정책이 일치함을 보여주었다.

2025년 9월 3일 베이징 톈안먼 망루에서 개최된 중국 전승절 80주년 기념식에 북한 김정은 위원장, 중국 시진핑 주석, 러시아 푸틴 대통령이 중국 열병식을 지켜보면서 북중러 삼국 협력 장면이 연출되었다. 삼국 정상이 한자리에 모인 것은 1959년 10월 1일 톈안먼 광장에서 중국 국가 수립 10주년 기념식 이후 66년 만이다.

그러나 북중러 삼국 정상회의가 없었으며 북중 간 안보협력을 논의할 수 있는 인물이 참석하지 않았다는 점을 고려하면, 전승절 기념식을 통한 북중러 삼국 안보협력의 진전은 없었다. 중국으로서는 북한과 오랜 안보 불신이 있기 때문에 러시아와는 달리 북한과의 안보협력은 일정한 거리를 두고 있으며, 북한 역시 중국과의 안보협력을 원하지 않기 때문이다.

한반도 문제에 대해 중러 양국이 일치된 해법을 보이고 있는 상황에서 북중러 협력의 방향은 안보보다는 경제협력에 초점을 맞출 가능성이 높다. 이는 북중러 삼국 모두에게 경제적 실익이 분명한 분야이기 때문이다.

북한의 입장에서 북중 경제협력과 북러 경제협력을 비교해보면 에너지, 곡물, 비료, 건설자재 등은 러시아로부터 수입 대체가 가능한 반면, 그 외 생필품, 산업용 중간재, 기계 설비 등은 러시아로부터 대체가 쉽지 않은 것으로 분석된다. 이는 러시아의 소비재 공급량이 적으며, 산업 중간재와 기계 설비 등은 중국에 비해 가격이 높고 공급량도 적기 때문이다. 또한, 북중 경제협력의 오랜 역사와 중국 동북 3성과 북한 내 조선 화교들의 긴밀한 경제·사회적 네트워크를 고려하면, 북러 경제협력이 이를 완전히 대체하기는 어려울 것으로 전망된다. 비록 2017년 이후 대북 제재와 코로나19로 인해 북중 간 경제협력이 크게 위축되었으나, 2023년 기준 북중무역이 코로나19 이전 시기의 80% 수준으로 회복되었다는 점이 북중 경제관계의 구조적 지속성을 뒷받침하고 있다.

그러나 북한과 러시아의 경제협력은 군수산업을 중심으로 이뤄지고 있기 때문에 단순한 경제적 이익뿐만 아니라, 북한의 안보력 강화를 위한 기술 이전, 부품 수급, 성능 시험 등 다양한 전략적 이익을 포함한다. 러시아와의 안보협력으로 북한 무기 및 군수물자의 기술 수준과 품질이 향상되면, 군수산업 전반의 경쟁력이 강화될 수 있기 때문이다. 다만 북러 경제협력이 북중 경제협력을 단기간에 대체하기는 어렵기 때문에 북한은 단기적으로 중국 및 러시아 양국 모두와 경제협력을 병행할 가능성이 높다.

한편 북중러 경제협력에 대해서는 삼국의 입장과 이익이 다를 수 있다. 북한은 중국 및 러시아와의 경제협력을 적극 추진하는 한편, 삼국 접경지역을 중심으로 삼국 경제협력을 확대시키면서 자국의 경제 이익을 최대화하려 할 것이다.

러시아의 경우 우크라이나전쟁으로 인해 미국 및 EU국가들의 경제 제재를 받고 있기 때문에 중국 및 북한과의 경제협력을 확대하고 있는 상황이며, 장기적으로도 북한과의 경제협력을 지속하려는 노력을 할 가능성이 있다. 북한과 러시아는 2024년 6월 정상회담을 통해 누만강 자동차도로 건설 협정을 체결하고, 북한의 두만강 철도역과 러시아 핫산 철도역의 시설 확충을 통해 도로 및 철도 수송을 적극화하고 있다. 또한, 2024년 7월 러시아 연해주정부가 관광부를 신설하고 핫산 지구에 대규모 해양리조트 건설을 추진하는 것 역시 두만강지역 중심의 북중러 경제협력을 뒷받침하는 증거이다.[10]

중국은 북중러 삼각협력이 한미일 안보협력에 대응 구도로 비춰지는 것을 우려하고 있으며 북러 간 안보협력에는 거리를 두고 있는 상황이다. 이로 인해 북중러 안보협력은 한계가 있으나, 경제협력에 대해서는 시기에 따라 차이가 있을 수 있다. 만약 북러 간 경제협력이 우크라이나전쟁 시기에만 한정적으로 이뤄진다면 중국은 이를 관망하면서 러시아 및 북한과의 양자 경제협력에 집중할 것으로 예상된다. 반면 북러 간 경제협력이 우크라이나전쟁 이후에도 지속되어 북러 접경지역에 사회기반시설이 확충된다면 장기적으로 중국은 이를 활용하는 경제협력에 참여할 가능성이 있다.

이를 바탕으로 북중러 경제협력을 전망해보면 우선 북러 간 경제협력이 주도적인 역할을 할 가능성이 높으며, 중국의 참여는 단기적으로 제한적이나 장기적으로 북러 협력의 성과를 활용할 가능성이 있다. 중국과 러시아가 중국 훈춘-러시아 크라스키노 간 도로 연결망을 강화하고 크라스키노 통관 시설을 현대화하고 있는 것은 장기적으로 북중러 경제협력의 기반이 될 가능성이 있다.

결과적으로 북한의 대러 협력 강화는 중국에 대한 자율성 확대를 위한 전략적 행보로 평가 가능하다. 2019년 하노이 정상회담 결렬 이후 북한은 중국과의 협력을 강화하면서도 경제제재 장기화에 대비해 경제적 자립을 위한 생존 전략을 모색해왔다. 특히 코로나19 시기를 거치면서 국경봉쇄로 인한 경제적 어려움이 심화되었고, 이에 따라 중국에 대한 경제적 의존이 확대될 가능성이 높아졌다. 이 과정에서 북한은 대중국 의존도를 완화하고 자율성 확대를 위해 우크라이나와 전쟁 중인 러시아에 대한 안보협력을 확대하고 있는 것이다.

이러한 북러관계 강화는 미중 간 세력경쟁 시기에도 여전히 북중 간의 '비대칭 갈등'이 지속됨을 보여주고 있다. 북한은 전쟁 중인 러시아와의 안보협력을 통해 한국에 비해 열세에 있는 재래식 무기를 현대화하고, 러시아와의 안보협력을 통해 중국에 대한 의존도를 낮출 수 있게 되었다. 북한은 중국에 대한 자율성을 확대시키기 위한 수단으로 핵무기 개발과 함께, 또 다른 강대국인 미국 또는 러시아와의 관계 강화를 전략적으로 모색해왔다.

이에 따라 미중 세력경쟁이 장기화될 것으로 전망되는 상황에서 북중관계는 협력을 지속하면서도 북한 핵문제와 국방력 강화로 인한 갈등이 지속될 것으로 보인다. 북한 핵문제에 대한 인식과 대응의 차이는 북중 갈등 요인임에는 분명하다. 북한은 실질적 핵보유국 지위를 획득하기를 원하고 있으나, 중국은 국제적 합의 없이 북한을 핵보유국으로 단독 인정하지 않을 것이며, 한반도 안정을 저해하는 북한을 관리하려 할 것이다. 중국은 북한의 한반도 위기 조성을 반대하기 때문에 북한에 대한 안보협력은 제한적이며, 북한 역시 중국으로부터 일정 수준 이상의 안보지원을 받는 것에 대해 경계심을 가지고 있다.

결국 미중 간 세력경쟁이라는 국제정세 속에서 북한과 중국은 상호이익에 기반해 협력관계를 유지해 나갈 것으로 보이지만, 비대칭적인 구조에서 비롯된 갈등은 지속적으로 나타날 가능성이 있다.

■ 주

1) 조성렬, "미중 전략경쟁 시대 동아시아 신냉전과 한반도 정전," 경남대 극동문제연구소, 『신냉전 시대는 도래하는가?』(서울: 경남대학교 극동문제연구소, 2024), p. 165.
2) 이정남, "중국의 대한반도정책의 딜레마," 『한국과 국제정치』 제31권 3호 (2015), p. 147.
3) 이정남 (2015), p. 148.
4) 김한권·표나리·황일도, 『중국의 대외전략 기조와 한반도 인식』(서울: 국립외교원, 2024), p. 8.
5) 김한권 외 (2024), p. 9.

6) 이태림, "한 해를 넘긴 우크라이나 전쟁의 향방 전망," 『주요국제문제분석』 2022-48호 (2022), p. 1.

7) 최영준, "미중 전략적 경쟁(신냉전)의 현재와 미래에 대한 견해와 논쟁," 경남대 극동문제연구소, 『신냉전 시대는 도래하는가?』 (서울: 경남대 극동문제연구소, 2024), pp. 118-122 참조.

8) 『로동신문』, 2023년 7월 27일.

9) 『로동신문』, 2023년 10월 19일.

10) 성원용, "북러 관광협력에 진심인 연해주의 핫산지구 해양리조트 개발계획," 『KOLOFO칼럼』 제270호 (2024. 12. 3), http://www.kolofo.org/?c=user&mcd=sub03_01&me=bbs_detail&idx=10074&cur_page=1&sParam=

17장

결론: 북중관계와 한반도 평화

이 글은 북중관계를 강대국과 약소국의 관계인 '비대칭관계'로 규정하고 북중관계가 강대국의 이익 존중과 약소국의 자율성이 충돌하는 '비대칭 갈등'을 지속하였다는 점을 역사적으로 검토하였다. 특히 북중관계가 보편적인 비대칭 안보동맹관계와는 다른 특수성을 지니고 있음을 지정학적 요인과 문화적 공통성을 통해 살펴보고 제국주의 식민지배에 공동으로 대항하는 과정에서 특수한 협력관계를 형성하였음을 확인하였다.

북중관계를 크게 구분하면 네 시기로 구분이 가능하다. 첫째, 1949년 북중수교부터 1960년대까지이다. 이 시기는 냉전 시기로 한국전쟁, 중소분쟁, 베트남전쟁, 중국의 문화대혁명 발발 등 여러 사건으로 인해 북한과 중국의 안보협력이 강화되었으며 1961년 북중우호조약을 체결하였다. 이 시기에는 8월 종파사건, 베트남전쟁, 문화대혁명으로 인해 북중 갈등이 발생하고 북한의 자주외교가 강화되었으나, 기본적으로 양국 모두 저발전 사회주의 국가로서의 정체성을 공유하였다. 이에 따라 북한과 중국은 국제정세 인식에 있어서 차이가 크지 않았고 협력을 중시하였으며 안보동맹 관계의 특성을 유지하였다.

둘째, 1970년대 미중 데탕트 시기부터 탈냉전 이전까지의 시기이다. 이 시기는 미중관계에서 협력이 우세했던 시기로 북중 양국의 대미 위협인식의 차이가 발생하였다. 북한과 중국은 대미 위협인식뿐만 아니라 국가 발전 노선과 정체성에서도 차이를 보였으며, 이에 따라 북중관계의 안보동맹적 특성은 약화되었다. 그럼에도 불구하고 냉전이 지속되고 중소관계가 완전히 개선되지 않은 상황에서 북중협력이 유지되었다.

셋째, 탈냉전 시기부터 2007년 글로벌 금융위기 이전 시기이다. 이 시기에는 한중 수교로 인해 북중 간 긴장이 고조되었으며, 북핵문제로 갈등이 한층 심화되었다. 그러나 미중관계는 협력적이었기 때문에 미중 양국이 협력하여 6자회담이라는 다자회담 틀에서 북핵문제를 다루었다. 또한 한중 간 우호적 관계가 북중관계에도 일정한 영향을 미쳤다.

넷째, 2008년 글로벌 금융위기부터 2025년 현재까지이다. 중국의 국력이 상승하여 미중 세력경쟁이 본격화된 시기로 북중관계는 갈등이 봉합되지 않았으나 필요에 의해 협력이 확대된 시기이다. 2008년 베이징 올림픽을 계기로 중국은 강대국으로서의 정체성을 확고히 하였고 북핵문제가 고도화되면서 북중 간 갈등이 확대되었다. 미중 무역갈등과 코로나 팬데믹 시기를 거치면서 미중 간 긴장이 심화되었다. 이러한 상황에서 북한과 중국은 사회주의체제라는 공통성을 강조하면서 협력을 강화하였다.

이와 같이 북중관계를 냉전 시기와 미중협력 시기를 거쳐 미중경쟁 시기까지 역사적으로 주요 사례를 중심으로 검토해보면 북중관계는 국제정세와 양국의 국내 정치 변화에 따라 다양한 변화를 거듭해왔다.

북중관계는 비대칭 갈등이 지속되는 관계로 특징지을 수 있으나, 중요한 것은 갈등의 지속에도 불구하고 북중관계는 협력의 필요성으로 인해 우호관계가 유지되고 있다는 점이다. 특히 미중 세력경쟁 시기 북한과 중국은 협력을 강화하고 있으며 사회주의 연대의 필요성도 강조하고 있다.

탈냉전 이후 한중수교로 인해 북중관계의 변화가 있었으나 중국이 북한의 체제 생존을 지지 또는 지원하는 것은 변함이 없다. 중국의 입장에서 보면 북한이 미국을 비롯한 서방국가들과의 완충지대이며, 중국의 사회주의체제 지속을 위해서는 북한이라는 완충지대가 필요하기 때문이다.

이에 따라 1991년 남북한 유엔 동시가입과 한중수교 이후 중국 대한반도정책의 핵심은 '두 개의 한국정책(two Korea policy)'이다. 중국은 탈냉전 이후 남북한 균형정책을 추구하려는 경향을 보이면서 사안과 시기에 따라 남북한에 대한 정책을 조정해왔다. 만약 중국의 대북정책이 아닌, 한반도 정책의 변화를 논하려면 '두 개의 한국정책' 방향이 변화했다는 점을 증명해야 한다. 중국의 두 개의 한국정책이 한반도 평화와 안정에 영향을 줄 것이기 때문에 우리는 북중관계의 특성을 활용하여 한반도 평화와 안정을 유지할 방안을 모색해야 한다.

중국의 '두 개의 한국정책'은 변화할 가능성이 있는가? 중국의 공식적 한반도 통일에 대한 정책은 '한반도의 평화통일'을 지지한다는 것이다. 여기서 평화통일은 무력통일을 배제하며, 흡수통일이나 남북한 간 합의에 의한 통일을 의미한다. 그러나 중국은 흡수통일 과정에서 발생할 수 있는 북한 주민의 대규모 중국 유입을 매우 우려하기 때문에 중국이 원하는 통일은 남북한의 합의에 의한 평화통일을 지지하는 것으로 해석된다.

중국은 두 가지 조건을 충족한 상황에서 한국의 통일을 지원하거나 묵인할 것이다. 첫째, 통일된 한반도 국가가 중국에 대해 적대적이지 않을 것이라고 인식된다면 중국은 통일을 지지할 것이다. 중국은 자국에 적대적인 통일 한국의 출현을 원하지 않으며, 통일 한국이 중국에 우호적이거나 적어도 적대적이지 않은 국가일 것으로 전망될 경우에만 반대하지 않을 것이다.

둘째, 중국은 통일 한국의 등장이 중국의 대만 문제에 부정적 영향을 주지 않는다는 조건에서만 한반도 통일을 지지할 것이다. 한반도의 통일은 지역 안보환경에 큰 영향을 줄 것이고 대만 문제에 대해서도 마찬가지이다. 만약 한반도 통일이 대만 문제에 긍정적 영향을 줄 것으로 전망된다면 한반도 통일에 대해 중립적일 수 있을 것이다.

따라서 '중국이 한반도 통일을 찬성하는가'라는 질문은 '중국이 어떤 방식으로, 어떤 유형의 한반도 통일 국가를 지지하는가'라는 질문으로 바꿔어야 한다. 중국은 한반도 통일의 모든 경로를 지지하는 것은 아니며, 모든 형태의 통일 한국을 찬성하는 것도 아니다.

특히 현재와 같은 미중 세력경쟁 시기에는 중국은 '두 개의 한국정책'을 지속할 것이다. 중국이 두 개의 한국정책을 지속한다는 것은 바로 북한체제의 생존을 지지한다는 의미이다. 대표적 사례가 2009년 북한 김정은 후계체제 수립 시기였다. 2008년부터 김정일의 건강 악화로 2009년 후계자 김정은의 후계체제 수립이 본격화되었고 중국은 북한의 후계체제 안정을 위해 체제 생존을 위한 지원을 우선시하였다. 당시 중국은 북한의 핵개발에 대한 우려보다 북한의 체제 안정을 더 중시하여 북한에 대한 유화적 제스처를 취하였다.

한반도 통일을 장기 과제로 남겨둔다면 우리의 단기 과제는 한반도 평화를 유지해야 하는 것이다. 이에 한반도 평화에 대한 중국의 시각은 무엇인지에 대해 생각할 필요성이 있다.

중국이 탈냉전 이후 평화에 대한 입장을 공식적으로 제시한 것은 1997년 4자회담 개최 시기이다. 1999년 1월 제4차 4자회담에서 중국은 다자 군사협력 등을 포함한 '한반도 긴장국면 완화에 관한 5개 원칙'과 '한반도 평화체제 구축에 관한 4개의 기본사항'을 제시하였다.

긴장완화에 대한 5개 원칙은 신뢰조치 협력 구축을 위한 광의적 추진, 관련 국가관계의 점진적 개선지지, 북미 및 북한과 기타국의 관계의 점진적 정상화 환영, 관련국 간의 다층적·다양한 군사신뢰조치 협력 진전, 한반도의 현실에 맞는 실현 가능한 조치를 취함으로써 군사충돌을 방지하며 적대적이고 도발적인 군사행동을 다른 국가에게 취하지 않을 것 등이다. 여기에서 핵심은 북미 및 북일관계의 점진적 정상화와 관련국 간 군사 충돌 방지 및 도발 중지이다. 중국은 북미 및 북일관계의 정상화가 이루어져야 한반도 긴장 완화가 가능하다는 입장을 보이고 있으며, 북한의 합리적 안보 우려를 해소할 수 있는 조치가 함께 이루어져야 한다고 주장한다.

한반도 평화체제 구축에 관한 4개의 기본사항은 관련국의 대립종결 및 관계개선, 평화공존을 통한 한반도의 자주평화통일 최종구현, 평화적인 수단으로 모든 분쟁 해결과 무력 및 위협 사용 금지, 평등 호혜의 원칙상에서 경제·무역·과학기술·문화·체육 등의 영역에서 교류와 협력 발전, 한반도 군사 신뢰 조치 구축 과정에서의 단계별 군축 등이다.

이 중에서 중국의 한반도 평화협정에 대한 입장을 보면, 전쟁상태의 종식 선언, 불가침 및 내정 불간섭, 군사적 신뢰구축 및 군축조치 등이다. 가장 중요한 것은 군사적 신뢰구축 및 군축조치이다. 물론 이 과정에서 핵심은 북한의 비핵화가 될 것이다.

한편 냉전 시기 북한의 대중정책은 크게 두 가지로 요약할 수 있다. 하나는 중국의 안보 및 경제지원에 대한 기대이고, 다른 하나는 한반도 통일정책에 대한 지지 유도였다. 이 두 가지 목표는 탈냉전 이후 체제 유지를 위한 경제협력과 안보협력 기대로 나타나고 있다. 북한의 경제난이 심화된 1990년대 초반 중국의 경제협력과 지원은 북한의 경제 회생에 있어서 절대적이었다. 중국은 1995년부터 대북원조를 재개했으며, 양국 무역에서 철폐했던 구상 무역과 우호 가격제를 부분적으로 부활시켰다. 1996년 5월 북한 홍성남 정무원 부총리의 중국 방문으로 향후 5년간의 대북원조 내용을 담은 '경제기술합작협정'이 체결된 것으로 알려졌다.[1]

그러나 중요한 것은 중국의 대북지원 강화가 항상 양국관계에 우호적으로 작용하는 것은 아니라는 점이다. 중국은 대북지원에 부담을 가지고 있으며 북한 스스로가 경제 회생의 길을 찾기를 바라고 있다. 이에 대해 북한은 중국에 대한 의존도가 높아지는 것을 우려하고, 중국이 이를 정치적으로 활용하는 것에 대해 부담을 가지고 있다. 말하자면 북한은 중국에 대한 자국의 자율성이 축소되는 것을 우려한다.

비대칭관계에서 약소국 지도자들은 불평등관계를 완화하려는 경향이 있는데, 북한은 중국에 대해 이러한 특성을 강하게 보인 국가이다. 북한의 대외정책 기본 노선은 자주, 평화, 친선의 개념으로, 이중 자주외교는 '자주노선', 또는 '자주외교'로 설명할 수 있다.[2]

북한의 자주외교는 역사적으로 강대국인 중국과의 관계에서 특히 두드러졌다. 일반적으로 약소국은 다자적 연합 및 합의 참여, 지역 연합 또는 공동 이익의 문제에 대한 다른 약소국과의 협력, 다른 강대국과의 동맹 체결, 핵무기 개발의 네 가지 방법으로 강대국과의 불평등 관계를 완화하려 한다. 약소국인 북한은 이러한 다양한 수단을 활용해 중국과의 비대칭 갈등을 완화하고자 하였다. 중소분쟁 시기 소련과의 안보동맹 체결을 통해 중국을 견제하였고, 탈냉전 직후 대미관계 개선을 통해 중국을 견제하였고, 2000년대에는 남북관계를 개선하여 공동 이익의 문제에서 한국과 협력하면서 미국과 중국의 영향력 확대를 견제하였다.

그러나 북한이 선택한 자율성 확대의 최종 수단은 핵무기 개발을 통한 자국의 안보 보장이었다. 탈냉전 이후 북한은 자주를 강화시키는 방법으로 독자적 핵무기 개발과 자주적 안보 수립을 선택하였다. 북한은 한미일 안보협력에 대한 위협을 가지고 있으며, 중국이 북한의 안보를 보장해주지 못한다는 인식 하에 자주안보를 추진하였다. 북한의 자주안보는 북중관계에서 중국의 자국 이익을 존중하라는 압박에 대한 자율성 확대의 수단이기도 하다.

실제로 북한은 탈냉전 직후 한반도 평화체제 논의에서 중국을 배제하려는 의도를 보여준 바 있다. 한성렬 유엔 북한대표부 차석대사는 2004년 5월 『USA 투데이』와의 인터뷰와 2005년 8월 미국 측과의 비공식 접촉에서 남북한과 미국의 '잠정협정 체결'을 주장하였다. 이 잠정협정에는 한국도 협정의 당사자로 참가할 수 있음을 시사하였고, 군사정전협정의 감독 임무를 맡았던 '군사정전위원회'의 역할을 대신하여 남북미의 '3자 군사안전보장위원회'를 설치를 제안하였다.[3]

또한, 2006년 미국 부시 대통령의 '한국전의 공식 종료 선언'에 대해 북한은 남북미 3자 종전선언이 가능하다는 입장을 밝혔다. 2007년 제2차 남북정상회담의 '10·4 선언'에서는 남북한이 "현 정전체제를 종식시키고 항구적인 평화체제를 구축해나가야 한다는데 인식을 같이하고 직접 관련된 3자 또는 4자 정상들이 한반도지역에서 만나 종전을 선언 문제를 추진하기 위해 협력해 나가기로 하였다"고 합의하였는데, 여기에서 '3자 또는 4자 정상'을 언급한 것은 중국을 배제한 남북미 3자 종전선언의 가능성을 열어 둔 것이다.[4]

따라서 북한은 단기적으로는 체제 공통점을 바탕으로 협력외교에 집중할 것이나, 장기적으로는 미중경쟁의 장기화를 고려하여 대중국 의존의 지속을 회피하려 할 가능성이 높다. 이를 위해 북한은 단기적으로는 대러 협력을 강화하고 있으며, 장기적으로는 핵무력 강화를 추구하면서 중국에 대한 자주외교를 전개할 것이다.

북러 안보협력은 우크라이나전쟁이 지속되는 한 강화될 것이고 이는 우리의 안보를 심각하게 저해할 가능성이 있다. 북한이 한미일 협력 강화에 대해 북중러 협력을 과시하려 하나, 중국은 표면적으로 이에 동의하면서도 북중러 안보협력의 확대에는 우려를 가지고 있음을 확인할 수 있다. 중국은 한미일 협력이 한반도 및 동아시아에서 미국의 대중국 포위 전략을 확대하는 것을 우려하며 최근 한미 간 전략자산 활용에 대해 민감한 반응을 보이고 있다. 러시아와는 달리 중국은 북한의 과도한 군사적 긴장 상승을 일정 정도 관리하려는 의도를 가지고 있기 때문에, 한국정부는 중국과 한반도 안정 및 긴장 완화라는 공통이익이 있음을 강조하고 협력 방안을 모색할 필요가 있다.

특히 중국은 국제사회의 대북제재 준수를 공언하고 있기 때문에 이를 공식적으로 위반하는 경제협력은 하지 않을 것이나, 점진적으로 북한과의 경제협력을 확대할 것이다. 이는 결과적으로 유엔 안보리 대북제재를 위반하는 다양한 거래를 양산할 것으로 예측된다. 중국 중앙정부가 제재를 명시적으로 위반하지는 않을 것이나 지방 성정부에 제재 준수에 대한 강력한 지침을 내리지 않는다면, 지방 성정부는 제재 위반을 단속할 유인을 가지지 못하기 때문에 해상을 통한 에너지 불법 수출이나 북한의 광물자원 수입 등을 묵인할 가능성이 있다.

또한, 최근 러시아 단체 관광객의 북한 관광이 시작된 것처럼, 중국인들의 북한 관광도 확대될 가능성이 있다. 북한 관광은 국제사회의 대북제재 위반 사항이 아니기 때문에 중국이 북한에 대한 경제협력을 위하여 선택할 수 있는 수단이다. 2025년 9월 중국 전승절 80주년 기념식에 북중러 삼국 정상의 만남은 중국의 대북 영향력 회복 시도로 해석된다. 중국은 대북 영향력 회복을 위해 일정 수준의 경제협력 확대를 시도할 것이다. 한편 북한은 러시아와의 안보협력을 더욱 강화하면서 중국이 북러 안보협력 확대를 우려한다는 점을 활용하여, 중국에 경제협력 확대를 더욱 촉구할 것으로 분석된다.

2023년 유엔 대북제재 전문가 패널 리포트에 따르면, 북한의 불법 정제유 수입량은 100만 배럴에서 150만 배럴에 이르는 것으로 추정되고 있다. 2023년 북한의 공식 정제유 수입량은 약 24만 배럴로 연간 50만 배럴로 제한하는 유엔 결의안 2375호를 준수하였으나, 실제 수입량은 이를 웃도는 것으로 추정되었다. 또한, 같은 리포트에 따르면 2023년에도 약 10만 명의 북한 해외파견 노동자가 있으며, 이중 약 3,000명의 정보통신 종사자가 연간 약 250만 달러에서 약 500만 달러의 외화를 벌어들이고 있다. 한편, 북한은 불법 사이버 활동을 통해 약 750만 달러의 외화를 획득하는 것으로 추정되었다.

게다가 최근 북한은 러시아와 무기와 식량 및 에너지 거래를 하고 있는 것으로 추정되고 있으며 우크라이나전쟁의 북한군이 파병된 상황에서 대북 경제제재의 효과는 제한적일 수밖에 없다. 특히 2024년 3월 28일 유엔 안보리 대북제재 위원회 전문가 패널 임기에 대해 러시아가 거부권을 행사하여 같은 해 4월 30일 이후 대북제재에 대한 적절한 모니터링이 어려워졌다. 최근 러시아와 중국이 무역 결제 시 달러 대신 루블화와 위안화의 비율을 높여가고 있기 때문에 북한 역시 국제 금융시장 거래에서 쉽게 추적 가능한 달러 대신 루블화나 위안화로 거래를 할 가능성이 높으므로 대북제재의 효과성은 제한적일 수밖에 없다.

북러 경제협력이 확대되고 있음에도 불구하고 향후 북한 경제는 중국과의 경제협력 여부에 크게 영향을 받을 수밖에 없다. 이는 북한과 중국의 경제협력이 중국 동북3성 지역 조선족과 북한 내 화교들을 통한 장기적으로 지속된 네트워크를 가지고 있으며 중국의 기업들이나 무역업자들이 북한과 직접적인 거래를 해왔기 때문에 대북제재가 완화된다면 북중 경제협력은 더 빠른 속도로 확대될 가능성이 높다.

한편 2023년 북한 조선노동당 제8기 제9차 전원회의 이후 북한은 남북관계를 국가 대 국가로 정의하고, 헌법을 비롯한 법령에서 통일을 삭제하고 있으며, 대남 관련 부서들도 폐지 수순을 밟고 있다. 이와 함께 북한은 남북한의 전쟁 가능성을 언급하면서 한반도 긴장을 고조시키고 있다. 이러한 북한의 대남정책 전환은 사소한 우발적 충돌이 국지적 무력 충돌로 확대될 가능성을 내포하고 있다.

따라서 우리는 중국과 한반도 안정과 긴장 완화라는 공통이익을 강조하고 중국과의 협력 방안을 찾으려는 노력이 필요하다. 중국에 북한 비핵화나 한반도 평화에 대해 어떤 역할을 할 것인지를 묻는 대신, 우리는 한반도 문제와 관련해 중국이 어떤 역할을 하길 기대하는지 구체적으로 고민하고 이를 먼저 제시하는 것이 합리적이다. 우리가 원하는 중국의 역할을 명확히 하지 않고 우리의 정책 방향에 맞게 중국이 행동하기를 바라는 것은 합리적이지 못하다.

이러한 상황에서 우리에게 가장 시급한 것은 남북한의 위기관리이다. 한반도 위기가 고조되고 무력 충돌의 가능성이 높아지는 것은 중국의 국가 이익에도 부정적인 영향을 미친다. 결국 한국과 중국은 북한의 무력 도발을 제어하고 한반도 위기를 관리하기 위하여 한중관계를 관리하고 중국과의 협력의 범위를 확대할 필요성이 있다. 더 나아가서 우리는 한반도 평화와 안정을 위해 창의적 해결책을 모색할 필요가 있다.

■ 주

1) 이종석, 『북한-중국관계』 (서울: 중심, 2000), p. 279.

2) Han S. Park and Kyung A. Park, "Ideology and Security: Self-Reliance in China and North Korea," Edward E. Azar & Chung-in Moon, *National Security in the Third World* (Aldershot: Gower Publisher, 1988), pp. 107–109.

3) 조성렬, "한반도 평화체제 구축에 관한 단계적 접근: 포괄적 잠정협정을 중심으로," 『통일과 평화』 4집 1호 (2012), pp. 18–19.

4) 조성렬 (2012), p. 21.

참고문헌

1. 한글문헌

G. F. 허드슨·리차드 로웬탈·로데릭 맥화쿼 지음. 김유 옮김. 『중소분쟁: 자료와 분석』. 서울: 인간과 사회, 2004.

강석승. "휴전협정의 평화협정으로의 전환문제: 북측 주장 및 입장을 중심으로." 『한국정치외교사논총』 제16호 (1997).

강석호(편). 『80년대의 주변 정세』. 서울: 거름, 1985.

강성윤 외(편). 『북한정치의 이해』. 서울: 을유문화사, 2001.

경남대극동문제연구소, 『신냉전 시대는 도래하는가?』. 서울: 경남대극동문제연구소, 2024.

계승범. "16세기 초중반 한중관계의 이념성과 중층성." 『동양사연구』 제14집 (2017).

고유환(편). 『로동신문을 통해 본 북한 변화』. 서울: 선인, 2006.

고유환. "사회주의의 위기와 북한의 '우리식 사회주의'." 『통일문제연구』 제23호 (1995).

고유환. "주체사상과 북한 사회주의정치." 『안보연구』 제20호 (1991).

구영록·김학준. 『남북한 정치통합과 국제관계』. 서울: 경남대 극동문제연구소, 1986.

국가기록원. 『1970년대 한미관계(상)』. 대전: 행정안전부 국가기록원, 2008.

_____. 『1970년대 한미관계(하)』. 대전: 행정안전부 국가기록원, 2008.

국사편찬위원회. 『북한관계 사료집(1-31권)』. 서울: 국사편찬위원회, 1982-1999.

국토통일원. 『북한최고인민회의자료집 Ⅱ집』. 서울: 국토통일원, 1988.

_____. 『조선로동당 연구자료집: 1945-1978』. 서울: 국토통일원, 1978.

_____. 『조선로동당대회 자료집 Ⅱ집』. 서울: 국토통일원, 1980.

김갑식. "1990년대 '고난의 행군'과 선군정치: 북한의 인식과 대응." 『현대북한연구』. 제8권 1호 (2005).

김경일. 『중국의 한국전쟁 참전 기원. 서울: 논형, 2005.

김근식. "김정은 시대의 '김일성-김정일주의'." 『한국과 국제정치』 제30권 1호 (2014).

김달중·스칼로피노. 『아시아 공산주의의 지속과 변화: 중국·베트남·북한』. 서울: 법문사, 1989.

김동길. "중국의 한국전쟁 참전원인 연구: 국방선의 무혈확장." 『한국정치외교사논총』 제37집 2호 (2014).

김동길·안다정. "중화인민공화국 건국 전후 및 한국전쟁 초기, 중국의 한국전쟁과 참전에 대한 태도 변화와 배경." 『역사학보』 제225호 (2015).

김병로. "북한의 시장화와 계층구조의 변화." 『현대북한연구』 제16권 1호 (2013).

김연철·박순성. 『북한경제개혁연구』. 서울: 후마니타스, 2002.

김옥준. "중국의 한국전쟁 참전결정과정." 『동북아연구』 제28권 2호 (2013).

______. "한국전쟁 휴전회담에서 중국의 협상전략: 군사분계선설정 협상을 중심으로." 『국제정치연구』 제19권 1호 (2016).

김용현. "한국전쟁 이후 중국인민지원군의 역할에 관한 연구." 『북한연구학회보』 제10권 2호 (2006).

김용호. "비대칭동맹에 있어 동맹신뢰성과 후기동맹딜레마: 북·중동맹과 북한의 대미접근을 중심으로." 『통일문제연구』 통권 제36호 (2001).

______. 『현대북한외교론』. 서울: 오름, 1996.

김윤권. "중국 중앙행정부 변화의 실증분석과 그 함의." 『한국행정학보』 제40권 1호 (2006).

김재관. "제2차 북핵위기 이후 북중관계의 근본적 변화 여부에 관한 연구." 『동아연구』 제52집 (2007).

김주환. "북한 경제활동 동인으로서의 북한화교의 역할." 『세계지역연구논총』 제30집 1호 (2012).

김춘선. "광복 후 중국 동북지역 한인들의 정착과 국내귀환." 『한국근현대사연구』 제28집 (2004).

김하중. 『한국의 외교와 외교관: 김하중(상)』. 서울: 역사공간, 2018.

김한권. "바이든 행정부의 대중정책 방향성과 중국의 대응." IFANS 주요국제문제 분석 2021-06 (2021).

김한권·표나리·황일도. 『중국의 대외전략 기조와 한반도 인식』. 서울: 국립외교원, 2024.

김한규. 『한중관계사 II』. 서울: 아르케, 1999.

남궁곤. "동아시아 평화체제에 관한 연구: 조선사행록을 통해 본 18세기 조공체제." 『한국정치학회보』 제33집 3호 (1999).

남종호. "중국헌법과 당장에 있어서의 공신딩영도개념." 『아태연구』 제9권 2호 (2002).

니시무라 시게오·고쿠분 료세이 지음. 이용빈 옮김. 『중국의 당과 국가』. 파주: 한울, 2012.

로널드 레이건 지음. 고명식 옮김. 『레이건 회고록』. 서울: 문학사상사, 1991.

로버트 G. 서터. 『毛澤東 이후의 중국 외교정책』. 서울: 대광문화사, 1989.

로버트 R. 시몬스. 『한국내전』. 서울: 열사람. 1988.

리언 시걸. 『미국은 협력하려 하지 않았다』. 서울: 사회평론. 1999.

마이클 핸델. 『약소국생존론』. 서울: 대왕사, 1995.

마크 블레처. 『반조류의 중국』. 서울: 돌베개, 2001.

맥마흔 볼 지음. 손중기 옮김. 『아시아의 민족주의와 공산주의』. 서울: 학문과 사상
　　사, 1981.
모리 가즈코. 이용빈 옮김. 『현대 중국정치』. 파주: 한울, 2013.
＿＿＿＿. 『중국과 소련』. 서울: 사민서각, 1989.
모리스 마이스너. 『마오의 중국과 그 이후 2』. 서울: 이산, 2004.
문흥호. 『북한 핵문제에 대한 중국의 입장과 우리의 대중정책 방향』. 서울: 민족통
　　일연구원, 1994.
미무라 미쯔히로. 『일본의 대북한 경제제재의 경제적 효과 분석』. 서울: 대외경제정
　　책연구원, 2005.
민족통일연구원. 『통일환경과 남북한관계: 1997-1998』. 서울: 민족통일연구원,
　　1997.
박두복. "중국의 한국전쟁 개입원인." 『한국전쟁과 중국』. 서울: 백산서당, 2001.
박두복·김부기. 『최신중소관계론』. 서울: 경영문화원, 1991.
박명림. 『한국전쟁의 발발과 기원 Ⅰ』. 서울: 나남, 1996.
박병광. 『시진핑 시기 북중관계에 대한 평가와 전망』. 서울: 국가안보전략연구원,
　　2020.
＿＿＿＿. "후진타오 시기 중국의 대북정책 기조와 북핵인식: 1·2차 핵실험 이전과 이
　　후를 중심으로." 『통일정책연구』 제19권 1호 (2010).
박선영. "북한과 중국의 비밀 국경조약." 『중국사연구』 제34집 (2005).
박순성. "김정일 시대(1994-2004) 북한 경제정책의 변화와 전망." 『북한연구학회
　　보』 제8권 제1호 (2004).
＿＿＿＿. 『북한 경제와 한반도 통일』. 서울: 풀빛, 2003.
박영실. "『로동신문』을 통해 살펴본 북한의 전후복구 과정(1953-1958년)." 『통일
　　문제연구』 제59호 (2013).
박은경. 『탈분단 시대를 열며』. 서울: 삼인출판사, 2000.
박종철. "북한에서 '중국인민지원군'의 철군을 둘러싼 북중관계연구." 『군사사 연구
　　총서』 제5집 (2008).
＿＿＿＿. "중소분쟁과 북중관계(1961-1964년)에 대한 고찰." 『한중사회과학연구』
　　제9권 제2호 (2011).
＿＿＿＿. "한국전쟁의 원인으로 중국의 역할과 전쟁개입목적에 관한 검토: 쉬쩌룽의
　　'중국의 한국전쟁 참전'을 중심으로." 『전략연구』 제56호 (2012).
박지연. "경제제재의 비의도적 효과에 대한 고찰과 대북제재에의 함의." 『국가안보
　　와 전략』 제18권 2호 (2017).
박창석. 『아웅산 다시 보기』. 서울: 백산출판사, 2013.
백학순. "중국내전시 북한의 중국공산당을 위한 군사원조." 『한국과 국제정치』 제
　　10권 1호 (1994).
버나드 B. 폴(편). 『호찌민의 베트남혁명론』. 서울: 거름, 1987.

부산외국어대학교 국제관계연구소. 『전통시대 중국의 대외관계』. 부산: 부산외국어대학교 출판부, 1999.

블리디미르 S. 먀스니코프. "중국의 대북한정책: 신노선 추진의 첫 단계." 『중소연구』 통권 61호 (1994).

빅터 D. 차 지음. 김일영·문순보 옮김. 『적대적 제휴』. 서울: 문학과지성사, 2004.

사익현 지음. 한인희 옮김. 『중국외교사 4』. 서울: 지영사, 2000.

서대숙. 『현대 북한의 지도자: 김일성과 김정일』. 서울: 을유문화사, 2000.

서지. 『중국공산당 개혁개방기의 리더십 혁신과 북한, 1978-2018』. 서울: 역락, 2020.

서훈. 『북한의 선군외교』. 서울: 명인문화사, 2008.

세종연구소 북한연구센터. 『북한의 국가전략』. 서울: 한울 아카데미, 2003.

션즈화 지음. 김동길 옮김. 『조선전쟁의 재탐구』. 서울: 선인문화사, 2014.

션즈화 지음. 최만원 옮김. 『마오쩌둥 스탈린과 조선전쟁』. 서울: 선인, 2010.

션즈화. 『최후의 천조: 모택동 김일성 시대의 중국과 북한』. 서울: 선인, 2017.

손기섭. "한일 안보경협 외교의 정책결정: 1981-1983년 일본의 대한국 정부차관." 『국제정치논총』 제49집 1호 (2009).

손승회. "중화인민공화국의 건립과 학습·비평의 조직화." 『중국근현대사연구』 제38집 (2008).

쉬쩌룽. "'중국의 한국전쟁 참전'을 중심으로." 『전략연구』 제56호 (2012).

스즈키 마사유키. 『김정일과 수령제 사회주의』. 서울: 중앙일보사, 1994.

신복룡. 『한국 분단사연구』. 서울: 한울아카데미, 2001.

신상진. 『중·북관계 전망』. 서울: 민족통일연구원, 1997.

______. "후진타오 집권 초기 중국의 대북정책 결정요인 분석." 『북한연구학회보』 제10권 제1호 (2006).

신욱희. "비대칭동맹에서의 갈등: 정치심리학적 측면." 『국방연구』. 제50권 1호 (2007).

양무진. "주체사상과 선군사상: 지배이데올로기의 변화 가능성." 『한국과 국제정치』 제24권 3호 (2008).

양문수. "북한의 화폐개혁: 실대와 평가." 『동일문제연구』 통권 제53호 (2010).

양성철·강성학. 『북한외교정책』. 서울: 서울프레스, 1995.

염인호. "조선의용군." 『역사비평』 제28호 (1994).

염홍철. "최근 10년간('76.7-'86.6) 북한의 대내·외정책에 관한 실증적 연구." 『한국정치학회보』 제21집 2호 (1987).

옌지룽(편). 『중국의 국가 거버넌스』. 서울: 책과함께, 2021.

오진용. 『김일성시대의 중소와 남북한』. 서울: 나남출판, 2004.

오코노기 마사오(편). 『김정일과 현대 북한』. 서울: 을유문화사, 2000.

와다 하루키 지음. 서동만 옮김. 『한국전쟁』. 서울: 창작과비평사, 1999.

외교통상부. 『한반도 문제 주요현안 자료집』. 서울: 외교통상부, 2004.

윌리엄 스툭 지음. 김형인 외 옮김. 『한국전쟁의 국제사』. 서울: 푸른역사, 2001.

유호열. "북한의 주체사상이념과 대외정책." 『한국정치학회보』 (1984).

이기현·전병곤·이석·박동훈. 『한중수교 이후 북중관계의 발전: 추세분석과 평가』. 서울: 통일연구원, 2016.

이도기. 『현대 중국공산당의 이해』 (서울: 통일신문사, 2008).

이상만·김동찬. "시진핑 친정체제 구축 방식과 그 함의에 관한 연구." 『한국과 국제정치』 제34권 4호 (2018).

이상만·이상숙·문대근. 『북중관계: 1945-2020』. 서울: 경남대 극동문제연구소, 2021.

이상숙. "1960년대 중반 북한-중국의 갈등과 북한의 자주노선." 『북한학연구』 제3권 2호 (2007).

______. "1980년대 초 외교 환경 변화와 북한의 아웅산 테러." 『담론 201』 제19권 3호 (2016).

______. "국공내전 시기 북한과 중국공산당의 경제사회적 관계에 대한 연구." 『북한연구학회보』 제20권 1호 (2016).

______. "데탕트 시기 북중관계의 비대칭 갈등과 그 영향." 『정치학회보』 제42권 3호 (2008).

______. "북한 김정은 시기 국가기구의 특징." 『북한연구학회보』 제23권 2호 (2019).

______. "북한 노동당 창건 70주년 기념식 평가와 대외정책 전망." 『주요국제문제분석』 (2015).

______. "시진핑-김정은 시대 북중관계 전망." 『주요국제문제분석』, 2012-39호 (2012).

______. "시진핑 지도부의 대북정책 변화와 전망." 『글로벌정치연구』 제6권 1호 (2013).

______. "중소분쟁 시기 북한과 북베트남의 자주외교 비교." 『통일정책연구』 제17권 2호 (2008).

이상숙·宋文志. "1950-1960년대 조선족의 북한 이주와 북중 협력." 『북한연구학회보』 제16권 제1호 (2012).

이상옥. 『전환기의 한국외교』. 서울: 삶과꿈, 2002.

이상우·하영선(편), 『현대국제정치학』. 서울: 나남, 1992.

이완범. "6·25전쟁에 대한 중국의 개입과 중국에 미친 영향." 『군사』 제63호 (2007).

______. "중국의 한국전쟁 참전: 중국-러시아 자료의 비교를 중심으로." 『정신문화연구』 제23권 2호 (2000).

이우탁. 『긴급 프로젝트 한반도 핵균형론: 북한의 핵보유국화와 미중 패권경쟁』. 파주: 역사인, 2023.

이재훈. "1949–50년 중국인민해방군 내 조선인부대의 '입북'에 대한 북·중·소 3국의 입장."『국제정치논총』제45집 3호 (2005).

이정균 외.『대북제재로 인한 북·중 접경지역에서의 무역 거래관행 변화 분석』. 대외경제정책연구원, 2016.

이정남. "중국의 대외인식과 대외정책: 마오쩌둥과 덩샤오핑의 전쟁관과 평화관을 중심으로."『평화연구』제13권 1호 (2005).

이종석.『북한-중국관계: 1945–2000』. 서울: 중심, 2000.

이종화. "중국 당정관계의 지속과 변화."『중국과 중국학』제17호 (2012).

이춘근.『북한 핵의 문제』. 성남: 세종연구소, 1995.

이태림 "한 해를 넘긴 우크라이나 전쟁의 향방 전망."『주요국제문제분석』2022–48호 (2022).

이한(편).『북한의 통일정책 변천사』. 서울: 온누리, 1988.

이홍구·스칼라피노.『북한과 오늘의 세계』. 서울: 법문사, 1986.

이희옥. "중국의 대북한 영향력과 북중관계의 '재정상화'."『중소연구』제42권 3호 (2018).

______. "중국의 대북한정책 변화의 함의: 동북4성론 논란을 포함하여."『현대중국연구』제8집 1호 (2006).

이희진.『중화사상과 동아시아』. 서울: 책세상, 2007.

임강택 외.『북중관계 주요분야별 현황 분석』. 서울: 통일연구원, 2017.

임규섭. "현대중국의 정치체제에서 지배이데올로기의 지속과 변화."『Oughtopia』. 2017.

임방순·한 마크 만균. "중-소 분쟁 초기 중국의 대북한 원조: 1956–1960년을 중심으로."『인문사회과학연구』제16권 3호 (2015).

자오찬성 지음. 김태완 옮김.『중국의 외교정책』. 서울: 오름, 2001.

장노순. "약소국의 갈등적 편승외교정책: 북한의 통미봉남 정책."『한국정치학회보』제33집 1호 (1999).

장덕준(편).『중·러 관계와 한반도』. 서울: 한울, 2012.

장덕환.『중소 대립과 한반도의 진로』. 서울: 대광서림, 1984.

장후이즈. "북한의 경제 변화와 북한 핵실험이 북·중경제 관계에 미친 영향."『북한학연구』제2권 2호 (2006).

전봉근.『비핵화의 정치』. 서울: 명인문화사, 2020.

전인갑. "비대칭적 국제질서: 천하질서, 그 변용과 현대적 재구성(Ⅰ)."『서강인문논총』51권 (2018).

전해종.『한중관계사 연구. 서울: 일조각, 1970.

전홍찬. "소련의 대북한 경제 군사원조정책에 관한 연구."『중소연구』제17권 4호 (1993).

정규섭.『북한외교의 어제와 오늘』. 서울: 일신사, 1998.

정문길·최원식·백영서·전형준(편).『동아시아, 문제와 시각』. 서울: 문학과지성사, 1995.

정병일. "'반민생단투쟁'의 정치사적 의의: 김일성 부상과 조국광복회 성립의 동인."『사회과학연구』제16집 1호 (2008).

정병준. "국공내전·한국전쟁이 만든 만주조선인사회의 정체성."『역사와 현실』제80호 (2011).

정성장. "주체사상의 이론적 체계와 성격."『북한연구학회보』제3권 2호 (1999).

_____.『현대 북한의 정치』. 파주: 한울, 2011.

정영철.『북한의 개혁·개방』. 서울: 선인, 2004.

_____. "주체사상의 순수 이데올로기화와 새로운 실천 이데올로기의 등장."『한국과 국제정치』제31권 3호 (2015).

정은이 외.『미중 전략경쟁시대 북중관계 변화와 우리의 대응방안』. 세종: 대외경제정책연구원, 2023.

정은이·박종철. "중국의 대북한 무역에 관한 연구."『통일문제연구』제26권 2호 (2014).

정진위.『북방삼각관계』. 서울: 법문사, 1985.

조너선 D. 스펜스.『현대 중국을 찾아서 Ⅰ·Ⅱ』. 서울: 이산, 1998.

조명철. "북한과 중국의 경제관계 현황과 전망."『정책연구 97-10』(서울: 대외정책경제연구원, 1997).

조성렬.『한반도 비핵화 리포트』. 파주: 백산서당, 2019.

_____. "한반도 평화체제 구축에 관한 단계적 접근: 포괄적 잠정협정을 중심으로."『통일과 평화』제4집 1호 (2012).

조수룡. "한국전쟁 시기 북한의 전시생산과 중·소의 지원."『군사』제88호 (2013).

조영국. "'강성대국론'과 '선군정치'에 대한 정치 경제적 접근." 제9권 1호 (2006).

조영환·필영현 지음. 김기우 옮김.『중소관계』. 서울: 유풍출판사, 1985.

조진구. "중소대립, 베트남 전쟁과 북한의 남조선혁명론."『아세아연구』제46권 4호 (2003).

조춘호. "'9·18' 사변 후 중국 동북지역 한인자치운동과 중국공산당 대응."『한국학논총』33호 (2010).

존 K. 페어뱅크·에드윈 O. 라이샤워·앨버트 M. 크레이그.『동양문화사(상)/(하)』. 서울: 을유문화사, 1991/1992.

주재우·박태균. "냉전 시기 중국 핵개발 사례를 통해 본 북핵문제의 현재와 미래."『역사비평』126호 (2019).

주젠룽 지음. 서각수 옮김.『모택동은 왜 한국전쟁에 개입했을까』. 서울: 역사넷, 2005.

중국 군사과학원 군사역사연구부 지음. 국방부 군사편찬연구소 옮김.『중국지원군의 한국전쟁사 3』. 서울:국방부 군사편찬연구소, 2005.

진희관. "북한의 사상과 김일성·김정일주의 연구." 『북한연구학회보』 제18권 2호 (2014).

______. "유엔 대북제재의 결의와 유용성 및 한반도 주변국의 역할." 『북한연구학회보』 제17권 1호 (2013).

최명해. 『중국 북한 동맹관계: 불편한 동거의 역사』. 서울: 오름, 2009.

최원식·백영서. 『동아시아인의 '동양' 인식: 19-20세기』. 서울: 문학과지성사, 1997.

최춘흠. 『중국의 대북정책과 2·13합의에 대한 입장』. 서울: 통일연구원, 2007.

코리아컨센서스 유라시아연구회(편). 『중국과 러시아의 현재』. 서울: 한울, 2011.

코트라. 『2008 북한의 대외무역동향』. KOTRA 자료 09-020. 서울: KOTRA, 2009.

클라우스 도즈 지음. 최파일 옮김. 『지정학』. 파주: 교유당, 2023.

통일연구원(편). 『강대국 경쟁과 관련국 대응』. 서울: 통일연구원, 2020.

통일연구원(편). 『독일지역 북한기밀 문서집』. 서울: 선인, 2006.

통일연구원(편). 『중.북 분야별 협력 현황과 북한의 변화 전망』. 서울: 통일연구원, 2008.

파스칼 보니파스 지음. 최린 옮김. 『지정학: 지금 세계에 무슨 일이 벌어지고 있는가?』. 서울: 가디언, 2019.

프랑소와 주와이요. 『중국의 대외정책』. 서울: 탐구당, 1989.

필립 모르 드파르쥐. 『지정학 입문』. 서울: 새물결, 1997.

하마시타 타케시, "동아시아 역사에 나타난 화이(華夷) 질서." 『담론 201』 1권 2호 (1998).

한석희. "시진핑 지도부의 대외관계 분석." 『국가전략』 제18권 4호 (2012).

한상준. "안보위협에 대한 공동 인식과 북중관계의 '탄성'." 『대구사학』. 제19집, 2017.

______. "중국의 한국전쟁 동의와 참전 결정." 『중국근현대사연구』 제87집 (2020).

한석희. 『후진타오 시대의 중국 대외관계』. 서울: 폴리테이아, 2007.

행정자치부 정부기록보존소. 『한국전쟁관련 중국자료선집: 한국전쟁과 중국 I』. 대전: 행정자치부 정부기록보존소, 2002.

허재영·정진문. "대북 경제제재의 실효성 분석: 식량지원 중단을 중심으로." 『한국과 국제정치』 제32권 3호 (2016).

홍석률. "1976년 판문점 도끼 살해사건과 한반도 위기." 『정신문화연구』 제28권 4호 (2005).

______. 『분단의 히스테리』. 파주: 창비, 2012.

황귀연. 『전통시대 중국의 대외관계』. 부산: 부산외국어대학교 출판부, 1999.

황태희·서정건·전아영. "미국 경제제재 분석: 효과성과 특수성을 중심으로." 『한국정치학회보』 제51집 제4호 (2017).

히라이와 슌지 지음. 이종국 옮김. 『북한·중국관계 60년: '순치관계'의 구조와 변용』. 서울: 선인, 2010.

2. 영어문헌

Allen, Susan. "The Determinants of Economic Sanctions Success and Failure." *International Interactions* 31-2 (2005).

Carter, Barrry E.. *International Economic Sanctions: Improving the Haphazard U.S. Legal Regime.* Cambridge: Cambridge University Press, 1988.

Cathcart, Adam and Kraus, Charles. "New evidence on Sino-North Korean." *Journal of Cold War Studies* 13-3 (Summer 2011).

Chan, Steve & Drury, A. Cooper (eds.). *Sanctions and Economic Statecraft: Theory and Practice.* Houndsmills: Palgrave Macmillan, 2015.

Chen Jian, *China's Road to the Korean War: The Making of the Sino-American Confrontation.* New York: Columbia University Press, 1994.

______. *Uneasy Allies: Fifty Years of China-North Korea Relations.* Washington: Woodrow Wilson Center, Asia Program Special Report, 2003.

Choudhury, G. W.. *China in World Affairs: The Foreign Policy of the PRC since 1970.* Boulder: Westview Press, 1982.

Doxey, Margaret. *International Sanctions in Contemporary Perspective.* New York: St. Martin's Press, 1987.

Early, Bryan R. "Unmasking the Black Knights: Sanctions Busters and Their Effects on the Success of Economic Sanctions, *Foreign Policy Analysis* 7-4 (2011).

Eisenstadt, Samuel N. (ed.). *Pubic Spheres & Collective Identities.* New Brunswick: Transaction Publishers, 2001.

Garrett, Banning and Glaser, Bonnie. "Looking Across the Yalu: Chinese Assessments of North Korea." *Asian Survey* 35-6 (June 1995).

Gatz, Karen L.. *Foreign Relations of the United States 1964-1968*, Volume X X IX₩ Part 1. Korea. Washington: United States Government Printing Office, 2000.

Gilpin, Robert. "Economic Independence and National Security in Historical Perspectives," Klaus Knorr and Frank Trager(eds.). *Economic Issues and National Security.* Kansas: University Press of Kansas, 1977.

Glaser, Bonnie & Wang Liang. "North Korea: The Beginning of a China-U.S. Partnership?" *The Washington Quarterly.* (Summer 2008).

Glaser, Bonnie S. & Medeiros, Evan S. "The Changing Ecology of Foreign Policy-making in China: The Ascension and Demise of the theory of 'Peaceful Rise'." *China Quarterly.* No. 190 (2007).

Goldstein, Judith and Keohane, Robert O. *Ideas and Foreign Policy: Beliefs, Institutions, and Political Change.* New York: Cornell University Press, 1993.

Hajimu, Masuda. "The Korean War through the Prism of Chinese Society." *Journal of Cold of War* 14−3 (2012).

He Xingqiang. "North Korean Nuclear Issue in Sino-American Relations: a Chinese Perspective."『국방정책연구』 23−3 (2007).

Hufbauer, Gary Clyde. Jeffery J. Schott, Kimberly Ann Elliott & Barbara Oegg, *Economic Sanctions Reconsidered*, 2nd ed. Washington, D.C.: Peterson Institute for International Economics, 1990.

Jervis, Robert. "Cooperation Under the Security Dilemma." *World Politics* 30−2 (1978).

______. *Perception and Misperception in International Politics*. Princeton: Princeton University Press, 1976.

Kim, Donggil. "Prelude to war? The repatriation of Koreans from the Chinese PLA, 1945−50." *Cold War History* 12−2 (May 2012).

Kim, Hakjoon, *The Sino-North Korean Relations after the Chinese Intervention*. Seoul: The Korean Research Center, 1985.

Kim, Samuel S. and Lee Tai Hwan, *North Korea and Northeast Asia*. New York: Rowman & Littlefield Publisher, Inc., 2002.

Kim, Samuel S. *North Korean Foreign Relations: In the Post-Cold War Era*. London: Oxford University Press, 1998.

Kim, Youngho. *North Korean Foreign Policy*. Lanham: Lexington Books, 2011.

Klinova, Marina & Sidorova, Elena. "Economic Sanctions and Their Impact on Russian Economic Relations with the European Union." *Problems of Economic Transition* 58−3 (2016).

Lee, Chae-Jin. *China and Korea: Dynamic Relations*. Stanford: Hoover Press, 1996.

Mao, Zedong. *Mao Zedong on Diplomacy*. Beijing: Foreign Language Press, 1994.

Moore, Gregory J. "How North Korea Threatens China's Interests: Understanding Chinese 'duplicity' on the North Korean Nuclear Issue," *International Relations of the Asia-Pacific* 8−1 (2008).

Morgan, T. Clifton. "Hearing the Noise: Economic Sanctions Theory and Anomalous Evidence." *International Interactions* 41 (2015).

Morrow, James D. "Alliances: Why Write Them Down?" *Annual Review of Political Science* 3 (2000).

Morrow, James. "Alliances and Asymmetry: an Alternative to the Capability Aggregation Model of Alliances." *American Journal of Political Science* 35−4 (November 1991).

Nguyen Mahn Hung, "Sino-Vietnamese Conflict: Power Play Among Communist Neighbors." *Asian Survey* 19-11 (November 1979).

Plant, Thomas & Rhode, Ben. "China, North Korea and Spread Nuclear Weapons." *Survival* 55-1 (2012).

Rothstein, Robert L.. *Alliances and Small Powers*. New York: Columbia University Press, 1968.

Scobell, Andrew. "China and North Korea."*Current History* 101-656 (September 2002).

Shambaugh, David. "China and the Korean Peninsula: Playing for the Long Term." *Washington Quarterly* 26 (Spring 2003).

______. "China's Policy on the North Korean Nuclear Issue." *China Strategy* 3 (July 20 2004).

Simmons, Robert R.. *The Strained Alliance: Peking, Pyong Yang, Moscow and the Politics of th Korean Civil War*. The Free Press, 1975.

Smith, Hazel. "Asymmetric Nuisance Value: The Border in China-DPRK Relations." *Uneasy Allies: Fifty Years of China-North Korea Relations*. Washington: Woodrow Wilson Center. Asia Program Special Report (2003).

Snyder, S. "China-Korea relations: Kim Jong-il pays tribute to Beijing- in his own way."*Comparative Connections*. The Asia Foundation/Pacific Forum CSIS, June 1; available at http://www.csis.org/images/stories/pacfor/0601q china_skorea.pdf (June 2006).

Snyder, Scott, *Negotiating on the Edge*. Washington, D.C.: United States Institute of Peace Press, 1999.

Wallensteen, Peter. "Characteristics of Economic Sanction." *Journal of Peace Research* 5-3 (1968).

Whiting. Allen S. *China Crosses the Yalu*. Stanford: Stanford University, 1968.

Womack, Brantly. *China and Vietnam: The Politics of Asymmetry*. Cambridge: Cambridge University Press, 2006.

You Ji. "China and North Korea: a fragile relationship of strategic convenience." *Journal of Contemporary China* 10 (2001).

Young Kim. *North Korean Foreign Policy*. Lanham: Lexington Books, 2011.

Zagoria, Donald S., *Vietnam Triangle-Moscow, Peking, Hanoi*. New York: Western Publishing Company, 1968.

Zheng Bijian. "China's 'Peaceful Rise' to Great-Power Status." *Foreign Affairs*. (September/October 2005).

Zhou En-lai. "Report on the Work of the Government." *Peking Review* 4 (1975).

3. 중문문헌

朝鲜外国文出版社.『朝中越人民的'永远友谊』. 平壤: 朝鲜外国文出版社, 1959.

朝鲜外国文出版社.『朝中友谊万古长青: 华国锋主席访问朝鲜』. 平壤: 朝鲜外国文
　　出版社, 1978.

陈兼·James G. Hershberg.『冷战与中国的周边关系』. 北京: 世界知识出版社, 2004.

陈峰君·王传剑.『亚太大国与朝鲜半岛』. 北京: 北京大学出版社, 2002.

邓小平.『邓小平文选(第三卷)』. 北京: 人民出版社, 1993.

姜长斌.『从对峙走向缓和』. 北京: 世界知识出版社, 2000.

杰弗里·帕克.『二十世纪的西方地理政治思想. 北京: 解放军出版社, 1988.

何劍 編.『東北亞安全合作机制研究』(大連: 東北財經大學出版社, 2008.

『纪念朱理治文集』. 中共中央出版社, 2007.

洪学智.『抗美援朝战争回忆』. 北京: 解放军文艺出版社, 1995.

劉金質·杨淮生 編.『中国对朝鲜和韩国政策文件汇编 5』. 北京: 中国社会科学出版
　　社, 1994.

刘金质·张敏秋·张小明.『当代中韩关系』. 北京: 中国社会科学出版社, 1998.

『倪振年谱(6-7)』. 出版社不分明, 出版年度不分明.

彭德怀.『彭德怀自述』. 北京: 人民出版社, 1981.

钱其琛.『外交十记』. 北京: 世界知识出版社, 2003.

人民出版社.『崔庸健委员长访问中国』. 北京: 人民出版社, 1963.

人民出版社.『中朝友谊鲜血凝成』. 北京: 人民出版社, 1962.

上海辞书出版社.『辞海(上册)』. 上海: 上海辞书出版社, 1999.

石源華.『中華民國外交史』, 上海: 上海人民出版社, 1994.

外交部档案馆 编.『中华人民共和国外交大事记: 第四卷(1972-1978)』. 北京: 世界
　　知识出版社, 2002.

王胜今·于潇.『图门江地区经济合作研究』(长春: 吉林人民出版社, 2010).

中共党史資料出版社编.『东北抗日联军史料(下)』(년도미상).

中共河南省委党史研究室 编.『关于北朝鲜对东北解放战争支援情况的报告』. 郑州:
　　中共河南省委党史研究室, 1947.

中共河南省委党史研究室 编.『朱理治文集』. 郑州: 中共党史出版社, 207.

中共延边州委党史研究室 编.『中共共产党延边历史大事记』. 延吉: 民族出版社, 2002.

中共延边州委党史研究室 编.『朱德海一生』. 延吉: 民族出版社, 1987.

中共中央文献出版社.『陈云文集. 第 1 卷』. 中共中央文献出版社, 2005.

中共中央文献研究室 编.『周恩来年谱 1949-1976』. 北京: 中央文献出版社, 1997.

中国大百科全书出版社.『中国大百科全书(地理卷)』. 北京: 中国大百科全书出版社,
　　1990.

中国军事博物馆 中央文献研究室朱德研究组 编.『朱德军事活动纪事(1886-1976)』.

北京: 解放军出版社, 1996.

中国外交部 中共中央文献研究室 编.『周恩来外交文选』. 北京: 中央文献出版社, 1989.

中华人民共和国外交部 外交史研究室 编.『周恩来外交活动大事记(1949-1975)』. 北京: 世界知识出版社, 1993.

外交部档案馆 编,『中华人民共和国外交大事记: 第三卷(1965-1971)』. 北京: 世界知识出版社, 2002.

外交部档案馆 编,『中华人民共和国外交大事记: 第四卷(1972-1978)』. 北京: 世界知识出版社, 2002.

4. 북한 문헌

과학백과사전종합출판사.『현대국제법연구』. 평양: 과학백과사전종합출판사, 1988.

김인옥.『김정일 장군 선군정치 리론』. 평양: 평양출판사, 2003.

김일성.『김일성저작선집 제4권』. 평양: 조선로동당출판사, 1968.

＿＿＿.『현정세와 우리 당의 과업』. 도쿄: 재일본조선인총련합회 중앙상임위원회, 1966.

김정일.『주체위업의 완성을 위하여 3(1974-1977). 평양: 조선로동당출판사, 1987.

김철우.『김정일장군의 선군정치』. 평양: 평양출판사, 2000.

과학백과사전출판사,『동북해방전쟁을 도와』. 평양: 과학백과사전출판사, 2008.

박태호.『조선민주주의인민공화국 대외관계사 1』. 평양: 사회과학출판사, 1985.

＿＿＿.『조선민주주의인민공화국 대외관계사 2』. 평양: 사회과학출판사, 1987.

사회과학출판사.『조선말대사전 1권』. 평양: 사회과학출판사, 1992.

조선로동당중앙위원회.『조선로동당 중앙위원회 결정집(1956년도 전원회의, 정치, 상무, 조직 위원회)』. 평양: 조선로동당중앙위원회, 1956.

조선로동당출판사.『위대한수령 김일성동지의 외국방문 문헌집. 평양: 조선로동당출판사, 1975.

조선중앙통신사.『조선중앙연감 국내편 1951-1952』. 평양: 조선중앙통신사, 1952.

＿＿＿.『조선중앙연감 1953』. 평양: 조선중앙통신사, 1953.

＿＿＿.『조선중앙연감(1954-1955년)』. 평양: 조선중앙통신사, 1955.

＿＿＿.『조선중앙년감 1956』. 국제생활사, 1956.

＿＿＿.『조선중앙년감 1959』. 평양: 조선중앙통신사, 1959.

＿＿＿.『조선중앙년감 1962』. 평양: 조선중앙통신사, 1962.

＿＿＿.『조선중앙년감 1966-1967』. 평양:조선중앙통신사, 1967.

＿＿＿.『조선중앙년감 1968』. 평양: 조선중앙통신사, 1968.

＿＿＿.『조선중앙년감 1976. 평양: 조선중앙통신사, 1976.

＿＿＿.『조선중앙년감 1996/1997』. 평양: 조선중앙통신사, 1998.

＿＿＿.『조선중앙년감 2006』. 평양: 조선중앙통신사, 2007.

______. 『해방 후 10년 일지』. 평양: 조선중앙통신사, 1955.

조선중앙통신사(편). 『조선중앙년감 1984』. 평양: 조선중앙통신사, 1984.

사회과학사. 『제28차 유엔 총회에서의 조선문제토의와 관련한 자료집』. 평양: 사회
  과학사, 1973.

5. 인터넷 자료

Cold war Histrory project on Woodrow wilson center

6. 기타 자료

외교부 외교문서.

中国外交部档案.

Winston Lord File.

7. 언론사 자료

『연합뉴스』
『로동신문』
『解放日報』
『人民日報』
『天津日報』
『新华日报』

저자소개

이상숙 (sslee@mofa.go.kr)

이화여자대학교 중어중문학과 졸업
동국대학교 정치학 석사
동국대학교 정치학 박사

현 국립외교원 연구교수
　　동국대학교 북한학과 겸임교수
　　북한연구학회 부회장

한국정치외교사학회 부회장
베이징대학교 방문학자 역임

주요 논저
"1980년대 중반 북한 외교정책 전환 원인과 그 결과" (통일과 평화)
"북한 김정은 시기 당·정관계의 변화" (북한연구학회보)
"김정일 시대와 김정은 시대의 당·군 관계 특성 비교: 국방위원회와 국무위
　　원회를 중심으로" (북한학연구)
"개혁·개방 시기 중국과 베트남의 정치기구와 권력구조 변화 비교" (북한학
　　연구)
"북-미-중 전략적 삼각관계와 제2차 북핵위기: 북한의 위기조성 전략을 중심
　　으로" (국제정치논총) 외 다수